LITÍGIOS CLIMÁTICOS
De acordo com o direito brasileiro,
norte-americano e alemão

GABRIEL WEDY

Prefácio
Ingo Wolfgang Sarlet

Apresentações
Michael Gerrard
Wolfgang Kahl

LITÍGIOS CLIMÁTICOS
De acordo com o direito brasileiro,
norte-americano e alemão

2ª edição revista, ampliada e atualizada

Belo Horizonte

2023

© 2019 Editora JusPodivm
© 2023 2ª edição Editora Fórum Ltda.

É proibida a reprodução total ou parcial desta obra, por qualquer meio eletrônico, inclusive por processos xerográficos, sem autorização expressa do Editor.

Conselho Editorial

Adilson Abreu Dallari
Alécia Paolucci Nogueira Bicalho
Alexandre Coutinho Pagliarini
André Ramos Tavares
Carlos Ayres Britto
Carlos Mário da Silva Velloso
Cármen Lúcia Antunes Rocha
Cesar Augusto Guimarães Pereira
Clovis Beznos
Cristiana Fortini
Dinorá Adelaide Musetti Grotti
Diogo de Figueiredo Moreira Neto (in memoriam)
Egon Bockmann Moreira
Emerson Gabardo
Fabrício Motta
Fernando Rossi
Flávio Henrique Unes Pereira

Floriano de Azevedo Marques Neto
Gustavo Justino de Oliveira
Inês Virgínia Prado Soares
Jorge Ulisses Jacoby Fernandes
Juarez Freitas
Luciano Ferraz
Lúcio Delfino
Marcia Carla Pereira Ribeiro
Márcio Cammarosano
Marcos Ehrhardt Jr.
Maria Sylvia Zanella Di Pietro
Ney José de Freitas
Oswaldo Othon de Pontes Saraiva Filho
Paulo Modesto
Romeu Felipe Bacellar Filho
Sérgio Guerra
Walber de Moura Agra

FÓRUM

CONHECIMENTO JURÍDICO

Luís Cláudio Rodrigues Ferreira
Presidente e Editor

Coordenação editorial: Leonardo Eustáquio Siqueira Araújo
Aline Sobreira de Oliveira

Rua Paulo Ribeiro Bastos, 211 – Jardim Atlântico – CEP 31710-430
Belo Horizonte – Minas Gerais – Tel.: (31) 99412.0131
www.editoraforum.com.br – editoraforum@editoraforum.com.br

Técnica. Empenho. Zelo. Esses foram alguns dos cuidados aplicados na edição desta obra. No entanto, podem ocorrer erros de impressão, digitação ou mesmo restar alguma dúvida conceitual. Caso se constate algo assim, solicitamos a gentileza de nos comunicar através do *e-mail* editorial@editoraforum.com.br para que possamos esclarecer, no que couber. A sua contribuição é muito importante para mantermos a excelência editorial. A Editora Fórum agradece a sua contribuição.

Dados Internacionais de Catalogação na Publicação (CIP) de acordo com ISBD

W393l	Wedy, Gabriel
	Litígios climáticos: de acordo com o direito brasileiro, norte-americano e alemão / Gabriel Wedy. – 2. ed. – Belo Horizonte : Fórum, 2023.
	302 p. ; 14,5cm x 21,5cm.
	ISBN: 978-65-5518-505-8
	1. Direito. 2. Direito ambiental. 3. Direito climático. 4. Direitos fundamentais. 5. Poder judiciário. 6. Litígios. I. Título.
2023-25	CDD: 341.347
	CDU: 34:502.7

Elaborado por Vagner Rodolfo da Silva – CRB-8/9410

Informação bibliográfica deste livro, conforme a NBR 6023:2018 da Associação Brasileira de Normas Técnicas (ABNT):

WEDY, Gabriel. *Litígios climáticos*: de acordo com o direito brasileiro, norte-americano e alemão. 2. ed. Belo Horizonte: Fórum, 2023. 302 p. ISBN 978-65-5518-505-8.

À companheira de todas as horas, que enche de luz e alegria a minha vida, minha amada esposa, Ana Paula Martini Tremarin Wedy, mãe do nosso pequeno Leonel Tremarin Wedy, amor maior impossível. Leonel, nosso presente e futuro... Comigo sempre, ambos me acompanharam na pesquisa pós-doutoral, que foi base para a publicação do presente livro, nos Estados Unidos e na Alemanha.

Aos meus colegas professores e aos meus alunos, dos programas de Pós-Graduação e Graduação em Direito da Universidade do Vale do Rio dos Sinos – Unisinos.

AGRADECIMENTOS

Agradeço ao estimado amigo, Professor Doutor Ingo Sarlet, Coordenador do Programa de Pós-Graduação em Direito da Pontifícia Universidade Católica do Rio Grande do Sul, pelo incentivo, generosidade e apoio incondicional, em especial pelo suporte e encorajamento às minhas pesquisas e estudos, aqui, no Brasil, e, especialmente, por possibilitar a extensão de meus estudos na Ruprecht-Karls-Universität Heidelberg, acreditando, sem hesitar, em meu projeto de pesquisa desde o primeiro momento, demonstrando, sempre, a sua visão solidária e intergeracional do direito.

Ao amigo, Professor Doutor Michael B. Gerrard, Diretor do Sabin Center for Climate Change Law, da Columbia University, agradeço pela generosidade, característica desde os tempos de meu doutoramento; pelas novas sugestões bibliográficas, críticas sempre pertinentes e constante oportunidade de aprendizado com suas paradigmáticas lições sobre o direito das mudanças climáticas, matéria em que é, inquestionavelmente, a grande referência mundial, e reconhecido, em especial, pelas Nações Unidas, quando eleito como responsável pela elaboração do célebre *The status of climate litigation: a global review.*

Ao Professor Doutor Wolfgang Kahl, Diretor do Institut für deutsches und europäisches Verwaltungsrecht, da Ruprecht-Karls-Universität Heidelberg, pela preciosa orientação sobre o direito ambiental e sustentabilidade na Alemanha, agradeço imensamente a atenção e interesse dispensados na presente pesquisa sobre litígios climáticos. Ao Professor Doutor Marc-Philippe Weller, Diretor do Institut für ausländishes und internationales Privat-und Wirtschaftsrecht, também da Ruprecht-Karls-Universität Heidelberg, que me proporcionou indicações bibliográficas sobre a responsabilidade das companhias em relação aos danos causados ao meio ambiente em virtude das emissões de gases de efeito estufa na Alemanha. Agradeço o convite de ambos os professores para realização de memorável palestra sobre o tema deste livro, nesta instituição, fundada no ano de 1386, berço, assim como a Columbia University, de dezenas de prêmios Nobel.

Por fim, agradeço ao Professor Doutor Rüdiger Wolfrum, do Max Planck Institut, pelas importantes indicações bibliográficas e sugestões sobre a abordagem do tema litígios climáticos no âmbito internacional e alemão.

Serei sempre muito grato a estes célebres juristas, por tudo.

LISTA DE ABREVIATURAS E SIGLAS

ACP – Ação Civil Pública
ADI – Ação Direta de Inconstitucionalidade
ADPF – Ação de Descumprimento de Preceito Fundamental
Anac – Agência Nacional de Aviação Civil
AP – Ação Popular
APP – Área de Preservação Permanente
ATS – Alien Tort Statute
CBA – Cost-Benefit Analysis
CCB – Código Civil Brasileiro
CDC – Código de Defesa do Consumidor
Cepal – Comissão Econômica para a América Latina e o Caribe
Cercla – Comprehensive Environmental Response, Compensations, and Liability Act
CF/88 – Constituição da República Federativa do Brasil de 1988
CFC – Clorofluorcarboneto
CO2 – Dióxido de Carbono
Conama – Conselho Nacional do Meio Ambiente
COP – Convenção-Quadro das Nações Unidas sobre Mudança do Clima
CSR – Responsabilidade Social Corporativa
CVM – Comissão de Valores Mobiliários
DF – Distrito Federal
EIA – Estudo de Impacto Ambiental
EPA – Environmental Protection Agency
EPCRA – Emergency Planing and Community Right-to-Know Act
ESA – Endangered Species Act
ESD – Esforço na Divisão de Decisões (acrônimo de Effort Sharing Decision)
ETS – Sistema de Mercado Europeu de Emissões (European Emissions Trading System)
FATMA – Fundação do Meio Ambiente
Fifra – Federal Insecticide, Fungicide and Rodenticide Act
FMI – Fundo Monetário Internacional
GHG – Greenhouse Gases
GWP – Global Warming Potential

HPAs	–	Hidrocarbonetos Policíclicos Aromáticos
HSWA	–	Hazardous and Solid Waste Amendments
Ibama	–	Instituto Brasileiro do Meio Ambiente
IBDF	–	Instituto Brasileiro de Desenvolvimento Florestal
ICC	–	Interstate Commerce Comission
ICMBio	–	Instituto Chico Mendes de Conservação da Biodiversidade
ILO	–	Organização Internacional do Trabalho (acrônimo de International Labour Organization)
Imazon	–	Instituto do Homem e Meio Ambiente da Amazônia
IPCC	–	Intergovernmental Panel on Climate Change
LACP	–	Lei de Ação Civil Pública
LF	–	Lei Fundamental da Alemanha
MDL	–	Mecanismo de Desenvolvimento Limpo
MMA	–	Ministério do Meio Ambiente
MP	–	Ministério Público
Namas	–	Ações de Mitigação Nacionalmente Apropriadas
Nasa	–	National Aeronautics and Space Administration
Nepa	–	National Environmental Policy Act
NOAA	–	National Oceanic and Atmospheric Administration
NPDES	–	National Pollutant Discharge Elimination System
ODS	–	Objetivos do Desenvolvimento Sustentável
Oira	–	Office of Information and Regulatory Affairs
ONG	–	Organização Não Governamental
ONU	–	Organização das Nações Unidas
PNEA	–	Política Nacional de Educação Ambiental
PNMA	–	Política Nacional do Meio Ambiente
PNMC	–	Política Nacional da Mudança do Clima
PNRS	–	Política Nacional de Resíduos Sólidos
PNUMA	–	Programa das Nações Unidas para o Meio Ambiente
RCRA	–	Resource Conservation and Recovery Act
RGGI	–	Regional Greenhouse Gas Initiative
SCOTUS	–	Supreme Court of the United States
SCRAP	–	Students Challenging Regulatory Agency Procedures
SDWA	–	Safe Drinking Water Act
Siaesp	–	Sindicato da Indústria de Açúcar no Estado de São Paulo
Sifaesp	–	Sindicato da Indústria da Fabricação do Álcool do Estado de São Paulo
STF	–	Supremo Tribunal Federal
STJ	–	Superior Tribunal de Justiça
TNCs	–	Companhias Transnacionais (acrônimo de Transnational Corporations)

TSCA	–	Toxic Substances Control Act
UCS	–	União de Cientistas Preocupados (acrônimo de Union of Concerned Scientists)
UE/EU	–	União Europeia
Unesco	–	Organização das Nações Unidas para Cultura, Ciência e Educação (acrônimo de United Nations Educational, Scientific and Cultural Organization)
Unesp	–	Universidade Estadual Paulista
UNFCCC	–	Convenção-Quadro das Nações Unidas sobre Mudanças do Clima (acrônimo de United Nations Framework Convention on Climate Change)
UN-REDD+	–	Reduced Emissions from Deforestation and Forest Degradation

SUMÁRIO

PREFÁCIO
Prof. Dr. Ingo Wolfgang Sarlet... 17

APRESENTAÇÃO DA OBRA REFERENTE À PESQUISA REALIZADA
NA COLUMBIA LAW SCHOOL
Prof. Dr. Michael B. Gerrard.. 21

APRESENTAÇÃO DA OBRA REFERENTE À PESQUISA REALIZADA
NA RUPRECHT-KARLS-UNIVERSITÄT HEIDELBERG
Prof. Dr. Wolfgang Kahl... 25

CAPÍTULO 1
INTRODUÇÃO 31

CAPÍTULO 2
A AMEAÇA DAS MUDANÇAS CLIMÁTICAS E AS ALTERNATIVAS
PARA ENFRENTÁ-LAS... 45

CAPÍTULO 3
O DIREITO DAS MUDANÇAS CLIMÁTICAS NO ÂMBITO
INTERNACIONAL... 61

CAPÍTULO 4
LITÍGIOS E DIREITO DAS MUDANÇAS CLIMÁTICAS NO BRASIL..... 91

4.1   Instrumentos processuais que podem ser utilizados nos litígios climáticos no Brasil.. 10?

4.1.1   Ação civil pública climática.. 1(

4.1.2   Ação popular climática 1

4.1.3   Mandado de segurança coletivo climático...

4.1.4   Mandado de injunção ambiental climático.......................................

4.1.5   Ação direta de inconstitucionalidade climática de lei ou ato normativo ambiental ....

4.1.6   Ação direta de inconstitucionalidade climática por omissão....

4.1.7	Arguição de descumprimento de preceito fundamental climático	122
4.2	Litígios climáticos no Brasil: análise de precedentes	123
4.3	Precedentes do Supremo Tribunal Federal	125
4.4	Precedentes do Superior Tribunal de Justiça	141
4.5	Ações climáticas ajuizadas no âmbito da Justiça federal	179
4.6	Ações climáticas ajuizadas no âmbito da Justiça estadual	196

CAPÍTULO 5
BREVES CONSIDERAÇÕES SOBRE O DIREITO AMBIENTAL NORTE-AMERICANO ... 203

5.1	Litígios ambientais nos Estados Unidos	206
5.2	Litígios e direito das mudanças climáticas nos Estados Unidos	216
5.3	Litígios climáticos nos Estados Unidos: análise de casos	221

CAPÍTULO 6
LITÍGIOS E DIREITO DAS MUDANÇAS CLIMÁTICAS NA ALEMANHA ... 233

6.1	Breves considerações sobre o direito ambiental alemão	235
6.2	Plano de Ação Climática 2050 e a redução da emissão de gases de efeito estufa em consonância com a União Europeia e a comunidade internacional	239
6.2.1	Breve abordagem doutrinária sobre os litígios climáticos no conceito da doutrina alemã	244
6.3	Sistema de responsabilização civil na Alemanha e mudanças do clima	247
6.3.1	Responsabilidade baseada na culpa e litígios climáticos	248
6.3.2	Da responsabilidade sem culpa	249
6.3.3	Responsabilidade objetiva em sentido estrito	250
6.3.4	Responsabilidade por ação sem autorização específica e o enriquecimento ilícito	250
6.3.5	Responsabilidade pública de agentes não estatais	251
6.3.6	Lei Federal de Controle das Emissões	251
6.3.7	Lei de Prevenção e Reparação de Danos Ambientais	252
6.3.8	A responsabilidade pública do Estado	252
6.4	Estudo de caso: caso *Lliuya v. RWE AG*	253
6.4.1	Fundamento jurídico do pedido	254
6.4.2	Responsabilidade civil das companhias por violação aos direitos humanos e o caso *Lliuja*	254
6.4.3	Dos fundamentos da decisão da Corte Regional de Essen	261

6.4.4   Da apelação para a Alta Corte Regional de Hamm 262
6.5   Estudo de caso: o caso *Neubauer e outros v. Alemanha* 263

CAPÍTULO 7
CONCLUSÃO 267

REFERÊNCIAS 273

PREFÁCIO

Se há tema atual, relevante e emergencial, a ponto de assumir uma dimensão existencial para toda a natureza, humana e não humana, é o desafio do habitar e viver no nosso planeta de modo sustentável e não de modo a contribuir para a possível inviabilização da vida em escala global. Nesse contexto, as mudanças climáticas, que não configuram, por elementar, um fenômeno recente, existindo e impactando desde que existe a Terra, passaram a se tornar um problema de natureza também moral e jurídica, sem prejuízo das suas demais dimensões. Isso pelo fato de que o ser humano, dotado de razão e consciência (o que nem sempre parece ser o caso...) tem cobrado da natureza muito mais do que o necessário para a sua (do ser humano, mas não de todos os humanos da mesma forma) sobrevivência e seu desenvolvimento, sendo também o único ser vivo com condições de repensar a sua trajetória e agir, de modo racional e razoável, para mitigar o impacto de suas ações e omissões.

No caso das mudanças climáticas, embora todas as medidas já tomadas, as resistências ainda são muitas e movidas por poderosos atores e interesses, mas também pela dificuldade que, em maior ou medida, o ser humano tem em fazer a sua parte, por menor que seja, quando se trata de renunciar a algo no presente em detrimento de uma vantagem futura em relação a qual não tem por vezes maior conhecimento, mas que, ademais disso, não lhe oferece uma ameaça iminente e mais concreta.

Contudo, o preço da omissão ou da ação insuficiente já está sendo cobrado e a fatura tende a ser alta demais, senão mesmo impagável. Os sinais já são mais do que evidentes, mas por ora ainda atingem, como costuma ser, os mais vulneráveis. Por outro lado, ademais da resistência no que diz com a submissão a medidas efetivas para enfrentar o problema, apenas factível em escala mundial, mediante esquemas cooperativos sólidos e acompanhados de investimentos massivos em diversos níveis, também se verificam inúmeras situações de descumprimento de medidas já estabelecidas, seja em nível internacional, seja no plano doméstico.

Nessa senda, o papel da assim chamada litigância climática, como estratégia de combate para fazer cumprir as leis e os tratados e demais esquemas regulatórios em vigor, bem como impulsionar outras, tem ganhado uma dimensão que, não faz tanto tempo, não era sequer imaginada. Não só o assim chamado direito das mudanças climáticas e seus domínios correlatos, como o direito das catástrofes e dos desastres ambientais, que se somaram aos ramos já clássicos do direito ambiental, mas também a criação de estruturas organizacionais e técnicas processuais adequadas para a efetividade da proteção do ambiente têm sido cada vez mais objeto de atenção. A judicialização das mudanças climáticas e a formação de um corpo diversificado de agentes capacitados e comprometidos têm igualmente angariado cada vez mais adeptos nos mais diversos domínios, em especial na área do direito.

Já particularmente desenvolvida nos Estados Unidos da América, curiosamente um dos três países que mais contribui para o desgaste ambiental e para o aumento dos níveis de aquecimento global, a assim chamada litigância ambiental tem sido objeto de implantação e estudo em um número cada vez maior de países, com níveis muito diferenciados de desenvolvimento e eficácia. Já por tal razão, é motivo de alegria e de orgulho poder lançar essas sumárias considerações à guisa de prefácio da nova obra do Professor Doutor e Magistrado Federal Gabriel Wedy, estimado amigo e colega, que tem dedicado parte substancial de sua trajetória acadêmica à causa da proteção do ambiente, área temática sobre a qual se debruçou tanto durante o Mestrado, quanto no Doutorado e agora Pós-Doutorado em Direito. Tendo em conta os temas das suas obras que correspondem ao texto de sua Dissertação de Mestrado e Tese de Doutorado, voltadas aos princípios e deveres da precaução e da sustentabilidade, nada mais bem-vindo que um trabalho dedicado ao tema da litigância climática, que precisamente envolve, entre outros aspectos, o bom combate pela efetividade dos princípios e deveres referidos.

A obra que agora é submetida ao público não poderia ter sido concebida e escrita em ambiente mais favorável e estimulante. Depois de uma proveitosa e elogiada, ademais de produtiva estada, na condição de *visiting scholar*, na Universidade de Columbia, Nova Iorque, durante o seu Doutorado, sob a supervisão magistral de um dos maiores (senão o maior) teóricos e práticos do direito das mudanças climáticas e da litigância climática em escala mundial, designadamente, o Prof. Dr. Michael Gerrard, o nosso ilustre prefaciado, agora em nível de pós-doutoramento, voltou para Nova Iorque para novamente se abeberar e empoderar junto ao Professor Gerrard e as fantásticas fontes de conhecimento do instituto por este presidido (Sabin Center for Climate Change Law).

Não bastasse isso, o nosso prefaciado realizou pesquisas na prestigiada Universidade de Heidelberg, orientado pelo Prof. Dr. Wolfgang Kahl. Sempre inquieto e ávido por conhecimentos, Gabriel Wedy não deixou de aproveitar a ocasião para trocar ideias e obter preciosas indicações bibliográficas com outro prestigiado docente daquela que é a mais antiga universidade na Alemanha (embora não a mais antiga universidade de língua alemã), designadamente, o Prof. Dr. Marc-Philippe Weller, bem como com o Prof. Dr. Rüdiger Wolfrum, do Instituto Max-Planck de Direito Público Internacional e Comparado, também situado na cidade de Heidelberg.

O resultado não poderia ser outro. Uma obra atual, comprometida, bem construída do ponto de vista científico e vocacionada para servir de fonte e referência para todos os que já se dedicam ao tema da litigância climática e, quiçá, de estímulo para que outros vejam, nas mudanças climáticas e no enfrentamento e equacionamento dos problemas a elas relacionados, uma razão para viver.

Portanto, não sendo o caso de aqui consumir papel e tinta para apresentar aquilo que o leitor poderá acessar desde logo e sem intermediários, o que me resta é parabenizar tanto a obra como seu autor, desejando que ambos encontrem ampla receptividade e obtenham máxima ressonância.

Porto Alegre, 27 de outubro de 2018.

Prof. Dr. Ingo Wolfgang Sarlet
Professor Titular e Coordenador do Programa de Pós-Graduação em Direito da Escola de Direito da PUCRS. Desembargador do TJRS. Doutor e Pós-Doutor em Direito pela Universidade de Munique.

APRESENTAÇÃO DA OBRA REFERENTE À PESQUISA
REALIZADA NA COLUMBIA LAW SCHOOL

Como todos os que acompanham as implicações das mudanças climáticas bem sabem, as nações de todo o mundo reuniram-se em Paris, em dezembro de 2015, e definiram como meta manter as temperaturas médias globais abaixo de 2°C acima dos níveis pré-industriais, comprometendo-se a envidar esforços para que o aumento se mantenha, se possível, no patamar de 1,5°C acima da referida era. Já estamos convivendo com temperaturas de 1°C acima das registradas na era pré-industrial. Para atingir os objetivos do Acordo de Paris, a maioria dos países também se comprometeu, de forma voluntária e não vinculativa, em reduzir, ou pelo menos controlar, suas emissões de gases do efeito estufa. Os países desenvolvidos também se comprometeram em contribuir com grandes quantias em dinheiro – começando com 100 bilhões de dólares em 2020 – para auxiliar os países em desenvolvimento a reduzir suas emissões de gases do efeito estufa e adaptarem-se às mudanças climáticas que estão por vir.

Acredito nas seis proposições seguintes que são inquestionavelmente críticas.

Em primeiro lugar, como demonstrado pelo relatório recente do Painel Intergovernamental sobre Mudanças Climáticas, o planeta, com um aumento limitado em 1,5°C em sua temperatura (mesmo que esse número possa ser atingido e mantido), ainda não é nem será um local seguro. Como vimos ao longo do ano de 2017, com recordes em inundações, furacões, tufões, ondas de calor, incêndios florestais e derretimento de gelo em todo o mundo, o nosso planeta, com um aumento de apenas 1°C, demonstra-se já bastante zangado e perigoso.

Em segundo lugar, se todas as promessas feitas em Paris forem cumpridas, ainda assim não ficaremos abaixo de 2°C. As estimativas variam, mas, ao que parece, caminhamos para um aumento de temperaturas entre 3 e 4°C até o final do século, o que seria catastrófico em muitos níveis.

Terceiro, não estamos nem próximos de cumprir com as promessas formuladas em Paris. O novo governo dos Estados Unidos repudiou oficialmente o comprometimento assumido pelo país anteriormente. E como se observa mais recentemente, mesmo os países que não chegaram a isso, já estão muito longe de atingir suas metas individuais de corte de emissões.

Em quarto lugar, o comprometimento de 100 bilhões de dólares por ano, assumido em Copenhague e Paris, quase não é suficiente para atender às necessidades dos países em desenvolvimento em relação à adoção de medidas de redução da emissão de gases de efeito estufa e de medidas de adaptação às alterações climáticas.

Quinto, mesmo antes das eleições dos EUA, de novembro de 2016, já não se sabia ao certo como esses 100 bilhões de dólares seriam fornecidos. Agora que a Administração de Donald Trump indicou que não quer que os Estados Unidos contribuam com nenhum recurso financeiro, as esperanças de se conseguir até mesmo essa mínima quantia em assistência internacional tornaram-se ainda mais distantes.

E, sexto, os poderes Legislativos e Executivos ao redor do mundo nos decepcionaram. Apenas os sistemas políticos de pouquíssimos países colocaram-se em posição altruísta para assumir a tarefa de combater as alterações climáticas.

Uma consequência do estado dessas relações internacionais é que muitas pessoas físicas e jurídicas estão buscando os tribunais para resolver este problema. Se não podemos confiar em presidentes eleitos e parlamentares, podemos contar com os juízes?

Este livro trata exatamente disso: que papel podem e devem desempenhar os tribunais em todo o mundo em abordar a crise climática, e o que temos até agora, como experiência disso, nos Estados Unidos, no Brasil e na Alemanha.

O Sabin Center for Climate Change Law tem um *site* que tenta rastrear todos os litígios relacionados ao clima ao redor do mundo. Descobrimos que há muito mais litígios climáticos nos EUA do que no restante do planeta. Na verdade, pela nossa contagem, dos 1.187 casos no mundo, 907, ou seja, 76%, estão tramitando ou foram decididos nos EUA. A Austrália vem em um segundo lugar distante, com 97 casos, a maioria dos quais são sobre a avaliação de impacto ambiental. Já bem atrás estão o Reino Unido e o Tribunal de Justiça da União Europeia (que tem julgado casos sobre a aplicação do sistema europeu de comércio de emissões) com 46 e 41 casos, respectivamente. Os únicos outros países a atingir os dois dígitos são a Nova Zelândia, Canadá e Espanha, e os Tribunais da Convenção das Nações Unidas sobre alterações climáticas. Há apenas alguns casos na Ásia, na África e na América do Sul.

A maior categoria de casos nos EUA envolve a integração da preocupação com as alterações climáticas e a avaliação ambiental e licenciamento, seguido bem de perto pelos casos ajuizados principalmente pela indústria e pelos Estados que estão lutando contra as regulamentações climáticas. Em um número menor de casos foram defendidas nos Tribunais: as políticas da administração Obama; a exigência de maior transparência e rigor científico na administração Trump; e a adoção de medidas de proteção climática adicionais.

A maioria dos casos que tem como objetivo uma maior e nova regulamentação, ou que defende os regulamentos existentes, ou busca maior divulgação de dados e informações referentes as questões climáticas e dos seus impactos foi ajuizada por organizações não governamentais e por governos de Estados que apoiam a regulação climática. A maioria dos casos que se opõem à regulação e à divulgação de informações que envolvem o problema do aquecimento global foi, previsivelmente, ajuizada pela indústria e pelos Estados que resistem à regulação climática.

Os casos majoritariamente nos Estados Unidos estão embasados em leis ou regulamentos. Somente uma porcentagem muito pequena dos casos é fundamentada em teorias constitucionais, de direitos humanos ou de responsabilidade civil e, ainda, não teve grande sucesso até agora, embora receba grande atenção dos operadores do direito, como resta demonstrado pelos recentes desenvolvimentos doutrinários sobre aquelas. Muitas pessoas têm depositado grandes esperanças na possibilidade de os tribunais poderem ajudar a resolver o problema que até agora os poderes Executivo e Legislativo não foram capazes de solucionar.

Como vários casos climáticos foram e estão sendo ajuizados em outros países, será muito interessante ver se eles seguem os padrões semelhantes aos dos EUA. Cada Judiciário nacional deve enfrentar os difíceis questionamentos que emanam da teoria da separação dos poderes Executivo, Legislativo e Judiciário, e avaliar se as doutrinas tradicionais que emanam desta separação devem permanecer em face de uma crise global, como as mudanças climáticas.

Este livro, *Litígios climáticos – De acordo com o direito brasileiro, norte-americano e alemão*, surge em um momento extremamente oportuno. Advogados, juízes e juristas de todo o mundo – não só nesses três países – estão trabalhando para compreender as potencialidades e os limites dos litígios no enfrentamento das mudanças climáticas. O Juiz Federal Gabriel Wedy dá uma contribuição extremamente relevante na análise dos litígios climáticos em três países muito importantes, cada um com diferentes sistemas políticos e jurídicos. O livro será de grande valor para qualquer pessoa que pretenda compreender o tema, para pesquisadores e para os operadores do direito que atuam nos litígios climáticos.

Nova Iorque, 4 de novembro de 2018.

Prof. Dr. Michael B. Gerrard
Professor na Universidade de Columbia. Diretor do Centro Sabin de Direito das Mudanças Climáticas.

APRESENTAÇÃO DA OBRA REFERENTE À PESQUISA REALIZADA NA
RUPRECHT-KARLS-UNIVERSITÄT HEIDELBERG

I Proteção climática como um desafio para a governança global

Atualmente, é comumente aceito – menos por um presidente dos EUA chamado Trump e por algumas outras pessoas com uma visão limitada de mundo – e confirmado pelo Quinto Relatório de Avaliação do Painel Intergovernamental sobre Mudanças Climáticas, que as mudanças climáticas estão acontecendo e são causadas por fatores antropogênicos. A luta contra as mudanças climáticas constitui um desafio global que só pode ser cumprido se for adotada uma abordagem política e jurídica que seja multilateral, cooperativa e baseada em uma governança multinível. Vários agentes precisam trabalhar juntos para que se alcance o desenvolvimento sustentável, especialmente, em temas como a redução das emissões de gases de efeito estufa, a expansão das energias renováveis, a melhoria da eficiência energética e a adaptação às mudanças climáticas que ocorrerão inevitavelmente.

I.I Política internacional de mudanças climáticas

A política internacional sobre as mudanças climáticas está estabelecida pelo Acordo de Paris, no qual 195 países concordaram em limitar as futuras emissões de gases de efeito estufa para que o aumento da temperatura global não seja maior do que 2°C, se possível não maior do que 1,5°C acima do nível pré-industrial. Ainda que o aumento das temperaturas seja de apenas de 1,5°C, o que vai provavelmente ocorrer entre 2030 e 2052, se as temperaturas continuarem a aumentar no atual ritmo, haverá um pesado impacto sobre o nosso planeta, como demonstra o Relatório Especial sobre os Impactos do Aquecimento Global de 1,5°C acima dos níveis pré-industriais (IPCC, de outubro de 2018). Este relatório também deixa claro que os atuais objetivos de mitigação não são suficientes para limitar o aquecimento global em 1,5°C, ainda se eles forem apoiados e implementados com crescente entusiasmo e ambição para reduzir as emissões após 2030. O futuro revelará se a comunidade internacional de Estados levará este relatório especial a sério e se esta está disposta a intensificar os atuais esforços.

I.II Política de mudanças climáticas europeia

O art. 3° do Tratado da União Europeia (TUE) estabelece "um alto nível de proteção e melhoria da qualidade do meio ambiente" como um dos principais objetivos legais e políticos do art. 191, (1) do Tratado de Funcionamento da União Europeia (TFUE), que complementa o art. 3° do (TUE) com específicos objetivos ambientais como:

> preservar, proteger e melhorar a qualidade do meio ambiente, proteger a saúde humana, a prudente e racional utilização dos recursos naturais e a promoção de medidas em nível internacional para enfrentar os problemas ambientais, regional e mundial e, em particular, combater as mudanças climáticas.

A competência da União Europeia para a adoção de medidas de mitigação das mudanças climáticas tem como base o art. 192, (1) do (TFUE).

Dentro deste cenário jurídico, o Conselho Europeu declarou que a temperatura global deve aumentar no máximo 2°C, e comprometeu a União Europeia a reduzir as suas emissões de gases de efeito estufa em pelo menos 20% abaixo dos níveis de 1990 até 2020 (CE, 2007). A fim de cumprir com esta obrigação, a UE aprovou o pacote de proteção climática (2009), que incluiu os objetivos vinculativos para se atingir uma quota geral de consumo de 20% proveniente das energias renováveis – no consumo energético total – e uma melhoria da eficiência energética também de 20% até 2020. Até o momento, a UE se encontra em excelente posição de ultrapassar, por longa margem, o objetivo de 20% de redução das emissões de gases de efeito estufa, uma vez que, em 2015, as emissões na UE já foram 22% inferiores ao nível de 1990. Em 2014, o Conselho Europeu apresentou um novo quadro de política climática e energética, obrigando a UE a reduzir as suas emissões de gases de efeito estufa em pelo menos 40% abaixo do nível de 1990 até 2030 e atingir uma quota em 27% na produção de energias renováveis e uma melhoria da eficiência energética igualmente de 27%. Essas metas serão alcançadas pelas contribuições dos Estados-Membros, que serão discutidas e negociadas informalmente e bilateralmente entre os referidos Estados e a Comissão da UE.

I.III Política de mudanças climáticas na Alemanha

As ambiciosas políticas internacionais e europeias de proteção climática somente serão bem-sucedidas se os governos nacionais apoiarem seriamente as metas de redução acordadas em nível internacional e europeu e assegurarem a sua implantação. O objetivo da Alemanha, no longo prazo, é a redução das emissões de gases de efeito estufa em 80-95% (com relação ao nível de 1990) até 2050. A fim de atingir esta ambiciosa meta de redução, o Plano de Ação Climática 2050 prevê diferentes objetivos, estratégias e medidas para os setores de energia, construção, tráfego, indústria, agricultura e silvicultura. O objetivo político para 2020 é a redução das emissões de gases de efeito estufa em 40%. Quanto ao Relatório de Proteção Climática 2017, do Governo federal alemão, a redução esperada das emissões de gases de efeito estufa será no máximo de 35%, de modo que o objetivo de 40% provavelmente não será atingido. No entanto, como apontado no acordo de coligação (2018), o Governo federal alemão está comprometido com o cumprimento das metas climáticas previstas no âmbito nacional, europeu e internacional (Acordo de Paris) para 2020, 2030 e 2050.

II Litígios climáticos

Além disso, na UE e na Alemanha, o papel dos tribunais em relação à luta efetiva contra as alterações climáticas torna-se cada vez mais importante, mesmo que a discussão aqui, em comparação com os EUA, ainda esteja no início. Entretanto, já houve algumas ações judiciais de sucesso em alguns Estados-Membros da UE, por exemplo, a ação da associação ambiental Urgenda contra o Estado holandês, alegando que o referido Estado viola o seu dever constitucional de cuidado, limitando as emissões de gases de efeito estufa (apenas) em 17%, abaixo dos níveis de 1990. O Tribunal Distrital de Haia julgou procedente a ação e ordenou que o Estado holandês limitasse as emissões de gases de efeito estufa em 25%. Semelhante a este caso, mas no que se refere à própria EU, temos a ação judicial de 8 famílias europeias e 2 não europeias contra o Conselho Europeu e o Parlamento. As metas climáticas da União Europeia são, segundo os autores, insuficientes para evitar os perigos das mudanças climáticas. Neste caso, o objetivo dos autores é obrigar a UE a atingir metas de redução de emissões mais rigorosas até 2030.

Até agora, não houve nenhuma ação na Alemanha com o objetivo de obrigar o Governo federal no cumprimento de metas de redução de emissões mais rigorosas ou para a adoção de medidas mais eficazes de proteção climática, embora, como visto acima, a Alemanha provavelmente não conseguirá atingir os objetivos com os quais se comprometeu em nível internacional e europeu. Parece que o tema *litígios climáticos* não adquiriu importância na Alemanha até o momento. Pelo menos o tema não chegou aos Tribunais alemães até agora e não há sequer uma discussão pública sobre isso.

Na Alemanha, só houve uma ação judicial de proteção climática até agora que é a demanda de um agricultor peruano contra a RWE (maior produtora de eletricidade do país). O autor da ação alega que a RWE é parcialmente responsável pelo derretimento de uma geleira perto de sua cidade natal e o consequente aumento do nível de um lago, que provavelmente inundará área de sua propriedade, da qual ele necessita para sua subsistência econômica. No entanto, o Tribunal Distrital de Essen decidiu, em primeira instância, que a RWE não é legalmente obrigada a pagar por medidas que o autor já tenha tomado para proteger a sua propriedade e residência contra esse risco. Em consonância com a jurisprudência, o Tribunal salientou que não é possível atribuir danos individuais e prejuízos a emissores únicos, quando há uma multiplicidade de tais emissores. Portanto, nenhum nexo causal conectou as emissões da RWE aos perigos sofridos pelo demandante e aos custos arcados por este decorrentes do derretimento da geleira. O autor apelou ao Tribunal Regional Superior de Hamm. A decisão está sendo aguardada ansiosamente por vários juristas e advogados, pois, caso o agricultor peruano tenha sucesso, esta será uma decisão histórica para o sistema da responsabilidade civil alemão. Este último – sistema de responsabilização civil – encontra-se até agora limitado aos bens jurídicos individuais, como a vida e a saúde (não engloba o meio ambiente e o clima como bens coletivos ou comuns) e existem grandes e rigorosas exigências para a demonstração do nexo de causalidade nos casos em concreto.

III O livro do Juiz Federal Gabriel Wedy: uma valiosa contribuição para a pesquisa internacional sobre mudanças climáticas

Contra os antecedentes factuais e jurídicos acima mencionados e a esmagadora necessidade da adoção de "medidas climáticas" urgentes (Objetivo 13 da Agenda de 2030 da ONU para o Desenvolvimento Sustentável), é preciso acolher calorosamente o inspirador livro do Juiz Federal Gabriel Wedy, que aborda *litígios climáticos no Brasil, nos Estados*

Unidos e na Alemanha. A cooperação internacional de pesquisadores de sustentabilidade em todo o mundo está se tornando cada vez mais importante para enfrentar o enorme desafio de limitar o aquecimento global e para a adoção de medidas de adaptação às mudanças climáticas (na medida em que essas são inevitáveis). Neste contexto, a relevância prática dos litígios climáticos tem crescido de forma constante nos últimos anos – um desenvolvimento que ainda não chegou ao seu fim e que deve ser analisado não apenas do ponto de vista de um Estado e de uma ordem jurídica. Portanto, é especialmente a perspectiva comparada deste novo livro do Professor Gabriel Wedy, que tem um valioso significado e é um passo à frente para todos os esforços de se desenvolver uma doutrina de direito internacional das mudanças climáticas. Desejo que este livro tenha a ampla difusão que tanto merece, bem como ávidos leitores.

Heidelberg, 27 de outubro de 2018.

Prof. Dr. Wolfgang Kahl
Professor na Universidade de Heidelberg. Diretor do Centro de Pesquisa de Direito e Sustentabilidade.

CAPÍTULO 1

INTRODUÇÃO

Nas últimas décadas, tratados internacionais, constituições, legislações infraconstitucionais e políticas públicas têm abordado as mudanças climáticas causadas por fatores antrópicos como um grande desafio a ser enfrentando, seja pela necessidade do corte das emissões de gases de efeito estufa nos parâmetros acordados em Paris, no ano de 2015, seja para a adoção imediata de medidas de adaptação e de resiliência com a finalidade de proteger a vida humana e não humana, o meio ambiente, a economia e os bens públicos e privados. Este arcabouço normativo, combinado com uma recente doutrina e, especialmente, jurisprudência, tem criado direitos e obrigações para governos e entes privados que ultrapassam as fronteiras do direito ambiental. A importância dos litígios climáticos, aliás, resta estampada, com destaque, no Objetivo 13 da *Agenda 2030* da ONU *para o Desenvolvimento Sustentável*, consubstanciada na necessária *ação climática*, como referia Jeffrey Sachs, enquanto professor deste autor no *Earth Institute* da Columbia University nos anos de 2015 e 2016. Ação climática, desnecessária maior avaliação, pressupõe como um dos seus principais elementos concretizadores justamente os litígios climáticos.

Os litígios climáticos têm como objetivo pressionar, às vezes de modo estratégico, o Estado legislador, o Estado administrador e os entes particulares a cumprirem, mediante provocação do Estado juiz, o compromisso mundial no sentido de garantir um clima adequado com o corte das emissões de gases de efeito estufa e o incentivo à produção das energias renováveis acompanhados do necessário deferimento de medidas judiciais hábeis a concretizar os princípios da precaução e da prevenção com a finalidade, igualmente, de evitar catástrofes ambientais e de promover o princípio do desenvolvimento sustentável. Os litígios climáticos, outrossim, são essenciais para suprir omissões estatais na esfera administrativa e as lacunas deixadas pelo legislador em relação à matéria. Neste cenário, o Estado juiz, em todo o mundo, tem julgado um crescente número de demandas envolvendo o direito das mudanças climáticas, aplicando, direta e indiretamente, o princípio da proporcionalidade, vedando excessos e omissões.

Relevante que os operadores do direito nacional e internacional possuam referências doutrinárias sobre litígios climáticos com o estudo de casos específicos aptos a enriquecer esta nova prática inserida nestes tempos de amplificação de riscos e de desastres ambientais. À disposição dos operadores do direito, em especial dos juízes, precisam existir elementos legislativos, jurisprudenciais e doutrinários suficientes para boas fundamentações nas decisões decorrentes dos casos trazidos pelas partes. Ademais, é importante, na seara multidisciplinar do direito das mudanças climáticas, edificado também por decisões judiciais, a construção de uma linguagem jurídica comum e acessível para os atores processuais, legisladores e administradores.

Impactos gerados pelas ondas de calor e tempestades de grandes dimensões atingindo zonas costeiras e as nações-ilha, relevante grifar, estão aumentando em frequência e intensidade e são fenômenos causados pela ação humana. Os custos para os governos, para a sociedade e para a iniciativa privada, gerados pelos extremos climáticos, são significativos. Os Estados, por sua vez, têm lutado para desenvolver instrumentos efetivos para combater as causas e os efeitos do aquecimento global (externalidades negativas). As políticas de adaptação e de mitigação espraiam-se pelos governos dos países, lenta e continuamente, e, cada vez mais, em boa hora, não estão sendo paralisadas ante as incertezas científicas, e os gestores públicos passam a abandonar as vetustas exigências de certezas impossíveis de se alcançar – amparadas na utopia do inalcançável risco zero – no atual estágio da ciência. Neste cenário de incertezas e de riscos, busca-se a estabilização climática em níveis que se aproximem dos 1,5°C, no ano de 2100, como já acordado, em Paris, no âmbito da COP 21, tendo como marco inicial o período Pré-Revolução Industrial (1750).

Várias ações judiciais são promovidas por entes públicos, organizações não governamentais e cidadãos, individualmente ou em grupo, com o objetivo de comprometer os governos com o cumprimento dos acordos e tratados internacionais, Constituições, legislações e normas administrativas de cunho climático protetivo. De outro lado, naquelas nações onde não existe legislação constitucional ou infraconstitucional de tutela do clima, os autores buscam compelir os réus a adotar medidas amparadas por acordos internacionais firmados, legislação e doutrinas de direito ambiental que indiretamente possam contribuir com a redução das emissões e, também, possam tutelar valores e bens ameaçados pelo aumento das temperaturas. Exemplificativamente, as atividades extrativas (especialmente do carvão e do petróleo), o desmatamento, a construção de novas usinas termelétricas são combatidos, via ações judiciais, assim como governos são demandados, em face de omissões e ações inconstitucionais, inconvencionais ou ilegais, para a boa e sustentável administração dos recursos naturais, como manda o princípio da boa governança, aliás, um dos quatro elementos do moderno conceito de desenvolvimento sustentável que está fixado para além do Relatório Brundtland.

Outras demandas têm buscado responsabilizar aqueles entes públicos e privados que mantêm os seus empreendimentos com total conhecimento de que as emissões causam o aquecimento global, que por sua vez gera prejuízos irreparáveis ao meio ambiente e ao ser humano. Com a evolução tecnológica, a previsibilidade acerca dos padrões climáticos torna-se mais factível, o que possibilita responsabilizar entes públicos e privados pela não adoção de medidas precautórias e preventivas que poderiam vir a evitar danos altamente previsíveis. Nesta seara, cresce a importância da *public trust doctrine*, no direito anglo-saxônico, e que poderia ser desenvolvida nestas plagas, para a qual o Estado tem a responsabilidade e a obrigação de garantir os recursos naturais da nação para as futuras gerações. Não são poucos também os casos climáticos que envolvem a discussão sobre a possível violação de direitos fundamentais, de direitos humanos e da equidade intergeracional, assim como outros litígios em que é debatida a possível violação da independência dos poderes do Estado decorrente das ações e das omissões das agências federais e das autarquias, referentes ao corte das emissões de gases de efeito estufa e à adoção de medidas de adaptação e de resiliência como dever dos governos.

De acordo com o pioneiro relatório global realizado sobre litígios climáticos, divulgado pela *United Nations Environment Programme*, em cooperação com o Sabin Center for Climate Change Law, da Columbia Law School, capitaneado pelo Professor Michael B. Gerrard, divulgado em maio de 2017, as maiores ocorrências de litígios climáticos eram nos países desenvolvidos no hemisfério norte, na Austrália e na Nova Zelândia.

No hemisfério sul, embora autores já estivessem instaurando litígios climáticos (UNITED NATIONS ENVIRONMENT PROGRAMME, 2017, p. 5), não havia uma doutrina consistente, em nível local, especificamente no Brasil, a fim de servir de referência. E isso ocorria muito embora o país, desde a década de 1980, tratasse do tema aquecimento global no discurso ambientalista, inclusive com importantes discussões políticas e jurídicas, conforme exigiram os altos índices de poluição atmosférica que se verificavam nos grandes centros urbanos (SARLET; FENSTERSEIFER, 2014, p. 64).

De acordo com o referido relatório, *The Status of Climate Litigation: a Global Review* (UNITED NATIONS ENVIRONMENT PROGRAMME, 2017, p. 5), três são as categorias principais de questões legais discutidas em matéria de litígios climáticos:

1. Possibilidade de a controvérsia ser ajuizada, discutida e decidida pelo Poder Judiciário.
2. Quais são as fontes jurídicas das obrigações climáticas.
3. Quais são os instrumentos processuais hábeis para o ajuizamento de ações climáticas.

E, ainda, pode-se extrair do relatório cinco tendências bem definidas e delineadas em matéria de litígios climáticos (cf. UNITED NATIONS ENVIRONMENT PROGRAMME, 2017, p. 14):

1. Busca por fazer com que os governos fiquem vinculados e cumpram os seus compromissos legais, bem como os assumidos em nível de políticas públicas.
2. Identificação do nexo causal entre os impactos da extração de recursos de um lado e as mudanças climáticas e a resiliência de outro.
3. Verificação se a quantidade de emissões particulares possui um nexo de causalidade próximo aos impactos adversos das mudanças climáticas.
4. Estabelecimento da responsabilidade governamental por falhas omissivas ou comissivas na adoção de políticas de adaptação às mudanças climáticas.
5. Aplicação da *public trust doctrine* nos casos envolvendo mudanças climáticas.

Mais recentemente, no ano de 2020, foi publicado o *Global Climate Change Litigation Report – 2020 Status Review* (UNITED NATIONS ENVIRONMENT PROGRAMME, 2020, p. 5), que atualizou o pioneiro relatório (UNITED NATIONS ENVIRONMENT PROGRAMME, 2017) e que igualmente foi elaborado pela ONU em parceria com o Sabin Center for Climate Change Law.

Deste relatório pode se inferir que a crise climática, por certo, persiste com o aumento das temperaturas e dos eventos climáticos extremos. De fato, como se pode observar no *Emissions Gap Report 2020*, lançado pela Unep, apesar da diminuição nas emissões de dióxido de carbono causada pela pandemia da Covid-19, persistiu a tendência inequívoca de aumento nas temperaturas para 3°C no final deste século.

Esse fenômeno demonstra uma futura e possível frustração do objetivo do Acordo de Paris em limitar o aquecimento global para bem menos de 2°C (UNITED ENVIRONMENT PROGRAMME, 2020). Cumprindo-se, portanto, esta previsão nefasta de aumento das temperaturas para o futuro, certamente, haverá um aumento da insustentabilidade que afetará os seres vivos e a Terra, *nossa Gaia,* e de modo dramático como advertiu Lovelock (1979, p. 50).

De outro lado, nações e entes privados (inclusive com a implementação agressiva de políticas de *ESG – Environmental, Social e Governance*) estão progressivamente comprometidos com salutares metas de emissões líquidas negativas até 2050. Para isto, urge, por certo, a transição energética e a descarbonização profunda da economia (GERRARD; DERNBACH, 2018, p. 10).

As futuras gerações de seres humanos, felizmente, talvez, tenham, para além dos maus, bons exemplos a seguir. As crianças, os adolescentes e os jovens estão, já nestes dias, a reivindicar direitos constitucionais fundamentais, como o direito ao clima estável e seguro. Exercem, via litígios climáticos, outrossim, uma forte pressão sobre os governos para uma mudança na governança climática realizando um importante e rico movimento global de mobilização política e de criação de direitos ambientais e climáticos intergeracionais. O Poder Judiciário, portanto, na maioria dos países do mundo, cada vez mais, assume um papel de protagonismo na declaração e na concretização destes direitos em virtude da emergência climática e da omissão dos demais poderes estatais.

Como bem referido por Inger Andersen, Diretora Executiva da Unep, o mencionado relatório fornece uma visão geral dos litígios sobre alterações climáticas em todo o mundo e constata que houve um rápido aumento da incidência dos litígios climáticos. Em 2017, "houve 884 litígios climáticos instaurados em 24 países. Em 2020, o número de casos quase duplicou com pelo menos 1.550 casos ajuizados em 38 países" (UNITED NATIONS ENVIRONMENT PROGRAMME, 2020). Evidentemente que o número pode ser bem superior em virtude da falta de maiores levantamentos científicos coordenados entre as nações e as subnotificações.

Para Andersen "esta onda crescente de casos climáticos está a conduzir as mudanças necessárias. O relatório mostra como os litígios climáticos estão a obrigar os governos e os empresários a buscar objetivos mais ambiciosos de mitigação e de adaptação às alterações climáticas" e enfatiza que "os impactos das alterações climáticas ultrapassarão de longe a devastação causada pela pandemia global causada pelo coronavírus" (UNITED NATIONS ENVIRONMENT PROGRAMME, 2020).

A moldura do Estado ambiental de direito, com efeito, concretizado não apenas por Constituições progressistas, mas por ações afirmativas de um Estado juiz independente, como evidenciado na luta contra o coronavírus, é, e será, relevante, igualmente, no combate ao aquecimento global e suas externalidades negativas.

Nota-se, inobstante a isto, a timidez da ambição climática nas nações para enfrentar o desafio das emissões de gases de efeito estufa em sede de políticas públicas e na elaboração das legislações em virtude de poderosos interesses econômicos que corrompem a ética e boa parte da dignidade do tecido social da sociedade de consumo e de risco. Neste cenário, cidadãos, comunidades, organizações não governamentais (ONGs), entidades empresariais e governos subnacionais têm recorrido mais recentemente aos tribunais para: a) a aplicação das leis climáticas e ambientais existentes; b) a inserção e integração da ação climática nas leis ambientais, energéticas e de recursos naturais já existentes; c) definições claras dos direitos e das obrigações constitucionais fundamentais sobre o clima; e, especialmente, d) a reparação civil dos danos climáticos.

Quanto mais corriqueiros são estes litígios, evidentemente, mais frequentes são os precedentes que enriquecem os sistemas legais, suas normas climáticas e protetivas das populações mais vulneráveis aos extremos climáticos antrópicos. Forma-se, portanto, um arcabouço normativo (legal e jurisprudencial) cada vez mais consistente, multidisciplinar, rico e coerente. O relatório fornece não apenas uma visão geral do estado da arte sobre os litígios climáticos, bem como realiza uma avaliação criteriosa das tendências globais destas contendas que chegam às Cortes em meio a catástrofes ambientais que ampliam a desigualdade (LYSTER, 2016, p. 72), afetando em especial os negros, os pardos, os indígenas, os latinos e a comunidade LGBT que vivem em localidades mais vulneráveis (onde as moradias e os aluguéis são mais baratos e, igualmente, as construções são precárias no aspecto da segurança climática e antidesastre).

Entre as principais tendências trazidas no relatório sobre os litígios climáticos, importante destacar, estão a) o número contínuo e crescente de casos ajuizados com base na violação dos direitos fundamentais e humanos consagrados no direito internacional e nas constituições nacionais; b) a invocação das leis infraconstitucionais e das políticas relacionadas ao clima elaboradas no âmbito governamental; c) a busca pela não continuidade ou proliferação da indústria dos combustíveis fósseis; d) a responsabilização civil das empresas emissoras pelos danos causados em virtude do aquecimento global; e) o objetivo de correção das políticas públicas, em virtude de suas falhas comissivas e omissivas, que implicam medidas de adaptação e de mitigação; f) ordens para que as empresas divulguem detalhadamente os riscos climáticos decorrentes de suas atividades; g) a correção de informações falsas (*fake news*) divulgadas pelos emissores (UNITED NATIONS ENVIRONMENT PROGRAMME, 2020) que visam apenas desinformar a sociedade e praticar o nefasto *Greenwashing*.

O relatório também identifica e descreve cinco tipos de casos climáticos que sugerem como podem se dar os litígios nos próximos anos a partir dos dias atuais:

- Casos tipo 1 – os autores estão cada vez mais a apresentar queixas por fraudes contra consumidores e investidores alegando que as empresas não revelaram informações sobre os riscos climáticos ou o fizeram de forma enganosa.
- Casos tipo 2 – os últimos anos sugerem um número crescente de casos pré e pós-catástrofe com base na incapacidade dos réus em planejar ou gerir adequadamente as consequências dos eventos climáticos extremos.
- Casos tipo 3 – a medida que mais casos são ajuizados e alguns chegam a um veredito final, a implementação de decisões mandamentais decorrentes destes pelos tribunais exigirá o

enfrentamento e a superação de novos desafios no sentido da concretização destas decisões.

- Casos tipo 4 – as Cortes e os litigantes (em especial os autores) serão cada vez mais compelidos a abordar a lei e a ciência das mudanças climáticas visando à atribuição da responsabilidade aos indivíduos e as companhias em decorrência das alterações do clima por causas antrópicas, assim como enfrentar casos que demandam uma maior ação governamental para mitigar tanto o avanço como a proliferação das fontes emissoras e do próprio aquecimento global.
- Casos tipo 5 – os autores climáticos estão cada vez mais a apresentar reclamações perante órgãos jurisdicionais internacionais, que podem não ter autoridade para a execução (falta de poder coercitivo nas suas decisões), mas cujas declarações podem alterar e bem informar o entendimento judicial (UNITED NATIONS ENVIRONMENT PROGRAMME, 2020) nas Cortes constitucionais e infraconstitucionais dos países.

Verifica-se, igualmente, que, quanto mais avança a ciência, e consolidam-se conceitos e definições sobre o aquecimento global e as suas consequências, mais fundamentos possuem os tribunais para responsabilizar os demandados que não podem agir processualmente de modo eminentemente negacionista, como sói ocorrer nos litígios climáticos até este quadrante histórico. Ou seja, não basta mais para o réu simplesmente negar a ciência em ato processual obscurantista.

Os litígios climáticos não apenas continuam a ser um dos meios para promover a atenuação das alterações climáticas e, igualmente, para avançar na temática da adaptação com a invocação dos princípios da precaução e da prevenção, mas igualmente têm aumentado em número, sofisticação e variedade, tal como a amplitude geográfica em que este tipo de demanda tem ocorrido, como torna-se nítido nas jurisdições do hemisfério sul cada vez mais provocadas.

Clássico exemplo é o decidido pela Corte Suprema de Justiça da Nação Argentina (CSJN), em 21.6.2019. Nos termos dos votos dos ministros Juan Carlos Maqueda, Ricardo Lorenzetti e Horacio Rosatti, foi rejeitada, por unanimidade, a alegação de inconstitucionalidade da *Lei de Conservação dos Glaciares* (26.639) (MINISTÉRIO DE JUSTICIA Y DERECHOS HUMANOS, 2021), apresentada pela empresa mineradora Pachón S.A., com o fundamento de que as questões levantadas em sede recursal eram substancialmente semelhantes às examinadas, em 4 de junho do mesmo ano, pela Corte, no processo CSJ 140/2011 (47-B)/CS1, "Barrick Exploraciones Argentinas S.A. y Exploraciones Mineras Argentinas S.A. c/ Estado Nacional s/ acción declarativa de inconstitucionalidad" (CORTE SUPREMA DE JUSTICIA DE LA NACIÓN, 2019).

Portanto, a CSJN considerou que as mineradoras não haviam demonstrado que o sistema de preservação dos glaciares estabelecido pelo Congresso Nacional, com aprovação de legislação específica, pudesse gerar qualquer dano ou prejuízo econômico aos direitos de mineração das empresas. Do mesmo modo, a Província de San Juan, que havia aderido à pretensão das empresas demandadas, no sentido da obtenção da declaração de inconstitucionalidade da lei, também não demonstrou até que ponto a existência da *Lei de Conservação dos Glaciares* lhe causou ou poderia lhe causar prejuízos financeiros. Em suma, os ínclitos julgadores, em boa hora, concluíram que o regime de proteção dos glaciares deve ser analisado no contexto da ponderação dos princípios constitucionais do *federalismo* e da *tutela ambiental*.

É importante, no entanto, uma apreciação mais aprofundada dos *leading cases* argentinos, pois estes podem servir de modelo para futuros julgados climáticos em outros países e no Brasil, inclusive para aqueles litígios climáticos *puros ou diretos*, de cunho estruturante, que tramitam no egrégio Supremo Tribunal Federal. Referida lei, declarada constitucional pela CSJN, foi sancionada em setembro de 2010, e estabeleceu os "requisitos mínimos para a preservação dos glaciares e do ambiente periglacial", que foram declarados, inclusive, como bens públicos no aspecto jurídico.

Em 2011, a empresa transnacional *Barrick Gold S.A.* recorreu ao *Tribunal Federal de San Juan* pedindo a declaração de inconstitucionalidade do art. 6º da lei, que estabelece que "as atividades que possam afetar o estado natural dos glaciares são proibidas [...] e esta restrição inclui as que têm lugar no ambiente periglacial".

As empresas *Barrick* e *Glencore*, na realidade, bom contextualizar, interpuseram um total de três recursos ao Tribunal Federal de San Juan para assegurar os empreendimentos minerários de *Veladero* e *Pascua Lama*. O Juiz Federal Juan Miguel Galvéz chegou a dar provimento parcial aos recursos para cautelarmente suspender a aplicação da *Lei de Proteção dos Glaciares* na província.

Contudo, as causas permaneceram pendentes até o ano de 2019, quando a CSJN, com fundamentos constitucionais, as extinguiu com o julgamento do mérito. Aliás, durante o trâmite processual dos litígios climáticos, a Corte ordenou, *por cautela*, a realização do *Inventário Nacional dos Glaciares* como estabelecido pela referida lei de regência. O *Inventário Nacional dos Glaciares*, de maio de 2018, constatou que a Argentina tem 8.484 km² cobertos por gelo (5.769 na Cordilheira dos Andes e 2.715 nas Ilhas do Atlântico Sul). Os glaciares e periglaciares constituem um total de 16.968 corpos, sendo que 16.078 estão localizados na Cordilheira dos Andes e 890 nas ilhas do Atlântico Sul (MINISTERIO DE AMBIENTE Y DE DESARROLLO SUSTENTABLE, 2021).

De acordo com a *Fundación Ambiente y Recursos Naturales* (FARN) e outras organizações, existem 44 projetos de mineração na Argentina que violam a lei e a Constituição, entre os quais a megamina Veladero, na província de San Juan, operada pela Barrick Gold. A própria empresa reconheceu que, no *Projeto Veladero*, "o gelo é o principal agente morfogênico da região". Enquanto os pedidos de declaração de inconstitucionalidade da Lei dos Glaciares continuaram os seus trâmites pelas Cortes, apenas a título ilustrativo, o Projeto Veladero, aprovado por ato governamental, foi responsável pelo derramamento de 224.000 litros de cianeto no meio ambiente, em virtude do qual a Barrick Gold teve de pagar uma multa administrativa de 9, 8 milhões de dólares ao Estado de San Juan (EXAME, 2016).

Ao mesmo tempo, outro litígio paralelo foi instaurado, que tramitou na justiça federal do país sob a jurisdição do Juiz Sebastián Casanello, do Tribunal Federal, que teve novamente como a autora a Barrick Gold. Na ação, a demandante argumentou que os seus projetos não estavam localizados em áreas glaciais ou periglaciais e, portanto, "a proteção constitucional da Lei não afetava os seus interesses".

As decisões nos mencionados *leading cases* pela CSJN fornecem um novo cenário para a discussão sobre a relação entre os conhecidos megaprojetos de mineração e a proteção integral do meio ambiente. Isto porque, com a declaração de constitucionalidade da *Lei dos Glaciares*, foi reafirmado pelo Poder Judiciário argentino o "direito a um ambiente saudável e equilibrado, adequado ao desenvolvimento humano".

Aliás, este direito está expresso no art. 41 da Constituição Nacional, emendada no ano de 1994. Ou seja:

> Artículo 41: Todos los habitantes gozan del derecho a un ambiente sano, equilibrado, apto para el desarrollo humano y para que las actividades

productivas satisfagan las necesidades presentes sin comprometer las de las generaciones futuras; y tienen el deber de preservarlo.

Os precedentes climáticos, em uma abordagem das suas finalidades estratégicas, fortalecem indiretamente as eventuais futuras ações que podem ser ajuizadas por demandantes estatais e por organizações sociais que pretendem o cumprimento e a concretização das disposições da *Lei Geral do Meio Ambiente de 2002* e, igualmente, das *leis dos orçamentos mínimos* alocados para a proteção ambiental argentina.

Entre os fundamentos dos *leading cases*, importante grifar, que a CSJN declarou que "nenhuma interpretação é constitucionalmente admissível se esvaziar o modelo federal do Estado ou, ainda, o conteúdo do projeto ambiental previsto na Constituição" e que "quando existem direitos de incidência coletiva relacionados com a proteção do meio ambiente, a proteção dos ecossistemas e da biodiversidade deve ser considerada de forma sistêmica". A Corte, igualmente, nas decisões, mencionou que a Argentina aderiu ao *Acordo de Paris*, em 2015, e que deve observar a *Agenda 2030 para o Desenvolvimento Sustentável* da ONU, em especial, a necessária *ação climática*. Os precedentes podem ser considerados, igualmente, uma consagração do princípio da precaução a ser observado por entes públicos e privados.

Aliás, na Argentina, é conhecida a lição de Cafferatta (2013) sobre o aludido princípio perfeitamente aplicável ao direito das mudanças climáticas:

> [...] el principio precautorio, es una herramienta de defensa del ambiente y la salud pública, que amplía enormemente los límites de acción del Derecho de Daños, con un sentido de prevención y anticipatorio, intenso, enérgico, fuertemente intervencionista, con la finalidad de impedir la consumación de un daño grave e irreversible. (CAFFERATTA, 2013, p. 25)

Referidos precedentes deixam cada vez mais evidente que os litígios climáticos (intrinsicamente relacionados aos princípios da precaução e da prevenção) têm sido decididos com a necessária aplicação do direito constitucional pelo Poder Judiciário.

Feita a necessária menção a esse precedente climático no hemisfério sul, relevante asseverar que os fundamentos jurídicos dos litígios climáticos, por sua vez, como se pode notar, continuam a embasar-se nas Constituições, nas leis e na busca pelo cumprimento e concretização das políticas públicas climáticas. Este direito positivo é a fonte primária das obrigações climáticas e não as doutrinas, em especial da *common law*, que não passaram até o momento pelo teste de eficácia das Cortes. Aliás, os litígios climáticos, baseados em direitos e ações da *common law*, constituem uma porção comparativamente pequena das demandas propostas em todo o mundo. É provável, aliás, que esta disparidade continue nos próximos anos.

Mister que os grupos e regiões mais vulneráveis ou mais afetados pelas alterações climáticas tenham acesso a um processo judicial climático adequado, com duração razoável, e que os seus pedidos sejam julgados, formal e substancialmente, de modo justo, com observância das normas constitucionais seguindo padrões de excelência de integridade judicial.

Os grandes poluidores/emissores, de outro lado, continuam a oferecer obstáculos de direito processual como a invocação da ilegitimidade para a causa, discussões sobre o foro competente e, em sede de direito material, como a conhecida alegação da violação do princípio da separação dos poderes (em virtude da falácia de que Poder Judiciário não pode intervir em políticas públicas climáticas). Na percepção de Jobim (2013, posição 9327-9338):

> um ativismo judicial equilibrado, em busca de valores constantes do ordenamento constitucional, deve ser incentivado, sendo que os casos de exageros não devem ser motivo único para que não se defenda uma postura mais ativa do magistrado, em especial quando para concretizar as promessas constitucionalizadas.

Ou, de modo ainda mais específico, referem Didier Jr. e Zaneti Jr. (2019, p. 52):

> A complexidade da matéria atinente à implementação de políticas públicas exige a mudança de um modelo responsivo e repressivo do Poder Judiciário, sob a ótica do processo civil do Estado Democrático Constitucional adotado pelo CPC, para um modelo resolutivo e participativo, antecipatório aos fatos lesivos, no qual o juiz se coloca a par da centralidade do processo, trazendo para o processo a ampla participação de todos envolvidos, inclusive da sociedade civil, amicus curiae, objetivando a construção de um "programa de resolução do conflito.

Apenas a título de exemplo, e ainda à guisa de introdução, sobre o controle judicial de políticas públicas climáticas, relevante citar decisão proveniente da Suprema Corte Irlandesa. No caso *Friends of the Irish*

Environment v. Ireland, decidido em 31.7.2020, foi determinada a anulação do Plano Nacional de Mitigação de 2017, porque este ficou aquém da indeclinável especificidade exigida pela Lei de Ação Climática e de Desenvolvimento de Baixo Carbono (*Climate Action and Low Carbon Development Act*).

Para os julgadores, um *leitor razoável* do plano não tem como compreender como a Irlanda alcançará suas metas em 2050. Cumpre observar, principalmente, que a Corte entendeu que seu veredicto não afrontaria a separação de poderes, tampouco tocaria em questão exclusivamente política, pois, uma vez aprovada a legislação sobre mudança climática, a controvérsia deixou de ser política e passou a ser jurídica. Com isso, assentou que a discussão sobre se o plano aludido atende às especificidades requeridas na lei ostenta clara "justiciabilidade". Por outro lado, a Corte não decidiu a lide com base no direito constitucional ao meio ambiente equilibrado, pois a autora, na condição de associação, e não de pessoa individual, careceria de "legitimidade" (*standing*) para defender os seus argumentos baseados em direitos (*rights-based*), quer no âmbito da Constituição, quer no âmbito da Convenção Europeia de Direitos Humanos. Este julgado, em que pese sua relevância para o tema, esposou uma tese mais restrita de controle judicial de políticas públicas climáticas em cotejo, exemplificativamente, com o *caso Urgenda*, uma vez que limitou a justiciabilidade da questão à existência de previsão legal, de modo que a lei foi contrariada pelo Plano Nacional de Mitigação em razão da sua falta de especificidade (SABIN CENTER FOR CLIMATE CHANGE LAW, 2021).

Felizmente, após idas e vindas, o mais recente relatório constata que existe uma conscientização da comunidade global sobre as mudanças do clima e suas consequências e que o Estado, em sua função judicial, não é mais um absoluto estranho a esta mazela causada pelo próprio ser humano que coloca em risco a vida no planeta.

Dentro deste cenário, fático e jurídico, é que se desenvolve o presente livro. Os litígios climáticos, portanto, estão inseridos num contexto normativo que consagra a proteção ambiental e o sistema climático como direitos humanos e fundamentais. Como referem Sarlet e Fensterseifer (2014, p. 49), aliás, foi a Declaração de Estocolmo das Nações Unidas sobre o Meio Ambiente (1972) o marco histórico e normativo inicial da proteção ambiental, projetando-se pela primeira vez no horizonte jurídico, especialmente no âmbito internacional, a ideia em torno de um direito humano a viver em um ambiente equilibrado e saudável, tomando a qualidade do ambiente como um elemento essencial para uma vida humana, com dignidade e bem-estar.

Como referido pelos autores, já no Preâmbulo da Declaração de Estocolmo, encontra-se o registro de que ambos os aspectos do ambiente, natural ou construído, são essenciais ao bem-estar e ao gozo dos direitos humanos básicos, com destaque para o direito à vida, compreendido como um direito à vida condigna e saudável. No seu Princípio 1º, restou expresso:

> o homem tem o direito fundamental à liberdade, igualdade e adequadas condições de vida, num meio ambiente cuja qualidade permita uma vida de dignidade e bem-estar, e tem a solene responsabilidade de proteger e melhorar o meio ambiente, para as presentes e futuras gerações. (SARLET; FENSTERSEIFER, 2014, p. 50)

Referida tendência restou consolidada, no ano de 2022, com a declaração da Assembleia-Geral das Nações Unidas estabelecendo que o meio ambiente limpo, saudável e sustentável é um direito humano, o que foi bem resumido pelo Secretário-Geral da ONU, António Guterres, aludindo que a histórica resolução demonstra que os Estados-Membros "podem se unir na luta coletiva contra a tríplice crise planetária: de mudança climática, perda de biodiversidade e poluição" (ORGANIZAÇÃO DAS NAÇÕES UNIDAS, 2022).

Parte-se, deste cenário fático, jurídico, político, social e científico, para a delimitação da matéria abordada, objetivando um maior e necessário aprofundamento no tema. Nesse sentido, far-se-á a investigação do fenômeno dos litígios climáticos no âmbito dos sistemas jurídicos do Brasil, dos Estados Unidos e da Alemanha. O primeiro, por ser o país no qual o livro tem origem, e os dois últimos por serem reconhecidamente as nações cujos riquíssimos sistemas jurídicos são os que despertam maior atenção aos hodiernos pesquisadores e operadores do direito mundial, em especial, no âmbito do direito ambiental e do novel direito das mudanças climáticas.

As questões aqui referidas serão abordadas de modo crítico no texto, em capítulos e subcapítulos, tendo como pano de fundo o direito das mudanças climáticas e os litígios climáticos já decididos, ou em tramitação, no Brasil, nos Estados Unidos e na Alemanha. O texto será elaborado com base no direito internacional, nas Constituições, na legislação infraconstitucional, nos atos administrativos, na jurisprudência e na doutrina construída nos países pesquisados *in loco*.

CAPÍTULO 2

A AMEAÇA DAS MUDANÇAS CLIMÁTICAS E AS ALTERNATIVAS PARA ENFRENTÁ-LAS

O economista russo Nikholai Kondratiev (1925) expôs, em sua clássica obra *The Major Economic Cycles*, que o desenvolvimento econômico é estimulado por grandes ondas de mudanças tecnológicas que orientam os principais avanços da economia e são também fontes de crises econômicas entre o período de tempo que o ciclo dinâmico do crescimento alcança a sua conclusão e a nova onda tecnológica que ainda não ganhou força suficiente para estimular outro de crescimento (SACHS, 2015, p. 25). Os seguidores de Kondratiev apontam para a existência de quatro a seis ondas de mudanças tecnológicas ao longo da história. Como Shiller (2010, p. 30): 1ª onda, com a criação da máquina a vapor e a indústria têxtil (1780-1830); 2ª onda, com o aço e as estradas de ferro (1830-1880); 3ª onda, com a eletrificação e os produtos químicos (1880-1930); 4ª onda, com os automóveis e a petroquímica (1930-1970); 5ª onda, com a tecnologia de informação (1970-2010). Sachs (2015, p. 28) refere-se a uma 6ª onda, que poderia ser promovida a partir da crise financeira de 2008, a qual poderia ser pautada pelas tecnologias sustentáveis. Muitos avanços da 5ª onda serão úteis para a 6ª onda, como eficiência tecnológica, materiais sustentáveis, nanotecnologia, indústria química sustentável e produção de alimentos. Todos podem se beneficiar, enormemente, dos avanços da ciência da computação e da tecnologia de informação (SACHS, p. 29). Todavia, o desenvolvimento econômico também gera externalidades ambientais e climáticas negativas.

Mister referir que no período histórico, entre 1750 e 2013, após as grandes ondas de mudanças tecnológicas, o aumento das emissões de dióxido de carbono (CO_2) foi de 280 partes por milhão para 397 partes por milhão; de metano (CH4), o aumento foi de 700 partes por bilhão para cerca de 1.760 partes por bilhão; e de óxido nitroso (N2O), foi de 270 partes por bilhão para 323 partes por bilhão (GERRARD, 2014, p. 7). Em relação à concentração de CO2 na atmosfera, ao se atualizarem os referidos dados, essa atingiu, em maio de 2021, a marca de 419 partes por milhão (NATIONAL OCEANIC AND ATMOSPHERIC ADMINISTRATION, 2021); de CH4 de 1.876 partes por bilhão (COPERNICUS EUROPEAN UNION, 2022); e, em janeiro de 2022, as concentrações de N2O atingiram 335,2 partes por bilhão (NATIONAL OCEANIC AND ATMOSPHERIC ADMINISTRATION, 2022).

Em conformidade com pesquisa realizada nos Estados Unidos pela National Oceanic Atmospheric Administration (2016), a média da temperatura dos 382 meses que antecederam o ano de 2016 foi mais alta que a média do século XX, e o referido ano foi o mais quente desde 1880, superando inclusive os anos de 2014 e 2015, que registravam até então as temperaturas mais elevadas dos últimos 136 anos. Importante grifar que os doze anos de maior calor no período analisado ocorreram posteriormente ao ano de 1997 (WEDY, 2015, p. 19). Em estudo independente, a Nasa (2015) chegou à mesma conclusão.

Aliás, a temperatura média global da superfície da Terra, em 2021, foi a sexta mais alta desde o início dos registros de acordo com análises feitas pela Nasa e pela NOAA. Permanece a tendência de aquecimento do planeta em longo prazo – as temperaturas globais em 2021 foram 1,5 grau Fahrenheit (0,85 grau Celsius) acima da média do período de referência, entre 1951-1980, que é a linha base que a agência espacial utiliza para documentar a alteração das temperaturas. Coletivamente, de modo mais específico, os últimos oito anos foram os mais quentes desde o início dos registros modernos, e a Terra em 2021 foi cerca de 1,9 grau Fahrenheit (ou cerca de 1,1 grau Celsius) mais quente do que a média do final do século retrasado (NATIONAL AERONAUTICS AND SPACE ADMINISTRATION, 2021).

Previsões dos cientistas sobre o aumento das temperaturas variam entre 1,8°C e 4°C até o ano de 2100. Ainda que as temperaturas aumentem apenas 1,8°C, essa elevação será superior a qualquer variação positiva da temperatura nos últimos 10.000 anos (GORE, 2007, p. 102). O nível médio do mar subiu de 10 a 20 centímetros durante o século XX, e um aumento adicional de 18 a 59 centímetros deve ocorrer até o ano de 2100 (SACHS, 2016, p. 29). Temperaturas elevadas provocam a expansão do volume do oceano e o derretimento de glaciares e calotas de gelo, aumentando o nível do mar. Ainda, todo o processo pós-revolução industrial, baseado em combustíveis fósseis como fonte de energia, no desmatamento e nos processos produtivos insustentáveis na agricultura, como as monoculturas, é a causa principal das emissões de gases de efeito estufa, que, por sua vez, preservam o calor no ambiente, já que absorvem parte da radiação infravermelha emanada pelo Sol e refletida na superfície da Terra, impedindo-a de regressar para o espaço. Esses gases são de fundamental importância, pois mantêm a temperatura própria para a vida no planeta. Sem eles, o clima seria extremamente frio e a temperatura na Terra seria por volta de 33°C mais baixa, o que comprometeria a vida. Excessos desses gases na atmosfera, por outro lado, são muito perigosos, pois eles passam a reter cada vez mais a radiação infravermelha refletida na Terra e impedem-na de retornar ao espaço, o que torna o clima cada vez mais quente.

Alterações do clima, decorrentes das atividades humanas, e os seus efeitos negativos são praticamente um consenso científico. Dois estudos separados, usando diferentes metodologias, concluíram que aproximadamente 97% dos cientistas que pesquisam sobre o clima concordam que a Terra está aquecendo e que as emissões de gases de efeito estufa (fatores antrópicos) são a principal causa de tal fenômeno (ANDERREG *et al.*, 2010, p. 121-179; COOK *et al.*, 2013, p. 1-7; GERRARD, 2014, p. 5). Existe um pequeno grupo composto por cientistas do clima e de outras áreas do conhecimento, além de leigos e céticos, com os quais não se concorda, que discordam do fato de que as mudanças climáticas possuem causas humanas (ORESKES; CONWAY, 2011) e são uma realidade. Aliás, referido fato, quase incontroverso na comunidade científica, foi reconhecido pela célebre Encíclica *Lautado Si*:

> [...] existe um consenso científico muito consistente de que estamos perante um preocupante aquecimento climático. Nas últimas décadas, esse aquecimento foi acompanhado por uma elevação constante do nível do mar, sendo difícil não o relacionar ainda com o aumento de acontecimentos meteorológicos extremos. (PAPA FRANCISCO, 2015)

Ou seja, espraiam-se em um ritmo alucinante catástrofes ambientais, como enchentes, secas, incêndios, tempestades tropicais, ciclones e furacões. Ainda, de acordo com o texto (PAPA FRANCISCO, 2015), a humanidade é chamada "a tomar consciência da necessidade de mudanças no estilo de vida, na produção e consumo, para combater esse aquecimento ou, pelo menos, as causas humanas que o produzem ou o acentuam". Reconhece, a Igreja católica, que o aquecimento global "é agravado pelo modelo de desenvolvimento baseado no uso intensivo de combustíveis fósseis, que está no centro do sistema energético mundial". E denuncia a "prática crescente das mudanças na utilização do solo, principalmente o desmatamento para finalidade agrícola".

A aceitação da realidade, das mudanças climáticas e dos perigos que eles representam para a humanidade torna-se uma imposição do exercício consciente da cidadania global, pois é embasada em fatos consistentes. Aliás, entre os gases de efeito estufa emitidos em decorrência das atividades humanas e que causam o aquecimento global, o que mais necessita de regulação é o dióxido de carbono ($CO2$), pois ele é emitido em grandes quantidades. Entretanto, existem gases de efeito estufa mais potentes. O metano ($CH4$) possui potencial de aquecimento global (*Global Warming Potential*) de 21 GWP; o óxido nitroso ($N2O$), de 310 GWP; os hidrofluorcarbonetos (HFC) têm o GWP entre 140 e 11.700; os perfluorocarbonetos (PFC) possuem o GWP de 6.500 a 9.200; e, por fim, os hexafluoretos (SF6) têm 16.300 de GWP. Mudanças climáticas causadas pela retenção desses gases na atmosfera causam impactos negativos sobre a saúde humana, a infraestrutura, as reservas de água, os ecossistemas e os oceanos (INTERGOVERNMENTAL PANEL ON CLIMATE CHANGE, 1995).

Evidentes impactos nefastos aos seres humanos são: o aumento da frequência e da intensidade do calor, causador de mortes e doenças; as secas e os riscos de incêndio; a intensificação da poluição do ar; o aumento das extremas precipitações associadas às enchentes, que podem levar a danos humanos; a elevação do nível do mar e da intensidade das inundações costeiras (ORESKES; CONWAY, 2011), geradoras de vítimas e de prejuízos materiais bilionários. Aliás, o meio ambiente natural e cultural (WEDY; SOARES, 2020), igualmente, está vulnerável e sofrendo os efeitos negativos das alterações climáticas. Referidos impactos atingem a saúde humana, a infraestrutura, as reservas de água potável, os ecossistemas e os oceanos (UNITED STATES, GLOBAL CHANGE RESEARCH PROGRAMME, 2013). Tais danos, muitas vezes, além de prejuízos econômicos públicos e privados bilionários, podem atingir dimensões catastróficas.

O relatório divulgado pela Unesco, pelo Programa das Nações Unidas para o Meio Ambiente (PNUMA) e pela União de Cientistas Preocupados (UCS, em inglês *Union of Concerned Scientists*), verificou que pelo menos 31 sítios do patrimônio mundial, em 29 países, estão mais vulneráveis aos efeitos das mudanças climáticas e que os sítios são naturais ou culturais. Existem impactos climáticos, exemplificativamente, em locais turísticos emblemáticos como Veneza, Stonehenge, Ilhas Galápagos, entre outros (UNESCO, 2016).

No que concerne ao suprimento de água, os reservatórios estão diminuindo em virtude das mudanças do clima, as quais, de variados modos, afetam os ecossistemas e a subsistência humana e dos seres vivos em muitas regiões do mundo. Águas na superfície e subterrâneas estão sofrendo com o consumo excessivo causado pelo aumento da demanda, assim como diminuindo a capacidade de escoamento e de recarga natural. A água escassa é disputada pelas pessoas para o consumo, para o uso agrícola, bem como para a dessedentação dos demais seres vivos. Muitos países dependem muito do gelo nos picos das montanhas para armazenamento e estoque de água, mas no verão esse gelo tem diminuído, ano a ano, com o aquecimento das temperaturas. Ocorre, também, o aumento de secas sazonais, que diminuem as reservas de água (UNITED NATIONS, 2011).

Ecossistemas estão sendo diretamente afetados pelas mudanças climáticas, inclusive mudanças na biodiversidade e na localização das espécies que se deslocam em busca de temperaturas mais amenas, fenômenos que podem ser em parte enfrentados com o ajuizamento de litígios climáticos segundo a doutrina (CUMMINGS; SIEGEL, 2009, p. 20). A capacidade dos ecossistemas para moderar as consequências de secas, enchentes e tempestades tem diminuído (GERRARD, 2014, p. 16). O aquecimento dos oceanos e a sua acidificação estão modificando e danificando a vida no mar. Peixes e outros seres vivos marinhos móveis e imóveis, como os corais, estão sofrendo essas perigosas consequências decorrentes da alteração do seu habitat. Consequências do aquecimento global somam-se à pesca descontrolada e à poluição das zonas costeiras, que afetam negativamente a atividade pesqueira para consumo humano e as comunidades que dela dependem (ORESKES; CONWAY, 2011).

O relatório sobre o clima da ONU, *Global Warming of 1,5C*, demonstra igualmente que o mundo já superou a barreira de 1 grau Celsius de aquecimento em relação aos níveis pré-industriais, e que seres humanos e não humanos estão sofrendo os efeitos negativos das mudanças climáticas. Furacões nos EUA, tufões sem precedentes na Ásia, crises hídricas em grandes metrópoles, secas na Europa e inusitados incêndios nas tundras no Ártico foram registrados nos últimos anos (UNITED NATIONS ENVIRONMENTAL PROGRAMME, 2018).

De acordo com o relatório, existe 95% de possibilidade de que a atividade humana esteja ligada ao aquecimento global. Esta mudança é causada principalmente pelo aumento do dióxido de carbono (CO_2) e outras emissões produzidas pelo homem na atmosfera. O CO_2, como já referido, é liberado pelo desmatamento e queima de combustíveis fósseis, bem como processos naturais, como respiração e erupções vulcânicas. Outra constatação estarrecedora é que, até o ano de 2018, 17 dos 18 anos mais quentes, desde o início das medições das temperaturas, haviam sido registrados no século XXI (UNITED NATIONS ENVIRONMENTAL PROGRAMME, 2018). Referida tendência manteve-se, como mencionado na introdução do livro, nos últimos quatro anos, ou seja, no período entre 2018 e 2022.

O estudo demonstra que a resposta científica para conter o aquecimento global passa por novas fontes de energia, pelo uso racional da terra, e transformações nas indústrias e, em especial, nas cidades. A cidade do Recife, no Brasil, por exemplo, declarou emergência climática no ano de 2021, por meio do Decreto nº 33.080/2019, gerando importante repercussão política internacional pela inovação durante o *Fórum Global Daring Cities 2021* (PREFEITURA DO RECIFE, 2021). Enfim, é fundamental igualmente a alteração no estilo de vida dos seres humanos, como a redução no consumo de carne e de derivados do leite, no desperdício de alimentos, e na substituição do carro por bicicletas ou transportes coletivos não poluentes (UNITED NATIONS ENVIRONMENTAL PROGRAMME, 2018).

Se o aquecimento seguir o ritmo atual, as temperaturas médias mundiais atingirão o patamar de 1,5 grau Celsius entre 2030 e 2052. Para limitar o aquecimento em 2 graus Celsius até 2100, será necessário cortar em 20% as emissões de gases-estufa até 2030, em relação aos níveis de 2010, e zerar as emissões em 2075 (UNITED NATIONS ENVIRONMENTAL PROGRAMME, 2018).

As nações que assinaram o Acordo de Paris se comprometeram a adotar medidas para a redução das emissões de gases de efeito estufa, mas, mesmo que todos os compromissos sejam cumpridos até 2030, não será o suficiente para limitar o aquecimento em 1,5 grau Celsius. A estimativa desse relatório é que o aquecimento chegue aos 3 graus Celsius na virada do século, o que trará resultados catastróficos para os seres vivos e economia global. Ou seja, de acordo com o Painel

Intergovernamental para as Mudanças do Clima da ONU, a humanidade precisa adotar estas medidas, no sentido do corte de emissões, nos próximos 8 anos, para evitar catástrofes decorrentes do aquecimento global, como o calor extremo, as secas, as enchentes e a extrema pobreza (THE GUARDIAN, 2018). Estes desastres podem atingir a humanidade, sendo esse um grande risco, inclusive, antes do ano de 2040. Devem ser adotadas medidas para o combate às mudanças climáticas, que são, principalmente, a tributação do carbono, os incentivos para a produção de energia limpa, a criação de *standards* para a energia renovável e a produção de combustíveis de baixo carbono. E, para minorar os efeitos do aquecimento global, podem ser elaboradas políticas públicas de adaptação e de resiliência (THE NEW YORK TIMES, 2018).

Quanto à tributação do carbono, as principais dificuldades são a fixação do valor do tributo ou da sua alíquota, a eleição das atividades ou dos entes que serão tributados, a destinação da arrecadação auferida (FREEMAN; KONSCHNIK, 2014, p. 804) e a resistência política dos parlamentos que sofrem influência negativa do forte e bilionário *lobby* das indústrias poluidoras. Tais dificuldades precisam de respostas e soluções.

O valor da alíquota pode ser fixado inicialmente em um patamar baixo e sofrer aumentos paulatinos, a fim de se evitar a estagnação da economia e a perda de competitividade das indústrias (FREEMAN; KONSCHNIK, 2014, p. 806). Inicialmente, a tributação poderia se dar sobre as emissões nas usinas de energia e nas fábricas reconhecidamente poluentes, que são mais facilmente fiscalizáveis. Inobstante, especialmente em se tratando do Brasil, não há dúvida de que a indústria dos combustíveis fósseis, necessariamente, precisa ser tributada.

Os recursos, provenientes dessa arrecadação, poderiam ser endereçados para o incentivo à energia renovável e aos projetos de eficiência energética. Investir somas pecuniárias para subsidiar a energia limpa e manter o seu preço baixo no mercado até o limite da parcela dos valores arrecadados com os impostos sobre o carbono é uma alternativa viável. Outra boa medida seria investir os recursos da arrecadação para reduzir o impacto do aumento do preço da energia sobre os consumidores e a indústria, particularmente nas regiões altamente dependentes de energias com altas taxas de emissão de carbono, com subsídios para a produção e a distribuição da energia limpa. Propostas do tipo já foram inseridas em diversos projetos de lei nos Estados Unidos. Uma proposta, em condições de ser exitosa, provavelmente necessite combinar e equilibrar essas perspectivas (FREEMAN; KONSCHNIK, 2014, p. 806).

Defensores da tributação sobre o carbono afirmam que essa medida é mais simples que o complexo sistema do *cap-and-trade* para o combate às mudanças climáticas. O sistema do *cap-and-trade* cria uma *commodity* e exige um complexo sistema de contabilidade. A tributação seria menos perturbadora do que o comércio das autorizações de emissões, que possui a dura tarefa de limitar emissões e, ao mesmo tempo, obedecer às exigências de comando e controle inerentes aos mercados. Economistas apostam na ideia de tributação do carbono para corrigir as falhas de mercado e responder aos custos com a saúde pública e potenciais danos econômicos causados pelos gases de efeito estufa e outros poluentes (FREEMAN; KONSCHNIK, 2014, p. 805). De fato, a tributação sobre o carbono é a melhor alternativa para o combate às mudanças climáticas por atingir diretamente as fontes emissoras de gases de efeito estufa e por não ser dependente de fatores políticos, sociais, econômicos e geográficos que afetam os mercados.

Aliás, numa histórica decisão sobre o tema, por maioria de 6 a 3, que se torna um precedente para o direito das mudanças climáticas, a Suprema Corte do Canadá decidiu que a determinação do governo federal, por lei, aos governos estaduais, para a precificação do carbono, é constitucional. Três províncias – Saskatchewan, Ontário e Alberta – haviam arguido a inconstitucionalidade da lei, remetendo a legislação para a apreciação dos seus respectivos tribunais de recurso (FINANCIAL TIMES, 2021). As províncias haviam alegado, em apertada síntese, que tinham as suas próprias políticas climáticas, adaptadas às suas circunstâncias locais. Argumentaram também que tinham plena jurisdição sobre os seus recursos naturais, como previsto na Constituição. De outro lado, o governo federal argumentou que tinha autoridade constitucional para regulamentar questões de âmbito nacional e que a lei era um ponto de apoio para assegurar normas mínimas de fixação dos preços do carbono para todo o país.

Os tribunais de recurso de Saskatchewan e Ontário consideraram a lei federal constitucional, enquanto que o Tribunal de Recursos de Alberta a considerou inconstitucional. A lei, então, foi declarada constitucional, em caráter definitivo, pela Suprema Corte (THE NEW YORK TIMES, 2021).

A grande questão declarada no precedente, sem dúvida, foi a definição de que o governo federal tem autoridade para aprovar lei que coloca preço no carbono. Citando o poder do Parlamento de legislar sobre assuntos relacionados *à paz, à ordem e ao bom governo*, a Corte declarou que combater as mudanças climáticas com a redução das emissões de gases de efeito de estufa é uma questão de *preocupação nacional* protegida pela Constituição. Para a Corte, o tema se trata uma *emergência climática* que coloca em risco vidas humanas não apenas no Canadá, mas em todo o mundo. Consta no *leading case* que as alterações climáticas são reais e causadas por fatores antrópicos. Ou seja, as emissões de gases de efeito de estufa são oriundas de ações e omissões humanas e representam uma grave ameaça para o futuro da humanidade em uma perspectiva intergeracional (SUPREME COURT OF CANADA, 2021).

A precificação do carbono, outrossim, é apoiada pela ampla maioria dos economistas e, de acordo com o Banco Mundial, está sendo implementada, em alguma extensão, em pelo menos 64 países com a tributação direta sobre os combustíveis fósseis ou com a implementação de programas de *cap-and-trade*. Aliás, de acordo com o Professor Michael Gerrard, diretor do Sabin Center for Climate Change Law da Columbia Law School, estes são os dois instrumentos jurídicos mais efetivos para o combate ao aquecimento global em sede de direito das mudanças climáticas (GERRARD; FREEMAN, 2014).

A fixação de preços mínimos para o carbono como forma de reduzir as emissões e encorajar a eficiência é um *nudge* importante implementado pelo Governo canadense liderado pelo *Premier* Justin Trudeau. A normativa implementada pelo Governo consiste na prática de estimular e compelir, sob a imposição de sanções, as províncias a fixarem o preço do carbono.

Nos Estados Unidos, apenas a título de exemplo, vários estados, como a Califórnia, já fixaram o preço do carbono e possuem bem estruturados programas de compra e venda de licenças de emissões. Todavia, os Republicanos no Congresso norte-americano continuam a fazer uma dura e competente oposição contra a criação de um imposto sobre o carbono e votam em bloco para impedir a oneração dos combustíveis fósseis.

A origem política do litígio climático canadense, ora comentado, estava no fato de que os governos provinciais eram produtores de petróleo e, ainda, geridos na atualidade por gestões conservadoras. O governo de Ontário, província mais populosa do Canadá, chegou a cancelar, por exemplo, o programa de preços do carbono no ano de

2018. Todavia, referidas medidas provinciais restaram fulminadas pela Suprema Corte, que foi minudente ao elencar os perigos das mudanças climáticas para as zonas litorâneas, para a região ártica e, em particular, para os povos indígenas. Sob o aspecto ético, que deve pautar as condutas processuais, em especial nos litígios climáticos, importante referir que, nas defesas das três províncias, não foram negados o aquecimento global e os seus efeitos negativos. As defesas dos governos provinciais restaram focadas apenas em possíveis excessos do governo federal, que teria extrapolado a sua competência constitucional (SUPREME COURT OF CANADA, 2021).

Importante grifar que o governo canadense, em ato que não viola a Constituição, fixou um preço mínimo para o carbono por lei. O preço mínimo foi fixado em 40 dólares canadenses por tonelada métrica e este valor será elevado, gradativamente, até ser fixado em 170 dólares por tonelada no ano de 2030. Este aumento gradativo, aliás, é de boa técnica e recomendável em nível de *Clean Energy Law* (GERRARD, 2016).

A maioria das províncias no Canadá, apenas para melhor contextualizar o tema, possui os seus próprios programas para cumprir as metas de precificação do carbono, quer através de uma tributação direta sobre os combustíveis e as emissões da indústria, quer através da fixação de um limite para as emissões e o regular funcionamento do mercado de *cap-and-trade*.

O governo federal, em tempo, apenas interveio quando o governo de Ontário se recusou a fixar o preço do carbono e estabelecer um imposto sobre os combustíveis, além de recusar-se a taxar as emissões industriais. Relevante ressaltar que os cidadãos canadenses já recebem do governo reduções do imposto sobre o carbono para compensar a sobretaxa do combustível. Na prática, a maioria das famílias recebe mais incentivos fiscais do que gasta com os impostos sobre o carbono. Os cidadãos podem, portanto, aumentar esses bônus, reduzindo ainda mais as suas emissões, por exemplo, utilizando veículos elétricos ou modernizando os sistemas residenciais, comerciais e industriais de aquecimento e de refrigeração (SUPREME COURT OF CANADA, 2021).

A Suprema Corte declarou a constitucionalidade da lei, em parte, porque a política pública climática federal só entra em vigor se as províncias não criarem os seus próprios programas, mantendo assim competências constitucionais legislativas e executivas a serem partilhadas entre os dois níveis de governo sobre questões ambientais e climáticas. Um dos pontos mais importantes da decisão, igualmente, foi a parte em que esta conclui pela necessidade da fixação de um preço mínimo nacional unificado para o carbono, a ser estabelecido pelo governo federal, com a finalidade de reduzir eficazmente as emissões dos gases de efeito de estufa. Aliás, o *leading case* refere que a abordagem das mudanças climáticas exige uma ação coletiva nacional e internacional, pois os efeitos nocivos dos gases de efeito estufa não estão, pela sua própria natureza, confinados por fronteiras políticas (SUPREME COURT OF CANADA, 2021).

Portanto, tecnicamente, a Suprema Corte decidiu que o combatido *Greenhouse Gas Pollution Pricing Act* de 2018 é constitucional em virtude, igualmente, da existência do consenso científico de que as emissões de gases de efeito de estufa contribuem para as mudanças climáticas. Outro ponto enfocado pela Corte foi de que todos os países se comprometeram a reduzir drasticamente as suas emissões de gases de efeito de estufa nos termos do Acordo de Paris de 2015. No Canadá, como em vários outros países signatários da COP21, o governo federal aprovou lei infraconstitucional para implementar os compromissos estabelecidos na conferência. Especificamente, a lei federal, julgada constitucional, criou obrigação jurídica para que as províncias e os territórios implementassem sistemas de fixação de preços de gás carbónico até 1º.1.2019 ou adotassem, alternativamente, o imposto sobre o carbono do governo federal.

O Presidente da Suprema Corte, *Justice* Richard Wagner, em seu elucidativo voto, referiu que a norma federal seria aplicável apenas se os sistemas de preços provinciais ou territoriais não fossem criados no prazo previsto ou fossem insuficientes para reduzir (ou desestimular) as emissões que causam o aquecimento global. Referida doutrina da *preocupação nacional* (também um precedente do direito constitucional canadense) é, aliás, raramente aplicada para não interferir na autonomia constitucional do governo federal, dos territórios e das províncias. No caso, no entanto, a doutrina da *preocupação nacional* ficou bem estabelecida pela Corte no caso climático e foi aplicada de modo expresso e consistente com o princípio da *separação dos poderes* (SUPREME COURT OF CANADA, 2021).

A maioria dos julgadores observou que o sistema constitucional do Canadá, que consagra um governo federal, exige o necessário equilíbrio entre os poderes federais e provinciais. Trata-se de federalismo a ser respeitado. Este, aliás, trata-se de um princípio fundacional da Constituição do Canadá de 1982. A maioria dos *justices*, portanto, referiu que o termo *taxa sobre o carbono* é frequentemente utilizado para descrever a fixação do preço das emissões. No entanto, na decisão, resta consignado que esta figura jurídica não se trata de tributo, tal como entendido no contexto constitucional. Concluíram os julgadores que as *taxas* sobre combustíveis e *emissões excessivas* previstas pela lei são encargos constitucionalmente válidos (WEDY, 2021).

Após realizadas essas relevantes considerações referentes a esse precedente climático sobre a tributação do carbono e o mercado do *cap--and-trade* canadense, importante seguir a realizar alguns apontamentos sobre o referido comércio.

A União Europeia estabeleceu o *EU Emissions Trading System*, programa de *cap-and-trade* que cobre a maior parte dos emissores de dióxido de carbono (CO2), o que tem facilitado o cumprimento dos objetivos acordados no Protocolo de Quioto. Austrália, Nova Zelândia e Coreia do Sul criaram programas de *cap-and-trade* para reduzir gases de efeito estufa, assim como a China lançou esse programa em vários municípios e em várias províncias.

Nos Estados Unidos, os dois maiores programas de *cap-and-trade* são o *Regional Greenhouse Gas Initiative* (RGGI) e o programa de *cap-and-trade* da Califórnia, estabelecidos em nível regional e estadual respectivamente (McALLISTER, 2014, p. 341). Não é demais referir que o desastroso Governo Trump não conseguiu desmantelar o referido mercado norte-americano do *cap-and-trade*, e o Governo Biden agora indubitavelmente pretende reforçá-lo (GLEASON, 2021).

O *cap-and-trade* tem apresentado resultados positivos na regulação dos gases de efeito estufa na União Europeia e nos Estados Unidos, no plano estadual e regional. Os Estados Unidos, aliás, carecem de um plano nacional de *cap-and-trade*. Existem autores, por sua vez, que entendem que o *cap-and-trade* é politicamente mais fácil de ser implementado nos parlamentos que o imposto sobre o carbono. É possível, segundo essa parte da doutrina, que o *cap-and-trade* consiga resolver significativamente o problema das emissões de gases de efeito estufa no âmbito global, crie incentivos para maior inovação científica e possa superar, levando em consideração os erros do passado, os percalços decorrentes das emissões excessivas de autorizações das emissões (MCALLISTER, 2014, p. 363).

A produção legislativa sustentável, igualmente, precisa incentivar a produção de combustíveis renováveis (NOLON, 2014, p. 505-542), e com baixo carbono, utilizados para o transporte (YACOBUCCI,

2014, p. 543-580), a fim de frear o aquecimento global. Isto faz parte da necessária descarbonização profunda da economia, que depende de caminhos jurídicos e regulatórios (PIMENTEL; ROLIM, 2022). Aliás, de acordo com Bill Gates (2021, p. 46), é importante que a economia global alcance emissões negativas de carbono até 2050, "para evitar desastres climáticos, sendo para isto necessária a expansão das atuais energias renováveis, com o preço já apresentando notável tendência de queda e, igualmente, o desenvolvimento de novas tecnologias de captura de carbono".

No que concerne à adaptação, especialistas em legislação de resiliência sugerem que ela preveja: o controle sobre o uso das terras costeiras; a adição de programas de avaliação de impacto ambiental; exigências de divulgação dos riscos ambientais do empreendimento pelos empreendedores; proteção das espécies ameaçadas; medidas anti-adaptação (consistem em impedir legalmente que autoridades ajam em conflito com as políticas que estão a tutelar o ambiente justamente no sentido da adaptação). Uma lei de adaptação às mudanças climáticas, conforme lição doutrinária, deveria estar dividida em cinco categorias: a) terras e recursos; b) infraestrutura; c) disputas nos empreendimentos e regulação; d) preocupação com saúde e segurança; e) governança e processo (RUHL, 2014, p. 679).

Existe igualmente o paliativo da geoengenharia (GERRARD, 2018) que, ao contrário da adaptação, se refere aos esforços humanos para lidar com os esperados efeitos das mudanças climáticas e busca uma deliberada intervenção no sistema climático com a utilização de processos químicos e físicos. As propostas da geoengenharia resumem-se a duas categorias principais: a remoção do dióxido de carbono (CO_2) da atmosfera e a administração da radiação solar. A segunda não visa diminuir a concentração de gases de efeito estufa, mas o emprego de técnicas para tratar os sintomas do aquecimento global vinculados à radiação solar, como a criação artificial de nuvens.

A primeira propõe-se a utilizar técnicas para diminuir a concentração de dióxido de carbono (CO_2) na atmosfera e para restaurar as condições climáticas, como a fertilização dos oceanos, que busca acelerar a transferência do gás carbônico proveniente da atmosfera para o fundo do mar com a utilização de pequenas quantidades de ferro e outros micronutrientes em certas regiões. Isso estimula o crescimento do *phytoplankton* na superfície marítima, que converte o gás carbônico da atmosfera em carbono orgânico. Quando o *phytoplankton* morre, uma parte deste carbono orgânico é transportada para o fundo do mar e outra parte retorna para atmosfera (STRONG, 2009, p. 347-348).

Como exemplo da segunda, entre outros, está o clareamento das nuvens que cobrem os oceanos e ocupam 70% da Terra, com a utilização de aviões que as pulverizariam com minúsculas partículas de água salgada. Em tese, essa técnica aumentaria a refletividade da Terra e reduziria a absorção da radiação solar (RASCH; LATHAM; CHEN, 2009, p. 1-8).

Ambas as categorias são controvertidas cientificamente; não existe uma legislação suficientemente desenvolvida a respeito nos âmbitos nacional e internacional. Como refere Gerrard (2018), é necessário regular, com padrões jurídicos, a geoengenharia, o que exigirá governança climática. As leis existentes são insuficientes para informar o futuro desse campo controvertido, bem como inadequadas para assegurar que pesquisas de geoengenharia e a sua implementação sejam realizadas de modo seguro e responsável (RUHL, 2014, p. 679). Evidentemente que não apenas o corte de emissões, mas medidas de adaptação e resiliência necessitam de regulação jurídica. Essa atividade precisa estar imbuída de sustentabilidade no plano do direito internacional, constitucional e infraconstitucional. *A fortiori* porque o dever de proteção ao meio ambiente deve ser considerado em todo e qualquer debate sobre o clima. É uma premissa. Aliás, este dever fundamental de proteção do ambiente é bem descrito por Gomes (2007, p. 187-188):

> O dever fundamental de proteção do ambiente, incidindo sobre um mesmo objeto, ainda que entendido de forma ampla – a integridade dos bens ambientais naturais – revela-se em múltiplas formas. Ao contrário de outros deveres fundamentais, como o de pagar impostos ou de votar, cujo tipo de prestação é uniforme, o dever fundamental de protecção do ambiente metamorfoseia-se em função do elemento natural cuja proteção está, em concreto, em causa; intensifica-se em razão do grau de degradação a que está exposto o bem ou em virtude do potencial lesivo da actividade desenvolvida (ou de ambos); agrava-se devido a ponderações políticas sobre a importância social do bem, ou sobre a necessidade de desincentivar condutas ambientalmente lesivas. Sem nenhuma pretensão de exaustividade e recorrendo a uma tripartição típica na doutrina – que em geral se debruçou sobre os tipos de obrigações, e que em especial se ocupou da matéria dos deveres fundamentais-, na estrutura do dever de protecção do ambiente podem coexistir feixes de vinculações como obrigações: de non facere; de pati; e de facere.

Mudanças climáticas, e seus efeitos deletérios, são nada mais do que a consequência nefasta de séculos de desenvolvimento econômico e humano insustentável, nos quais inexistia o Estado socioambiental de direito e os direitos fundamentais de terceira dimensão ou de novíssima geração. Época de carência de normas jurídicas, decisões administrativas e judiciais sustentáveis. Tempos de ignorância total a respeito do direito e do dever fundamental ao desenvolvimento sustentável (WEDY, 2018) e à proteção do meio ambiente.

Resquícios de uma errônea invocação de um pseudodireito ao desenvolvimento econômico como no Estado liberal, ou direito ao desenvolvimento humano como no Estado social, ou, o mais comum, direito ao desenvolvimento simplesmente, sem considerar a sustentabilidade no Estado de direito (ainda não socioambiental). Não existe direito ao desenvolvimento invocável e passível de concretização que não seja o direito ao desenvolvimento sustentável (SARLET; WEDY, 2020). Sustentabilidade em suas múltiplas dimensões é essencial. A era das mudanças climáticas é o tempo do direito fundamental ao desenvolvimento sustentável, que também é um dever que vincula entes públicos – inclusive de direito internacional – e particulares (WEDY, 2018). E nesta era os litígios climáticos apresentam notável relevância e, sem dúvida, especial protagonismo holístico.

CAPÍTULO 3

O DIREITO DAS MUDANÇAS CLIMÁTICAS NO ÂMBITO INTERNACIONAL

As mudanças climáticas podem ser entendidas de muitas formas, como um problema científico, tecnológico ou, ainda, e para alguns, religioso, como demonstra a Encíclica *Laudato Sì*. Porém, três perspectivas têm dominado as políticas internacionais em resposta ao aquecimento global: ambiental, econômica e ética (BODANSKY; BRUNNÉE; RAJAMANI, 2017, p. 4). Países europeus tendem a observar as mudanças do clima como um problema ambiental refletido nas suas manifestações, ao longo dos anos, pelos seus ministros do meio ambiente nas negociações climáticas na ONU. Pequenas nações-ilha têm estado focadas na ameaça do aumento dos oceanos para a continuidade das suas próprias existências (BODANSKY; BRUNNÉE; RAJAMANI, 2017, p. 5). Em sentido contrário, muitos países não europeus, desenvolvidos, como os Estados Unidos, têm a tendência de visualizar as mudanças do clima pelo viés econômico, com os seus economistas tendo relevante papel na formulação das suas políticas ambientais (BODANSKY; BRUNNÉE; RAJAMANI, 2017, p. 5). Enquanto isto, muitos países em desenvolvimento entendem as políticas de mudanças climáticas internacionais como uma grande injustiça histórica e econômica. Nas suas visões, países desenvolvidos não possuem apenas a responsabilidade histórica de combater as mudanças do clima, mas também devem apoiar financeira e tecnologicamente os países em desenvolvimento (BODANSKY; BRUNNÉE; RAJAMANI, 2017, p. 5).

Bodansky, Brunnée e Rajamani (2017, p. 6-8) analisam as mudanças climáticas sobre as já referidas três perspectivas. De acordo com a perspectiva ambiental, o objetivo da política climática internacional é impedir o aquecimento global antropogênico pela redução de gases de efeito estufa, buscando alcançar os objetivos propostos pelo Acordo de Paris durante a COP21. Segundo a perspectiva econômica, o objetivo da política climática é alcançar um resultado eficiente, que é aquele com altos benefícios líquidos sob a ótica do emprego do procedimento da análise do custo-benefício. Assim, dentro desta visão, as emissões devem ser reduzidas apenas se os benefícios superarem os custos dos seus cortes. Neste cenário, a adaptação seria mais barata do que a mitigação, sendo uma política a ser adotada de modo prioritário.

Todavia, calcular custos e benefícios é extremamente difícil, especialmente porque muitos dos benefícios de redução das emissões envolvem bens fora do mercado que são difíceis de valorar e que vão demonstrar a sua importância apenas em um futuro distante. De fato, como já referido em outros livros, a adoção do procedimento da análise do custo-benefício é de grande importância no moderno Estado regulatório e não pode ser ignorado ou tratado com preconceito, mas deve ser adotado, em uma versão *soft*, ou não extrema, sob pena de violação de direitos fundamentais e, até mesmo, do princípio dignidade da pessoa humana (WEDY, 2020, p. 85; 2018, p. 302). Pelo mesmo motivo, a análise do custo-benefício na sua versão forte simplesmente busca maximizar valores econômicos agregados, não levando em consideração questões éticas que emanam do aquecimento global (BODANSKY; BRUNNÉE; RAJAMANI, 2017, p. 8), como os riscos impostos em uma perspectiva intergeracional, inclusive de extinção de espécies.

Pois bem, em relação ao marco regulatório no âmbito internacional, a Convenção-Quadro das Nações Unidas sobre Mudanças Climáticas é o documento base e fundante. O tratado foi assinado em 1992 na Conferência sobre o Meio Ambiente e o Desenvolvimento no Rio de Janeiro. Passou a viger em 1994 e conta hoje com 195 países signatários, incluindo os Estados Unidos (BODANSKY, 1993; UNITED NATIONS, 1992). O documento não prescreve limites para as emissões de gases de efeito estufa; serve, porém, como uma Constituição que declara uma moldura subjacente de governança e de cooperação intergovernamental sobre as mudanças climáticas (DANISH, 2014, p. 39).

O objetivo final do tratado, e de todos os instrumentos legais relacionados a ele, é a estabilização dos níveis de gases de efeito estufa na atmosfera em um nível que seja capaz de impedir interferências indevidas no sistema climático. O diploma não limita emissões e não tem caráter coercitivo, mas possui disposições para serem atualizadas via protocolos. As medidas propostas no texto legal são mitigadoras, no sentido de diminuir o impacto das mudanças climáticas, e adaptadoras, com a finalidade de criar mecanismos de adaptação às mudanças do clima.

Os signatários estão divididos em três grupos: anexo 1 (países industrializados), anexo 2 (países desenvolvidos que pagam os custos das políticas climáticas adotadas pelos países em desenvolvimento) e, por fim, os países em desenvolvimento. Países industrializados apresentaram o compromisso de reduzir as emissões, em especial do dióxido de carbono (CO_2), a níveis inferiores àqueles emitidos no ano de 1990. Se não fizerem isso, nos termos do protocolo, terão que comprar créditos de carbono. Tal disposição, no entanto, não vem sendo cumprida.

Países em desenvolvimento, ou do *não anexo I*, não apresentaram metas de redução de gases de efeito estufa, mas assumiram compromissos de implantação de programas nacionais de mitigação das mudanças climáticas. Importante grifar que, no tratado, restou definido o conceito de mudanças climáticas: trata-se de mudanças do clima atribuídas direta ou indiretamente à atividade humana, que alteram a composição da atmosfera global e que, em adição à variabilidade natural do clima, são observadas por longos períodos. Restaram distinguidos os conceitos de mudanças climáticas atribuídas a causas vinculadas à ação humana e de variabilidades climáticas atribuídas a causas naturais.

O Protocolo de Quioto, por sua vez, é um tratado internacional que fixa compromissos para a redução das emissões antropogênicas que causam o aquecimento global. Discutido e negociado no Japão, em 1997, o protocolo foi ratificado em 15.3.1999. Entrou em vigor apenas em 16.2.2005, após ratificação da Rússia, quando reuniu a assinatura de 55 países que juntos produziam 55% das emissões globais de gases de efeito estufa (UNITED NATIONS, 2014). Os países assumiram o compromisso de reduzir as emissões de gases de efeito estufa em pelo menos 5,2%, aos níveis de 1990, no período compreendido entre 2008 e 2012. As metas de redução não eram homogêneas, visto que colocaram em nível diferenciado 38 dos maiores emissores. O Brasil, por exemplo, assim como México e Argentina, não recebeu metas de redução em função da vigência do princípio das responsabilidades comuns, porém diferenciadas (UNITED NATIONS, 2014).

Os países signatários, no entanto, comprometeram-se a: cooperar adotando ações básicas como reformar os setores de energia e transportes; promover o uso de fontes energéticas renováveis; eliminar mecanismos financeiros e de mercado inapropriados aos fins da convenção;

limitar as emissões de metano (CH4) no gerenciamento de resíduos, dos sistemas energéticos; e proteger florestas e outros sumidouros de carbono. A estimativa é que o êxito do Protocolo de Quioto levaria a uma redução nas temperaturas da Terra entre 1,4°C e 5,8°C até 2100 (UNITED NATIONS, 2014).

Sobreveio o Plano de Ação de Bali, em 2007, que foi assinado na 13ª Conferência das Partes (COP13) e estabeleceu ações e objetivos de longo prazo de redução das emissões. Aprofundou os compromissos de ações nacionais e internacionais de mitigação das emissões, assim como medidas de adaptação às mudanças do clima. Tratou especificamente do aumento e da aceleração das ações de desenvolvimento e de tecnologia para dar suporte às ações de mitigação e de adaptação. Em boa hora previu maiores recursos financeiros e investimentos para o suporte às ações de mitigação, adaptação e cooperação tecnológica (UNITED NATIONS, 2007).

O Acordo de Copenhague ocorreu em dezembro de 2009, durante a COP15, e reuniu 40.000 delegados e 100 chefes de Estado. De acordo com o texto, os países desenvolvidos comprometeram-se em cortar 80% de suas emissões até 2050. Apresentaram proposta de cortes de emissões em até 20%, até 2020, o que ficou abaixo do recomendado pelo Painel Intergovernamental sobre Mudanças Climáticas, que sugeria reduções entre 25% e 40% no período. O aumento máximo das temperaturas limitado em 2°C até 2100, tendo como marco inicial o período pré-industrial, foi reconhecido como necessário. Não foi especificado, porém, qual deveria ser o corte dessas emissões para alcançar tal meta. Os países ricos comprometeram-se em doar U$30 bilhões até o ano de 2012 para o fundo de combate ao aquecimento global. Foi previsto no texto que os países deveriam prestar informações nacionais acerca de que modo está ocorrendo o combate ao aquecimento global, por meio de consultas internacionais e análises realizadas com base em padrões definidos.

Planos de mitigação estão presentes em dois anexos do acordo, um com os compromissos dos países em desenvolvimento, como o Brasil, e outro com destaque para os objetivos dos países desenvolvidos. Restou reconhecida a importância do combate ao desmatamento e à degradação das florestas, como meio de reduzir as emissões e a previsão de incentivos positivos a serem custeados pelos países desenvolvidos. O mercado do carbono ou *cap-and-trade* foi abordado sob vários enfoques, incluindo-se a oportunidade de ser usado para melhorar a relação de custo-rendimento e promover ações de mitigação. O acordo foi de caráter não vinculativo.

Aliás, em relação ao combate ao desmatamento, foi lançado um esforço de mitigação para reduzir as pegadas de carbono em termos de emissões decorrentes do desmatamento. O principal projeto para evitar o desmatamento é o *Reduced Emissions from Deforestation and Forest Degradation* (UN-REDD+). O objetivo principal do UN-REDD+ é evitar o desmatamento e compensar com incentivos financeiros os fazendeiros, as comunidades locais e as populações indígenas que protegem as florestas. O programa REED+ substitui parte da renda que as comunidades perdem em um primeiro momento até que elas se adaptem a uma forma de produção e extrativismo sustentável. O tema é relevante e vários países ricos inscrevem-se como doadores de recursos para o UN-REDD+. Exemplo disso é a Noruega, que doou U\$1 bilhão ao Brasil nesse programa para uma iniciativa das comunidades da Amazônia, com a finalidade de proteger a floresta (SACHS, 2015, p. 468).

Em relação ao extrativismo, acima comentado, na Columbia University, exemplificativamente, o *Columbia Center on Sustainable Development Investment*, capitaneado por Lisa Sachs, e inserido nesta temática, tem realizado estudos e pesquisas científicas relevantes e aprofundadas sobre extrativismo, investimento e desenvolvimento sustentável (COLUMBIA CENTER ON SUSTAINABLE INVESTMENT, 2016).

Pois bem, realizada referida consideração, é de se analisar a 16ª Conferência das Partes (COP16), que foi realizada em Cancun, no México, no ano de 2010. Os 194 países que participaram da COP acordaram, muito modestamente, no sentido da criação de um *Fundo Verde*, a partir de 2020, para auxiliar os países emergentes a implementarem medidas de combate às mudanças climáticas. Restaram previstos mecanismos de proteção de florestas tropicais e fortes reduções das emissões de gás carbônico. Impasses levantados pelos Estados Unidos, pela China, pelo Japão e pela Índia impediram um avanço mais significativo nessa conferência (UNITED NATIONS, 2010).

A Plataforma de Durban, por sua vez, foi marcada por um conjunto de acordos obtidos durante a 17ª Conferência da ONU sobre Mudanças Climáticas (COP17) no ano de 2011, na África do Sul. Estruturou uma segunda fase do Protocolo de Quioto e estabeleceu mecanismos, e um procedimento, para reger o Fundo Verde para o Clima, além de elaborar um roteiro para um novo acordo global. Esse fundo é um caixa financeiro de U\$100 bilhões anuais, disponíveis a partir de 2020 (que não vem sendo cumprido, grifo nosso), com recursos provenientes dos países desenvolvidos para financiar as economias dos países em desenvolvimento e ações para reduzir emissões de gases de efeito estufa, assim como para combater as consequências das mudanças climáticas (UNITED NATIONS, 2011).

Foi criado o comitê executivo do Fundo, formado por 24 países, com representação paritária entre países desenvolvidos e em desenvolvimento. Restou estipulado que o Fundo seria capitalizado por contribuições diretas provenientes dos orçamentos dos países desenvolvidos e de outras fontes alternativas e não especificadas de financiamento. Estados Unidos, Canadá, Japão, Nova Zelândia e Rússia não assinaram o acordo e ficaram de fora dos compromissos estabelecidos, pois queriam que os países emergentes, como Índia, China e Brasil, também se engajassem no cumprimento das metas e não ficassem de fora, com base no princípio das responsabilidades comuns, porém diferenciadas (UNITED NATIONS, 2011).

Em suma, o Protocolo de Quioto e os acordos que o sucederam, antes da COP21 em Paris, careceram de maior vontade política dos grandes emissores de gases de efeito estufa para o corte de tais gases nas negociações, em especial os Estados Unidos e a China (DANISH, 2014, p. 68). Todavia, foram documentos importantes para pavimentar o caminho da construção do acordo global firmado na COP21 (GIRARDI, 2016). Importante observar que posteriormente à COP21, durante a Conferência das partes do Protocolo de Montreal, em Kigali, Ruanda, todos os países se comprometeram a agir para reduzir suas emissões de CFCs que também causam o aquecimento global. A emenda ao Protocolo visa limitar e reduzir o uso de CFCs, utilizados em refrigeradores e aparelhos de ar condicionado, em um processo gradual que começou em 2019, com a redução por parte dos países desenvolvidos, incluindo os Estados Unidos. Mais de 100 países em desenvolvimento, como a China, o maior poluidor mundial, começarão a adotar as medidas em 2024, quando o consumo de CFCs deve atingir seu pico e ser congelado.

Neste contexto, de acordo com Carazo e Klein (2017, p. 387), combater as mudanças climáticas e os seus impactos está entre os maiores e mais complexos desafios do nosso tempo e, portanto, o necessário cumprimento dos objetivos do Acordo de Paris exige uma transformação global, com a necessária colaboração entre todos os atores privados e públicos, nos níveis subnacional, nacional e internacional.

A plenária da 21ª Conferência do Clima das Nações Unidas (COP21) aprovou, em dezembro de 2015, em Paris, com anuência de 195 países, responsáveis por mais de 90% das emissões dos gases de efeito estufa na Terra, acordo de extensão global que, nos seus termos, apresenta efeitos *legalmente vinculantes* pela primeira vez (KLEIN *et al.*, 2017). Ao contrário do Protocolo de Quioto, as nações decidiram, de modo unânime, pela assinatura de um documento. Os países comprometeram-se em organizar estratégias para limitar o aumento médio da temperatura da Terra bem abaixo dos 2°C, envidando esforços para atingir um aumento de 1,5°C, até 2100, trazendo como referência inicial o período pré-industrial (UNITED NATIONS, 2015).

Superou-se em parte o obstáculo do *princípio das responsabilidades comuns, mas diferenciadas* (SEGGER; KHALFAN, 2004), uma vez que as nações desenvolvidas e em desenvolvimento devem promover a redução das emissões em igual proporção. Durante muito tempo, países em desenvolvimento defenderam um maior prazo e uma maior cota para a emissão de gases de efeito estufa a fim de que pudessem atingir níveis de desenvolvimento similares aos países desenvolvidos, responsáveis por um passado de emissões intensas, causadoras de poluição atmosférica.

Posner e Weisbach, antes da COP21, afirmavam que "as nações ricas estavam atentas às emissões de gases de efeito estufa e expressavam a disposição de reduzi-las". Em sentido oposto, referiam que "países em desenvolvimento avaliavam a redução das emissões como uma prioridade relativamente baixa" (POSNER; WEISBACH, 2010, p. 189). A COP21, entretanto, demonstrou que essa afirmação estava equivocada, pois todas as nações, ricas e pobres, comprometeram-se com o corte das emissões com iguais objetivos e com o mesmo prazo final.

De fato, todos os países devem diminuir as suas emissões, pois elas aumentam as temperaturas globalmente e causam catástrofes e danos ambientais transfronteiriços. De outro lado, é evidente, como reconhecido na COP21, que os países ricos devem contribuir com a grande maioria dos recursos financeiros e tecnológicos necessários para a diminuição das emissões e a adoção de medidas de adaptação e resiliência pelas nações em desenvolvimento.

O *princípio das responsabilidades comuns, mas diferenciadas* foi adotado em uma versão *soft* pela COP21. Ao tempo em que refere que os Estados Unidos e União Europeia devem prover recursos – fundos verdes – para o financiamento de medidas de resiliência e adaptação a serem adotadas pelos países em desenvolvimento, por outro lado, prevê que todas as nações, ricas e pobres, devem buscar alcançar igualmente a redução das emissões e a decorrente diminuição das temperaturas. O documento não torna o compromisso de corte nas emissões obrigatório e verificável, tampouco traça metas percentuais e periódicas de transição até que se atinja o aumento de temperatura final almejado no ano de 2100 (no máximo 2°C).

Foi prevista a alocação da quantia mínima de U$100 bilhões por ano, a partir de 2020, para fundos verdes, até o ano de 2025, com a finalidade de custear projetos de adaptação e resiliência necessários para o enfrentamento dos efeitos das mudanças climáticas em curso pelos países em desenvolvimento. Esses recursos deveriam ser disponibilizados pelos Estados Unidos e pela União Europeia, com o encorajamento das demais nações para fazerem o mesmo. A China declarou, por exemplo, que iria contribuir com o Fundo Climático Verde da ONU com a quantia de U$3,1 bilhões. Esses compromissos assumidos durante a COP21, no entanto, não foram cumpridos, como o avençado até o presente momento.

A China, neste cenário, relevante uma pausa para este relato, é o maior emissor mundial de gases de efeito estufa e o seu governo estabeleceu os objetivos de atingir o pico das emissões de carbono antes de 2030 e de alcançar a respectiva neutralidade antes de 2060 (ZOU, 2021). Não será tarefa simples a ser executada pelo capitalismo de Estado chinês, definido magistralmente por Stiglitz e Kennedy (2013).

A China possui um Ministério Público especializado em todos os níveis, que pode ajuizar demandas ambientais e climáticas contra o governo. Apenas no ano de 2020, o Ministério Público ajuizou 80 mil casos ambientais. Aliás, a Procuradoria Popular Suprema publicou, faz pouco, artigo de opinião esclarecendo e instigando os promotores a instaurarem litígios climáticos (THE SUPREME PEOPLE'S PROCURATORATE OF THE PEOPLE'S REPUBLIC OF CHINA).

Portanto, e já reconhecido em doutrina, o país está abrindo as portas para a litigância climática (LI, 2020). Na organização judiciária do país, existem tribunais ambientais especializados em todos os níveis, e é crescente a ideia de que as Cortes devem desempenhar um papel ativo em suas decisões para estimular a transição energética e o combate ao aquecimento global. O Supremo Tribunal Popular possui uma definição e classificação técnica de casos climáticos expostos no *White Paper* (BUSINESS AND HUMAN RIGHTS RESOURCES CENTER, 2022) publicado por ele mesmo.

Neste documento, constam casos ajuizados específicos de mitigação e de adaptação que envolvem a emissão de substâncias que impactam direta ou indiretamente o sistema climático (THE SUPREME PEOPLE'S COURT OF THE PEOPLE'S REPUBLIC OF CHINA, 2022).

O papel do Judiciário no combate às mudanças climáticas também foi enfatizado na Conferência Judiciária Mundial, que foi co-organizada pelo Supremo Tribunal Popular e pelo PNUMA, em Kunming, em maio de 2021. A *Declaração de Kunming* resultante da Conferência Judicial Mundial sobre Meio Ambiente exige que os tribunais desempenhem um papel proativo no combate às mudanças climáticas e prevê expressamente litígios climáticos para (a) a redução do carbono, (b) o estímulo ao mercado de redução de emissões e (c) o incremento das finanças verdes (UNITED NATIONS ENVIRONMENT PROGRAMME, 2021).

Uma gama diversificada de medidas judiciais está estipulada no documento, incluindo o manejo de litígios preventivos e precautórios, com pedido de suspensão cautelar de projetos nocivos para o sistema climático e, igualmente, litígios climáticos de cunho mandamental para restauração do meio ambiente degradado. Embora a China ainda não tenha uma lei dedicada especificamente às mudanças climáticas, o Vice-*Premier* Han Zheng instruiu o Ministério da Ecologia e Meio Ambiente a começar a trabalhar em um anteprojeto de lei sobre o tema. Relevante sempre esclarecer, no entanto, que boa parte dos litígios climáticos no mundo foi ajuizada sem previsão legal e constitucional de tutela do sistema climático.

Na China, os promotores e as organizações não governamentais têm ajuizado casos climáticos invocando as leis já existentes como o Código Civil, a Lei de Proteção Ambiental, a Lei de Avaliação de Impacto Ambiental, a Lei de Energia Renovável, a Lei de Prevenção e Controle da Poluição Atmosférica, o Regulamento Nacional do Mercado de Carbono, o Regulamento de Licenças Ambientais, entre outros, e regulamentações administrativas. Neste cenário, extremamente promissor, é que sobreveio decisão do tribunal da província de Zhejiang, sudeste da China, no último ano, que se tornou um marco no direito das mudanças climáticas no país e, também, mundial. Procuradores chineses ajuizaram, de modo exitoso, litígio climático, contra empresa violadora, por ação e omissão, das regulações e das políticas estatais concernentes às emissões de gases de efeito estufa no âmbito nacional (THE SUPREME PEOPLE'S COURT OF THE PEOPLES REPUBLIC OF CHINA, 2022).

A demanda foi possível em virtude da aprovação da reforma na legislação processual de 2017, que garantiu a legitimidade *ad causam* para os promotores ajuizarem litígios ambientais e climáticos em toda a extensão territorial e política da China, sem quaisquer restrições. Neste período, de um pouco mais de quatro anos, foram ajuizados mais 150 mil litígios de interesse público, ambiental e climático. As procuradorias passaram por uma reestruturação e valorização no sentido de instrumentalizar ações do governo para reduzir a poluição, em especial, em nível local, em virtude de ações e omissões dos órgãos neste âmbito. Presente neste ponto a máxima do direito ambiental internacional de pensamento global e de ação local. As procuradorias, a propósito, o que há alguns anos seria impensável, possuem legitimidade para processar agências governamentais e reverter ações políticas de governo prejudiciais ao meio ambiente.

A empresa estatal, no caso concreto, foi demandada por utilizar ilegalmente substâncias que empobrecem a camada de ozônio e também causam o aquecimento global. A demandada foi considerada culpada por utilizar especialmente o *freon*. Referida substância cuja fórmula molecular, aliás, é CCl2F2. Trata-se de um gás muito utilizado ainda em vários produtos em todo o mundo. Nos congeladores, para um melhor esclarecimento do ora argumentado, o gás circula por todo o circuito (compressor, válvula de expansão, evaporador e condensador). Além de ser usado como agente refrigerante, o gás freon é empregado como propulsor de aerossóis (*sprays* propelentes). Como a própria estrutura revela, este gás clorado e fluorado é derivado do metano e é altamente inflamável. Apesar de a empresa, durante o litígio, tentar destruir e descaracterizar as provas, a procuradoria local, trabalhando em conjunto com o tribunal e o gabinete do Ministério da Ecologia e do Ambiente (o que é permitido no sistema processual chinês), conseguiu demonstrar o nexo de causalidade entre as ações e as omissões da empresa e os danos ao meio ambiente e ao sistema climático causados pela parte demandada.

A empresa foi condenada a pagar mais de 460 mil yuans para compensar os danos ecológicos que causou e, ainda, 150 mil yuans para cobrir os custos processuais e perícia.

Outro caso em curso relacionado com as alterações climáticas foi ajuizado pela ONG Amigos da Natureza, em 2018, contra duas empresas regionais de redes elétricas no noroeste da China. Os Amigos da Natureza alegaram que as demandadas violaram a Lei das Energias

Renováveis, que obriga as empresas de redes de energia elétrica a comprarem energia renovável onde quer que esta esteja disponível. A demandada, *State Grid*, estava comprando energia produzida pela queima de carvão, prejudicando o setor de energia eólica local na província de Gansu. Ainda não foi proferido, mister enfatizar, julgamento definitivo neste caso.

De outra banda, também existe a possibilidade de os autores climáticos invocarem a Lei de Estudos de Impactos Ambientais para fundamentarem as suas ações. O Ministério Público e ONGs podem buscar a anulação judicial de licenças de instalação e de funcionamento de usinas recém-propostas, ou recentemente aprovadas, movidas a carvão, gás ou petróleo, se o estudo de impacto ambiental possuir vícios procedimentais ou de mérito. A divulgação insuficiente de informações e a necessidade de participação das comunidades afetadas pelas usinas também podem ser fundamentos empregados nos litígios climáticos do estilo (DE BOER, 2021).

O Ministério Público também possui legitimidade para ajuizar litígios de interesse público contra departamentos de governo provincial, se estes não cumprirem a sua obrigação legal de promoção da transição de uma economia de combustíveis fósseis para de baixo carbono, assim como quando estes entes deixarem de formular e implementar, de modo apropriado, as metas regionais de pico de carbono e de controle de consumo de energia e de emissões de gases de efeito estufa, assim como de redução das supercapacidades. Em suma, parece que os litígios climáticos são um instrumento importante para a China alcançar o seu objetivo de neutralidade de carbono e o arcabouço legal do país está sendo incrementado e sofisticado com a adoção de leis, regulamentos e documentos políticos importantes. A China possui um imenso potencial, não apenas para a transição energética profunda de sua economia, mas para a consequente redução de emissão de gases de efeito estufa, que é essencial para a estabilização global do clima no planeta.

Feitas essas considerações sobre a litigiosidade climática na China, maior emissor de gases de estufa do mundo, não se pode deslembrar que multinacionais, governos e investidores, que participaram da COP 21 como assistentes, mostraram-se mobilizados na época pelo combate ao aquecimento global. Cerca de 500 investidores, que representavam cerca de US$3,4 trilhões do PIB mundial, anunciaram que iriam retirar suas aplicações e seus investimentos dos projetos calcados nos combustíveis fósseis (NICOLLETTI; HISAMOTO, 2015). No entanto, isso ainda não ocorreu como o previsto e planejado.

Houve algum *divestment*, o que tem sido objeto de grande debate, aliás, também nas ricas universidades que compõem a *Ivy League* nos Estados Unidos. Alunos, ativistas e professores têm protestado contra o investimento de recursos por essas instituições de ensino em ações de companhias que produzem e exploram combustíveis fósseis, as quais, não raras vezes, fazem grandes doações para membros desta mesma *Ivy League*. Pôde-se observar a preocupação do presidente da Universidade de Harvard com o aquecimento global, de um lado, mas de outro a intenção de continuar, por ora, investindo nas companhias emissoras de gases de efeito estufa (HARVARD UNIVERSITY, 2013). E, de modo mais progressista, o Presidente Lee C. Bollinger, da Columbia University, chegou a montar uma comissão, no ano de 2015, para tratar do *divestment* dos recursos da universidade nas companhias que produzem combustíveis fósseis e aumentam o aquecimento global com suas atividades (COLUMBIA UNIVERSITY, 2015). Fundamental é que as universidades em todo o mundo adiram ao *divestment* do carbono.

Empresas, de outro lado, comprometeram-se com investimentos bilionários em desenvolvimento tecnológico para energia limpa e anunciaram metas com o balanço positivo de carbono em suas contas no curto prazo e o fim das emissões líquidas de gases em toda a cadeia de valor na próxima década, com o objetivo de alcançar a neutralidade nas emissões (NICOLLETTI; HISAMOTO, 2015).

Importante grifar que o próprio FMI divulgou relatório, poucos meses antes da COP21, com um forte apelo para que as nações parassem de subsidiar a indústria dos combustíveis fósseis. De acordo com o Fundo, tal medida pode salvar milhões de vidas em todo o planeta. O aumento da taxação sobre combustíveis fósseis e a eliminação dos subsídios para essa indústria poderiam reduzir mortes prematuras de seres humanos causadas pela poluição em até 55%, o que representaria um grande avanço. Apenas no ano de 2012, conforme a Organização Mundial de Saúde, 3,7 milhões de pessoas perderam suas vidas prematuramente em decorrência da poluição. Entre as práticas condenáveis dos países, em consonância com o FMI, está a não taxação dos combustíveis e a sua comercialização abaixo do preço, em virtude dos subsídios públicos. Globalmente, os subsídios estatais para a energia suja alcançam U$5,3 trilhões, ou 6,5% do PIB mundial. Esses valores seriam suficientes, por exemplo, para a construção de cinco cidades semelhantes a Boston anualmente. A China, como maior emissora de gases de efeito estufa, é responsável por quase metade desse valor total, U$2,3 trilhões, e os Estados Unidos, por U$699 bilhões (INTERNATIONAL MONETARY FUND, 2015), sendo o segundo maior emissor. Somente com o corte dos subsídios estatais alocados para a indústria dos combustíveis fósseis, seria possível diminuir as emissões de CO2 (WEDY, 2015) em patamares superiores a 20% ao ano (THE NEW YORK TIMES, 2015).

Outro benefício para os governos seria o consequente aumento da receita com a tributação sobre os combustíveis fósseis, o que possibilitaria maiores investimentos na saúde, na energia renovável, nos transportes públicos de massa e em outros serviços de amplo acesso à população. Alguns países, como a Índia, já estão implementando políticas públicas como a sugerida, com a finalidade de conter o déficit orçamentário e diminuir a poluição, como no exemplo do corte do subsídio ao óleo diesel no varejo.

Não é demais grifar que, em conformidade com o decidido na COP21, o compromisso firmado em Paris deve ser revisto pelas nações a cada cinco anos, e as metas de cortes de cada país (INDCs) são voluntárias. Essas, aliás, metas de cortes voluntárias, foram uma condição política imposta pelos Estados Unidos, uma vez que a Administração Obama enfrentou intransponíveis dificuldades para aprovar legislação para o corte de emissões no Congresso dominado pelo Partido Republicano, cujos parlamentares recebem grandes contribuições financeiras da indústria do petróleo e do carvão. Diante da dificuldade de aprovar leis para o combate ao aquecimento global no Congresso, o Governo Obama elaborou o *The Clean Power Plan*, que tinha o objetivo de diminuir em 32% as emissões de gases de efeito estufa, especialmente nas usinas elétricas movidas a carvão, até o ano de 2030, levando em consideração níveis de emissões de 2005 (VOLCOVICI, 2015, p. 15).

Esse plano era calcado basicamente nas atividades regulatórias da EPA – *Environmental Protection Agency*. Aliás, *The National League Cities*, que representa 19.000 cidades nos Estados Unidos, entrou, em dezembro de 2015, como *amicus curiae* em processo na *U.S Court of Appeals for the D.C. Circuit* em defesa do *The Clean Power Plan*, tendo como procurador o Professor de Direito Ambiental e Vice-Diretor do Sabin Center for Climate Change Law da Columbia Law School Michael Burger. Na ação judicial, 26 estados governados por republicanos, companhias e a U.S Chamber of Commerce impugnaram o proceder administrativo da EPA e o próprio *The Clean Power Plan*, tendo como um dos argumentos justamente a invasão de competência legislativa do Congresso (BURGER, 2015). Como se observa, existe uma grande dificuldade nos Estados Unidos em cumprir o avençado na COP21.

Bom esclarecer que os pontos principais do Acordo de Paris foram: a) objetivos de longo prazo; b) descarbonização; c) metas nacionais de corte das emissões; d) financiamento aos países pobres; e) reparação dos danos, que é um ponto debatido e com viabilidade defendida em doutrina há muitos anos (GROSSMAN, 2009, p. 193-229); f) proteção de florestas e combate ao desmatamento.

Os objetivos de longo prazo eleitos no documento significam manter o aquecimento global bem abaixo de 2°C, devendo haver uma descontinuação no uso dos combustíveis fósseis até 2050. A descarbonização consiste em se atingir um pico de emissões tão logo quanto possível, para mais tarde os Estados implementarem as emissões negativas e a despoluição da atmosfera. Metas nacionais de emissões serão objeto de balanço e revisão em 2023. Não haverá intromissão nem punição internacional em caso de descumprimento das metas; os países ricos terão a obrigação de cumpri-las primeiramente. O financiamento para medidas de adaptação, resiliência e produção de energia limpa a ser endereçado aos países em desenvolvimento foi baseado no referido piso de US$100 bilhões anuais a partir de 2020 (que não está sendo cumprido como mencionado), a ser custeado prioritariamente pelos países desenvolvidos, que devem reportar aos demais países o cumprimento desse compromisso. Esse piso anual deverá ser rediscutido a partir de 2025.

A previsão de recursos financeiros para ajudar vítimas de desastres é mencionada, em destaque, no compromisso, na forma de perdas e danos, como exigiam os países mais vulneráveis às mudanças climáticas. Apenas a título de exemplo, entre os países mais ameaçados pelas mudanças climáticas, estão as nações-ilhas, sempre a mercê do aumento do nível dos oceanos e das tsunâmis, como as Ilhas Marshall, fenômeno este objeto, aliás, de acuradas pesquisas jurídicas no âmbito do direito (GERRARD, 2013, p. 18). A disposição mencionada, no entanto, não pode ser invocada como base legal para a cobrança de indenizações ou compensações dos países ricos e emissores.

O descumprimento do Acordo de Paris e das COPs anteriores pode ser observado detalhadamente no relatório *Climate Change 2021: Sixth Assessment Report (WG1-AR6)* (IPCC, 2021) e no mais recente *Climate Change 2022: Impacts, Adaptation, and Vulnerability* (IPCC, 2022), ambos do Intergovernmental Panel on Climate Change (IPCC), que apontam que as atividades humanas, potencializadas pela queima de carvão, de petróleo e de outros combustíveis fósseis, estão influenciando o aquecimento da atmosfera, dos oceanos e da superfície terrestre, provocando graves externalidades negativas nos últimos anos.

Essa potencialização dos eventos climáticos extremos, que obviamente também vem ocorrendo nas últimas décadas, é comprovada pelo *Global Natural Disaster Assessment Report 2019* (THE INTERNACIONAL DISASTER DATABASE, 2021), que avaliou de forma sistematizada os desastres globais dos últimos 30 anos a partir do Banco de Dados Internacional de Desastres (EM-DAT), reconhecendo os nefastos efeitos sociais, econômicos, políticos e ambientais decorrentes dos eventos climáticos extremos. Segundo consta no documento, apenas em 2019 (CHINA, 2019), os desastres climáticos afetaram 90,6 milhões de pessoas no mundo, a maioria por tempestades (34,5%), inundações (32,7%) e secas (31,1%), causando perdas econômicas de US$121,856 bilhões.

O mesmo estudo identificou as características dos maiores desastres naturais, entre 1989-2019, apontando que no período houve um total acumulado de 9.921 desastres naturais no planeta, uma média de 320 por ano, evidenciando uma correlação entre tais eventos e as alterações climáticas. Referido cenário indica que a instabilidade do sistema climático vem se acentuando nas últimas décadas, intensificando catástrofes e alterando a dinâmica do planeta.

Fazendo referência ao *Relatório Stern* (STERN, 2007), Sachs (2015, p. 434), em boa hora, alerta que uma elevação de 4°C na temperatura do clima até 2100 seria capaz de provocar grandes desequilíbrios ambientais, como a redução da umidade dos solos, a precipitação de chuvas em regiões semiáridas, perdas incalculáveis na produção agrícola, severas ondas de calor, secas prolongadas, inundações, intensificação de ciclones tropicais, derretimento dos glaciares e a elevação do nível dos oceanos. Quanto ao último fenômeno, o mencionado *Special Report Global Warming of 1.5°C* do IPCC (UNITED NATIONS, 2018) aponta, por sua vez, que o aumento do nível dos mares pode expor a graves riscos milhares de pessoas que vivem em zonas oceânicas, penínsulas e ilhas, provocando a destruição de propriedades costeiras e a remoção forçada de comunidades. Igual cenário é retratado pelo instituto Climate Central, vinculado ao Princeton Environmental Institute (CLIMATE CENTER, 2015), ao apontar que a elevação da temperatura média global entre 2°C e 4°C pode afetar 600 milhões de habitantes que residem em regiões litorâneas, provocando deslocamentos em massa e a necessidade de adaptação das comunidades, atingindo grandes metrópoles como Xangai, Sydney, Londres, Nova York, Miami, Calcutá, Rio de Janeiro, Hong Kong, Jacarta e Durban.

Outro recente estudo de pesquisadores da Universidade de Yale, publicado na revista *Nature Geoscience* (STUDHOLME, 2022), afirma que as nações estão subestimando os riscos das mudanças climáticas, pois, à medida que o planeta se aquece pelas emissões antropogênicas de gases, o século 21 poderá ser palco de uma expansão de furacões e tufões. Fato, aliás, que já está ocorrendo.

A instabilidade do clima, portanto, vem produzindo uma nova categoria de desastre humanitário, que envolve especificamente os chamados *migrantes ambientais ou refugiados ecológicos*. A terminologia *ecological refugees* foi inicialmente introduzida, para fins de esclarecimento, nos estudos de Lester Brown (1977, p. 20), na década de 1970, que indicavam que as mudanças do clima, induzidas por atividades humanas, poderiam provocar impactos futuros e alterar o curso dos eventos naturais.

Contudo, o direito internacional, até o momento (ALTO COMISSARIADO DAS NAÇÕES UNIDAS PARA REFUGIADOS, 1951), não reconhece expressamente a terminologia *refugiados ambientais*, que poderia ter sido prevista na COP21, pois esse fenômeno migratório não está previsto na Convenção Relativa ao Estatuto de Refugiados de Genebra de 1951, o qual considera como refugiados apenas as pessoas que sofrem perseguição e são forçadas a abandonar sua residência habitual por motivos de raça, religião, nacionalidade, grupo social ou opiniões políticas (INTERNATIONAL ORGANIZATION FOR MIGRATION, 2021). Destarte, ainda existe um vácuo no direito internacional para a proteção dos migrantes ambientais, fator que vem dificultando o reconhecimento de refúgio em decorrência de desastres naturais, sob o argumento de que esta causa não se enquadra nas hipóteses previstas na já aludida convenção.

Em virtude do dissenso acerca do enquadramento dessa categoria como de *refugiado*, a Organização Internacional para as Migrações (OIM) utiliza a terminologia *migrante ambiental*. Contudo, o direito internacional avança no sentido de reconhecimento do *status* de refugiados às pessoas afetadas por fatores ambientais, notadamente por envolver uma questão humanitária (UNITED NATIONS, 2021). Nesse norte, o Centre International de Droit Comparé de L'environnement, da Universidade de Limoges, discute a construção do Projeto de Convenção relativa ao Estatuto Internacional dos Deslocados Ambientais. O projeto, denominado Convenção de Limoges (CENTRE INTERNATIONAL DE DROIT COMPARÉ DE L'ENVIRONNEMENT, 2018), reconhece que o aumento exponencial dessas migrações constitui uma ameaça para a estabilidade das nações, almejando construir um mecanismo para a proteção dos deslocados ambientais diante da lacuna do direito internacional. Referido tema (WEYERMULLER, 2021, p. 149-150) representa um problema humanitário que tende até mesmo a substituir a principal causa de refúgio dos dias atuais, que é a guerra, pois o desequilíbrio climático pode provocar grandes deslocamentos humanos em nível global, tendo a potencialidade de alterar o fluxo populacional, além de provocar o aumento do ciclo de instabilidade e de vulnerabilidade nos países menos desenvolvidos.

Tais projeções são confirmadas pelo *Global Report on Internal Displacement* produzido pelo Internal Displacement Monitoring Centre (IDMC) (2020), revelando que as chuvas de monções, as inundações e as tempestades tropicais foram a maior causa de fluxos migratórios em 2019. Nesse período, os desastres naturais, impulsionados por fatores antrópicos, causaram o deslocamento de 24,9 milhões de pessoas em 140 países, superando as migrações provocadas por guerras, conflitos civis e violência. Segundo o Alto Comissariado das Nações Unidas para os Refugiados (ACNUR, 2021), se não houver a reversão desse quadro, os riscos de tragédias ambientais relacionadas ao clima podem afetar 200 milhões de pessoas até o ano de 2050, gerando um elevado número de *refugiados invisíveis* (WEDY; FERRI, 2022). Com o avanço das migrações ambientais, em 2016, a ONU aprovou a Declaração de Nova Iorque sobre Refugiados e Migrantes, assumindo o compromisso de prestar assistência aos migrantes de países afetados por conflitos ou desastres naturais. Em 2018, o Pacto Global para a Migração Segura, Ordenada e Regular das Nações Unidas deu novo enfoque ao tema dos migrantes ambientais, reconhecendo a necessidade de mapear, compreender, prever e lidar com os movimentos migratórios oriundos de desastres naturais e efeitos adversos das mudanças do clima.

O pacto reconheceu que as alterações climáticas estão impulsionando as inundações, ciclones, incêndios florestais e secas prolongadas, forçando milhares de pessoas a abandonar seus lares e territórios, alertando que a dinâmica e o ritmo de tais fenômenos estão assumindo uma escala sem precedentes na história da Terra. O preocupante cenário das migrações ambientais (WEDY; FERRI, 2022) foi palco de novos debates durante a COP26 (2021), cujo documento final (*Glasgow Climate Pact*) reconheceu os impactos sociais, econômicos e ambientais oriundos da crise climática e a necessidade de uma ação global multinível para adaptação, mitigação e resposta aos seus efeitos adversos (UNITED NATIONS, 2021).

Contudo, embora o Alto Comissariado das Nações Unidas para os Refugiados tenha feito um apelo aos dirigentes da COP26 (WEDY; FERRI, 2022), alertando que a crise climática está acelerando os desastres naturais e as migrações humanas, ampliando o quadro de pobreza, de desigualdade e de vulnerabilidade em escala global, forçando milhares de pessoas a abandonar seus locais de origem, o tema foi tratado de forma bastante superficial na Escócia. Apesar de existirem alguns avanços sobre o tema, são evidentes as lacunas normativas no direito internacional para a proteção dos deslocados ambientais, sendo importante a construção de um mecanismo efetivo de proteção a essa categoria de migrantes.

Feitas essas necessárias considerações sobre os refugiados climáticos e ambientais, talvez essas mazelas estejam ocorrendo, em parte, sem regulação jurídica adequada, e é importante refletir, porque na COP21 não se aproveitou o momento político de grande e positiva mobilização para enfrentar esta dura realidade e drama humano.

Pois bem, superado este ponto, na COP21, em matéria de florestas, o papel dos biomas naturais como sumidouro de carbono restou reconhecido, mas não houve detalhamento sobre como recursos financeiros poderão promover sua conservação e restauração, problema que pode ser percebido nos dias atuais com o aumento do desmatamento e das queimadas na Amazônia.

De acordo com o art. 4º, §1º, do documento firmado na COP21, para que seja alcançado o objetivo do limite de temperatura no longo prazo, as partes devem utilizar a melhor ciência disponível. Deve haver, na segunda metade do século, um rápido equilíbrio entre as emissões antropogênicas de gases de efeito estufa pelas fontes e a sua captura. Ou seja, cada tonelada de gás de efeito estufa emitida deve ser removida da atmosfera.

Segundo já era referido pelo Painel Intergovernamental de Mudanças Climáticas de 2014 (*Fifth Assesment Report*), o uso de combustíveis fósseis gera 32 gigatons de dióxido de carbono (CO_2) por ano. Outras fontes, como o vazamento de metano, as fábricas de cimento e outros processos industriais são responsáveis por 5 a 7 gigatons de dióxido de carbono (CO2) anuais. O desmatamento e a agricultura, especialmente a monocultura, adicionam 10 a 12 gigatons ao ano de dióxido de carbono (CO2) na atmosfera. A soma dessas atividades humanas emite na atmosfera 49 gigatons de carbono. Os sumidouros de carbono, por sua vez, removem apenas 18 gigatons por ano, 8,8 vão para os oceanos e 9,2 para a terra. Para se alcançar o equilíbrio entre as emissões e a capacidade de absorção dos sumidouros de carbono, seria necessário acabar completamente com as emissões (INTERGOVERNMENTAL PANEL ON CLIMATE CHANGE, 2015). Como esse é um objetivo difícil e o acordo demonstrou-se abstrato, já que o objetivo de redução das emissões e o consequente limite de temperatura a ser atingido podem ocorrer em um período de tempo indeterminado – de 2050 até 2099 –, novas medidas precisam ser adotadas.

Em consonância com o *World Resources Institute*, para se atingir o objetivo previsto no art. 2º do Acordo de Paris (emissões bem abaixo de 2°C e tentativa de limitá-las a 1,5°C), é preciso trazer as emissões de dióxido de carbono (CO2) referentes à produção de eletricidade para valores aproximados a zero e, também, elevar para aproximadamente 25% o número de veículos movidos por energia elétrica (WORLD RESOURCES INSTITUTE, 2015). Já Gerrard (2015) sugere que existem apenas três formas de se continuar a usar combustíveis fósseis para a produção de energia elétrica na segunda metade deste século:

a) capturar o carbono antes que ele seja emitido na atmosfera;
b) elaborar e criar, em massiva escala, novas tecnologias para remover e sequestrar o carbono do ar;
c) criar sumidouros de carbono, assim como acabar com o desmatamento em todo o mundo.

Todas as três alternativas levantam a questão de como o carbono será armazenado. Não se sabe por quanto tempo o carbono ficará nos reservatórios. Por exemplo, qual o período de vida das árvores que o armazenam? Impossível saber. O que é certo é que, quando árvores são queimadas, cortadas e morrem, elas liberam o carbono armazenado imediatamente, aumentando o aquecimento global.

De outro lado, as tecnologias para captura, sequestro e remoção do carbono do ar estão sendo desenvolvidas lentamente e sem grande incentivo e concessão de subsídios pelos governos. Não há dúvida, igualmente, de que a precificação do carbono criaria um incentivo para as pesquisas relativas a tais tecnologias (JACOBS, 2014, p. 481-520).

Com a finalidade de solucionar o problema, exaustivamente debatido na COP21, Carazo e Klein (2017, p. 410) referem que o Acordo de Paris traz novas perspectivas para dentro das inter-relações entre o clima e outros regimes. As partes que fazem parte da Convenção-Quadro das Mudanças do Clima das Nações Unidas têm, unânime e repetidamente, reconhecido que a urgência e a gravidade do problema das mudanças do clima são uma preocupação da humanidade e um dos maiores desafios globais dos nossos tempos. Para as autoras, as partes ratificaram esta posição no Acordo de Paris na Decisão nº 1 da COP21, que reconhece que as mudanças climáticas representam uma urgente e potencialmente irreversível ameaça às sociedades humanas e ao planeta e precisam ser combatidas com a descarbonização da economia (CARAZO; KLEIN, 2017, p. 410). Gerrard (2015, p. 28), por sua vez, sugere a combinação de programas agressivos de eficiência e conservação energética com a instalação de novas usinas de energia renovável (e talvez nuclear) e a substituição dos veículos movidos com derivados de petróleo por carros elétricos ou movidos a hidrogênio.

Bom exemplo para a responsabilização da indústria do petróleo, nesse cenário de COP21, foi dado pela Corte holandesa. Em 5.4.2019 (SABIN CENTER FOR CLIMATE CHANGE LAW, 2021), o grupo ambientalista Milieudefensie, Friends of the Earth Netherlands, ONGs (ActionAid NL, Both ENDS, Fossielvrij NL, Greenpeace NL, Young Friends of the Earth NL, Waddenvereniging) e mais de 17.000 cidadãos promoveram litígio climático, no país, contra a Royal Dutch Shell (RDS) alegando, em apertada síntese, que as contribuições desta para a mudança climática, decorrentes de suas emissões, violavam, além do dever de cuidado previsto na legislação holandesa, a normativa de direito internacional que regulamenta as obrigações decorrentes das violações dos direitos humanos.

O pedido dos autores, veiculado na exordial (SABIN CENTER FOR CLIMATE CHANGE LAW, 2021), foi no sentido da obtenção de provimento jurisdicional, declaratório e mandamental, para que a demandada reduzisse as suas emissões de CO2 em 45% até 2030 em relação aos níveis de 2010, e a zero até 2050. Aliás, tudo de acordo com o previsto no Acordo Climático de Paris, entabulado na COP21, no ano de 2015. Foi mencionado, como um dos fundamentos jurídicos do pedido, o teor do decidido no *leading case Urgenda*, precisamente na parte em que restou declarada a inadequação da ação do governo holandês em relação à mudança climática e que este, em especial, violou um dever de cuidado para com os holandeses.

No litígio climático, ora em comentário incidental (SABIN CENTER FOR CLIMATE CHANGE LAW, 2021), os demandantes ampliaram os fundamentos jurídicos do pedido esgrimidos no caso *Urgenda* para enquadrá-los às empresas privadas, argumentando que, em virtude dos objetivos estabelecidos no Acordo de Paris e as evidências científicas sobre os perigos da mudança climática, a Shell tinha e tem o dever de tomar medidas adequadas para reduzir as suas emissões de gases de efeito estufa. Especificamente, os autores citaram o *dever de cuidado* previsto no art. 6:162 do Código Civil holandês e, ainda, os conhecidos arts. 2 e 8 da Convenção Europeia de Direitos Humanos (CEDH), que garantem os direitos à vida (art. 2), à vida privada, à vida familiar, à moradia e à correspondência (art. 8).

Na causa de pedir dos demandantes (WEDY, 2021), restou descrito em detalhes o amplo, sabido e antigo conhecimento da Shell sobre a realidade da mudança climática e as suas consequências desastrosas. Também, constou na exordial, expressa menção às declarações enganosas da companhia sobre o aquecimento global e, igualmente, as ações insuficientes adotadas por esta para reduzir as emissões de gases de efeito estufa. Alegaram os requerentes que a Shell gerou um *perigo ilegal* para os cidadãos holandeses e que estes atos da companhia constituem *negligência perigosa*.

Em novembro de 2019 (WEDY, 2021), a Shell contestou a demanda. Argumentou, em síntese, que não havia nenhuma norma legal, estatutária ou não, que estabelecesse que a companhia estava agindo em conflito com lei não escrita ao descumprir os limites de emissões. A Shell também adotou argumento, costumeiro e um pouco batido pelos réus nos litígios climáticos, de que as reivindicações dos demandantes eram *genéricas* para se enquadrar na dicção dos arts. 2 e 8 da CEDH. Entre setembro e outubro de 2020, por seu turno, as partes no litígio climático produziram as provas para justificação dos fatos e do direito alegados, debatidos e controvertidos em juízo, atendendo à observância do devido processo legal.

Foram realizados, inclusive, quatro dias de audiências em 1, 3, 15 e 17.12.2020 (THE HAGUE JUSTICE PORTAL, 2021). Em 26.5.2021, por fim, o Tribunal Distrital de Haia, mais uma vez assumindo o protagonismo no direito das mudanças climáticas global, ordenou que a Shell reduza suas emissões em 45% até 2030, em relação ao ano de 2019, em todas as suas atividades, incluindo tanto suas próprias emissões quanto as emissões de uso final. O tribunal ordenou que a RDS, *não apenas diretamente*, mas também através das empresas e entidades legais que comumente estão incluídas em suas contas anuais consolidadas, e com as quais forma conjuntamente o grupo Shell, limite ou faça limitar o volume anual agregado das emissões de CO2 na atmosfera (Escopo 1, 2 e 3) devido às operações comerciais e às vendas de produtos portadores de energia do grupo réu, a tal ponto que este volume seja reduzido no já referido percentual.

Em outras palavras, o tribunal ordenou que a Shell reduza as emissões em 45%, tanto em suas próprias operações como em suas emissões pelo uso do petróleo que produz. O tribunal tornou sua decisão provisoriamente executável, o que significa que a Shell será obrigada a cumprir suas obrigações de redução, mesmo quando o caso estiver sendo analisado em sede recursal (THE NEW YORK TIMES, 2021).

Na decisão, é importante referir que a Corte reconheceu a legitimidade ativa para a ação coletiva, atenta aos requisitos de pertinência temática, de Milieudefensie, Greenpeace NL, Fossielvrij NL, Waddenvereniging, Both ENDS e Young Friends of the Earth NL, porque os interesses atendidos na demanda estavam alinhados com os objetivos declarados nos estatutos constitutivos destes demandantes. O tribunal, no entanto, criterioso no que tange à verificação dos requisitos necessários para o reconhecimento do *standing*, e para garantir a seriedade do procedimento, rejeitou as reivindicações da ActionAid, porque suas operações não estavam voltadas para os cidadãos holandeses, e para os requerentes individuais, e os interesses dos seus representados já estavam judicializados nos pedidos dos demais autores da ação coletiva.

Aliás, este exemplo do Judiciário holandês (WEDY, 2021), de rigoroso controle de representatividade e de sua qualidade, deve ser seguido pelas Cortes das demais nações para que os litígios climáticos não sejam banalizados e transformem-se em veículos para malsinadas aventuras jurídicas, não raras vezes midiáticas, que enfraqueçem a causa do combate estrutural e sério ao aquecimento global e suas catastróficas consequências. A Corte, por sua vez, declarou, de modo inovador, que "a obrigação de redução das emissões por parte da RDS decorre do padrão de cuidado não escrito estabelecido no Livro 6 Seção 162 do Código Civil holandês, o que significa que agir em conflito com o que é geralmente aceito de acordo com a lei não escrita é ilegal".

Os autores argumentaram que, em decorrência desse *padrão de cuidado* (WEDY, 2021), a Shell tinha a obrigação de evitar mudanças climáticas perigosas através de suas políticas de emissões. O tribunal, portanto, aplicou: 1) *o padrão de cuidado* às políticas da empresa, em especial em relação às emissões e as consequências destas; 2) os direitos humanos; 3) as obrigações legais internacionais e regionais atinentes à proteção climática. O tribunal concluiu, assim, que o *padrão de cuidado* inclui a necessidade de as empresas assumirem a responsabilidade pelas emissões do Escopo 3, especialmente "quando estas emissões formam a maioria das emissões de CO2 de uma empresa, como é o caso das empresas que produzem e vendem combustíveis fósseis" (FINANCIAL TIMES, 2021). Ao aplicar este padrão de cuidado à Shell, o tribunal concluiu que a companhia deve reduzir suas emissões, atendendo aos escopos 1, 2 e 3, em toda sua carteira de energia.

A Corte deu à Shell flexibilidade na alocação de cortes de emissões entre os escopos 1, 2 e 3, desde que, em conjunto, as emissões totais fossem reduzidas em 45%. Na decisão (WEDY, 2021) do tribunal consta:

> em relação às relações comerciais do grupo Shell, incluindo com os seus usuários finais, existe uma obrigação significativa de melhores esforços, em cujo contexto se pode esperar que a RDS tome as medidas necessárias para remover ou prevenir os graves riscos resultantes das emissões de CO2 geradas por eles, e deve usar sua influência para limitar ao máximo quaisquer conseqüências duradouras. Uma conseqüência desta obrigação significativa deve ser o divestment da companhia na extração de combustíveis fósseis e/ou a limitação da produção de recursos fósseis. (THE WALL STREET JOURNAL, 2021)

O tribunal rejeitou os argumentos da Shell de que o Sistema de Comércio de Emissões da UE (SCE) previu novos cortes de emissões ordenados pelo tribunal, e as alegações de que a obrigação de redução não teria efeito. A Corte afastou a alegação da demandada de que o SCE se aplica apenas a algumas das emissões na Europa pelas quais a Shell é responsável, e que o sistema não cobre emissões fora da UE.

O *padrão de cuidado*, por outro lado, exige que a Shell reduza todas as suas emissões globais que irão prejudicar os cidadãos holandeses. Além disso, o tribunal afastou a alegação de que uma obrigação de redução não teria efeito porque tais emissões seriam substituídas por emissões de outras companhias. A Corte referiu que resta saber se outras companhias substituirão a produção da Shell em virtude das obrigações do Acordo de Paris e observou a existência da relação causal entre a limitação da produção e a redução das emissões. O tribunal, outrossim, declarou que "a RDS não pode resolver este problema global sozinha. Entretanto, isto não absolve a RDS de sua responsabilidade parcial individual de fazer sua parte em relação às emissões do grupo Shell, que ela pode e deve controlar e influenciar" (SABIN CENTER FOR CLIMATE CHANGE LAW, 2021).

Em precisa análise sobre a decisão, Gerrard enfatiza que deveremos "observar agora processos similares ajuizados em outros países contra outras corporações" e, especialmente, que estes litígios climáticos "podem forçar as companhias de petróleo e outras grandes corporações a reduzir as emissões em nível global". Outro ponto importante, referido pelo Professor Gerrard, é que a decisão, se mantida em eventual etapa recursal, será aplicada amplamente "às emissões da Shell, além das refinarias na Holanda, para incluir suas cadeias de fornecimento globais e outras operações, o que, por certo, vai impactar suas operações nos Estados Unidos" (BLOOMBERG LAW, 2021).

O precedente, para além de consolidar e consagrar a COP21 no aspecto dos litígios climáticos, passa a consolidar o entendimento de que se uma empresa privada, por ação ou omissão, violar um *dever de cuidado* e/ou *direitos humanos* ao não adotar as medidas adequadas, em especial de precaução e de prevenção, para conter as emissões que contribuem para a mudança climática, pode ser responsabilizada no âmbito do Poder Judiciário.

Sobreveio a COP22, em Marraquexe, que se caracterizou como uma conferência facilitadora da concretização dos objetivos da COP21, em especial, no cumprimento de um roteiro para o financiamento climático dos países em desenvolvimento pelos países desenvolvidos, assim como por investidores privados, o que é absolutamente necessário para adoção de medidas de adaptação e resiliência, no valor de 100 bilhões de dólares até 2020 (que não vem sendo cumprido), *a fortiori* porque houve queda no financiamento climático entre os anos de 2014 e 2015 (UNITED NATIONS CLIMATE CHANGE CONFERENCE, 2016; WORLD RESOURCES INSTITUTE, 2016).

Ao final da COP22, restou previsto um roteiro, que não foi implementado como previsto até o ano de 2018, que tinha a intenção de finalizar as regras do Acordo de Paris, assim como outras decisões essenciais para a implementação do referido pacto global. A proclamação final da COP22 menciona um impulso irreversível sobre o combate às mudanças climáticas no mundo, levado adiante não apenas por governos, mas também por cientistas, pelo setor privado e pela ação global de todos os tipos e níveis. Consta no documento que o "clima global está esquentando em um nível alarmante e sem precedentes e a comunidade internacional tem o dever urgente de responder". Além disso, destaca a necessidade de solidariedade com os países mais vulneráveis aos impactos das mudanças climáticas. Restou fixada como obrigação das nações signatárias a tarefa de construir rapidamente "este impulso e avançar na redução das emissões de gases do efeito estufa, bem como promover os esforços de adaptação, apoiando a Agenda 2030 e os Objetivos do Desenvolvimento Sustentável (ODS)" (NAÇÕES UNIDAS, 2018).

A Conferência das Nações Unidas sobre Mudanças Climáticas (COP23) realizou-se em Bonn, na Alemanha, com as delegações expressando um "renovado senso de urgência" e uma "maior ambição" para combater as mudanças climáticas. Os participantes realizaram o debate também com a finalidade de descobrir formas de manter o ritmo na adoção das medidas em defesa do clima dois anos após a adoção do Acordo de Paris, sob o impacto do anúncio realizado pelo governo dos Estados Unidos, sob a conturbada e polêmica gestão do Ex-Presidente Donald Trump, de se retirar da COP21. Felizmente, na conferência, cidades (TRISOLINI; ZASLOFF, 2009, p. 72-98) e governos locais – incluindo nos EUA – intensificaram o seu compromisso em alcançar os objetivos estabelecidos em Paris.

A Conferência foi presidida por Fiji, um Estado insular particularmente afetado pelos impactos das mudanças climáticas. A Presidência de Fiji anunciou um acordo sobre um plano de ação de gênero, destacando o papel das mulheres na ação climática.

Além das negociações entre as partes na Convenção-Quadro das Nações Unidas sobre Mudanças do Clima (UNFCCC), entes não estatais anunciaram diversas iniciativas, compromissos e parcerias de ação climática nas áreas de energia, água, agricultura, oceanos e áreas costeiras, assentamentos humanos, transportes, indústria e florestas.

As finanças do clima e a resiliência climática também foram o centro das discussões na conferência. Mais de 20 países – incluindo Canadá, Finlândia, França, México e Reino Unido – lançaram uma nova aliança global pela eliminação do carvão como fonte de energia tradicional. Empresas e outros parceiros não governamentais, por sua vez, assumiram compromissos para se concentrar em impulsionar suas operações sem o uso do carvão. Os 19 países-membros da Plataforma Biofuturo – incluindo Brasil, China, Egito, Índia, Marrocos, Moçambique e França – também realizaram um acordo formal sobre o desenvolvimento de metas para biocombustíveis e para construir um plano de ação para alcançá-las. As metas da nova plataforma incluem dobrar a matriz bioenergética nos próximos 10 anos para alcançar a meta de redução da temperatura global; e triplicar o uso de biocombustíveis na indústria do transporte até 2030, principalmente a partir de matérias-primas não comestíveis, incluindo resíduos e detritos (NAÇÕES UNIDAS, 2017).

Após a menção à França, no ano de 2018, em tempos de COP23, não se pode esquecer que quatro organizações sem fins lucrativos (Fondation pour la Nature et l'Homme, Greenpeace France, Notre Affaire à Tous e Oxfam France) enviaram uma carta de notificação formal ao primeiro-ministro e 12 membros do governo francês, iniciando a primeira etapa de um procedimento legal contra o governo por ação inadequada em relação à mudança climática.

A carta de notificação formal é parte, aliás, do procedimento conhecido como *recours en carence fautive*. Os autores alegaram que a falha do governo francês em implementar medidas adequadas para enfrentar efetivamente a mudança climática violou um dever legal de agir. Referida notificação visou inicialmente que o Estado reconhecesse sua omissão no não cumprimento de três pontos essenciais: (a) de suas próprias metas de redução das emissões de gases de efeito estufa; (b) de aumento da produção e distribuição da energia renovável; e (c) de limitação do consumo de energia (SABIN CENTER FOR CLIMATE CHANGE LAW, 2021).

Em 15.2.2019, o governo francês rechaçou os argumentos insertos na notificação formal. Em 14 de março do mesmo ano, irresignados, os demandantes apresentaram um *pedido sumário* perante o *Tribunal Administrativo de Paris*. Os autores pediram que o Estado da França fosse intimado a reverter sua ação inadequada em relação à mudança climática. Especificamente, os autores pediram que o Estado: (a) adotasse medidas adequadas para reduzir as emissões de gases de efeito estufa na atmosfera, proporcionalmente – levando em consideração as emissões globais e a responsabilidade individual aceita pelos países desenvolvidos –, em um nível compatível com o objetivo de conter o aumento da temperatura média do planeta abaixo do patamar de 1,5°C em comparação aos níveis pré-industriais; (b) tomasse todas as medidas necessárias para atingir as metas nacionais de redução nas emissões de gases de efeito estufa, de desenvolvimento de energias renováveis e de aumento da eficiência energética; (c) procedesse de modo a adaptar o território nacional (um dos elementos do Estado) aos efeitos da mudança climática; (d) agisse de modo a proteger a vida e a saúde dos cidadãos contra os riscos da mudança climática.

Os demandantes pediram, ainda, a reparação de danos por parte do Estado, em virtude de sua falha, na quantia simbólica de 1 euro por seu preconceito moral. Os autores alegaram que o Estado tinha deveres legais, gerais e específicos, para agir em relação à mudança climática. Os deveres estatais gerais para os autores seriam decorrentes da observância da Carta Francesa para o Meio Ambiente, da Convenção Europeia para a Proteção dos Direitos Humanos e das Liberdades Fundamentais e do princípio geral do moderno direito das mudanças climáticas, que prevê o direito de cada pessoa viver em um *sistema climático preservado*.

De acordo com os autores, existe um direito constitucional dos cidadãos em viver em um ambiente saudável e ecologicamente equilibrado, cabendo ao governo a observância do dever de adotar todas as medidas necessárias para identificar, evitar, reduzir e compensar as consequências da mudança climática. Observando a mesma tendência de recentes *leading cases* climáticos no plano internacional, os demandantes invocaram obrigações do Estado em agir em face da mudança climática para a tutela dos direitos garantidos pelos arts. 2 e 8 do CEPDH, respectivamente, o direito à vida e o direito ao respeito à vida privada e familiar. De acordo com os autores, esses direitos obrigam os Estados a implementar uma estrutura legislativa e regulatória e adotar igualmente medidas práticas destinadas a combater de modo efetivo a mudança climática (TRIBUNAL ADMINISTRATIF DE PARIS, 2021).

Os demandantes ainda embasaram o seu pleito na legislação nacional (como o preâmbulo da Carta do Meio Ambiente, art. L. 110-1 do Código Francês do Meio Ambiente) e no direito internacional (na Declaração de Estocolmo, na Carta Mundial da Natureza, na Declaração do Rio, na Convenção-Quadro das Nações Unidas sobre Mudanças Climáticas, no Protocolo de Kyoto, no Acordo de Paris, no pacote de ação climática e energias renováveis para 2020, na Decisão nº 406/2009/CE do Parlamento e Conselho Europeu, de 23.4.2009).

Os autores referiram igualmente (WEDY; SARLET; FENSTERSEIFER, 2021) que o Estado tinha outras obrigações em mitigar as emissões de gases de efeito estufa em virtude da legislação da UE e nacional, bem como de outras obrigações precautórias e preventivas específicas tendentes a evitar ou minimizar os impactos da mudança climática. Em 23.6.2020, o governo contestou o pleito, referindo que estava adotando medidas para regular as emissões de gases de efeito estufa, e que não havia decorrido o tempo necessário para cumprir suas metas para 2020.

O caso foi julgado no tribunal, em 14.1.2021. Na audiência, o relator público (juiz consultor independente que fornece um parecer para ajudar a orientar a decisão do tribunal) emitiu um parecer. O parecer instou o tribunal a reconhecer a culpa do governo francês e a reconhecer a mudança climática como dano ecológico puro, com a concessão de um euro a título de danos morais. Por outro lado, o parecer foi no sentido da não concessão de medida liminar em virtude da irreparabilidade do dano passado.

Finalmente, em 3.2.2021, o Tribunal Administrativo de Paris proferiu decisão reconhecendo (WEDY; SARLET; FENSTERSEIFER, 2021) que a omissão da França causou danos ecológicos devido à mudança climática e concedeu aos demandantes o pedido de um euro por danos morais, isto com base no art. 1247 do Código Civil. A Corte fez referência aos relatórios produzidos pelo Painel Intergovernamental sobre Mudanças Climáticas (IPCC). Para determinar a responsabilidade do Estado francês, a Corte também fez referência à Convenção-Quadro das Nações Unidas sobre Mudança Climática (UNFCCC), ao Acordo de Paris, às diretrizes e regulamentos climáticos europeus, à Carta do Meio Ambiente (Carta Ambiental francesa, que possui dignidade constitucional) e ao novel Código Energético.

O Código de Energia, aliás, importante lembrar, estabelece as metas climáticas a serem alcançadas até o ano de 2030, e até o ano de 2050 para a redução de emissões, prevê orçamentos de carbono e o desenvolvimento de uma estratégia nacional de baixo carbono. O Tribunal examinou então as medidas tomadas sobre redução de emissões, eficiência energética e energia renovável, com referência aos relatórios científicos e oficiais, e concluiu que as metas não estavam sendo atingidas (por exemplo: a meta de eficiência energética para 2020 só seria atingida em 2026, e a meta de redução de emissões do primeiro orçamento de carbono sequer havia sido atingida nos seus patamares mínimos).

A Corte, assim, em hora apropriada, condenou o Estado francês a cumprir suas próprias metas, ou seja, 40% de redução nas emissões até 2030 e neutralidade de carbono em 2050 (LAVRYSEN, 2021).

Como parte da decisão, a Corte decidiu, ainda, que a França poderia ser considerada responsável, futuramente, pelo não cumprimento de suas próprias metas climáticas e orçamentárias de carbono sob a legislação da UE e nacional. O Tribunal, no entanto, adiou a decisão sobre se deveria emitir ordem liminar para que o governo francês adotasse medidas climáticas mais fortes, e ordenou tão somente que o governo revelasse os atos que estava colocando em prática para cumprir suas metas climáticas no prazo de dois meses.

A Corte, assim, rejeitou os argumentos que redundariam em ordem para o governo adotar metas mais específicas para a implementação da energia renovável e da eficiência energética, sob o fundamento de que tais medidas setoriais não estavam diretamente ligadas aos danos ecológicos reconhecidos. Além disso, a Corte se recusou a condenar o Estado por danos compensatórios, pois concluiu que os demandantes não haviam demonstrado que o governo seria incapaz de reparar futuramente os danos causados. Quanto às reticências do Tribunal Administrativo de Paris, parece que referida decisão, embora seja um avanço, neste ponto, em que frustra os pedidos dos requerentes, é incompatível com o – ainda não concluído há época – Sexto Relatório do IPCC (IPCC WG1-AR6), que traz dados alarmantes sobre o aquecimento global, suas causas antrópicas e a necessidade de uma mudança de postura dos Estados, companhias e da cidadania ante o palpitante tema (WEDY; SARLET; FENSTERSEIFER, 2021).

Encerrada esta breve, mas necessária, referência ao litígio climático francês, no cenário da COP23, relevante mencionar que a COP24, realizada em Katowice, não trouxe grandes avanços, mas uma constatação, como referido pelo diretor-executivo do WWF-Brasil, Mauricio Voivodic (WWF, 2018), que os seus os resultados apenas ressaltam a urgência de ações climáticas ainda mais fortes e urgentes, de todos os setores da sociedade, em especial do governo brasileiro e, ainda, que "nossa janela de oportunidades está se fechando" para que os objetivos acordados em Paris sejam atingidos.

Sobreveio a COP25 (O GLOBO, 2019), realizada em Madrid, que trouxe alguns pontos positivos marcados pela mobilização da sociedade civil pedindo ações concretas, mas um ponto extremamente negativo, que foi o fracasso em regulamentar o mercado de créditos de carbono.

Por fim, foi realizada em Glasgow a COP26, que foi definida por um "multilateralismo revigorado" (NAÇÕES UNIDAS BRASIL, 2021), pelo presidente do Conselho Econômico e Social da ONU (ECOSOC),

Collen Kelapile, após discussão de como os resultados da cúpula poderiam impactar a ação climática e os Objetivos de Desenvolvimento Sustentável. De acordo com o oficial da ONU, "O Pacto Climático de Glasgow para manter o aquecimento global em 1,5°C e outros compromissos importantes são um sinal de progresso". Todavia, o presidente da Assembleia-Geral, Abdulla Shahid, reconheceu que os resultados da COP26 ficaram aquém do esperado, como demonstram suas próprias palavras: "Vimos isso em uma linguagem diluída e em metas climáticas que ainda não alcançaram a ambição necessária ... [e] na grande lacuna entre as promessas e as políticas necessárias para cumprir essas promessas".

É de se esperar que a COP27 (YALE ENVIRONMENTAL CENTER, 2022), superada em grande parte a pandemia da Covid-19, tenha êxitos futuros em relação a temas como a mitigação dos gases de efeito estufa, adaptação climática, impactos climáticos nas finanças e colaboração integral dos *players* para conter o aquecimento do planeta. Os resultados da COP27 precisam ser um ponto de inflexão na união de todos para agir com maior velocidade e espírito descarbonizado e intergeracional contra a emergência climática global.

Os referidos tratados, acordos (em especial o Acordo de Paris, que foi reconhecido pelo STF brasileiro como um tratado de direitos humanos no julgamento do caso *Fundo Clima*) e convenções internacionais, ainda que se possa e se deva esperar maior ambição deles, possuem especial relevância na medida em que são fundamentos legais para o ajuizamento de demandas pelos autores climáticos no sentido de limitar emissões de gases de efeito estufa e compelir governos a adotar políticas públicas de adaptação e de resiliência.

CAPÍTULO 4

LITÍGIOS E DIREITO DAS MUDANÇAS CLIMÁTICAS NO BRASIL

A Floresta Amazônia teve 3.988 km² desmatados nos seis primeiros meses de 2022, de acordo com relatório proveniente do Sistema de Detecção de Desmatamentos em Tempo Real (Deter) do Instituto Nacional de Pesquisas Espaciais (Inpe). O valor é o maior já registrado para esse período, desde 2016, e o triplo do valor registrado em 2017, que foi de 1.332 km². No estudo está reportado que os dados referentes ao mês de junho foram os mais altos da série histórica, com 1.120 km² de área desmatada. É o quarto ano consecutivo com recordes de desmatamento no período, com um aumento de 10,6% em comparação ao primeiro semestre de 2021, que era o recorde anterior (CORREIO BRAZILIENSE, 2022). Entre estados, o Amazonas liderou pela primeira vez, com maior área desmatada no semestre inicial do ano – 1.236 km², o que representa 39,9% do total. O segundo é o Pará, com 1.105 quilômetros quadrados, 27,7% do total, seguido pelo Mato Grosso, com 845 quilômetros quadrados, 21,1% do total. Mais da metade da destruição na Região Amazônica ocorreu em terras públicas, 51,6%. Em relação às categorias fundiárias, florestas públicas não destinadas tiveram maior área em alerta de desmatamento (33,2%), o que corresponde a 1.315 km². A segunda maior incidência foi em propriedades rurais (28,3%), ou, de modo mais descritivo, 1.120 km² (CORREIO BRAZILIENSE, 2022).

Neste cenário desolador, o país possui uma economia calcada nos combustíveis fósseis e poucos investimentos orçamentários e científicos em energias renováveis. A participação da energia eólica e solar é, em matéria de produção, pequena quando comparada aos países desenvolvidos, especialmente os países nórdicos, que têm demonstrado políticas energéticas de excelência na produção de energia limpa, granjeando vantagens comparativas dentro de marcos legais sustentáveis (FIRESTONE; KEHNE, 2011, p. 361-368). Cabe ao Estado brasileiro seguir estes bons exemplos, virar esse jogo e optar pela sustentabilidade. Importante não descurar, segundo advertem Sarlet e Fensterseifer (2014, p. 50), que a CF/1988 (arts. 225 e 5º, §2º), por sua vez, seguindo a influência do direito constitucional comparado e mesmo do direito internacional, sedimentou e positivou, ao longo do seu texto, os alicerces normativos de um constitucionalismo ecológico, atribuindo ao direito ao ambiente o *status* de direito fundamental, em sentido formal e material, orientado pelo princípio da solidariedade.

Dentro desta moldura constitucional, será preciso governança e transparência na gestão dos recursos que serão alocados pelos fundos verdes ao Brasil, que necessita, por sua vez, superar a cultura da corrupção, do patrimonialismo e da má gestão dos recursos públicos por políticos e burocratas. O Estado e todos os setores da sociedade têm uma grande responsabilidade a assumir. A Amazônia é, em parte, brasileira, mas vital para toda a humanidade, não podendo ser constante foco de incêndios e desmatamentos criminosos.

Existe, neste contexto, com muitas omissões e imperfeições técnicas, a Lei nº 12.187/09, que cria a Política Nacional da Mudança do Clima, e o Decreto nº 9.578/2018, que a regulamenta. É preciso implementá-la onde for possível, suprindo suas evidentes omissões, complementando-a. Os instrumentos reconhecidamente mais eficazes para o combate às mudanças climáticas estão longe de ser implementados, mas precisam ser regulamentados, como a tributação, a precificação do carbono e o *cap-and-trade* (esse último por uma legislação que possa lhe dar concretude) (WEDY, 2015, p. 18). O Governo Bolsonaro chegou a editar o Decreto Federal nº 11.075, de 19.5.2022, todavia, este visa apenas ao estabelecimento de procedimentos para a elaboração dos Planos Setoriais de Mitigação das Mudanças Climáticas e institui o Sistema Nacional de Redução de Emissões de Gases de Efeito Estufa (Sinare), mas necessita de maior aprofundamento para a regulação e concretização de uma política de descarbonização profunda da economia.

Pois bem, o princípio do desenvolvimento sustentável foi expressamente acolhido pela Lei nº 12.187/2009, que instituiu a Política Nacional sobre Mudança do Clima. A lei, embora defasada, é um avanço como marco no combate às mudanças climáticas e ao aquecimento global (WEDY, 2016). Nitidamente absorveu os conceitos dos diplomas internacionais de tutela ambiental, fato, aliás, positivo. Referida legislação, é preciso fazer justiça, influenciou positivamente, no sentido da proteção climática, a Lei nº 12.305/10, que institui a Política Nacional de Resíduos Sólidos (PNRS), a Lei nº 13.123/2015 e o Decreto nº 8.772/2016, que regulamentam a biodiversidade.

A legislação, anteriormente, estava regulamentada pelo Decreto nº 7.390/2010, que dispunha, entre outros pontos importantes, que a linha base de emissões de gases de efeito estufa para 2020 era estimada em 3,236 GtCO2-eq. Assim, a redução absoluta correspondente ficou estabelecida entre 1,168 Gt-CO2-eq e 1,259 GtCO2-eq, 36,1% e 38,9% de redução de emissões, respectivamente. O Brasil, no entanto, comprometeu-se, perante a Conferência das Nações Unidas para a Agenda 2030 para o Desenvolvimento Sustentável, realizada em Nova York em setembro de 2015, a apresentar reduções de 37% até 2025 e de 43% até 2030 (THE GUARDIAN, 2015), superando o previsto no decreto. Resta saber, evidentemente, se o país possuirá estrutura, capacidade técnica e seriedade política para cumprir meta tão arrojada.

Estabelece a Lei nº 12.187 os princípios, os objetivos, as diretrizes e os instrumentos da PNMC (art. 1º). Torna legais conceitos técnicos importantes que fazem parte do direito das mudanças climáticas, como de adaptação, de efeitos adversos da mudança do clima, de emissões, de fonte emissora, de gases de efeito estufa, de impacto, de mitigação, de mudança do clima, de sumidouro e de vulnerabilidade (art. 2º, incs. I, II, III, IV, V, VI, VIII, IX e X). Essas definições técnicas precisam estar traduzidas de modo claro para o direito, pois devem ser empregadas na formulação e na execução das políticas públicas, nas decisões judiciais e administrativas, com a maior segurança e precisão possíveis. A lei dispõe, entre outros objetivos, que deve haver compatibilização do desenvolvimento econômico e social com a proteção do sistema climático (art. 4º, inc. I). Observa-se aí um vínculo fundamental entre a economia, o ser humano e o meio ambiente (no que tange ao desenvolvimento) e reduzidas emissões de carbono (WEDY, 2018).

A PNMC estabelece que são diretrizes a serem observadas "todos os compromissos assumidos pelo Brasil na Convenção-Quadro das Nações Unidas sobre Mudança do Clima, no Protocolo de Quioto e nos demais documentos sobre mudanças do clima dos quais o país vier a ser signatário (Art. 5º. inc. I)", como no caso da COP21. Em 12.9.2016, o Ex-Presidente Michel Temer assinou a ratificação pelo Brasil dos termos do Acordo de Paris (COP21), após aprovação na Câmara dos Deputados e no Senado da República (Brasil).

É importante que o Brasil, logo que aprovados novos documentos internacionais sobre mudanças do clima, imediatamente os adote como diretriz, a fim de não necessitar esperar todo o lento processo de internalização desses diplomas previsto na Constituição. Evidentemente que, mesmo enquanto não internalizados, os tratados ou as convenções, para que tenham valor legislativo interno, podem ser adotados na condição de diretrizes das políticas públicas internas brasileiras de combate às mudanças do clima e para a adoção de medidas de resiliência.

No diploma restam eleitos os instrumentos da PNMC, entre os quais o *Plano Nacional sobre Mudança do Clima*, o *Fundo Nacional sobre Mudança do Clima* e, em especial, a avaliação de impactos ambientais sobre o microclima e o macroclima (art. 6º, incs. I ao XVIII). Entre os instrumentos institucionais para a atuação da Política Nacional de Mudança do Clima, estão inclusos o Comitê Interministerial sobre Mudança do Clima, a Comissão Interministerial de Mudança do Clima, a Rede Brasileira de Pesquisas sobre Mudanças Climáticas e a Comissão de Coordenação das Atividades de Meteorologia, Climatologia e Hidrologia.

Importante medida foi incluir no art. 8º que as instituições financeiras oficiais disponibilizarão linhas de crédito e de financiamento específicas para desenvolver ações e atividades que atendam aos objetivos da lei e, concomitantemente, estejam voltadas à indução da conduta dos agentes privados à observância e à execução da PNMC no âmbito de suas ações e responsabilidades sociais. Observa-se que a legislação oferece, de modo incipiente e rudimentar, mecanismos de financiamento e crédito para a produção de energia limpa. Melhor seria a adoção de modelos regulatórios, como na Europa e nos Estados Unidos, que já vêm funcionando bem faz alguns anos e, também, de modelos mais abrangentes que advêm da doutrina e poderiam servir ao caso brasileiro (RUSCUS; EDENS; GRAY, 2011, p. 117-138).

Princípios, objetivos, diretrizes, instrumentos das políticas públicas e programas governamentais deverão ser compatibilizados com os princípios, os objetivos, as diretrizes e os instrumentos da *Política Nacional sobre Mudança do Clima*. Resta previsto na lei que decreto do Poder Executivo estabelecerá, em consonância com a *Política Nacional sobre Mudança do Clima*, os planos setoriais de mitigação e de adaptação às mudanças climáticas, visando à consolidação de uma economia de baixo consumo de carbono, na geração e distribuição de energia elétrica, no transporte público urbano e nos sistemas modais de transporte interestadual de cargas e passageiros, na indústria de transformação e na de bens de consumo duráveis, nas indústrias químicas, fina e de base, na indústria de papel e celulose, na mineração, na indústria da construção civil, nos serviços de saúde e na agropecuária, com vistas a atender a metas gradativas de redução de emissões antrópicas quantificáveis e verificáveis, considerando as especificidades de cada setor, inclusive por meio do *Mecanismo de Desenvolvimento Limpo* (MDL) e das *Ações de Mitigação Nacionalmente Apropriadas* (NAMAs) (art. 11, parágrafo único). Sólidos ensinamentos de doutrina nesta era de mudanças climáticas, de fomes coletivas e cíclicas podem ser colhidos na doutrina estrangeira sobre a regulação na agropecuária e a necessária conservação energética (REDICK; ENDRESS, 2011, p. 263-276).

Várias previsões vinculam a PNMC ao desenvolvimento sustentável, especificamente. Medidas para a implementação da PNMC deverão considerar "o desenvolvimento sustentável como condição para enfrentar as alterações climáticas e conciliar o atendimento às necessidades comuns e particulares das populações e comunidades" que vivem no território nacional (art. 3º, inc. IV). A legislação não apenas menciona o desenvolvimento sustentável reiteradamente em seu texto, mas o reconhece como princípio de direito. A PNMC e as ações dela decorrentes, executadas sob a responsabilidade dos entes políticos e dos órgãos da administração pública, observarão "os princípios da precaução, da prevenção, da participação cidadã, do desenvolvimento sustentável e o das responsabilidades comuns, porém diferenciadas, este último no âmbito internacional" (art. 3º). Resta claro, assim, que os princípios do direito das mudanças climáticas ou do direito climático brasileiro não são os mesmos que regem o direito ambiental, embora os últimos possam ser aplicados diretamente e utilizados como norte interpretativo em caráter supletivo nos casos climáticos concretos.

Aliás, refere Wiener (2016), ao realizar o necessário *link* entre a aplicação do princípio da precaução e as mudanças climáticas, que a precaução é entendida não como uma classificação formal binária, mas uma postura geral, e a falta de medidas de precaução adotadas no passado para combater as mudanças do clima não significam que medidas de precaução estejam indisponíveis ou não possam ser adotadas no presente. Existe a oportunidade para se adotar medidas de precaução em médio prazo que vão reduzir danos futuros. E, neste meio tempo, é importante assimilar boas experiências e construir meios eficazes para desenhar políticas climáticas que rendam maiores benefícios com menores custos. Ainda, segundo o autor, é possível aperfeiçoar e aprender sobre a adoção de medidas precautórias enquanto se adotam medidas administrativas climáticas provisórias (como regulações adaptativas) (WIENER, 2016, p. 163-184).

Andou bem o legislador ao erigir o desenvolvimento sustentável como princípio de observância obrigatória na PNMC, o que acaba por vincular os entes políticos e os órgãos da administração pública. Melhor seria se tivesse nomeado expressamente nesse artigo a iniciativa privada que movimenta a economia no exercício de suas atividades e recebe concessões, autorizações e permissões do Poder Público para o seu exercício. A atividade privada, aliás, que produz o maior volume de externalidades negativas, entre as quais, as emissões de gases de efeito estufa, portanto, não poderia ficar de fora de referida disposição legal.

Outro ponto que merece crítica é a adoção do *princípio da responsabilidade comum, mas diferenciada*, erigido no âmbito do direito internacional por pressão das nações em desenvolvimento, pois este princípio foi um empecilho, durante muitos anos, para um acordo global sobre o clima. Não existe hoje dúvida de que todas as nações, desenvolvidas e em desenvolvimento, com base em argumentos técnicos e políticos, devem contribuir igualmente, e desde já, para o corte nas emissões de gases de efeito estufa. Não está excluído daí, obviamente, o apoio técnico-científico e financeiro necessário para as nações em desenvolvimento, a ser fornecido pelos países ricos e pelos organismos internacionais, para o corte de emissões e a implementação de políticas de resiliência e adaptação climática. A propósito, o princípio está em parte superado, como já referido, pelo decidido na COP21, no sentido de que todos os países devem comprometer-se em reduzir as emissões para manter o aquecimento global abaixo de 2°C e buscar atingir um aumento de no máximo 1,5°C até 2100, levando em consideração o período pré-industrial.

Medidas a serem executadas na PNMC deverão estar pautadas pela máxima segundo a qual "o desenvolvimento sustentável é a condição para enfrentar as alterações climáticas e conciliar o atendimento às necessidades comuns e particulares das populações e comunidades que vivem no território nacional" (art. 3º, inc. IV). Isto é, o princípio e o direito fundamental ao desenvolvimento sustentável não são máximas vazias: são condições essenciais para o enfrentamento dos fatores antrópicos causadores do aquecimento global e das suas consequências nefastas no território nacional.

Objetivos da PNMC deverão estar em consonância com "o desenvolvimento sustentável, a fim de buscar o crescimento econômico, a erradicação da pobreza e a redução das desigualdades sociais" (art. 4º, parágrafo único). Aqui restaria mais bem empregado o termo *desenvolvimento econômico*, e não *crescimento*, porquanto o crescimento da economia, como se sabe, não significa necessariamente desenvolvimento, já que tal crescimento pode ser desigual, poluente, desordenado e concentrador de renda, como adverte Stiglitz (2013, p. 75; 2015, p. 157) em duas obras, e incompatível com o direito fundamental ao desenvolvimento sustentável.

Mereceria estar inserida nesse leque de objetivos a governança, uma grave omissão na legislação. O Brasil enfrenta altos índices de ineficiência estatal na implementação de suas políticas públicas por falta de *expertise* técnica, transparência, participação das partes afetadas no processo de tomada de decisão e, especialmente, por altos índices de corrupção, a qual infelizmente está entranhada em setores da administração pública. Saques criminosos ao patrimônio público e vantagens privadas obtidas em seu nome ficam evidenciados nas notórias e espúrias relações estabelecidas entre inescrupulosos agentes estatais e mentes criminosas que povoam setores da iniciativa privada, como divulgado pela imprensa para um estarrecido povo brasileiro no cotidiano do país, e para uma não menos estarrecida comunidade internacional (THE ECONOMIST, 2015).

Entre os instrumentos da PNMC, também poderia, ainda em se tratando de governança, haver a previsão expressa e necessária da implementação do procedimento da análise do custo-benefício das medidas a serem executadas. O combate às mudanças climáticas possui um custo que precisa ser avaliado em tempos de recursos escassos do Estado. Recursos precisam, ainda, ser bem alocados, e não podem ser desperdiçados por práticas formalistas. Evidentemente que direitos fundamentais como ao meio ambiente equilibrado, à saúde e à vida devem ter a sua dimensão ampliada nessa análise, pregada aqui como obrigatoriamente humanizada e ecologicamente responsável.

Há uma tímida e pálida menção, na lei, a algo bastante distante, mas com pequenas semelhanças a um procedimento de análise do custo-benefício, quando são abordadas as suas diretrizes. Prevê a lei que são diretrizes da PNMC "as ações de mitigação da mudança do clima em consonância com o desenvolvimento sustentável que sejam, sempre que possível, mensuráveis para sua adequada quantificação e verificação a *posteriori*" (art. 5º, inc. II). A lei manifesta uma preocupação com a mensuração e a quantificação das medidas de mitigação da mudança do clima; não menciona, porém, o procedimento da análise do custo-benefício. O Brasil precisa adotar o procedimento da análise do custo-benefício humanizado (WEDY, 2017, p. 73) e sustentável, via legislativa, ou até via emenda constitucional, a ser inserida no art. 37 da Constituição Federal, para que este passe a ser um dos princípios a vincular a nem sempre eficiente administração pública. Aliás, Sunstein (2014, p. 95) defende mais recentemente a necessidade de uma análise humanizada do Estado regulatório e do procedimento da análise do custo-benefício. Neste ponto, foi procedida pontual crítica à posição originária de Sunstein pela versão excessivamente forte e utilitária do procedimento da análise do custo-benefício, no ano de 2009, no corpo da primeira edição da obra *Princípio constitucional da precaução: como instrumento de tutela do meio ambiente e da saúde pública* (WEDY, 2009).

O procedimento da análise do custo-benefício (BOARDMAN, 2011; SUNSTEIN, 2002; WEDY, 2016), desde que adotado em versão *soft*, pode informar o processo decisório e trazer eficiência, transparência e sustentabilidade às políticas públicas. É importante que o Brasil supere a era das belas leis que compilam princípios de direito internacional, mas que são incapazes de oferecer mecanismos eficazes de concretização de direitos. A adoção de uma legislação moderna, a qual permita o procedimento de análise sustentável, ecológica e humanizada do custo-benefício das medidas, pode ser um importante instrumento de concretização dos direitos fundamentais.

Entre os instrumentos da PNMC, fundamental referir, está a previsão de adoção de indicadores de sustentabilidade. Seria também relevante que o legislador definisse quais serão os indicadores de sustentabilidade a serem utilizados a fim de melhor orientar aqueles que elaboram as políticas públicas e todos os entes públicos e privados que precisam observar tais instrumentos em suas atividades no dia a dia. A eleição dos indicadores adequados proporciona segurança jurídica e evita interpretações maniqueístas daqueles que pretendem burlar a lei ou escapar de sua eficácia.

Faltou a lei priorizar, até com a elaboração de um artigo autônomo, os dois mecanismos mundialmente considerados como os mais efetivos no combate às emissões de gases de efeito estufa: a tributação sobre o carbono e a adoção do comércio de autorizações das emissões ao estilo *cap-and-trade*. É de se grifar que a tributação sobre o carbono traz a vantagem de tornar as emissões mais caras para todos; o *cap-and-trade*, por sua vez, como todo o mercado, apresenta falhas e imperfeições. A tributação sobre o carbono pode atingir toda a sociedade; o sistema *cap-and-trade* atinge diretamente apenas o setor produtivo. O ideal seria a implementação combinada dessas medidas no caso brasileiro.

Há um arremedo dessas soluções em dois pontos da lei. Primeiro quando a lei dispõe, no seu art. 9º, que o Mercado Brasileiro de Redução de Emissões – MBRE será operacionalizado em bolsas de mercadorias e futuros, bolsas de valores e entidades de balcão organizado, autorizadas pela Comissão de Valores Mobiliários – CVM, em que se dará a negociação de títulos mobiliários representativos de emissões de gases de efeito estufa certificadas (BRASIL, 2009).

Como se observa, passados anos da publicação da lei, esse mercado no Brasil é inexistente. Estamos distantes dos mercados de *cap-and-trade* que estão em pleno funcionamento na União Europeia, nos Estados Unidos, no Canadá e na China e que visam limitar as emissões nas usinas elétricas, nas indústrias de aço e na produção de cimento e de papel (DAVIS; DAVENPORT, 2015). A grande vantagem desse mercado é que, em pleno funcionamento, estimula as empresas a diminuírem as emissões para afastar custos. Quanto menores as emissões e maior o emprego de energia limpa, maiores serão os lucros das empresas. Com o aumento das emissões, as empresas terão de recorrer ao mercado para comprar mais autorizações de emissões, aumentando os seus custos e diminuindo os lucros. Trata-se de um *nudge* para estimular a produção de energia limpa e mais lucrativa, valendo-se da criação do mercado das autorizações de emissões de carbono (SUNSTEIN; THALER, 2008).

Existe uma forte objeção moral ao mercado das autorizações de emissões de carbono. Coloca-se preço em algo que não pode ser comprado ou comercializado: a poluição. Pessoas deixam de poluir não porque estejam agindo pela virtude de bem agir, mas para obter mais lucro. Segundo essa objeção, deveria se seguir o imperativo categórico de que o certo é não poluir, pois se prejudica as outras pessoas e os bens ambientais (SANDEL, 1998; 2012). Essa máxima deveria ser adotada como um princípio moral apriorístico, e não como uma visão utilitária de que é mais lucrativo não poluir. Ou seja, se faz a coisa certa, combate à poluição, pelo motivo errado, visão de lucro. Esse raciocínio utilitário pode ter como consequência deletéria a violação da máxima da solidariedade social e do princípio moral de não poluir. O mercado das autorizações de emissões de carbono estaria, portanto, contaminado pela eficiência em menoscabo a princípios morais apriorísticos.

Verdade é que, dentro de uma visão pragmática que não ignora princípios morais e políticos, o mercado de autorizações das emissões de carbono tem funcionado no exterior – ainda que com imperfeições – e trata-se de uma alternativa a ser considerada no combate às mudanças climáticas em uma sociedade pautada por disposição constitucional pelo respeito à livre iniciativa como princípio do desenvolvimento econômico e à propriedade privada como direito fundamental. Importante no caso adotar uma postura pragmática e apoiar – com reservas éticas e morais, essas delimitadas e descritas por Sandel em duas obras (2012, p. 134; 1998, p. 98), por Shiva (2012, p. 217), por Kelman (2012, p. 350-357), por Nussbaum (2012, p. 386) – mas sem preconceitos calcados em heurísticas e intuições que levam a decisões equivocadas (KAHNEMAN, 2011, p. 234), o *cap-and-trade* como uma alternativa para a descarbonização da atmosfera. Em relação à tributação do carbono, especificamente, o mais efetivo meio de combate às mudanças climáticas, nada foi mencionado pelo legislador.

Sobre a utilização da extrafiscalidade tributária para o combate às emissões, restou previsto na lei, em momento oportuno, que são instrumentos da PNMC medidas fiscais e tributárias "destinadas a estimular a redução das emissões e [a] remoção de gases de efeito estufa, incluindo alíquotas diferenciadas, isenções, compensações e incentivos, a serem estabelecidos em lei específica". O Brasil precisa avançar com ousadia nessa seara para o combate efetivo às mudanças climáticas e, ao mesmo tempo, estimular uma economia verde, que venha a beneficiar as presentes e as futuras gerações (PERTHUIS; JOUVET, 2015, p. 24). É possível em ciências econômicas conciliar, com responsabilidade, o desenvolvimento econômico e o lucro, dentro de uma realidade marcada pela energia limpa e sustentável (PERTHUIS; JOUVET, 2015, p. 27).

A lei que institui a PNMC brasileira precisa ser cumprida, nem que para isto seja necessária a intervenção do Estado juiz. Sem grandes esforços é possível se observar casos no direito estrangeiro que compelem Estados ao cumprimento de sua legislação climática. O Supremo Tribunal de Lahore, no Paquistão, por exemplo, julgou procedente o pedido de Ashgar Leghari, um agricultor paquistanês, que demandou o governo nacional por falhas e omissões na execução da Política Nacional de Mudanças Climáticas de 2012 e no plano governamental denominado Estrutura para Implementação da Política de Mudanças

Climáticas (2014-2030) (CLIMATE CASE CHART, 2019). Em 4.9.2015, a corte, invocando princípios de direito constitucional e internacional, declarou que "o atraso e a letargia do Estado na implementação destas normas violam os direitos fundamentais dos cidadãos". O tribunal, em sua decisão, determinou: 1) que os ministérios do governo do Paquistão nomeassem uma pessoa focal especializada no tema mudanças climáticas, para auxiliar e garantir a implementação de uma lista de pontos de ação até 31.12.2015; e 2) a criação de uma Comissão de Mudanças Climáticas composta por representantes dos principais ministérios, organizações não governamentais e *experts* para monitorar e fiscalizar o progresso das ações governamentais (CLIMATE CASE CHART, 2019).

Em 14 de setembro do mesmo ano, o tribunal prolatou uma decisão suplementar nomeando 21 membros para uma comissão que foi investida de vários poderes e competências para a tomada de decisões referentes à política climática nacional (CLIMATE CASE CHART, 2019).

No dia 25.1.2018, o tribunal emitiu uma nota sobre o relatório do Comitê de Mudanças Climáticas, observando que, no período de setembro de 2015 a janeiro de 2017, 66% das ações prioritárias da Estrutura de Implementação da Política de Mudanças Climáticas foram implementadas. Esse fato significou, nesta era de aquecimento global e de desastres causados por fatores antrópicos, sem dúvida, um grande avanço (CLIMATE CASE CHART, 2019). Essa, portanto, foi uma das consequências positivas do caso climático. De acordo com a corte, portanto, o fracasso das autoridades governamentais paquistanesas em implementar, em tempo, o Quadro Nacional de Política Climática "violou os direitos fundamentais dos cidadãos que precisam ser salvaguardados".

Na fundamentação da decisão, a corte citou a incidência direta dos seguintes direitos fundamentais e princípios constitucionais para o deslinde do feito: a) direito à vida (art. 9), que inclui o direito a um ambiente saudável e limpo; b) direito à dignidade humana (art. 14); c) princípios constitucionais de democracia, de igualdade, de justiça social, de justiça econômica e de justiça política, que incluem no seu âmbito e compromisso os princípios ambientais internacionais do desenvolvimento sustentável, da precaução, da avaliação do impacto ambiental, da equidade intergeracional e intrageracional e a doutrina da confiança pública (*public trust doctrine*) (LAHORE HIGH COURT GREEN BENCH, 2015).

A corte, portanto, aplicou, no caso, de modo mais abrangente e aprofundado, os direitos fundamentais e os princípios constitucionais se comparado com célebres e exitosos litígios climáticos, como o caso Urgenda na Holanda (STEIN; CASTERMANS, 2017, p. 304-324). Prevaleceu em Leghari o princípio da justiça ambiental, acompanhado do entendimento quase universalizado da necessidade imediata de combate ao aquecimento global. A referida tradição da justiça ambiental, consubstanciada em ações locais, de acordo com a decisão da corte, precisa alcançar, em caráter urgente, uma dimensão globalizada.

O tribunal, portanto, na decisão, concretizou direitos fundamentais com base na Constituição paquistanesa. Referida abordagem holística, imbuída de ativismo, aliás, é uma característica não apenas da jurisprudência consolidada pelo Poder Judiciário do Paquistão, mas também está enraizada nos precedentes das vizinhas cortes indianas, em especial nesta era de mudanças climáticas (WEDY, 2018). O Supremo Tribunal de Lahore, além de declarar, na decisão, a violação de direitos fundamentais, emitiu ordem, portanto, com a finalidade de reparar e de minorar os efeitos das referidas ações e omissões inconstitucionais (RAJAMANI; GHOSH, 2012, p. 139-177). De acordo com a corte, especificamente:

> O direito à vida, o direito à dignidade humana, o direito à propriedade e o direito à informação, nos termos dos arts. 9, 14, 23 e 19A, da Constituição, lidos em conjunto com os valores constitucionais da justiça política, econômica e social, fornecem o conjunto de instrumentos judiciais necessários para abordar e monitorar a resposta do Governo às alterações climáticas. (LAHORE HIGH COURT GREEN BENCH, 2015)

Referida decisão possui um significado importante para o Brasil, que avança na análise de litígios climáticos, próprios e impróprios, pelos tribunais superiores (BORGES; LEHMEN, 2020; SETZER; FABBRI; CUNHA, 2019; WEDY, 2020). Indica o precedente que uma ordem judicial pode determinar, por simetria, que o Estado (União, estados, municípios e Distrito Federal) cumpra as diretrizes da Lei nº 12.187/09, que estabelece a Política Nacional da Mudança do Clima. É preciso implementá-la onde for possível, suprindo as suas evidentes omissões, complementando-a com a melhor doutrina e técnica legislativa.

A PNMC, embora não indene de críticas justas, sem dúvida alguma, é um avanço. Possui, outrossim, omissões e imprecisões, não se constituindo, se analisada de modo isolado, em um arcabouço jurídico suficiente e estruturado em boa técnica para a instauração, por si só, de litígios climáticos. É um diploma legal que serve, contudo, em que pesem as críticas aqui expostas, como diretriz para o setor público e privado para um início de regulação eficiente sobre as emissões de gases de efeito estufa e, em especial, para o nascimento de um discurso jurídico consistente – que deve ser construído com base no texto constitucional, na doutrina e na jurisprudência – com a instauração de litígios climáticos com estofo, bem-intencionados e de bom nível técnico como o país merece.

4.1 Instrumentos processuais que podem ser utilizados nos litígios climáticos no Brasil

Especificamente sobre decisões judiciais em litígios climáticos, foi realizada, no British Institute of International and Comparative Law, a conferência mundial *Our Future in the Balance: The Role of Courts and Tribunals in Meeting the Climate Crisis*, com a participação do autor da obra, juntamente com juízes de tribunais superiores, formuladores de políticas públicas, professores de importantes universidades, profissionais do direito, cientistas, políticos, sociólogos, economistas, especialistas em saúde pública, representantes da sociedade civil e jovens ativistas climáticos de vários países (BRITISH INSTITUTE OF INTERNATIONAL AND COMPARATIVE LAW, 2021).

No evento, multidisciplinar e transversal, restou evidenciado que a mudança climática é uma preocupação comum da humanidade, pois o planeta está sob o alerta vermelho dos riscos decorrentes deste fenômeno de causas preponderantemente antrópicas. Aliás, isso ficou demonstrado, cientificamente, pelo Sexto Relatório do IPCC.

Dos debates foi possível constatar que os impactos negativos do aquecimento global afetam a saúde humana, a subsistência, a segurança alimentar, o abastecimento de água, a biodiversidade, os ecossistemas, a prosperidade econômica e, em última instância, a paz e a segurança para a humanidade.

Outrossim, a comunidade científica vai solidificando a opinião de que a janela temporal para limitar o aquecimento global em 1,5°C acima dos níveis pré-industriais está se fechando, e são necessárias reduções imediatas, rápidas e em larga escala nas emissões e remoções de gases de efeito estufa da atmosfera. Nesse cenário, bem delineado na referida cimeira mundial, a menos que sejam tomadas medidas imediatas, os jovens e as gerações futuras sofrerão os piores impactos das mudanças climáticas, e os países menos responsáveis pelo agravamento da crise climática serão, evidentemente, os mais prejudicados. É lamentável que conhecidas medidas, com base nos consagrados princípios da precaução e da prevenção, já poderiam ter sido adotadas pelos Estados e não o foram. Referidos princípios, não é demais pontuar, são bem definidos por Gomes (2000, p. 22; 29-30):

> O princípio da prevenção traduz-se em que, na iminência de uma actuação humana, a qual comprovadamente lesará, de forma grave e irreversível, bens ambientais, essa intervenção deve ser travada [...]. O princípio da precaução significa que o ambiente deve ter em seu favor o benefício da dúvida quando haja incerteza, por falta de provas científicas evidentes, sobre o nexo causal entre uma atividade e um determinado fenómeno de poluição ou degradação do ambiente.

Na conferência, conclui-se que as medidas que foram adotadas, desde 2015, após a COP21, estão tão atrasadas em relação às metas mitigatórias acordadas em Paris que podem comprometer os objetivos a serem atingidos em 2100. Ficou evidenciado, outrossim, o aumento do número dos litígios climáticos ajuizados, nos últimos anos, nas jurisdições dos países, buscando alcançar ações climáticas mais ambiciosas por parte dos Estados e das empresas.

Outro ponto importante do debate foi a abordagem da *crise climática* como uma *crise dos direitos humanos*, como já havia alertado com brilhantismo o Papa Francisco na *Encíclica Laudato Si* (VATICANO, 2015). Com efeito, promover a proteção dos direitos humanos é uma obrigação fundamental de todos os poderes do Estado, incluindo, lógica e especialmente, o Judiciário. Referido dever de tutela dos direitos humanos, em tempos de crises climáticas, afeta, em especial, igualmente, os tribunais internacionais.

Ao final do referido evento foi elaborada, criteriosamente, uma declaração com a assinatura originária desse autor que a firmou com grande convicção, mas igual preocupação com o que pode acontecer com essa geração e, muito especialmente, com as gerações futuras de seres humanos e não humanos em virtude da emergência climática nesta *era do antropoceno*. Consta na declaração (*Declaration on Climate Change, Rule of Law and the Courts*), apresentada oficialmente em Glasgow, em 2.11.2021, na COP26:

1. Um engajamento imperativo: É imperativo que os tribunais julguem as reivindicações surgidas no contexto da crise climática e determinem a existência de quaisquer direitos ou obrigações e seu conteúdo de acordo com a legislação internacional e doméstica relevante; 2. Equilíbrio entre os Poderes e Órgãos do Estado: Quando os poderes legislativo e executivo estão falhando em suas obrigações, a doutrina da separação de poderes não deve limitar o papel dos juízes para determinar se os outros poderes estão operando dentro dos limites da lei, bem como se as limitações aos direitos humanos são justificadas. Pelo contrário, este é o papel fundacional das Cortes; 3. Papel da Ciência Climática e do Direito: As decisões judiciais relativas as questões de previsibilidade e causalidade das consequências das mudanças climáticas devem ser baseadas na ciência climática e em evidências; 4. Interpretação da Lei na Realidade Atual: A aplicação da lei deve ser regida por princípios conhecidos de interpretação estatutária, levando em conta a atual realidade global única da crise climática. Os tribunais devem, quando apropriado, considerar causas emergentes e inovadoras de ação e a responsabilidade dos diversos atores, tanto estatais quanto não estatais. A lei deve avaliar se as estruturas legais tradicionais e os princípios de posição devem ser repensados e ajustados para serem aplicados, neste contexto, de forma coerente; 5. Proteção dos Defensores do Meio Ambiente: O ativismo, a resiliência, a força e a determinação dos defensores do meio ambiente, incluindo os jovens ativistas, desempenham um papel vital na linha de frente da crise climática. É crucial que a lei, em substância e prática, proteja os direitos e a segurança dos defensores do meio ambiente na promoção de seu ativismo; 6. Parceria Global e Diálogo entre os Juízes: O diálogo judicial e a continuação da polinização cruzada entre tribunais e juízes dentro e entre Estados é a chave para identificar e aplicar princípios legais na resposta às mudanças climáticas, o problema mais exigente e verdadeiramente universal de nossos tempos; 7. Apelo para a Comunidade Mundial: Estados, governos subnacionais, organizações regionais e outras organizações internacionais relevantes, legisladores, sociedade civil e o setor privado têm a responsabilidade inquestionável de se engajar de forma urgente, plena e cooperativa para responder efetivamente às mudanças climáticas. (BRITISH INSTITUTE OF INTERNATIONAL AND COMPARATIVE LAW, 2021)

É de se esperar que a referida declaração, para além de ter enriquecido os debates da COP26 no âmbito jurídico, traduza-se para o direito das mudanças climáticas mundial e brasileiro e insira nos litígios climáticos, atuais e futuros, estas sete máximas que podem ser norteadoras e, igualmente, auxiliares nas ações de advogados (públicos e privados), representantes do Ministério Público e, em especial, dos juízes em suas decisões. A *Declaration on Climate Change, Rule of Law and the Courts* pode também ser um importante ponto de partida ou de aprofundamento no debate acadêmico, que já está ocorrendo nas universidades, e vai se desenvolver, de modo mais acelerado e agudo, nos próximos anos, em sede de pesquisas.

Importante que o sistema regulatório climático e processual brasileiro esteja inserido nestas máximas, que são um balizador de grande importância para este novel direito climático. No Brasil, todos possuem o direito ao meio ambiente ecologicamente equilibrado, nos termos da Constituição Federal, bem de uso comum do povo e essencial à sadia qualidade de vida, impondo-se ao Poder Público e à coletividade o dever de defendê-lo e preservá-lo para as presentes e as futuras gerações (art. 225, *caput*). O Constituinte adotou a concepção de um antropocentrismo alargado, com uma perspectiva intrageracional e, além dessa, intergeracional, ao prever a tutela do bem ambiental para as gerações que estão por vir (MACHADO, 2005, p. 114). Machado (2005, p. 116), ao referir-se a um direito ao meio ambiente, declara:

> Todos têm direito ao meio ambiente ecologicamente equilibrado. O direito ao meio ambiente equilibrado é de cada um, como pessoa humana, independentemente de sua nacionalidade, raça, sexo, idade, estado de saúde, profissão, renda ou residência. O uso do pronome indefinido – todos – alarga a abrangência da norma jurídica, pois, não particularizando quem tem direito ao meio ambiente, evita que se exclua quem quer que seja. O meio ambiente é um bem coletivo de desfrute individual e geral ao mesmo tempo. O direito ao meio ambiente é de cada pessoa, mas não só dela, sendo ao mesmo tempo transindividual. Por isso o direito ao meio ambiente entra na categoria de interesse difuso, não se esgotando numa só pessoa, mas se espraiando para uma coletividade indeterminada. Enquadra-se o direito ao meio ambiente na problemática dos novos direitos, sobretudo a sua característica de direito de maior dimensão.

Sarlet e Fensterseifer (2014, p. 78), por sua vez, advertem sobre a importância do princípio da responsabilidade em face das presentes e das futuras gerações que, nesta senda, é um instrumento a ser invocado em litígios ambientais para a responsabilização dos poluidores:

> A ação (e omissão) humana está na origem da atual crise ecológica. Dito de outro modo, são justamente as práticas inconsequentes e irresponsáveis dos seres humanos, nas mais diversas áreas de atuação,

tanto privadas como públicas, que nos conduziram ao atual estado de risco existencial. Há, neste sentido, para além da responsabilidade na esfera moral, também a necessidade de imposição de responsabilidades (deveres e obrigações) no campo jurídico, com o propósito de frear o ímpeto destrutivo que tem nos guiado nos últimos Séculos, e de modo particularmente acelerado a partir da segunda metade do Século XX. É nesse cenário (social, político, econômico e jurídico) que se inserem o princípio da responsabilidade. Trata-se, sem dúvida, de um dos princípios precursores do Direito Ambiental muito embora se trate de um princípio geral de direito. (SARLET; FENSTERSEIFER, 2014, p. 78)

O sistema processual brasileiro, recepcionado e posteriormente construído sob a égide da Constituição Federal de 1988, possui vasto arcabouço instrumental para a tutela jurisdicional do clima e dos seres humanos e não humanos afetados pelo aquecimento global. Bem grifa Gidi (2008, p. 183) o real e grave problema da falta de um Código de Processo Civil Coletivo, que tem sido superado, em parte, pela construção jurisprudencial em matéria ambiental.

São instrumentos processuais para a defesa de um clima estável, para a tutela dos direitos fundamentais dos seres humanos afetados por eventos climáticos extremos e para a tutela dos demais seres: a ação popular; a ação civil pública (MACHADO, 2005, p. 357-368); a ação direta de inconstitucionalidade, de lei ou ato normativo; o mandado de segurança coletivo; o mandado de injunção (MILARÉ, 2005, p. 984-995); a ação direta de constitucionalidade por omissão; e a ação de arguição de descumprimento de preceito fundamental (FERREIRA, 2012, p. 352-400). Todas essas ações, qualificadas como climáticas, podem ser manejadas para a tutela do clima estável e dos seres vivos como, de certo modo, tem reconhecido a jurisprudência dos tribunais superiores para outros temas de direito ambiental. Sendo o clima elemento ambiental vital, por consequência, pode ser tutelado pelas ações ambientais (hoje de cunho climático) previstas em nosso ordenamento jurídico.

4.1.1 Ação civil pública climática

A Lei nº 7.347/85 previu a ação civil pública como instrumento processual, com o objetivo de tutela dos interesses metaindividuais que, a partir da Lei nº 8.078/90, receberam classificação legal de direitos coletivos, difusos e individuais homogêneos. É a referida legislação um marco na superação da tutela individual de direitos para a busca da tutela processual de direitos não individuais em sentido estrito.

Direitos e interesses difusos são aqueles que têm como titulares pessoas indeterminadas e ligadas a uma circunstância de fato. Como afirmado por Benjamin (1996, p. 94) em lição clássica, constituem-se em "uma espécie de comunhão, tipificada pelo fato de que a satisfação de um só implica a satisfação de todos, assim como a lesão de um só constitui a lesão inteira da coletividade". Induvidoso que é cabível ação civil pública para prevenir e reparar danos decorrentes da poluição dos oceanos, do solo, do ar e aqueles decorrentes dos efeitos das mudanças climáticas ou da depleção da camada de ozônio. São difusos os direitos e os interesses ameaçados ou violados nesses casos.

Ainda que os indivíduos sejam indeterminados, a coletividade pode, reunida pelo mesmo suporte fático – dano ao meio ambiente causado pela alteração de suas características –, pleitear a restauração e a reparação do ambiente danificado pelas mudanças climáticas. Direitos coletivos, por sua vez, possuem titularidade determinada e estão reunidos por uma relação jurídica base, que deve ser de constituição anterior à lesão ou à ameaça de lesão ambiental (VIGORITI, 1979, p. 15). Clássico exemplo são funcionários de uma fábrica de energia nuclear contaminados, em virtude de acidente causado por inundação decorrente das mudanças climáticas. A relação jurídica base é o pressuposto para a tutela do direito de titularidade coletiva determinada.

Direitos e interesses individuais homogêneos, outrossim, por sua vez, foram misturados, aleatoriamente, entre os metaindividuais pela Lei nº 8.078/90, que os define como decorrentes "de origem comum". Na realidade, são de natureza individual, como no caso de pescadores que sofrem prejuízo na sua pesca pela construção de usina hidrelétrica (AGAREsp nº 11.478.900) (BRASIL, 2013) ou pelo vazamento de nafta no mar após a colisão de navios (REsp nº 1.114.398/PR) (BRASIL, 2012), como já decidiu o STJ. Esses, aliás, são claros exemplos do reconhecimento do dano ambiental reflexo, ou ricochete, pela jurisprudência que pode facilmente ser estendida para casos climáticos.

Em sede de ação civil pública, pode o Estado juiz determinar uma condenação em dinheiro ou o cumprimento da obrigação de fazer e, também, de não fazer. Primeiro, sendo falha a aplicação dos princípios da precaução (WEDY, 2020, p. 85) e da prevenção, deve-se buscar a reparação *in natura* do bem ambiental lesado pelos eventos climáticos extremos para após, ato contínuo, buscar fixar a reparação pecuniária do dano a ser procedida por particulares ou pelo próprio Estado (WEDY, 2013, p. 145-166).

Possuem legitimidade ativa para propor ação civil pública para tutela do clima e dos direitos individuais e fraternais lesados o Ministério Público (GAIO, 2021, p. 15), a Defensoria Pública, a União, os estados, os municípios, o Distrito Federal, as autarquias, as empresas públicas, as fundações e as sociedades de economia mista, assim como as associações que estejam constituídas há pelo menos um ano e incluam, entre as suas finalidades, a proteção do meio ambiente *ex vi* do art. 5º da Lei nº 7.347/85 e do art. 82 da Lei nº 8.078/90.

É de se destacar a incansável ação do Ministério Público em sede de litígios climáticos. Alguns temas são aprofundados não apenas na prática, mas em sede de pesquisas científicas e publicações dos seus representantes em temas centrais, como na obra *A Política Nacional de Mudanças Climáticas em ação*, publicada pela Associação Brasileira do Ministério Público Abrampa (GAIO, 2021, p. 7-8), que aborda: o papel do Ministério Público brasileiro no combate ao aquecimento global; a evolução e implementação do ODS 13 (ações contra a mudança global do clima) e o papel do Ministério Público; retrocessos ambientais e os efeitos no combate às mudanças climáticas; mudanças climáticas e algumas particularidades do Distrito Federal; mudanças climáticas nas jurisprudências estrangeira e brasileira; a responsabilidade civil ambiental e sua adaptação às mudanças climáticas; o licenciamento ambiental de atividades e empreendimentos sujeitos à realização de EIA/Rima como instrumento de controle dos impactos e danos climáticos; a utilização de instrumentos econômicos para a mitigação dos impactos climáticos; as mudanças climáticas e o planejamento urbano; a gestão adequada dos resíduos sólidos no contexto das mudanças do clima; a extinção dos lixões; a atuação do Ministério Público na mitigação das mudanças climáticas; a atuação intra e interinstitucional no enfrentamento ao desmatamento e queimadas no bioma Amazônico; as contribuições do Conselho Nacional do Ministério Público para a Política Nacional Sobre Mudanças Climáticas; litígios climáticos sobre as restingas e a Política de Mudanças Climáticas; mudanças climáticas e a defesa do Pantanal e do Cerrado pelo Ministério Público; tutela dos solos e as mudanças climáticas; o pagamento por serviços ambientais e a Política Nacional sobre Mudança do Clima; e povos indígenas e mudanças climáticas. O *parquet*, portanto, está altamente engajado, também academicamente, na sofisticação do direito climático a ser instrumentalizado por meio de ações civis públicas climáticas.

Qualquer do povo possui o direito de provocar a atuação do *parquet* para o ajuizamento de ação civil pública climática, com pleitos para o corte de emissões de gases de efeito estufa ou para impedir a continuidade de um desmatamento. Tratando-se de servidor público ou agente político do Estado, no exercício de suas funções, existe o dever de comunicação – de emissões irregulares de gases de efeito estufa ou de um desmatamento clandestino de que tiver conhecimento, ou da ameaça de dano ambiental, que se vinculem à mudança do clima – ao Ministério Público que, se não for o autor da ação civil pública ambiental, deverá sempre atuar como *custos legis* (arts. 5º, 6º e 7º da Lei nº 7.347/85).

É defensável, outrossim, a possibilidade de toda e qualquer associação possuir legitimidade ativa para ajuizar ação civil pública, porquanto o dever fundamental de proteção ao meio ambiente, que emana do art. 225 da Constituição Federal, não vincula apenas associações que possuam finalidade estatutária de tutela do meio ambiente, mas, de modo mais amplo, obriga o Estado, os cidadãos e toda a sociedade. Em face da dicção constitucional, posterior à Lei nº 7.347/85, parece haver pouca justificativa para que não seja reconhecida a legitimidade de toda e qualquer associação para a defesa do meio ambiente como "bem de uso comum do povo" e do clima adequado para uma vida saudável como um direito humano e fundamental.

Outro ponto importante é a observância do foro competente para o ajuizamento de uma ação civil pública climática. Este é o local do dano, segundo expressa e clara dicção da lei:

> Art. 2º As ações previstas nesta Lei serão propostas no foro do local onde ocorrer o dano, cujo juízo terá competência funcional para processar e julgar a causa.
> Parágrafo único. A propositura da ação prevenirá a jurisdição do juízo para todas as ações posteriormente intentadas que possuam a mesma causa de pedir ou o mesmo objeto. (Incluído pela Medida provisória nº 2.180 –35, de 2001)

Evidentemente que, em se tratando de direito climático e o dano for dissipado, em tese, vários poderiam ser os foros competentes. Todavia, como refere Abelha (2016, p. 190) "é um erro entender que qualquer um deles seria o competente, com base no critério cronológico da prevenção, como o mais adequado para tanto, como aliás alude o parágrafo único da LACP". Com acerto, defende o jurista, em sua clássica obra, que existe uma premente necessidade de se fixar o foro efetivamente competente para o processamento e julgamento definitivo da demanda e este deve ser aquele no qual o juiz possa melhor prestar a jurisdição, esteja perto dos danos e das provas a serem colhidas e possa assim com maior facilidade declarar a norma e emitir as ordens mandamentais necessárias para o acertamento do caso em concreto. Prossegue o autor em seu escólio:

> Ainda que algum (ou qualquer um) desses juízos possa proferir medidas de urgência, a definição do juízo competente- dentre vários abstratamente possíveis – deve se dar, precisamente, não a partir de uma análise genérica do local do dano (pois vários seriam os locais possíveis, dado o caráter difuso do bem ambiental), mas exatamente a partir da verificação, entre os eventuais concorrentes, do juízo que possa, nesta ordem, melhor efetivar e revelar a norma concreta. Trata-se de identificar o juízo competente do local do dano não propriamente pelo local onde o dano ambiental ocorreu, porque, neste particular, o caráter ubíquo do bem ambiental levará o dano a vários locais distintos, mas sim identificar o juízo competente pelo local onde o juízo possa melhor efetivar (com maior rapidez e maior e mais imediato alcance de tutela) os comandos jurisdicionais em prol do meio ambiente. (ABELHA, 2016, p. 191)

Importante grifar, de outra banda, que é possível pleitear o dano moral ambiental em sede de ação civil pública, com base no art. 1º da LACP, em virtude de eventos climáticos extremos ou de catástrofes daí decorrentes. Como referido por Morato Leite (2006, p. 316) em relação ao dano moral ambiental: "Trata-se de um dano extrapatrimonial de caráter objetivo, em que o agente estará sujeito a indenizar a lesão por risco da atividade. O valor pecuniário dessa indenização será recolhido ao fundo para recuperação dos bens lesados de caráter coletivo". É cabível, sem dúvida, indenização por dano moral decorrente de eventos climáticos extremos causados por fatores antrópicos em ações civis públicas.

Outro ponto a ser considerado é que a coisa julgada (WEDY; MOREIRA, 2019, p. 462) é considerada a qualidade que torna imutáveis os efeitos decisórios de uma sentença. O art. 506 do Novo CPC (art. 472 do CPC de 1973) circunscreve os limites subjetivos da coisa julgada às partes, de modo a não prejudicar terceiros. Portanto, no processo civil tradicional, a coisa julgada é *erga singulum* e *intra partes*, ou seja, não apanha, de regra, terceiros que não participaram do feito. Contudo, essa característica da coisa julgada não é adequada à ação civil pública climática. Não se poderia admitir que a produção legislativa criasse uma ação civil pública climática cuja sentença ficasse jungida às partes formais do processo, sem atingir todos os lesados pertencentes à coletividade, ao grupo, categoria ou classe atingidos pelo ato impugnado pelo autor. Em razão dessa realidade, foi positivado no direito brasileiro um novo regime de coisa julgada específico para demandas coletivas, com a extensão subjetiva da eficácia da sentença e da coisa julgada em exclusivo benefício das pretensões individuais e a possibilidade de improcedência por insuficiência de provas – princípio da coisa julgada *secundum eventum litis* e *secundum eventum probationis*.

Com efeito, o art. 16 da Lei nº 7.347/85, baseado no art. 18 da Lei nº 4.717/65, em sua redação originária (WEDY; MOREIRA, 2019, p. 463), previa que a sentença faria coisa julgada *erga omnes*, exceto se o pleito fosse julgado improcedente por falta de provas, caso em que se admitiria a repetição da propositura da mesma demanda, desde que instruída com novas provas. Esse dispositivo sofreu alteração trazida pelo art. 2º da Lei nº 9.494/97, o qual dispôs que a sentença faria coisa julgada *erga omnes, nos limites da competência territorial do órgão prolator.* Essa modificação legislativa representou mais um obstáculo erguido pelo Poder Público com a intenção de fragmentar as decisões proferidas em ações civis públicas, motivo pelo qual o dispositivo sofreu críticas doutrinárias.

Ao final, o STJ concluiu que a "restrição do alcance subjetivo da eficácia erga omnes da sentença proferida em ação civil pública envolvendo direitos individuais homogêneos aos limites da competência territorial do órgão prolator, constante do art. 16 da Lei n. 7.347/1985, está plenamente em vigor", e que é "possível conceber, pelo caráter divisível dos direitos individuais homogêneos, decisões distintas, tendo em vista a autonomia de seus titulares" (REsp nº 13.319.848/SP) (BRASIL, 2016). Porém, a limitação territorial em questão "não opera efeitos no que diz respeito às ações coletivas que visam proteger interesses difusos ou coletivos *stricto sensu*". Nesses casos, a "extensão dos efeitos à toda categoria decorre naturalmente do efeito da sentença prolatada, vez que, por ser a legitimação do tipo ordinária, tanto o autor quanto o réu estão sujeitos à autoridade da coisa julgada, não importando onde se encontrem" (CC nº 109.435/PR (BRASIL, 2010) (REsp nº 13.319.848/SP) (BRASIL, 2016).

O CDC cuida do regime da coisa julgada em relação às três categorias de direitos transindividuais e fixa regra geral do microssistema da tutela coletiva:

> Art. 103. Nas ações coletivas de que trata este Código, a sentença fará coisa julgada:
> I - *erga omnes*, exceto se o pedido for julgado improcedente por insuficiência de provas, hipótese em que qualquer legitimado poderá intentar outra ação, com idêntico fundamento, valendo-se de nova prova, na hipótese do inciso I do parágrafo único do art. 81;
> II - *erga omnes*, mas limitadamente ao grupo, categoria ou classe, salvo improcedência por insuficiência de provas, nos termos do inciso anterior, quando se tratar da hipótese prevista no inciso II do parágrafo único do art. 81;
> III - erga omnes, apenas no caso de procedência do pedido, para beneficiar todas as vítimas e seus sucessores, na hipótese do inciso III do parágrafo único do art. 81.

Quanto aos direitos difusos e coletivos, a lei estabeleceu o regime da coisa julgada *secundum eventum probationis*. Se o pedido for julgado procedente, a eficácia da sentença e da coisa julgada na ação civil pública climática será *erga omnes* para os direitos difusos, isto é, beneficiará toda a coletividade, no que diz respeito ao reconhecimento da existência da lesão coletiva. Quanto aos direitos coletivos, a sentença fará coisa julgada *ultra partes*, mas limitadamente ao grupo, categoria ou classe. Em ambos os casos, a decisão proferida se estende para além das partes formais do processo de conhecimento apenas *in utilibus*, ou seja, na hipótese de procedência.

No caso de improcedência do pleito, a coisa julgada depende da instrução probatória: a) se for julgada a demanda improcedente por falta de provas, poderá ser proposta nova ação com base em novas evidências, por qualquer legitimado, inclusive aquele que propôs a primeira demanda, e com idêntico fundamento. É excepcionada a vedação ao *non liquet* em matéria probatória. Neste caso, a sentença não se reveste da autoridade da coisa julgada material; b) se, ao invés, a improcedência ocorrer por outro motivo, a coisa julgada será *erga omnes* e ficará obstado o ajuizamento de nova ação civil pública por qualquer dos colegitimados do art. 82 do CDC, pelo mesmo fundamento.

Porém, em hipótese alguma a coisa julgada prejudicará os direitos individuais dos integrantes da coletividade atingida (CDC, art. 103,

§1º). Importante ressaltar que, para beneficiar-se da coisa julgada em tutela de direitos coletivos em sentido estrito, o autor de ação individual deverá ter requerido oportunamente sua suspensão (art. 104 do CDC). Seus interesses individuais não serão prejudicados por eventual improcedência na ação civil pública climática, ainda que haja esgotamento das provas (CDC, art. 103, §1º).

Em relação aos *direitos individuais homogêneos*, a coisa julgada é *erga omnes*, apenas no caso de procedência do pedido, para beneficiar todas as vítimas e seus sucessores. A sentença de procedência favorece todos os lesados, tenham ou não intervindo no processo. Porém, se o autor prosseguir em sua ação individual, ficará excluído da extensão subjetiva do julgado, prevista para a sentença que vier a ser proferida na ação civil pública climática, ainda que seja ela de procedência. Se, ao invés, requerer a suspensão do processo individual, no prazo de 30 dias a contar da ciência, nos autos, do ajuizamento da ação civil pública climática, será ele beneficiado pela coisa julgada favorável que se formar na ação coletiva (CDC, art. 104).

Em caso de improcedência, por qualquer fundamento, os lesados individuais que não tiverem intervindo na ação civil pública climática poderão propor ações individuais (CDC, art. 103, §2º). Ao invés, se tiverem intervindo, sofrerão os efeitos da sentença, mesmo se improcedente por falta de provas. Em suma, para os lesados individuais que não requereram a suspensão de suas ações individuais, a sentença na demanda civil pública climática não os prejudica nem beneficia. Somente serão afetados aqueles que não tenham ação individual em andamento ou, tendo ação, hajam requerido sua oportuna suspensão.

Diversamente do que ocorre no direito norte-americano, o ordenamento pátrio não prevê a técnica do *opt out*, caso em que a coisa julgada só alcançaria os membros da classe que, depois de intimados, não exerceram o direito de retirada. No Brasil, ao invés, a improcedência da demanda apenas vincula os interessados que intervieram no processo, o que no direito americano seria o direito de entrar, ou *right to opt in* (OLIVEIRA, 2004, p. 172). De notar que a coisa julgada em qualquer ação civil pública climática jamais prejudicará interesses individuais diferenciados, que são aqueles produzidos pelo mesmo ilícito que atingiu direitos coletivos *lato sensu*, mas não são compartilhados pela coletividade, ou seja, tocam exclusivamente a determinado indivíduo.

O art. 104 do CDC, outrossim, consigna que a ação civil pública climática não induz litispendência (nem coisa julgada) em relação a ações individuais, salvo se versar direitos individuais homogêneos, quanto aos lesados que intervieram na ação. Já o art. 13 da Lei nº 7.347/85, por fim, determina que, havendo condenação em dinheiro, a indenização pelo dano causado reverterá a um fundo gerido por um conselho federal ou por conselhos estaduais de que participarão necessariamente o Ministério Público e representantes da comunidade, sendo seus recursos destinados à reconstituição dos bens lesados. Referido conselho e o Fundo de Reparação dos Bens Lesados são regulados pela Lei nº 9.008/95 e pelo Decreto nº 1.306/94.

4.1.2 Ação popular climática

O mais notável mecanismo processual de tutela do clima e dos direitos individuais e fraternais violados, no entanto, é a ação popular ambiental. O texto constitucional determina, no seu art. 5º, inc. LXXIII, que "qualquer cidadão é parte legítima para propor ação popular que vise anular ato lesivo [...] ao meio ambiente [...], ficando o autor, salvo comprovada má-fé, isento de custas judiciais e do ônus da sucumbência". Há, no caso, um verdadeiro estímulo que emana da Constituição Cidadã para que o cidadão participe da fiscalização dos riscos de dano ambiental e, ainda, promova a reparação do dano climático. Como referido por Porto (2013, p. 488-490) sobre a ação popular ambiental: "Além das instituições legitimadas à defesa do meio ambiente, por via constitucional expressa, também a Carta Magna legitimou ao cidadão individualmente a defesa de tais interesses, em face da superlativa importância destes no contexto hodierno".

A prova da cidadania, para o ajuizamento da ação popular climática, deve ser feita com o título eleitoral ou documento equivalente (art. 1º, §3º, da LAP). O maior de dezesseis anos e menor de dezoito anos, o analfabeto e o maior de setenta anos, desde que possuam título eleitoral, podem ser autores da ação popular climática para a tutela do clima como macrobem ambiental. Não podem ajuizar ação popular climática os que perderam a nacionalidade e os que perderam ou tiveram direitos políticos suspensos. Essa posição parece mais acertada ante a clareza do texto legal.

Existe doutrina que entende que qualquer pessoa interessada na defesa de um direito difuso ou coletivo pode manejar a ação popular independentemente da apresentação do título de eleitor ou de qualquer outro documento representativo de cadastramento eleitoral ou de cumprimento de obrigações eleitorais (DIAS, 2004, p. 75-100). Está presente, na doutrina, entendimento de que o título eleitoral, ou documento equivalente, como prova de cidadania, poderia ser dispensado para o ajuizamento de ação popular ambiental, tendo em vista que o art. 225, *caput*, da Constituição Federal dispõe que todos, indistintamente, possuem o dever de proteger o meio ambiente (ANTONNI, 2006, p. 52-74).

Sustenta Fiorillo (2012, p. 253) que o destinatário do meio ambiente equilibrado é toda a coletividade (brasileiros e estrangeiros aqui residentes), independentemente da condição de eleitor. Consequentemente, no tocante à proteção dos bens e dos valores ambientais, o art. 1º, §3º, da Lei nº 4.717/65 não estaria recepcionado pela Constituição Federal de 1988. A legitimação ativa não estaria restrita, portanto, ao conceito de cidadão previsto na Lei nº 4.717/65 para a finalidade do ajuizamento de ação popular climática. Todos aqueles que possam sofrer ou sofrem consequências dos danos climáticos poderiam, com essa interpretação, manejar a ação popular climática, inclusive os estrangeiros residentes no país e aqueles que não estão em dia com as suas obrigações eleitorais. Essa interpretação é feita partindo-se do pressuposto de que a higidez do sistema climático possui natureza difusa e não pública, sendo de caráter supraindividual.

Referido e sedutor entendimento, com o qual se concorda doutrinariamente, não encontra respaldo, entretanto, na jurisprudência nacional dominante, que exige o título de eleitor, para o ajuizamento da ação, como prova da cidadania (REsp nº 124.800) (BRASIL, 2011).

A pessoa jurídica, entretanto, e obviamente, a título de complementação, não tem legitimidade para ajuizar a ação popular ambiental, como já sumulado pelo egrégio STF (Enunciado nº 365), o que também se aplica para ação popular climática.

Outrossim, existe discussão doutrinária acerca da necessidade da presença do binômio lesividade-ilegalidade do ato para que uma ação popular possa ser julgada procedente. Em sede de jurisprudência, o entendimento histórico do egrégio STF era de que a lesividade e a ilegalidade deveriam ser provadas uma e outra, de modo independente, para que a ação popular pudesse ser julgada procedente. Nesse sentido, *leading case* que teve o voto condutor do Ministro Djaci Falcão (Recurso Extraordinário nº 77.679/PR) (BRASIL, 1974). Todavia, nos dias atuais, o egrégio STF evoluiu e tem entendido que a lesividade do ato está implícita no próprio conceito de ilegalidade (Recurso Extraordinário nº 180.381/SP) (BRASIL, 1994).

Em sede doutrinária, Gessinger (1985), Zavaski (2006), Meirelles (2004) e Mancuso (1996) entendem que o binômio ilegalidade-lesividade deve estar presente para que a ação popular possa ser julgada procedente. É de se entender que a lesão ao meio ambiente, por violação ao dever fundamental de tutela do sistema climático, por si só, é inconstitucional, já que fere o art. 225 da Constituição Federal. Não há necessidade de comprovação desse binômio para a procedência da demanda, porque a lesividade ao meio ambiente causada pelo desmatamento ou emissões irregulares de gases de efeito estufa, para além de ato ilegal em sentido lato, é ato inconstitucional que viola o núcleo essencial dos direitos fundamentais ao meio ambiente equilibrado e ao clima propício a uma vida saudável.

O prazo para ajuizar ação popular é de cinco anos a contar do ato lesivo, conforme consta no art. 21 da LAP, e é de cunho decadencial, de acordo com Sidou (2000, p. 378) e Santos (1998, p. 208). Oposto é o escólio de Vitta (2000, p. 45), considerando que o prazo é prescricional. Ação popular ajuizada para tutelar o meio ambiente é imprescritível, no entendimento do último autor, tendo em vista que "se trata de instrumento de proteção da sadia qualidade de vida das pessoas" (VITTA, 2000, p. 82).

O melhor entendimento, de fato, é que a ação popular climática é imprescritível. A ação é um instrumento eficiente para tutelar o clima, como macrobem ambiental, para as presentes e as futuras gerações e, indiretamente, para tutelar a biodiversidade. Neste ponto, a biodiversidade, importante ressaltar, é responsável pela estabilidade dos ecossistemas, pelos processos naturais e produtos fornecidos por eles e pelas espécies que modificam a biosfera. Assim, espécies, processos, sistemas e ecossistemas que criam coletivamente as bases da vida na Terra: alimentos, água e oxigênio, além de medicamentos, combustíveis e um clima estável, entre tantos outros benefícios, podem ser tutelados em juízo. A tutela da biodiversidade nas Cortes pode ser considerada um litígio climático indireto, com regulamentação prevista na Lei nº 13.123/2015 e no Decreto nº 8.772/2016.

Na forma de litígio climático direto, a ação popular climática pode ser ajuizada para evitar desafios como: a) o aquecimento global descrito na clássica obra de Giddens (2009, p. 79), com implicações jurídicas descritas por Posner e Weisbach (2010, p. 87); b) as emissões de dióxido de carbono e os seus nefastos efeitos descritos por Gore (2007, p. 90); e c) as emissões de CFCs, responsáveis pela ampliação do buraco na camada de ozônio, que exigem uma abordagem calcada na aplicação do princípio da precaução (FARMAN, 2002, p. 78-79).

Assim, a ação popular climática é um instituto jurídico eficaz para a prevenção e para a reparação de danos ao meio ambiente e, em especial, para a tutela de um possível direito fundamental ao clima estável, permitindo um desenvolvimento atento ao princípio da sustentabilidade, como defendem Freitas (2016, p. 25) e Bosselman (2008, p. 44), e ao direito fundamental ao desenvolvimento sustentável na era das mudanças climáticas (WEDY, 2018).

4.1.3 Mandado de segurança coletivo climático

O mandado de segurança coletivo climático está previsto no art. 5º, incs. LXIX e LXX, da Constituição Federal de 1988. Esse remédio constitucional é um instrumento para proteger direito líquido e certo, não amparado por *habeas corpus* ou *habeas data*, quando o responsável pela ilegalidade ou pelo abuso de poder for autoridade pública ou agente de pessoa jurídica no exercício de atribuições do Poder Público. São partes legítimas para impetrar mandado de segurança coletivo ambiental: as organizações sindicais, as entidades de classe ou as associações legalmente constituídas e em funcionamento há pelo menos um ano, em defesa dos interesses de seus membros ou associados.

Nos termos da Lei nº 12.016/2009, os direitos protegidos pelo mandado de segurança coletivo são os coletivos e, também, os individuais homogêneos. Aliás, o art. 21 da Lei nº 12.016/2009 prevê que os direitos protegidos pelo mandado de segurança coletivo podem ser:

> I - coletivos, assim entendidos, para efeito desta Lei, os transindividuais, de natureza indivisível, de que seja titular grupo ou categoria de pessoas ligadas entre si ou com a parte contrária por uma relação jurídica básica; II - individuais homogêneos, assim entendidos, para efeito desta Lei, os decorrentes de origem comum e da atividade ou situação específica da totalidade ou de parte dos associados ou membros do impetrante.

Como adverte Fiorillo (2012, p. 271):

> Todavia, ao exercermos o direito de ação de mandado de segurança ambiental, a realização desses dois requisitos – liquidez e certeza – estará adstrita à demonstração de que a violação do direito impede o desfrute de um meio ambiente sadio e equilibrado, a contento do que prevê a

Constituição. Verificada aludida situação, presentes estarão a liquidez e a certeza do direito pleiteado em sede de mandado de segurança.

Extrai-se do art. 225 da Constituição, combinado com a Lei da Política Nacional do Meio Ambiente (Lei nº 6.938/81), que o meio ambiente ecologicamente equilibrado – *a fortiori* marcado por um clima habitável, com menores riscos de catástrofes – é um direito líquido e certo.

São sujeitos passivos do mandado de segurança climático a autoridade pública ou o agente de pessoa jurídica, no exercício de atribuições do Poder Público, que violar o direito líquido e certo ao clima estável ou praticar ilegalidade ou proceder com abuso de poder consubstanciado em desmatamento ou emissões irregulares de gases de efeito estufa.

4.1.4 Mandado de injunção ambiental climático

O mandado de injunção climático, regulamentado pela Lei nº 13.300/2016, é cabível na ausência de normas que regulamentem a proteção do meio ambiente e do direito fundamental ao clima estável. Muito embora a norma constitucional que prevê o *writ* tenha por objetivo possibilitar, na ausência de normas regulamentadoras, o exercício dos direitos e das liberdades constitucionais e das prerrogativas inerentes à nacionalidade, à soberania e à cidadania, impossível é excluir deste rol o meio ambiente e o direito à vida tutelada contra eventos climáticos extremos causados por fatores antrópicos.

Esse remédio jurídico-constitucional "trata-se de instituto à disposição de qualquer pessoa, física ou jurídica, nacional ou estrangeira, titular de um direito, de uma liberdade ou de uma prerrogativa constante da Carta de Princípios", mas que deve fazer "prova de não poder ver exercido esse direito, essa liberdade ou essa prerrogativa, por falta de instrumento regulamentador" (MILARÉ, 2005, p. 996).

O princípio da sadia qualidade de vida – estritamente vinculado a um clima estável (com menores riscos de catástrofes) –, que norteia o direito ambiental e emana do art. 225 da Constituição Federal, precisa ser considerado na interpretação do art. 5º, inc. LXXI, da mesma norma. A sadia qualidade de vida é tutelada no sentido de os seres humanos estarem protegidos de eventos climáticos extremos e dos efeitos nocivos produzidos pelos gases de efeito estufa. No que se refere ao princípio da sadia qualidade de vida, "leva-se em conta o estado dos elementos da natureza – águas, solo, ar, flora, fauna e paisagem – para se aquilatar se esses elementos estão em estado de sanidade e que do seu uso advenham saúde e jamais doenças ou incômodos para os seres humanos" (MACHADO, 2005, p. 54).

E, de fato, prevê o Protocolo Adicional à Convenção Americana de Direitos Humanos, promulgado pelo Brasil, nos termos do Decreto nº 3.321/1999, que "toda a pessoa tem direito de viver em meio ambiente sadio e a dispor de serviços públicos básicos" (art. 11). Relevante observar advertência doutrinária no sentido de que "falar em vida com qualidade é buscar tornar efetivos os preceitos dos arts. 5º e 6º da Constituição, e estes são indiscutivelmente objeto do mandado de injunção, porquanto ostentam a natureza de direitos constitucionais" (FIORILLO, 2012, p. 272-273). Evidentemente que o *writ* é cabível, pois, enchentes, secas e incêndios decorrentes das alterações climáticas têm vitimado milhares de pessoas, todos os anos, em todo o mundo, em um ritmo crescente.

Na busca pela concretização do princípio constitucional da sadia qualidade de vida, incompatível com extremos climáticos causados por fatores antrópicos, é plenamente cabível o manuseio do *writ* do mandado de injunção ambiental. Com o amadurecimento das instituições democráticas brasileiras e da própria cidadania na discussão da problemática ambiental, inclusive na gestão e na governança do ambiente, notadamente ligada à administração dos riscos de catástrofes como referido em doutrina (FARBER, 2007; WEDY, 2020), esse remédio constitucional tende a se tornar ferramenta útil na tutela do meio ambiente e de um clima estável.

4.1.5 Ação direta de inconstitucionalidade climática de lei ou ato normativo ambiental

A ação direta de inconstitucionalidade (ADI), prevista no art. 103 da Constituição de 1988, com a regulamentação da Lei nº 9.688/99, é mecanismo hábil para impugnar em um processo objetivo, sem partes, normas que contrariem o art. 225 de nossa Carta Política no que tange à tutela do meio ambiente ecologicamente equilibrado e, por consequência, do clima propício a uma sadia qualidade de vida. Pode-se propor ADI por violação ao direito fundamental ao meio ambiente equilibrado (em decorrência das emissões de gases de efeito estufa irregulares e do desmatamento) e ao direito fundamental à estabilidade climática ou ao clima estável.

Podem propor ação direta de inconstitucionalidade o presidente da República, a Mesa do Senado Federal, a Mesa da Câmara dos

Deputados, a Mesa da Assembleia Legislativa, o governador do estado, o procurador-geral da República, o Conselho Federal da Ordem dos Advogados do Brasil, partido político com representação no Congresso Nacional, confederação sindical ou entidade de classe de âmbito nacional.

Concorda-se com Milaré (2005, p. 986) que é "digna de nota a inserção, entre os colegitimados, de certos corpos intermediários, como a OAB e as entidades sindicais e de classe, com nova autonomia para buscar, em nome da sociedade, a declaração de inconstitucionalidade de leis ou atos normativos contrários aos princípios e às normas constitucionais de proteção do ambiente" e que tutelam, por consequência, a estabilidade climática e os direitos individuais e fraternais expostos aos riscos de catástrofes decorrentes do aquecimento global.

Observa-se que o STF entende como possível o controle concentrado de constitucionalidade em matéria ambiental e por extensão climática. No precedente que declarou inconstitucional legislação estadual que regulamentava a "rinha de galos", entendeu, em ação direta de inconstitucionalidade, conforme interpretação do art. 225, §1º, VII, da CF, nas palavras do Ministro Carlos Velloso, que admissível é o deferimento de cautelar em ação direta de inconstitucionalidade que "suspende a eficácia de lei estadual, que autoriza e disciplina a realização de competições entre galos competentes por submeter tais animais a tratamento cruel" (Ação Direta de Inconstitucionalidade nº 1.856/RJ) (BRASIL, 1998).

Em outro *leading case*, o Supremo Tribunal Federal, nos autos de outra ADI, anulou norma proveniente da Constituição catarinense, a qual previa a dispensa de estudo de prévio impacto ambiental em áreas de florestamento e reflorestamento para fins empresariais. No sentido do exposto pelo voto vencedor no *leading case*, de lavra do Ministro Ilmar Galvão, a norma impugnada, ao dispensar a elaboração de estudo prévio de impacto ambiental, no caso de áreas de florestamento ou reflorestamento para fins empresariais, criou "exceção incompatível com o disposto no mencionado inc. IV do §1º do art. 225 da CF" (Ação Direta de Inconstitucionalidade nº 1.086/SC) (BRASIL, 2001).

Não resta dúvida de que lei ou ato normativo que violem o direito ao meio ambiente ecologicamente equilibrado, como bem jurídico autônomo, ou princípios a esse correlacionados, como o princípio e direito fundamental ao clima estável, podem ser impugnados com base no texto constitucional na via do controle concentrado.

4.1.6 Ação direta de inconstitucionalidade climática por omissão

A ação direta de inconstitucionalidade – ADI pode destinar-se a suprir a omissão de um dos poderes, ou de uma autoridade da administração pública, em relação à matéria climática. No caso de ser reconhecida a omissão inconstitucional em matéria ambiental atinente à proteção da estabilidade do clima e contra os efeitos deletérios do aquecimento global, que pode ser invocada por todos os legitimados para promover ação direta de inconstitucionalidade de lei ou ato normativo (como elencado na Lei nº 9.868/99), as consequências são: a) em sendo a inação de um dos poderes, este será intimado para que providencie suprir a omissão na referida matéria ambiental; b) caso seja uma autoridade administrativa a responsável pela não ação, ela será intimada para que, em 30 dias, supra a omissão em relação a esta específica matéria ambiental.

A ação direta de inconstitucionalidade por omissão, assim como por ação, não pode ser proposta para suprir omissão legislativa ou normativa inconstitucional anterior à Constituição Federal atual. Resoluções do Conselho Nacional do Meio Ambiente anteriores à CF/1988, que possam influenciar negativamente a Política Nacional da Mudança do Clima, no mesmo sentido, não podem ser objeto de impugnação via ADI por omissão, mas apenas por arguição de descumprimento de preceito fundamental em matéria ambiental e climática.

4.1.7 Arguição de descumprimento de preceito fundamental climático

O texto constitucional admite ação de arguição de descumprimento de preceito fundamental (art. 102, §1º, da Constituição Federal de 1988), e compete ao STF o seu julgamento, nos termos da Lei nº 9.882/99. A ação de arguição de descumprimento de preceito fundamental "terá por objeto evitar ou reparar lesão a preceito fundamental, resultando de ato do Poder Público" e será cabível na "hipótese de relevante fundamento da controvérsia constitucional sobre lei ou ato normativo federal, estadual ou municipal, incluídos os anteriores à Constituição Federal de 1988 [art. 1º da Lei nº 9.882/99]".

Está previsto, no art. 5º, §2º, da Magna Carta, no tocante aos direitos e às garantias fundamentais, que "os direitos e [as] garantias expressos na Constituição não excluem outros decorrentes do regime e dos princípios por ela adotados, ou dos Tratados internacionais em que a República Federativa do Brasil seja parte". Induvidoso que a violação aos direitos fundamentais ao meio ambiente equilibrado e ao clima estável poderão ser objeto de arguição de descumprimento de preceito fundamental, em especial quando relacionados a outros princípios, como o direito à sadia qualidade de vida livre de extremos climáticos causados por fatores antrópicos, por exemplo. Os legitimados para o ajuizamento da ação de arguição de descumprimento de preceito fundamental são os mesmos que possuem legitimidade para propor ação direta de inconstitucionalidade, consoante o art. 2º da Lei nº 9.882/99.

O STF, por sua vez, entende que é cabível a arguição de descumprimento de preceito fundamental em matéria ambiental. Tal entendimento ficou bem definido no caso da importação de pneus remodelados, que contou com o voto condutor da Ministra Cármen Lúcia, em que restou reconhecido que a importação violava o princípio da precaução, colocando em risco a saúde e o meio ambiente, e descumpria os preceitos fundamentais do direito à saúde e ao meio ambiente ecologicamente equilibrado, nos termos dos arts. 196 e 225 da Constituição Federal de 1988 (Ação de Descumprimento de Preceito Fundamental nº 101/DF) (BRASIL, 2009). Referida decisão, inclusive, poderia ter mencionado que o passivo dos pneus remoldados no meio ambiente e, o mais grave, a queima destes são notórias fontes de emissão de gases de efeito estufa causadores do aquecimento global. Os preceitos fundamentais narrados no precedente, mesmo assim, são elementos integrantes e integradores do direito fundamental ao clima estável.

4.2 Litígios climáticos no Brasil: análise de precedentes

Os Estados Unidos é o berço do direito das mudanças climáticas e onde os litígios climáticos são apreciados pelo Poder Judiciário e investigados cientificamente na academia há mais tempo em sede doutrinária (GERRARD; FREEMAN, 2014; GERRARD, 2013; 2015; FREEMAN, 2017; POSNER; WEISBACH, 2010; FARBER, 2011). No Brasil, por sua vez, o direito das mudanças climáticas ou direito climático começa a ganhar independência dogmática e propedêutica do direito ambiental. Pode-se dizer que se constitui já em disciplina autônoma graças a uma talentosa e pulsante nova doutrina e aos talentosos operadores do direito. A litigância climática tem aumentado de modo positivo e cada vez torna-se mais sofisticada, embora ainda recente.

A jurisprudência apresenta alguns casos interessantes ajuizados e com decisões terminativas e definitivas no âmbito das justiças estadual, federal e dos tribunais superiores (STF e STJ). Há poucos anos, em nível de tribunais superiores, havia apenas decisão do Supremo Tribunal Federal que autorizou a queima da palha na colheita da cana-de-açúcar e que foi analisada doutrinariamente no âmbito acadêmico em publicação original do autor realizada no âmbito do Sabin Center for Climate Change Law da Columbia Law School (WEDY, 2017) e em mais duas publicações, no mesmo centro de pesquisa, em que o direito climático brasileiro, que ainda estava em formação, também foi objeto de investigações científicas (WEDY, 2015; 2016).

Na referida decisão do STF, não foi abordada diretamente a Lei da Política Nacional da Mudança do Clima (Lei nº 12.187/2009) e o acordo de Paris, em vigor desde 4.11.2016. O relator do precedente, contudo, já manifestava preocupação com o aquecimento global. Na decisão, quase unânime, a Corte procurou harmonizá-la com o precedente do próprio Supremo Tribunal Federal que, ao interpretar o art. 225 da Constituição Federal de 1988, declarou o meio ambiente equilibrado como um bem público, um direito constitucional fundamental, e que deve ser protegido no interesse das presentes e das futuras gerações.

Poderia, contudo, data vênia, o STF ter determinado, com base nos princípios da precaução e da prevenção, a extinção do emprego das queimadas para a colheita da cana-de-açúcar no país, em virtude da crise climática global que, hoje, anos depois, encontra-se agravada e mais visível do que naquela época. Assim a legislação contra as queimadas do Município de Paulínia, que foi objeto da ação, poderia ter permanecido em vigor. Todavia, anos depois, a mesma Corte decidiu o caso climático *Fundo Clima*, o mais importante na América Latina até o momento, invocando a incidência da aplicação do Acordo de Paris, da Política Nacional da Mudança do Clima, do art. 225 da Constituição Federal, de doutrina e de precedentes do direito climático alienígena.

Neste contexto, casos ajuizados que chegaram nos últimos anos para apreciação da justiça estadual, da justiça federal, do Superior Tribunal de Justiça e do Supremo Tribunal Federal serão analisados. Referidos litígios climáticos apreciam os fatores antrópicos causadores da mudança do clima e alguns mencionam os efeitos às vezes catastróficos desta.

4.3 Precedentes do Supremo Tribunal Federal

A litigância climática assumiu, como previsto na primeira edição desta obra, um papel sem precedentes no debate constitucional. Em boa hora, pois vivemos em uma geração acostumada a festejar a Carta Política de 1988 que, para além de possuir uma redação democrática, garantiu expressamente direitos constitucionais fundamentais multidimensionais e, ainda, pela riqueza de suas palavras, deixou o texto em aberto para que os hermeneutas, em uma perspectiva intergeracional, pudessem conferir-lhe apropriada interpretação e, até mesmo (SEIXAS, 2021, p. 86), ampliar o rol de direitos e garantias e não permitir, evidentemente, o retrocesso deles. No art. 102 inserto no Título IV, do Capítulo III, da Seção II, da CF, o Poder Constituinte prevê a estrutura e a competência constitucional do egrégio Supremo Tribunal Federal. Ao excelso pretório, portanto, é conferida, entre outras atribuições, a *guarda da Constituição* e o *controle originário de constitucionalidade* de lei ou ato normativo federal ou estadual (inc. I, alínea "a").

Neste contexto, parece evidente que caberá ao STF continuar criando os parâmetros e as definições do direito das mudanças climáticas brasileiro e aprofundando a constitucionalização deste. Historicamente, aliás, o STF tem suprido com qualidade, erudição e elegância, lacunas deixadas pelos poderes Executivo e Legislativo que, não raras vezes, temem por desagradar setores da sociedade em temas polêmicos e, em última *ratio*, o seu próprio eleitorado, o que, igualmente, não deixa de ser compreensível no aspecto político. O aquecimento global e a sua regulação, por certo, são destes temas sensíveis com os quais o STF já está literalmente convivendo em virtude da inércia dos políticos.

O tema das mudanças climáticas, há pouco, era tratado de forma tímida pela doutrina e, de igual modo, os litígios climáticos ainda eram incipientes. Contudo, há uma perspectiva sólida de aumento desse tipo de demanda, considerando que o Governo federal vem se omitindo no cumprimento dos compromissos assumidos para manter a estabilidade do clima. Apenas a título de exemplo, entre outras, existem ações em trâmite e decididas pelo STF, STJ e TRFs que evidenciam pautas atreladas direta ou indiretamente às mudanças climáticas. Portanto, pode-se observar litígios climáticos diretos (próprios ou puros) e indiretos (impróprios ou impuros) tramitando em nossas Cortes.

Diretos, próprios ou puros são aqueles que em seu bojo constam pedidos diretos para o corte imediato de emissões de gases de efeito estufa, cancelamento de desmatamentos, proibição de queimadas, entre outros. Os litígios climáticos indiretos, impróprios ou impuros, por outro lado, são aqueles que envolvem a tutela direta da qualidade e quantidade da água, do solo, da qualidade do ar, da proteção da flora, da atmosfera e que, de modo indireto, ou por ricochete, colaboram para a diminuição das emissões antrópicas. Nesta categoria, inserem-se aquelas ações mandamentais e igualmente aquelas medidas estruturantes de políticas públicas, tendo como base jurídica, especialmente, em seu bojo, os princípios da prevenção e da precaução, que colaboram para a descarbonização da economia, para a construção de prédios sustentáveis, para edificação de proteções artificiais contra eventos climáticos extremos, para regulação da geoengenharia, para compra de carros elétricos subsidiada, para o incentivo e subsídios fiscais para as energias renováveis, para a tributação do carbono, entre outras.

Aliás, é outro bom exemplo para o Brasil, sobre a intervenção de uma Suprema Corte em políticas públicas climáticas, até por similitude dos sistemas constitucionais, o caso Urgenda, na Holanda. A Suprema Corte do país, no final do ano de 2019, declarou e emitiu decisão de cunho mandamental para que o governo holandês cortasse as emissões de gases de efeito estufa no país em 25% em relação aos níveis de 1990, até o final do ano de 2020. Foi a primeira vez que um Estado foi obrigado por um tribunal a adotar medidas efetivas contra a mudança climática.

De acordo com o *chief justice* da Suprema Corte, Kees Streefkerg, "por causa do aquecimento global, a vida, o bem-estar e as condições de vida de muitas pessoas ao redor do mundo, incluindo na Holanda, estão sendo ameaçadas". Aliás, na decisão, resta evidenciado que consequências catastróficas das emissões antrópicas já estão ocorrendo, o que é condizente com relatório da ONU. De acordo com o Professor Michael Gerrard, diretor do Sabin Center for Climate Change Law da Columbia Law School, a decisão foi inovadora, pois, entre as mais de "1.442 ações judiciais sobre o clima em todo o mundo, esta é a decisão mais forte de todas" (THE NEW YORK TIMES, 2020).

A Suprema Corte holandesa manteve a decisão de primeiro grau e ordenou expressamente ao governo que reduzisse suas emissões de gases de efeito estufa. Não foi curto o caminho para o êxito da referida demanda, pois o grupo ambientalista obteve, antes de vencer o litígio climático na Suprema Corte, duas vitórias desde o ajuizamento deste no ano de 2013. Demanda, aliás, que contou com mais de 900 autores no seu polo ativo (SABIN CENTER FOR CLIMATE CHANGE LAW, 2020), demonstrando sua coesão e força política capilarizada no tecido social.

Porosidade política que é necessária em litígios deste vulto, que demandam manifestação do Poder Judiciário em última instância, na expressão de John Rawls (1971), como razão pública. Na primeira decisão, no ano de 2015, o Tribunal Distrital de Haia emitiu ordem para que o governo reduzisse as emissões de gases de efeito estufa em pelo menos 25% em relação aos níveis de 1990 nos cinco anos seguintes. O pedido formulado na peça exordial exigia reduções nas emissões de gases de efeito estufa (GEE) entre 25% e 40%.

A decisão, que levou em consideração teorias consagradas dos direitos humanos, foi expressa ao reconhecer a possibilidade de danos causados às gerações atuais e futuras (aceitando não apenas perspectivas intrageracionais, como intergeracionais). Foi mais longe, inclusive, a decisão. Nesta restou consignado que o dever de cuidado do réu estava presente e que "o Estado deveria dar uma contribuição adequada, maior do que sua contribuição costumeira, para evitar a mudança climática e os perigos dela decorrente".

O governo, irresignado, recorreu dessa decisão. Todavia, em outubro de 2018, o Tribunal de Apelação de Haia negou provimento ao apelo e decidiu novamente a favor de Urgenda. O tribunal, em histórica decisão, citou obrigações previstas na Convenção Europeia dos Direitos Humanos (ORGANIZAÇÃO DOS ESTADOS AMERICANOS, 2020), e foi claro ao declarar que o governo estava agindo ilegalmente ao não adotar medidas mais fortes para reduzir as emissões. Outrossim, ratificou a fixação de uma obrigação de redução de pelo menos 25% das emissões de gases de efeito estufa (GEE) até ao final de 2020, conforme consignado na decisão recorrida, pois esta estava em conformidade com o dever de cuidado do Estado (SABIN CENTER FOR CLIMATE CHANGE LAW, 2020).

O governo, em apelo extremo, pediu o conhecimento e a substituição da decisão pela Suprema Corte da Holanda. Em setembro de 2019, o procurador-geral e o advogado-geral, que atuam junto à mais importante Corte do país, emitiram parecer pelo não provimento do recurso e pela rejeição das razões aduzidas pelo governo. No festejado *leading case*, o *chief justice* Streefkerk referiu que o argumento de que o corte nas emissões de GEE pela demandada não produziria um grande efeito em nível global não eximia o país de adotar as medidas pertinentes para reduzir suas próprias emissões, pois cada país deve ser o responsável pela implementação de medidas precautórias, ou seja, cada país deve fazer a sua parte no combate ao aquecimento global.

Referida decisão, portanto, exige que o governo adote medidas extremas para atingir a redução de 25% nas emissões de GEE e vai implicar, por certo, o fechamento de usinas termelétricas movidas a carvão, inclusive as que foram inauguradas no país no ano de 2016. Novamente, importante grifar que a SCH mencionou com ênfase e reafirmou a importância do princípio da precaução. A SCH inclusive fez referência à decisão anterior da Corte Europeia dos Direitos Humanos calcada no princípio da precaução. Como constou na referida decisão, as alterações climáticas não mitigadas representam uma ameaça grave para muitos países, o que implica uma série de consequências adversas. Inegável é que existem incertezas sobre o que exatamente irá acontecer, mas o que não parece incerto é o fato de que a opinião predominante, tanto política como científica, consolidou-se no sentido de que as alterações climáticas devem ser mantidas muito abaixo dos 2°C de aumento (tendo como paradigma inicial o ano de 1750) e que uma série de catástrofes irá ocorrer se esse limite médio for ultrapassado nos próximo doze anos, como a SCH reconheceu de modo detalhado ao longo de todo o julgamento (SABIN CENTER FOR CLIMATE CHANGE LAW, 2020).

De fato, com a elevação do nível do mar, parte dos Países Baixos ficaria inabitável. Por isso, incidiram na decisão ora comentada os arts. 2 e 8 da Convenção Europeia dos Direitos Humanos, que oferecem proteção jurídica contra a ameaça do aquecimento global, o que é coerente e compatível, aliás, com o princípio da precaução (WEDY, 2020).

O princípio da precaução foi aplicado corretamente como fundamento jurídico da decisão. Nesta resta expresso que atualmente não existe tecnologia disponível para remover GEE da atmosfera numa escala suficiente para evitar o aquecimento global, assim seria um grave risco confiar apenas em tal tecnologia sem adotar medidas precautórias e, se enfatiza, em uma versão forte. A SCH considerou, no mesmo sentido das duas decisões anteriores, que são aceitáveis as estimativas de que as concentrações de CO2 atingiram 430 a 450 ppm. Aliás, neste cenário, evidente o risco de dano. A aplicação do princípio da precaução ocorreu em uma versão forte para reduzir as emissões de gases de efeito estufa. Não se tratou de medida de menor alcance ou, até mesmo, de uma aplicação do princípio em uma versão *soft* ou mais moderada (SABIN CENTER FOR CLIMATE CHANGE LAW, 2020). A corte manifestou o entendimento de que a aplicação do princípio de

CAPÍTULO 4
LITÍGIOS E DIREITO DAS MUDANÇAS CLIMÁTICAS NO BRASIL | 129

precaução visa à redução das emissões globais de GEE em um ritmo mais elevado e acelerado possível. Referida decisão está correta, pois as consequências do aquecimento global vão ampliar as externalidades negativas traduzidas em impactos ambientais, econômicos, sociais e políticos bastante negativos.

Pois bem, feita a necessária referência ao *leading case* holandês, é relevante, neste contexto, iniciar pela análise da decisão do Supremo Tribunal Federal (STF) que julgou inconstitucional lei do Município de Paulínia, no Estado de São Paulo, que proibia a realização de queimadas para fins agrícolas (Recurso Extraordinário nº 586.224/SP) (BRASIL, 2015).

O Sindicato da Indústria da Fabricação do Álcool do Estado de São Paulo – SIFAESP e o Sindicato da Indústria de Açúcar no Estado de São Paulo – SIAESP ajuizaram demanda para que fosse reconhecida a inconstitucionalidade da Lei Municipal nº 1.952, de 20.12.1995, do Município de Paulínia, que proibia totalmente a queima da palha de cana-de-açúcar, e queimadas em geral, em seu território. O artigo da lei municipal impugnada previa:

> Art. 1º Fica proibido, sob qualquer forma, o emprego de fogo para fins de limpeza e preparo do solo no Município de Paulínia, inclusive para o preparo do plantio e para a colheita de cana-de-açúcar e de outras culturas.

Os sindicatos, autores da ação, alegaram que a referida lei municipal violava os arts. 23, *caput*, 14, 192, §1º, e 193, incs. XX e XXI, todos da Constituição do Estado de São Paulo.

A demanda foi julgada improcedente pelo Tribunal de Justiça do Estado de São Paulo, sob o fundamento de que a queima de palha de cana-de-açúcar é método rudimentar e primitivo, prejudicial ao meio ambiente, e que pode ser vantajosamente substituído pela mecanização. A Corte entendeu que o município poderia ampliar a proteção ambiental por meio de lei municipal de acordo com a Lei Federal nº 6.766/79 e com o próprio texto da Constituição Federal de 1988.

Contra a decisão do Tribunal de Justiça, que foi favorável ao meio ambiente e à tutela climática, o Estado de São Paulo interpôs recurso extraordinário ao Supremo Tribunal Federal. Para o Estado de São Paulo, a Resolução nº 237/97 do Conama não atribuía competência administrativa aos municípios para tratar do assunto. De acordo com o Estado de São Paulo, a lei municipal que impedia as queimadas nas colheitas prejudicava a economia do estado e atrapalhava o controle ambiental da atividade, tornando impraticáveis as colheitas anuais pelos trabalhadores rurais.

Referiu o Estado de São Paulo que a lei municipal, ao proibir a queima da palha da cana, foi além dos limites dos interesses do Município de Paulínia, afetando a ordem econômica estadual e a arrecadação tributária do Estado de São Paulo e gerando abalo social decorrente de possível dispensa de empregados do setor canavieiro e o consequente desemprego.

O SIFAESP e o SIAESP também interpuseram recurso extraordinário, com os mesmos fundamentos esgrimidos pelo Estado de São Paulo, requerendo a reforma da decisão do Tribunal de Justiça.

O Supremo Tribunal Federal conheceu os recursos do Estado de São Paulo, do SIFAESP e do SIAESP e substituiu a decisão do Tribunal de Justiça.

De acordo com o relator do processo, Ministro Luiz Fux:

> O Município de Paulínia é competente para legislar sobre meio ambiente, no limite de seu interesse local e desde que tal regramento seja harmônico com as normas do Estado e da União (art. 24, VI c/c 30, I e II da Constituição Federal). O Poder Judiciário está inserido na sociedade e, por este motivo, deve estar atento também aos seus anseios, no sentido de ter em mente o objetivo de saciar as necessidades, visto que também é um serviço público. No caso é inegável conteúdo multidisciplinar da matéria, envolvendo questões sociais, econômicas e políticas. São elas: (i) a relevante diminuição – progressiva e planejada – da utilização da queima de cana-de-açúcar; (ii) a impossibilidade do manejo de máquinas diante da existência de áreas cultiváveis acidentadas; (iii) cultivo de cana em minifúndios; (iv) trabalhadores com baixa escolaridade; (v) e a poluição existente independentemente da opção escolhida. Em que pese a inevitável mecanização total no cultivo da cana de açúcar, é preciso reduzir ao máximo o seu aspecto negativo. Assim, diante dos valores sopesados, editou-se uma lei estadual que cuida da forma que entende ser devida a execução da necessidade de sua respectiva população. Tal diploma reflete, sem dúvida alguma, uma forma de compatibilização desejável pela sociedade, que, acrescida ao poder concedido diretamente pela Constituição, consolida de sobremaneira seu posicionamento no sistema estadual como um *standard* a ser observado e respeitado pelas demais unidades da federação adstritas ao Estado de São Paulo. Destarte, não é permitida uma interpretação pelo Supremo Tribunal Federal, na qual não se reconheça o interesse do município em fazer com que sua população goze de um meio ambiente equilibrado. Entretanto, impossível

identificar interesse local que fundamente a permanência da vigência da lei municipal, pois ambos os diplomas legislativos têm o fito de resolver a mesma necessidade social, que é a manutenção de um meio ambiente equilibrado no que tange especificamente a queima da cana-de-açúcar. (Recurso Extraordinário nº 586.224/SP) (BRASIL, 2015)

Pela interpretação da Constituição conferida pelo Ministro Fux, na qual foi acompanhado pelos demais ministros, vencida a Ministra Rosa Weber, deveria prevalecer a lei estadual do Estado de São Paulo que autoriza as queimadas e prevê a sua gradual redução até o ano de 2031 e não a lei municipal de Paulínia que previa a imediata cessação das queimadas no âmbito do município e tinha a finalidade de proteção ambiental instantânea.

Existe tendência, no entanto, de que o Supremo Tribunal Federal avance de modo progressista para uma jurisprudência holística e descarbonizada em virtude de algumas medidas por este adotadas, como a criação da Pauta Verde de julgamento e, igualmente, pelo Conselho Nacional de Justiça, que instituiu, com a designação do autor desta obra para a composição das comissões avaliadoras e grupo de trabalho: a) o Prêmio Juízo Verde, criado para homenagear iniciativas voltadas à proteção do meio ambiente ou que contribuam com a produtividade do Poder Judiciário na área ambiental (CONSELHO NACIONAL DE JUSTIÇA, 2022); b) o Concurso Nacional de Decisões Interlocutórias, Sentenças e Acórdãos Ambientais (CONSELHO NACIONAL DE JUSTIÇA, 2022); c) o Grupo de Trabalho Observatório do Meio Ambiente e das Mudanças Climáticas do Poder Judiciário (CONSELHO NACIONAL DE JUSTIÇA, 2022).

A constatação da incorporação desta tendência de criação de uma jurisprudência sustentável no âmbito climático foi o desfecho da *ADPF nº 708*, originariamente ajuizada como ação direta de inconstitucionalidade por omissão (ADO nº 60), pelo Partido dos Trabalhadores (PT), pelo Partido Socialismo e Liberdade (PSOL), pelo Partido Socialista Brasileiro (PSB) e pela Rede Sustentabilidade, em que foram apontadas omissões do Governo Federal por não adotar providências para o funcionamento do *Fundo Clima*, que foi indevidamente paralisado em 2019 e 2020, além de diversas outras ações e omissões na área ambiental que levaram o Brasil a uma situação de retrocesso e de desproteção em matéria ambiental.

Conforme ementa da ADPF, "[...] A mudança climática, o aquecimento da Terra e a preservação das florestas tropicais são questões que se encontram no topo da agenda global. Deficiências no tratamento dessas matérias têm atraído para o Brasil reprovação mundial", sendo complementado que, se o quadro descrito na petição inicial fosse confirmado, revelaria "[...] a existência de um estado de coisas inconstitucional em matéria ambiental, a exigir providências de natureza estrutural [...]. Vale reiterar: a proteção ambiental não constitui uma opção política, mas um dever constitucional" (Ação de Descumprimento de Preceito Fundamental nº 708) (BRASIL, 2021).

Em decisão preliminar, na referida ação, sua excelência, o Ministro Luís Roberto Barroso, reconheceu que são graves as consequências econômicas e sociais oriundas de políticas ambientais não cumpridas pelo Brasil, mesmo após assumir compromissos internacionais, destacando, a partir de dados técnicos, que "somente na Amazônia Legal, o desflorestamento acumulado nos últimos 50 anos é de cerca de 800.000 km^2, aproximando-se de 20% da área original" (Ação de Descumprimento de Preceito Fundamental nº 708) (BRASIL, 2021). De forma percuciente, o ministro também ressaltou que nos últimos anos a determinação do Brasil no cumprimento de metas ambientais começou a dar sinais de arrefecimento, demonstrando assim uma clara preocupação com a ausência de políticas públicas eficazes sobre a matéria.

No mérito, o STF proibiu de modo exemplar, após a realização de audiência pública multidisciplinar (BORGES; VASQUES, 2021), o contingenciamento das receitas que integram o Fundo Nacional sobre Mudança do Clima (Fundo Clima) e determinou ao Governo federal que adote as providências necessárias ao seu funcionamento, com a consequente destinação de recursos. O STF reconheceu, ainda, a omissão da União devido à não alocação integral das verbas do fundo referentes ao ano de 2019.

O Ministro Luís Roberto Barroso, prolator do voto condutor, declarou, em virtude do amplo contexto probatório e científico, a omissão do governo brasileiro, durante o ano de 2019 e parte do ano de 2020. Segundo o jurista, informações da Comissão de Meio Ambiente do Senado revelaram que a não alocação dos recursos foi uma "decisão deliberada do Poder Executivo", até que fosse possível alterar a constituição do comitê gestor do fundo. O que, por si só, constitui-se em omissão inconstitucional, sem cogitar-se em violação ao princípio da separação dos poderes, o que já era defendido em sede de doutrina (LEHMEN, 2020, p. 3).

O relator afastou a alegação do Ministério do Meio Ambiente de que o não funcionamento ocorreu porque se esperava o novo marco normativo de saneamento. Segundo o Ministro Barroso, em voto objetivo, os recursos do fundo não se destinam exclusivamente nem majoritariamente a esse setor. Além disso, o Plano Anual de Aplicação de Recursos (PAAR) de 2020 e 2021, posteriormente aprovado, não se limitou à alocação dos recursos paralisados para saneamento, direcionando-os a todas as linhas disponíveis para financiamento no Banco Nacional de Desenvolvimento Econômico e Social (BNDES). Para o prolator do voto condutor do *leading case*, os recursos reembolsáveis foram todos destinados pelo PAAR de 2020 e 2021 ao BNDES e direcionados, prioritariamente, ao meio ambiente urbano. Já os recursos não reembolsáveis foram integralmente alocados ao projeto Lixão Zero, do Governo de Rondônia, ficando retida a importância de R$212.772,00 para atendimento das metas fiscais.

Consta no voto que deve ser vedado o contingenciamento dos recursos do Fundo, pois a destinação desses instrumentos conta com a apreciação e deliberação não apenas do Executivo, mas também do Legislativo. No voto foi declarado que o "Executivo não pode simplesmente ignorar as destinações determinadas pelo Legislativo, a seu livre critério, sob pena de violação ao princípio da separação dos Poderes". Além disso, os recursos são vinculados por lei a atividades específicas e, por essa razão, não podem ser contingenciados, nos termos da Lei de Responsabilidade Fiscal (LRF) – Lei Complementar nº 101/2000.

Para o STF, a vedação ao contingenciamento não se justifica em razão do grave contexto ambiental brasileiro, e é preciso ressaltar o dever constitucional de tutela ao meio ambiente (art. 225 da Constituição Federal). Aliás, dados demonstrados, até por satélite, evidenciam que no ano de 2021 o desmatamento aumentou mais de 22% e alcançou uma área de 13.235 km², representando aumento de 76% no desmatamento anual em relação a 2018.

O Ministro Edson Fachin, em voto, com ampla base científica e doutrinária, em boa hora, foi além, e também votou pela necessidade de publicação pelo governo de relatório estatístico trimestral sobre o percentual de gastos do Fundo Clima em cinco segmentos (energia, indústria, agropecuária, uso da terra, mudança no uso da terra, das florestas e dos resíduos) e para que formulasse, com periodicidade razoável, o Inventário Nacional de Emissões e Remoções de Gases de Efeito Estufa. Trecho do voto do Ministro Edson Fachin, sobre a responsabilidade constitucional de proteger o meio ambiente para as gerações futuras, merece pontual referência:

> Assentadas essas premissas, que considero essenciais, sobre a dimensão da emergência climática, quero, antes de passar ao voto propriamente dito, tecer algumas considerações sobre a compreensão do art. 225 neste cenário. Reproduzo o teor do caput do dispositivo constitucional: "Art. 225. Todos têm direito ao meio ambiente ecologicamente equilibrado, bem de uso comum do povo e essencial à sadia qualidade de vida, impondo-se ao Poder Público e à coletividade o dever de defendê-lo e preservá-lo para as presentes e futuras gerações." Por ocasião do julgamento das ADIs 4901, 4902, 4903 e 4937, de Relatoria do e. Min. Luiz Fux, tive oportunidade de constar que a melhor interpretação a ser conferida ao art. 225 da CRFB é aquela que identifica o direito ao meio ambiente como verdadeiro direito fundamental, a fazer atrair, por exemplo, o disposto no art. 5º, §2º, da CRFB. Deve-se sublinhar, contudo, que há uma especificidade da tutela ambiental que não a equaciona exclusivamente com o indivíduo singularmente considerado. Afinal, como fiz constar naquele julgamento, é precisamente a tutela ambiental que dá especificidade a esse direito fundamental. Isso porque o dano ambiental é, por natureza, distinto daquele classicamente definido nos termos da legislação civil. Se reconhecemos que o dano ambiental tem, a rigor, causas múltiplas, como aquelas arroladas na Agenda 21 – desastres naturais, atividades econômicas pesadas, poluição atmosférica, contaminação por produtos químicos, utilização intensiva de recursos naturais, entre outras – é imperioso repisar que a ação humana é hoje cientificamente reconhecida como a responsável pelo aumento da temperatura do planeta e que tal aumento se deve, em grande parte, às emissões de carbono resultantes da queima de combustíveis fósseis. Reconhecer a atividade humana como causadora de danos ambientais tem importantes consequências jurídicas. Ao reconhecer o direito ao meio ambiente equilibrado como direito fundamental das presentes e futuras gerações, o legislador constituinte conclamou os Poderes Públicos e a coletividade a cumprirem o dever de defendê-lo e preservá-lo. Esse dever de defesa e de proteção logicamente também se estende à necessária proteção em face das ações humanas que degradam o planeta. Não existe possibilidade de interpretação do art. 225, CRFB, que autorize os Poderes Público – Legislativo, Executivo, Judiciário – a ignorarem este dever. Não se trata de argumentar que as escolhas políticas podem ser feitas nestas políticas públicas pelo Legislativo ou pelo Executivo e que seriam escolhas de discricionariedade técnica. Não há

falar em separação de poderes quando políticas públicas são usadas para esvaziar a proteção ambiental, quando o legislador constituinte determinou aos Poderes Públicos, à coletividade – aos terrestres – a proteção ambiental. Os registros de desmatamento ambiental, a ausência de proteção às terras indígenas e o esvaziamento da fiscalização ambiental evidenciam a relevância e a importância do papel do Poder Judiciário nesta questão. A dimensão da tragédia que nos bate à porta demanda providências urgentes. Não é possível fechar os olhos a esta realidade. Não se trata de uma tendência isolada ou de uma novidade. A litigância ambiental é uma realidade em todo o mundo. Em recente decisão, a Suprema Corte Canadense decidiu pela possibilidade de imposição de taxas sobre emissões de carbono pelo poder central mesmo com oposição das províncias, em histórico precedente. Na Alemanha, em precedente igualmente histórico, a Suprema Corte entendeu que as medidas aplicadas pelo governo na crise climática são insuficientes e demandam aperfeiçoamento. Trata-se do Caso Neubauer e Outros v. Alemanha, julgado em 2021. O Tribunal Constitucional Federal daquele país reconheceu, como se depreende de lição de Ingo Wolfgang Sarlet, Gabriel Wedy e Tiago Fensterseifer, a violação aos "deveres estatais de proteção ambiental e climática" no âmbito da Lei Federal sobre Proteção Climática (2019), a qual teria distribuído de modo desproporcional – entre as gerações presentes e as gerações mais jovens e futuras – o ônus derivado das restrições a direitos fundamentais – em especial ao direito à liberdade – decorrentes da regulamentação das emissões de gases do efeito estufa. O Tribunal reconheceu que o direito fundamental à liberdade possui uma dimensão inter ou transgeracional, a qual deve ser protegida pelo Estado e se expressa por meio de "garantias intertemporais de liberdade" (intertemporale Freiheitssicherung). Podemos, também, mencionar a OC 23/2017, em que a Corte Interamericana conferiu novo status e autonomia ao direito humano ao meio ambiente. Naquele caso, cuja opinião foi solicitada pela República da Colômbia, a Corte IDH decidiu que os Estados têm obrigação de prevenir danos ambientais significativos, dentro ou fora de seus territórios. Este entendimento que foi reiterado em precedente mais recente, no Caso Tierra Nuestra vs. Argentina (2020), no qual a Argentina foi condenada pelas violações aos direitos de comunidades indígenas da província de Salta. Consectário lógico das ações previstas de forma a viabilizar a tutela ambiental é o fato de que a ciência tem papel fundamental: a alocação dos riscos depende do basilar consenso científico. Esta compreensão foi também reiterada pelo STF quando do julgamento da ADI 6241, Rel. Min. Roberto Barroso, em 21.05.2020. Naquela ocasião, a Corte assentou as seguintes teses: "1. Configura erro grosseiro o ato administrativo que ensejar violação ao direito à vida, à saúde, ao meio ambiente equilibrado ou impactos adversos à economia, por inobservância: (i) de normas e critérios científicos e técnicos; ou (ii) dos princípios constitucionais da precaução e da prevenção. 2. A autoridade a quem compete decidir deve exigir que as opiniões técnicas em que baseará sua decisão tratem expressamente: (i) das normas e critérios científicos e técnicos aplicáveis à matéria, tal como estabelecidos por organizações e entidades internacional e nacionalmente reconhecidas; e (ii) da observância dos princípios constitucionais da precaução e da prevenção, sob pena de se tornarem corresponsáveis por eventuais violações a direitos". Ainda que o contexto de julgamento da ADI 6241 tenha sido distinto, ou seja, debatia-se a responsabilidade civil dos agentes públicos diante da emergência de saúde pública provocada pela pandemia de Covid-19, verifica-se que o entendimento acerca da necessidade de os agentes públicos embasares suas decisões em critérios técnicos e científicos também se aplica aos atos administrativos que provocam consequências ambientais. Ademais, ganham relevo os princípios da precaução e da prevenção, normativamente previsto na Declaração do Rio em 92, segundo o qual " quando houver ameaça de danos graves ou irreversíveis, a ausência de certeza científica absoluta não será utilizada como razão para o adiamento de medidas economicamente viáveis para prevenir a degradação ambiental" .Registre-se, neste ponto, que, consoante a jurisprudência desta Corte, "o Estado Brasileiro ratificou sua adesão ao Princípio da Precaução, ao assinar a Declaração do Rio" (RE 835.558, Rel. Ministro Luiz Fux, Pleno, DJe 07.08.2017). Ademais, a existência de uma relação inegável entre a proteção do meio ambiente e a efetivação de outros direitos humanos, bem como o impacto da degradação ambiental e dos efeitos adversos das mudanças climáticas na fruição de direitos humanos já foram reconhecidas pela Corte Interamericana de Direitos Humanos no Caso Kawas Fernándes Vs. Honduras, sentença de 3 de abril de 2009. Como se pode haurir da experiência internacional, também o Poder Judiciário deve responder à emergência climática. É uma questão crucial, diante da qual todas as outras perdem importância, porque sem mitigar os danos ambientais produto do aquecimento global provocado pela emissão de combustíveis fósseis, não há possibilidade de vida humana no planeta. O respeito aos deveres estatais de proteção climática é imperioso. Não há discricionariedade administrativa que permita políticas públicas ou programas de governo que ignorem tais deveres, os quais derivam diretamente do texto constitucional. É esta compreensão que ilumina a interpretação a ser conferida por esta Corte quanto aos dispositivos questionados nas ações em julgamento. (Ação de Descumprimento de Preceito Fundamental nº 708) (BRASIL, 2022)

Outro ponto digno de nota é que o *leading case* consolida e fortalece orientação jurisprudencial já vislumbrada em outros julgados da

Corte ao se valer de um diálogo com a jurisprudência recente da Corte Interamericana de Direitos Humanos (CIDH) em matéria ambiental, como demonstrado na Opinião Consultiva nº 23/2017 sobre Meio Ambiente e Direitos Humanos e o caso *Comunidades Indígenas Miembros de La Associación Lhaka Honhat (Nuestra Tierra) v. Argentina* (2020). A decisão, outrossim, atribui aos tratados internacionais em matéria ambiental o mesmo *status* e hierarquia normativa especial já reconhecida pelo STF para os tratados internacionais de direitos humanos em geral, ou seja, uma hierarquia supralegal. A respeito do tema, é importante esclarecer que o STF, ao interpretar o art. 5º, §2º, da Constituição Federal, no julgamento do Recurso Extraordinário nº 466.343, em 2008, consolidou o entendimento de que os tratados internacionais de direitos humanos ratificados pelo Brasil – como exemplo, a Convenção Americana de Direitos Humanos (1969), o Protocolo de San Salvador (1988) e os tratados do sistema global da ONU – são dotados de *status* normativo supralegal (SARLET; FENSTERSEIFER; WEDY, 2022).

Nas *ADPF nºs 748 e 749* (BRASIL, 2021), o Partido dos Trabalhadores e a Rede Sustentabilidade questionaram, entre outros pontos, a alteração da Resolução nº 499/2020, do Conselho Nacional do Meio Ambiente (Conama), que revogou a Resolução nº 264/1999, passando a autorizar o licenciamento ambiental para a queima de resíduos sólidos em fornos de cimento nas indústrias, incluindo materiais com altíssimo potencial nocivo, como embalagens plásticas de agrotóxicos. Nas demandas, argumentou-se que a queima destes resíduos poderia ocasionar desequilíbrio ambiental, afetar o clima e a saúde humana, pois o coprocessamento desses materiais emite CO2, e a queima de resíduos, principalmente embalagens de agrotóxicos, gera, além de outros gases de efeito estufa, gases extremamente tóxicos para os seres humanos, com impactos na saúde da população. Argumentou-se, também, que a liberação desses resíduos altamente tóxicos na atmosfera pode agravar o quadro já periclitante de poluição do ar em grande parte do país.

Neste cenário, o Plenário do STF, em decisão unânime, declarou a inconstitucionalidade da Resolução nº 500/2020 do Conselho Nacional do Meio Ambiente (Conama). A norma revogou três outras resoluções do órgão: nºs 284/2001, 302/2002 e 303/2002. Elas dispunham, respectivamente, sobre o licenciamento de empreendimentos de irrigação; os parâmetros, definições e limites de áreas de preservação permanente de reservatórios artificiais e o regime de uso do entorno; e os parâmetros para definição de áreas de preservação permanente nas áreas de dunas, manguezais e restingas nas regiões costeiras do território brasileiro.

Segundo a relatora, Ministra Rosa Weber:

> [...] embora não caiba ao Poder Judiciário se substituir à avaliação efetuada pelo Administrador relativamente ao mérito das políticas ambientais por ele desenvolvidas, insere-se no escopo de atuação dos Tribunais "assegurar a adequada observância dos parâmetros objetivos impostos pela Constituição, bem como preservar a integridade do marco regulatório ambiental ...O estado de coisas (tanto na dimensão normativa quanto fática) inaugurado pela revogação das Resoluções nºs 284/2001, 302/2002 e 303/2002 do CONAMA apresenta agravamento da situação de inadimplência do Brasil para com suas obrigações constitucionais e convencionais de tutela adequada e efetiva do meio ambiente. A supressão de marcos regulatórios ambientais, procedimento que não se confunde com a sua atualização e ajustes necessários, configura quadro normativo de retrocesso no campo da proteção e defesa do direito ao meio ambiente ecologicamente equilibrado (art. 225, caput, da CF) e, consequentemente, dos direitos fundamentais à vida (art. 5º, caput, da CF) e à saúde (art. 6º da CF), a ponto de provocar a impressão da ocorrência de efetivo desmonte da estrutura estatal de prevenção e reparação dos danos à integridade do patrimônio ambiental comum. (*Informativo*, nº 141) (SUPREMO TRIBUNAL FEDERAL, 2022)

Igualmente, litígio de natureza climática paradigmático foi a *ADO nº 59/STF*, sob a relatoria também da Ministra Rosa Weber, em que se discutia a omissão estatal em relação ao *Fundo Amazônia*, criado pelo Decreto nº 6.527/2008 (SUPREMO TRIBUNAL FEDERAL, 2021).

Dados oficiais apresentados pelo Inpe (Instituto Nacional de Pesquisas Espaciais) e inseridos na referida ADO demonstravam o crescente aumento das taxas de desmatamento no bioma Amazônia nos últimos anos. A partir da captação de imagens de satélites e dados do Sistema de Detecção do Desmatamento em Tempo Real (Deter), o Inpe apontou para uma evolução das taxas de desmatamento entre 2013 e 2019: 2013 (5.891 km²/ano), 2014 (5.012 km²/ano) 2015 (6.207 km²/ano), 2016 (7.893 km²/ano), 2017 (6.947 km²/ano), 2018 (7.536 km²/ano) e 2019 (10.129 km²/ano). A partir de tais dados, evidenciou-se que o litígio em questão estava diretamente relacionado a uma das causas do aquecimento global, que é o desflorestamento. A relação entre o desmatamento na Amazônia e o aquecimento global, aliás, já vem bem documentada em sede doutrinária há alguns anos (NEPSTAD, 2021).

O Plenário da Corte, em 3.11.2022, por maioria, conheceu da referida ação direta de inconstitucionalidade por omissão, rejeitando as preliminares arguidas, vencidos os ministros André Mendonça, Roberto Barroso, Luiz Fux e Ricardo Lewandowski, que dela conheciam como arguição de descumprimento de preceito fundamental, e o Ministro Nunes Marques, que não conhecia da ação, quer como ADO quer como ADPF. Por unanimidade, converteu o julgamento da medida cautelar em julgamento definitivo do mérito. No mérito, por maioria, o Tribunal julgou parcialmente procedente a ação, e declarou a inconstitucionalidade do art. 12, II, do Decreto nº 10.144/2019 e do art. 1º do Decreto nº 9.759/2019, no que se referem aos colegiados instituídos pelo Decreto nº 6.527/2008; por perda superveniente de objeto, em razão do prejuízo, deixou de acolher o pedido de declaração de inconstitucionalidade do art. 1º, CCII, do Decreto nº 10.223/2020, no ponto em que extinguiu o Comitê Orientador do Fundo Amazônia, uma vez que o Supremo Tribunal Federal, no julgamento da ADPF nº 651, de relatoria da Ministra Cármen Lúcia, ao deferir o aditamento à inicial, declarou a inconstitucionalidade desse dispositivo legal.

Por fim, a Corte determinou à União Federal para, no prazo de sessenta dias, adotar as providências administrativas necessárias para a reativação do Fundo Amazônia, nos limites de suas competências, com o formato de governança estabelecido no Decreto nº 6.527/2008. Restou vencido no julgado o Ministro Nunes Marques, que julgou improcedentes os pedidos, e, em parte, o Ministro André Mendonça (SUPREMO TRIBUNAL FEDERAL, 2022).

Nesse prisma, a *ADI nº 6.446/DF*, ajuizada pela Advocacia-Geral da União (AGU) perante o STF (Ação Direta de Inconstitucionalidade nº 6.446/DF) (BRASIL, 2021), postula a declaração de nulidade de dispositivos do Código Florestal (Lei nº 12.651/2012) e da Lei da Mata Atlântica (Lei nº 11.428/2006). Seu objetivo é afastar interpretações que, segundo a AGU, esvaziam o conteúdo do direito de propriedade e afrontam a segurança jurídica. Contudo, a Procuradoria-Geral da República, além de várias entidades ambientalistas que atuam no caso como *amicus curiae*, contestam o objeto da ADI, sustentam que eventual declaração de inconstitucionalidade dos dispositivos poderá ensejar retrocesso ambiental, inclusive no que tange às políticas de preservação florestal e das mudanças climáticas.

Em acalentado parecer jurídico solicitado pelas organizações não governamentais que atuam como *amicus curiae* na referida ADI, os juristas Ingo Sarlet e Tiago Fensterseifer (2020) destacaram que a proteção do bioma da Mata Atlântica, nesse sentido, "tem um papel fundamental para a integridade do sistema climático, de sorte que a discussão lançada na ADI 6.446/DF também diz respeito a caso de litigância climática e possível violação ao direito fundamental a um clima estável". A referida ação ainda está em tramitação no STF.

Relevante litígio climático que tramita perante o STF envolve a *ADPF nº 743/DF*, em que a Rede Sustentabilidade suscita omissão do Governo federal em relação às constantes queimadas no pantanal matogrossense, que somente no ano de 2020 atingiram 2,3 milhões de hectares, conforme dados do Centro Nacional de Prevenção e Combate aos Incêndios Florestais (Ação de Descumprimento de Preceito Fundamental nº 743) (BRASIL, 2021). Na referida ação, questiona-se não apenas os danos ambientais envolvendo as constantes queimadas no Pantanal, mas também seus efeitos sobre a saúde pública da população, demonstrando que eventos extremos, como os incêndios florestais massivos, também repercutem diretamente na mudança do clima, afetando o direito fundamental ao meio ambiente ecologicamente equilibrado, a proteção constitucional à vida, à saúde e à integridade física.

As aludidas ações judiciais evidenciam que o Brasil vem sendo palco de litígios climáticos com potencial de notável repercussão, dando ensejo a um sólido debate científico e, especialmente, constitucional, sobre tema que ganhou grande importância, notadamente, após o *Acordo de Paris*, a *Agenda 2030 para o Desenvolvimento Sustentável* e a *Encíclica Laudato Sì*.

Referidas demandas demonstram, outrossim, uma gradativa sofisticação na seara dos litígios climáticos, evidenciando que a matéria, antes objeto apenas de debates acessórios (na litigância climática indireta, imprópria ou impura), começa, pouco a pouco, a chegar aos tribunais com a causa de pedir e os pedidos bem definidos (focados nas causas e nas consequências do aquecimento global e na sua regulação), forçando um posicionamento do Poder Judiciário não apenas no aspecto infraconstitucional mas, necessariamente, constitucional. Neste sentido, nos próximos anos, o egrégio STF, que tantos serviços já prestou e tem prestado a nossa República, certamente fixará os limites subjetivos e objetivos dos direitos constitucionais fundamentais debatidos nestas contendas climáticas, em especial, com uma possível declaração de um direito constitucional fundamental ao clima estável apto a tutelar não apenas as gerações atuais, mas também as gerações futuras de seres humanos e não humanos.

4.4 Precedentes do Superior Tribunal de Justiça

O Superior Tribunal de Justiça, com sede em Brasília, de acordo com os arts. 104 e 105 da Constituição brasileira, possui competência para julgar, em recurso especial, as causas decididas, em única ou última instância, pelos tribunais regionais federais ou pelos tribunais dos estados, do Distrito Federal e territórios, quando a decisão recorrida: a) contrariar tratado ou lei federal, ou negar-lhes vigência; b) julgar válido ato de governo local contestado em face de lei federal; c) der a lei federal interpretação divergente da que lhe haja atribuído outro tribunal.

A Corte tem adotado uma jurisprudência extremamente progressista no que se refere à tutela do meio ambiente como bem jurídico autônomo e à promoção do desenvolvimento sustentável (WEDY, 2018). Em várias situações, isso pode ser verificado claramente. A primeira delas é o reconhecimento da inversão do ônus da prova processual contra o suposto poluidor/predador para que ele demonstre que a sua atividade não causa danos ao meio ambiente. Com efeito, por possuir melhores informações acerca da ação supostamente perigosa e ser o causador de riscos por sua atividade, deve o empreendedor comprovar que o meio ambiente e a coletividade não estão sujeitos a riscos ou a ameaças de dano. Nesse sentido, a jurisprudência tem entendido como aplicável o art. 6°, inc. VIII, da Lei n° 8.078/90 em casos concretos (AGAREsp n° 206.748) (BRASIL, 2013) envolvendo matéria ambiental, visto que os direitos metaindividuais são tutelados por um complexo de normas processuais componentes de um microssistema que engloba as Leis n°s 4.717/65, 7.385/85 e 8.078/90 (REsp n° 200400011479) (BRASIL, 2006).

No mesmo sentido, o STJ adotou a teoria do risco integral na verificação do dano ambiental. Basta a prova do dano e do nexo causal para que esteja presente o dever de indenizar. A Corte superou a teoria do risco-proveito, porquanto não aceita excludentes da responsabilidade civil, como a culpa exclusiva da vítima, o caso fortuito e de força maior e a cláusula contratual que prevê a prerrogativa de não indenizar (AGAREsp n° 1.412.664) (BRASIL, 2014).

O STJ também reconheceu a imprescritibilidade da ação que visa à reparação do dano ambiental, tendo em vista as peculiaridades do dano que se espraia e supera limites de tempo e espaço. É uma posição que visa dar máxima eficácia ao princípio da reparação do dano ambiental e colocar um mecanismo à disposição do Estado, da coletividade e do indivíduo capaz de tutelar o direito fundamental ao meio ambiente equilibrado em uma perspectiva intergeracional (REsp nº 201002176431) (BRASIL, 2013). Objetiva a Corte, por certo, promover a reparação e a restauração do bem ambiental a qualquer tempo e impedir atividades de desenvolvimento insustentáveis.

Por fim, superando a teoria da falta do serviço (*faute du service*) do direito francês, o STJ entende que a responsabilidade do Estado por danos ambientais ocorre não apenas nos casos de ação estatal, mas de omissão, de acordo com a interpretação do art. 37, §6º, da Constituição Federal de 1988 (REsp nº 1.071.741/SP) (BRASIL, 2010). A presença dos pressupostos da responsabilidade civil, dano e nexo causal, que podem ser verificados com maior facilidade com o avanço da ciência climática e computacional, enseja a imputação de responsabilização estatal nos atos comissivos e omissivos dos seus agentes em caso de danos ambientais.

Neste ponto, aliás, importante abrir parênteses argumentativo, a responsabilidade civil tradicionalmente tem sido utilizada para a responsabilização dos governos e dos entes privados potencialmente responsáveis pelas emissões de gases de efeito estufa e pelos efeitos diretos e indiretos do aquecimento global. Surge nas Cortes, nos dias atuais, com a evolução tecnológica, de modo complementar, a ciência da atribuição, especialmente no direito norte-americano, que permite uma verificação com maior precisão do nexo de causalidade que liga as ações e as omissões dos emissores diretos e indiretos dos gases de efeito estufa e, igualmente, possibilita uma melhor mensuração dos danos ambientais, econômicos, humanos e sociais causados pelos réus nos litígios climáticos. Myles Allen, professor chefe do Grupo de Dinâmica Climática do Departamento de Física Atmosférica, Oceânica e Planetária da Universidade de Oxford, foi quem pela primeira vez sugeriu a possibilidade de demandar empresas de combustíveis fósseis em virtude do aquecimento global, com base na ciência da atribuição, no ano de 2003. Allen chegou a escrever texto na revista *Nature*, naquele ano, sobre nexo causal e ciência da atribuição (ALLEN, 2003, p. 892).

O elegante ensaio, importante grifar, foi muito aplaudido no âmbito acadêmico e possui natureza atemporal. Nele o cientista defendeu a tese de que bastaria reconstruir, dentro do processo judicial, uma cadeia de eventos causais muito prováveis para o sucesso do feito.

CAPÍTULO 4
LITÍGIOS E DIREITO DAS MUDANÇAS CLIMÁTICAS NO BRASIL | 143

Esta cadeia de eventos teria obrigatoriamente em seu nascedouro as emissões originárias de carbono produzidas por determinada empresa de combustíveis fósseis que precisaria culminar, necessariamente, nos danos relacionados aos eventos climáticos para que a responsabilidade da parte demandada fosse reconhecida em juízo (WEDY; AKAOUI, 2022, p. 294).

A partir deste momento, abriu-se um campo de pesquisa chamado de ciência da atribuição à mudança climática. Referido procedimento científico consiste na avaliação – com a utilização de computadores – de dados, na quantificação e na análise detalhada da influência dos gases antropogênicos de efeito estufa nas mudanças observadas nos sistemas naturais, como: a) elevação do nível do mar; b) ondas de calor; c) secas; d) enchentes; e) incêndios; f) ciclones; g) tornados; e h) furacões. Ao invés de apenas estabelecer conexões causais entre as emissões e os eventos extremos, a ciência da atribuição avançou, portanto, e aprofundou-se na análise minuciosa dos riscos e das probabilidades com o emprego das novas tecnologias (BURGER; WENTZ; HORTON, 2020, p. 239-240).

Autores climáticos, assim, podem responsabilizar a indústria dos combustíveis fósseis pelos danos que esta causa ao meio ambiente, ao sistema climático, à saúde pública e à propriedade privada. Aliás, as diretorias das companhias petrolíferas, impossível ignorar, têm amplo conhecimento de que seu carro chefe – o carbono – causa o aquecimento global e as suas externalidades negativas (SCIENTIFIC AMERICAN, 2015).

Os *experts* climáticos, hoje, têm à sua disposição equipamentos, métodos científicos e meios seguros para elaboração de perícias judiciais aptas para a responsabilização da indústria carbonizada. Os autores climáticos nos Estados Unidos, no Brasil, e em todo o mundo, com o desenvolvimento da ciência da atribuição, poderão afastar as dificuldades impostas pelo sistema de responsabilidade civil tradicional. A ciência da atribuição, importante grifar, chegou, de fato, para apreciação das Cortes, de modo bem claro, apenas no ano de 2018. As cidades de Oakland e São Francisco ajuizaram litígio climático contra cinco grandes empresas petrolíferas e o juiz presidente da Corte, William Alsup, solicitou, em ato processual sem precedentes, que cada parte fornecesse ao tribunal um tutorial de duas horas sobre a história da ciência climática e o estado atual do conhecimento científico (SCIENCE, 2021).

O ato processual abriu caminho para os autores climáticos minarem a estratégia de defesa da indústria petrolífera, calcada no já batido negacionismo do aquecimento global. Prestaram esclarecimentos na Corte, além de Allen, os cientistas climáticos Don Wuebbles e Gary Griggs, que expuseram detalhadamente, embasados em evidências científicas: a) as mudanças ocorridas nos sistemas naturais da Terra; b) em que extensão eventos climáticos extremos poderiam ser atribuídos às emissões de carbono; c) as projeções de mudanças no clima para o futuro (STATE AG INSIGHTS, 2021).

Não é demais acrescentar que, de outro lado, também eclode na América, nos últimos quatro anos, uma nova onda de litígios climáticos contra as empresas de combustíveis fósseis, desta vez ajuizados por procuradores gerais dos Estados, visando à suspensão das bilionárias e bem orquestradas campanhas deliberadas de desinformação (*fake news*) patrocinadas pelas indústrias poluidoras. Estes litígios climáticos representam uma mudança de estratégia evidente, em vez de adotar a abordagem com base na responsabilidade civil tradicional, e a necessária verificação de danos presentes e futuros, os autores referem que as empresas demandadas suprimem as pesquisas climáticas internas e espalham publicamente a dúvida. Mais de uma dúzia de litígios desse tipo estão pendentes. Os tribunais voltaram a rejeitar vários desses casos, é bem verdade, mas pelo menos um, *Massachusetts v. Exxon*, no qual os autores (todos investidores e acionistas) acusam a empresa petrolífera de enganá-los, está perto de um julgamento, pois o magistrado processante negou uma moção de arquivamento (STATE AG INSIGHTS, 2021).

Em linhas gerais, o fenômeno dos litígios climáticos ocorre a partir de duas realidades: a) o aquecimento global de causas antrópicas; e b) a inércia dos poderes Legislativo e Executivo em regular as ações dos grandes emissores de gases de efeito estufa. O Poder Judiciário, por consequência, exercendo função estatal, passa a assumir a responsabilidade em fazer cumprir normas constitucionais e infraconstitucionais que tutelam o meio ambiente, o ar limpo e, como já referem alguns, o direito constitucional fundamental e humano ao clima estável (WEDY; AKAOUI, 2022, p. 296).

Para além dos argumentos utilizados pelos demandados nos litígios climáticos calcados, preliminarmente, na falta de legitimidade processual dos autores e na ausência de pressupostos processuais dos feitos, como matéria de mérito, os réus invocam a teoria da separação dos poderes e a doutrina da questão política. Todavia, em especial, nas ações em que os autores buscam uma indenização ao meio ambiente (macrobem ambiental lesado) ou por dano ricochete (microbem ambiental lesado) decorrente dos danos causados pelas externalidades negativas geradas por desastres e catástrofes climáticas, é alegada sistematicamente pelos demandados a falta de demonstração do nexo de causalidade e da prova dos danos e de sua extensão (WEDY; AKAOUI, 2022, p. 298).

Quanto ao último ponto, referente à responsabilização civil dos réus nos litígios climáticos, a ciência da atribuição pode ser um fator decisivo para a demonstração do binômio dano-nexo de causalidade, que é pressuposto para o juízo de procedência de demandas calcadas na responsabilidade civil. Referida possibilidade, há tempos cogitada pela doutrina norte-americana e europeia, agora passa a ser invocada nos tribunais norte-americanos, fortalecida imensamente, aliás, pelas conclusões do 6º Relatório do IPCC (WEDY; AKAOUI, 2022, p. 300).

Feitas referidas considerações sobre a crescente importância da ciência da atribuição nos litígios climáticos, que mais cedo ou mais tarde chegará ao STJ, é preciso prosseguir na consideração de que a obrigação de restaurar o ambiente ou reparar o dano ambiental transmite-se ao proprietário adquirente do imóvel, mesmo que ele não tenha causado o dano. Esse é o posicionamento do STJ, que entende que a obrigação do adquirente do imóvel é de caráter *propter rem*. Esses precedentes estimulam o cumprimento da função social da propriedade no seu elemento e na sua acepção ambiental e estimulam o desenvolvimento ecologicamente sustentável (REsp nº 201100461496) (BRASIL, 2012), superando o individualismo civilista napoleônico e a lógica liberal burguesa do *laissez passer* e do *laissez faire*.

Feitas estas considerações, que demonstram que a jurisprudência do STJ é campo fértil para a construção de litígios climáticos consistentes, mister a análise de casos decididos pela referida egrégia Corte que são relevantes como marcos no início do bom combate judicial aos fatores antrópicos causadores das mudanças climáticas.

O STJ, com base no art. 27 do antigo Código Florestal, julgou procedente ação civil pública promovida pelo Ministério Público do Estado de São Paulo contra os agricultores Filipe Salles Oliveira e outros no sentido de que é ilegal a utilização da técnica da queimada na colheita da cana-de-açúcar, por causar impactos negativos ao meio ambiente e emissão de CO_2, contribuindo para o aquecimento global, além de causar danos respiratórios às pessoas, especialmente trabalhadores da lavoura (Embargos Declaratórios no Recurso Especial nº 1094873) (BRASIL, 2012).

Na decisão, embasada em estudos científicos, que bem denota a multidisciplinariedade do direito climático, constou que a queima da palha da cana-de-açúcar causa grandes danos ambientais e que, considerando o princípio do desenvolvimento sustentável, há instrumentos e tecnologias modernas que podem substituir a prática da queimada sem inviabilizar a atividade econômica. A Corte esclareceu que a exceção, prevista no parágrafo único do art. 27 da Lei nº 4.771/65 (antigo Código Florestal), à proibição das queimadas deve ser interpretada restritivamente quando as autoriza para atividades agroindustriais ou agrícolas, isso porque o interesse econômico não pode prevalecer sobre a proteção ambiental quando há formas menos lesivas à natureza.

De acordo com o Ministro Humberto Martins:

> A interpretação das normas que tutelam o meio ambiente não comportam apenas, e tão-somente, a utilização de instrumentos estritamente jurídicos, pois é fato que as ciências relacionadas ao estudo do solo, ao estudo da vida, ao estudo da química, ao estudo da física devem auxiliar o jurista na sua atividade cotidiana de entender o fato lesivo ao Direito Ambiental. O canavial absorve e incorpora $CO2$ em grande quantidade, ao longo do seu período de crescimento que dura de 12 a 18 meses em média, e a queimada libera tudo quase que instantaneamente, ou seja, no período que dura uma queimada, ao redor de 30 ou 60 minutos. Portanto, a queimada libera $CO2$ recolhido da atmosfera durante 12 a 18 meses em pouco mais de 30 ou 60 minutos. Além disso, junto com o $CO2$, outros gases são formados e lançados na atmosfera. (Embargos Declaratórios no Recurso Especial nº 1.094.873) (BRASIL, 2012)

Refere o ministro "[...] que estudo realizado pela Universidade Estadual Paulista – UNESP, conclui que os HPA's (Hidrocarbonetos Policíclicos Aromáticos) liberados pelas queimadas causam câncer afetando o organismo dos trabalhadores dos canaviais, que ficam expostos à fumaça".

O antigo Código Florestal brasileiro, de fato, previa:

> Art. 27. É proibido o uso de fogo nas florestas e demais formas de vegetação. Parágrafo único. Se peculiaridades locais ou regionais justificarem o emprego do fogo em práticas agropastoris ou florestais, a permissão será estabelecida em ato do Poder Público, circunscrevendo as áreas e estabelecendo normas de precaução.

A norma extinta, importante grifar, usava a expressão "peculiaridades locais ou regionais". Segundo o ministro:

> [...] os próprios recorrentes demonstraram que a prática é arcaica e defasada ao afirmarem que é uma conduta secular, ou seja, método usado em épocas de grandes limitações tecnológicas, sendo certo que hoje o avanço da agroindústria permite a minoração dos danos ao meio ambiente sem comprometer a sua viabilidade econômica. (Embargos Declaratórios no Recurso Especial nº 1.094.873) (BRASIL, 2012)

Portanto, de acordo com o conteúdo do voto condutor, a atividade deve ser desenvolvida com os instrumentos e a tecnologia industriais modernas de redução de impacto ambiental e sem a utilização das queimadas nos canaviais para a colheita que contribuem para a mudança climática. A votação foi unânime, e acompanharam o voto condutor os ministros Herman Benjamin, Mauro Campbel, Eliana Calmon e Castro Meira.

Braulino Basílio Maia Filho ajuizou ação ordinária contra o Ibama – Instituto Brasileiro do Meio Ambiente, com a intenção de anular multa, datada de 20.9.1995, aplicada em virtude de ter realizado queimada em pastagens numa área de 600 hectares (Embargos Declaratórios no Recurso Especial nº 1000731-RO) (BRASIL, 2009).

O juiz federal, *o quo*, julgou procedente o pedido do autor, ao fundamento de que o dispositivo legal que justificava a multa (art. 14, I, da Lei nº 6.938/1981) não poderia ser aplicado ao caso. Após apelação do Ibama, o Tribunal Regional Federal da 1ª Região reformou a decisão com o fundamento de que "as penalidades por infrações à legislação ambiental têm previsão legal expressa, inserta no art. 14, I, da Lei nº 6.938/81" e que o Ibama possui competência legal para aplicá-las.

O demandante, insatisfeito com a decisão, interpôs recurso especial para o STJ que, por sua vez, decidiu ser legal aplicação da multa em virtude da queimada de 600 hectares de pastagens em virtude do disposto na Lei nº 6.938/1981. De acordo com a lei:

> Art. 14. Sem prejuízo das penalidades definidas pela legislação federal, estadual e municipal, o não cumprimento das medidas necessárias à preservação ou correção dos inconvenientes e danos causados pela degradação da qualidade ambiental sujeitará os transgressores:
> I - à multa simples ou diária, nos valores correspondentes, no mínimo, a 10 (dez) e, no máximo, a 1.000 (mil) Obrigações Reajustáveis do

Tesouro Nacional - ORTNs, agravada em casos de reincidência específica, conforme dispuser o regulamento, vedada a sua cobrança pela União se já tiver sido aplicada pelo Estado, Distrito Federal, Territórios ou pelos Municípios.

Em seu voto, o Ministro Antonio Herman Benjamin, citando expressamente a relação entre as queimadas e a mudança do clima, referiu:

> A lei prevê a aplicação de multa pelo "não cumprimento das medidas necessárias à preservação ou correção dos inconvenientes e danos causados pela degradação da qualidade ambiental". É certo que a expressão "não cumprimento" inclui atos de degradação não só por omissão, como também por ação. No caso, a conduta do recorrente por ter realizado queimada de uma área correspondente a 600 hectares sem autorização do órgão ambiental viola a lei. As queimadas são incompatíveis com os objetivos de proteção do meio ambiente estabelecidos na Constituição Federal e nas leis ambientais. Em época de mudanças climáticas, qualquer exceção a essa proibição geral, além de prevista expressamente em lei federal, deve ser interpretada restritivamente pelo administrador e juiz. (Embargos Declaratórios no Recurso Especial nº 1.000.731-RO) (BRASIL, 2009)

Com este fundamento, o STJ entendeu como legal a multa aplicada pelo Ibama ao recorrente, em virtude de haver praticado queimada em grande extensão de pastagens.

O Ministério Público Federal de Joinville, no Estado de Santa Catarina, ajuizou ação civil pública contra H. Carlos Schneider S.A. Com. e Ind. e S.E.R. Parafusos, entidade classista que congrega os empregados do Grupo Ciser. O *Parquet* alegou que os réus aterraram e drenaram manguezal em imóvel urbano, mesmo após autuação pelo então Instituto Brasileiro de Desenvolvimento Florestal – IBDF, pela Fundação do Meio Ambiente – FATMA, pela Prefeitura da Cidade de Joinville e pela Capitania dos Portos.

O Juiz Federal Marcos César Romeira Moraes condenou as rés: a) à remoção do aterro e de eventuais edificações que estejam sobre o manguezal, e b) ao reflorestamento característico de manguezal.

Referida decisão do magistrado foi confirmada pelo Tribunal Regional Federal da 4ª Região. Os réus interpuseram recurso especial ao Superior Tribunal de Justiça. A Corte negou provimento ao recurso dos réus e manteve a decisão original favorável à proteção do meio ambiente.

Em seu voto, o Ministro Antonio Herman Benjamin, novamente citando os riscos das mudanças climáticas, em especial o aumento e avanço dos oceanos, fez constar:

> O resultado da evolução do conhecimento científico e de mudanças, na postura ética do ser humano frente à Natureza, atualmente se reconhecem nos manguezais várias funções: a) ecológicas, como berçário do mar, peça central nos processos reprodutivos de um grande número de espécies, filtro biológico que retém nutrientes, sedimentos e até poluentes, zona de amortecimento contra tempestades e barreira contra a erosão da costa; b) econômicas (fonte de alimento e de atividades tradicionais, como a pesca artesanal); e c) sociais (ambiente vital para populações tradicionais, cuja sobrevivência depende da exploração dos crustáceos, moluscos e peixes lá existentes). A legislação brasileira atual reflete a transformação científica, ética, política e jurídica que reposicionou os manguezais, levando-os da condição de risco sanitário e de condição indesejável ao patamar de ecossistema criticamente ameaçado. Objetivando resguardar suas funções ecológicas, econômicas e sociais, o legislador atribuiu-lhes natureza jurídica de Área de Preservação Permanente. Nesses termos, é dever de todos, proprietários ou não, zelar pela preservação dos manguezais, necessidade cada vez maior, sobretudo em época de mudanças climáticas e aumento do nível do mar. Destruí-los para uso econômico direto, sob o permanente incentivo do lucro fácil e de benefícios de curto-prazo, drená-los ou aterrá-los para especulação imobiliária ou exploração do solo, ou transformá-los em depósito de lixo caracterizam ofensa grave ao meio ambiente ecologicamente equilibrado e ao bem-estar da coletividade, comportamento que deve ser pronta e energicamente coibido e sancionado pela Administração e pelo Judiciário. (Embargos Declaratórios no Recurso Especial nº 1.000.731-RO) (BRASIL, 2009)

Finalizando o voto condutor, o ministro referiu:

> [...] é inaceitável, após a Constituição Federal de 1988, que valorizou a preservação dos processos ecológicos essenciais (art. 225, §1º, inciso I), e um desrespeito total ao Código Florestal de 1965, pretender-se dar ao manguezal outra destinação que não seja aquela condizente com a intocabilidade que a lei lhe atribui, como Área de Preservação Permanente. (Embargos Declaratórios no Recurso Especial nº 1.000.731-RO) (BRASIL, 2009)

A decisão do Superior Tribunal de Justiça deu-se por unanimidade no sentido de condenar os réus: a) à remoção do aterro e de eventuais edificações que estejam sobre o manguezal, e b) ao reflorestamento característico de manguezal. Participaram também da decisão os ministros Eliana Calmon, João Otávio de Noronha, Castro Meira e Humberto Martins.

Outra decisão, interessante e digna de nota, foi a que contrariou os interesses de termelétrica, embasada na Lei nº 12.187/2009, que instituiu a Política Nacional sobre Mudança do Clima (PNMC), e que mencionou expressamente o dever de contribuição para a proteção do sistema climático global, com base no Decreto nº 9.578/2018, com a finalidade de gradual descarbonização da economia. O *leading case* restou assim ementado:

> PROCESSUAL CIVIL E ADMINISTRATIVO. MANDADO DE SEGURANÇA. PREVENÇÃO. REJEIÇÃO. LITISPENDÊNCIA. NÃO OCORRÊNCIA. LICITAÇÃO. LEILÃO DE RESERVA DE CAPACIDADE DE ENERGIA ELÉTRICA. HABILITAÇÃO TÉCNICA. CUSTO VARIÁVEL UNITÁRIO (CVU). LIMITE FIXADO EM PORTARIA. VÍCIO FORMAL. INEXISTÊNCIA. COMPETITIVIDADE. RESTRIÇÃO. DEMONSTRAÇÃO. AUSÊNCIA. COMPROMISSOS AMBIENTAIS E MODICIDADE TARIFÁRIA. ATENDIMENTO. NECESSIDADE. REQUISITO. LEGALIDADE. CONSTATAÇÃO. 1. O mandado de segurança constitui ação constitucional de rito especial que visa proteger direito líquido e certo, não amparado por habeas corpus ou habeas data, contra ilegalidade ou abuso de poder emanados de autoridade pública ou agente de pessoa jurídica no exercício de atribuições do Poder Público. 2. Rejeitada a prevenção do em. Ministro Mauro Campbell para o julgamento do presente writ, em razão da anterior distribuição à Sua Excelência do MS 28.120/DF, porquanto não identificada nenhuma das situações descritas no art. 71, caput, do RISTJ, sendo que a mera circunstância de identidade de matéria não enseja a distribuição por prevenção. 3. Afastada a preliminar de litispendência do presente mandamus com outro impetrado no primeiro grau de jurisdição, em face da ausência da tríplice identidade entre os feitos, sendo válido destacar que, como o ato questionado em ambas as ações mandamentais emana de Ministro de Estado, não há como cogitar da competência do magistrado singular para processar e julgar o feito, em face do comando contido no art. 105, I, "b", da CF/1988.4. Caso em que o ato coator refere-se à fixação do limite máximo de R$600,00/MWh (seiscentos reais por megawatt-hora) para o Custo Variável Unitário - CVU, como requisito para habilitação técnica em leilão a ser efetivado pela Agência Nacional de Energia

Elétrica (ANEEL), para contratação de potência elétrica e de energia associada, denominado "Leilão de Reserva de Capacidade, de 2021", conforme previsto no art. 7º, III, da Portaria Normativa MME n. 20/2021.5. Busca a impetrante, que detém usinas termelétricas a óleo diesel ou óleo combustível e com CVU maior que o previsto no edital, participar do leilão, afastada aquela exigência. 6. O Decreto n. 10.707/2021, que regulamenta a contratação de reserva de capacidade, na forma de potência, em seu art. 4º, determina que os estudos elaborados para subsidiar a metodologia de definição do montante total de reserva de capacidade serão submetidos a consulta pública realizada pelo Ministério de Minas e Energia. 7. Inexistência do vício formal concernente ao desatendimento do preceito acima citado, pois, de acordo com as Notas Técnicas n. 56/2021 e 93/2021, disponíveis no sítio eletrônico do Ministério das Minas e Energia como anexos à Consulta Pública n. 108, de 28/05/2021, o Ministério das Minas e Energia esperava as contribuições vertidas da consulta pública para "nortear a definição" do CVU, naquele momento ainda não estabelecido, para fins de habilitação de empreendimentos termelétricos no certame e, assim, suprir a lacuna da minuta da Portaria que conteria as diretrizes para a realização do leilão - ato aqui apontado como coator. 8. Segundo consta das informações trazidas aos autos, o critério de qualificação por valor de CVU não afetou a competição do certame, pois: (i) para o leilão, foram cadastrados 132 projetos, totalizando 50.691 MWh de capacidade instalada, dos quais 41.254 MWh são de novos empreendimentos de geração; (ii) a oferta de novos empreendimentos cadastrados para o leilão corresponde a 76% do atual parque termelétrico brasileiro e reflete o tamanho do interesse de empreendimentos novos e existentes em participar do certame; (iii) das 93 usinas termelétricas listadas pelo Operador Nacional do Sistema (NOS), 56 possuem CVU menor ou igual a R$600, 00/MWh, cerca de 60% dos empreendimentos; (iv) embora, no parque termelétrico em operação, encontrem-se algumas usinas antigas, a maioria delas teria condições de participar do leilão, segundo o critério do CVU máximo. 9. Descabe falar em exigência desmotivada, pois, de acordo com a União, a restrição à habilitação de empreendimentos termelétricos cujo custo variável unitário (CVU) seja superior a R$600,00/MWh atende a compromissos ambientais internacionais assumidos pelo País e busca "garantir a confiabilidade do suprimento de energia elétrica a mínimo custo, incorporando ainda limites para emissões de gases de efeito estufa e novas tecnologias", conforme a Política Nacional sobre Mudança do Clima (PNMC), instituída pela Lei n. 12.187/2009 e regulamentada pelo Decreto n. 9.578/2018, no escopo de substituir combustíveis com maiores fatores de emissão por outros com menor emissão, o que resulta em aumento da eficiência energética e em crescente inserção de fontes renováveis. 10. A exigência questionada no presente writ acha-se fundada no art. 1º da Lei n. 9.478/1997, que estabelece, entre os objetivos da política energética nacional, a proteção dos interesses do consumidor e a proteção do meio ambiente, bem como nas disposições da Lei n. 12.187/2009, que instituiu a Política Nacional sobre Mudança do Clima (PNMC), na busca por garantir que o desenvolvimento econômico e social contribua para a proteção do sistema climático global. 11. O Decreto n. 9.578/2018, que atualmente regulamenta a PNMC, definiu os Planos Decenais de Expansão de Energia (PDEs) como um dos planos setoriais de mitigação e de adaptação às mudanças climáticas (art. 17, III), cuja efetivação ocorre por meio da expansão da oferta hidrelétrica, da oferta de fontes alternativas renováveis, da oferta de biocombustíveis e do incremento da eficiência energética (art. 19, III).12. O PDE 2030 apresenta "a redução da participação de termelétricas a diesel e óleo combustível [...] por combustíveis que emitam menos GEE, como o gás natural ou outros combustíveis renováveis, bem como medidas para se aumentar a eficiência energética dos meios de geração de energia, transporte e processos industriais". 13. Segundo a Nota Informativa nº 00050/2021/DPE/SPE, o valor do CVU corresponde ao valor a ser pago pela energia gerada, daí a necessidade de limitar o CVU das participantes com o objetivo de garantir a modicidade tarifária.14. A autoridade impetrada informa que a participação das usinas operadas pela impetrante implicará elevado custo final na tarifa de energia elétrica a ser paga pela coletividade, em direção oposta ao interesse público. 15. De acordo com a Nota Informativa n. 70/2021/DPE/SPE, elaborada pelo MME, o consumidor terá de pagar 65,8% mais caro pela energia gerada do que o limite inicialmente estabelecido nas diretrizes do Poder Concedente, sem contar que o afastamento do limite do CVU de R$600,00/MWh, escopo pretendido no presente mandamus, trará custo adicional ao consumidor de energia elétrica da ordem de R$22,6 bilhões durante os 15 anos de contrato. 16. Mostrou-se inadequada e imprópria a comparação do CVU exigido para o leilão em tela (R$600,00/MWh com o adotado no Procedimento Competitivo Simplificado para Contratação de Reserva de Capacidade de 2021, conforme Portaria MME nº 24/2021 (até R$1.000,00/MWh), porque, segundo as informações coligidas no feito, o primeiro visa "atender aos requisitos estruturais de potência do sistema identificados nos estudos de planejamento no âmbito do PDE 2030" e contempla "contratos de longo prazo (15 anos) com vistas a remunerar e viabilizar empreendimentos que contribuirão de forma estrutural com o SIN", ao passo que o segundo objetiva "viabilizar uma contratação emergencial para endereçar a crise hídrica no país", com a celebração de contratos "de pouco mais de 3 anos, o que, por si só, já justificaria preços mais elevados", sendo o prazo de implantação dos empreendimentos "muito curto (aproximadamente 7 meses), o que contribui para a elevação dos custos da contratação". 17. Contrapor as declarações da autoridade impetrada, para concluir que a limitação do CVU nada interfere no meio ambiente e também não representa impacto na tarifa de energia, como defende a impetrante, além de militar em desfavor da presunção de legitimidade do ato administrativo, demanda necessária dilação probatória, medida inadmissível nesta via. 18. Segurança denegada e liminar revogada. Agravo interno prejudicado. (Mandado de Segurança nº 28.123/DF) (BRASIL, 2022)

Decisão reconheceu a responsabilidade civil por danos causados ao meio ambiente marinho em virtude de pesca predatória dos réus, e mencionou a necessidade e a urgência na proteção dos corais, ameaçados pelo aquecimento global:

ADMINISTRATIVO. AÇÃO CIVIL PÚBLICA. PROTEÇÃO DO MAR E CORAIS. PESCA PREDATÓRIA DE ARRASTO. ART. 6º, I E II, E PARÁGRAFO 7º, ALÍNEA D, DA LEI 11.959/2009. ANOMIA JURÍDICO-ECOLÓGICA. PODER DE POLÍCIA AMBIENTAL. DANO AOS RECURSOS MARINHOS. CUMULAÇÃO DE OBRIGAÇÕES DE FAZER E DE NÃO FAZER COM INDENIZAÇÃO PECUNIÁRIA. ART. 3º DA LEI 7.347/1985. POSSIBILIDADE. ARTS. 12 E 14, II, III e IV, DA LEI 6.938/1981. ART. 72, IV A XI, DA LEI 9.605/1998. FUNÇÃO SOCIAL E ECOLÓGICA DO CONTRATO E DO CRÉDITO. ART. 421 DO CÓDIGO CIVIL. FUNÇÃO ECOLÓGICA DOS TRIBUTOS. DANO AMBIENTAL MORAL COLETIVO. PRECEDENTES. SÚMULA 83/STJ. 1. Trata-se de Ação Civil Pública ajuizada pelo Ministério Público Federal pleiteando providências judiciais em face de degradação ambiental decorrente de pesca de arrasto. O Tribunal Regional Federal da 4ª Região referendou a sentença que condenou a pessoa jurídica a indenizar danos ambientais materiais e morais coletivos, rejeitando contudo a correção monetária desde o fato ilícito e outras pretensões acessórias. PROTEÇÃO JURÍDICA DO MAR 2. Hoje, ao contrário do passado recente, o ambiente marinho insere-se no núcleo-duro das grandes e urgentes questões do Direito, reação tardia e até agora progresso insuficiente, mas nem por isso menos bem-vindo. Muito desse desenvolvimento normativo se deve ao descrédito de facetas ecológicas inexatas do saber tradicional, por séculos imputadas aos oceanos: inesgotabilidade natural, segregação dos ambientes continentais, resiliência infinita e correlata imunidade à destruição antropogênica irreversível. 3. O despertar científico, ético e jurídico para a imprescindibilidade de proteger o ambiente marinho, em todas as suas dimensões, influencia não só o Direito, mas igualmente a atuação dos juízes, para tanto, inequívoca e enfaticamente, convocados agora pelo legislador internacional e pelo nacional. Até recentemente, tudo contribuía para que o Judiciário desse a mínima ou nenhuma significância aos oceanos, traço previsível, pois seus membros são produto e instrumento do seu tempo e do Direito do seu tempo. A partir da Revolução Industrial, juízes se converteram - e, infelizmente, ainda o são em muitos países - em espectadores passivos ou protagonistas ativos, primeiro da transmutação dos oceanos em lixeira do mundo; segundo, da extração imprudente e predatória de seus tesouros, como se fossem depósito de riqueza eterna e sem proprietário, recursos livres e indefesos perante a voracidade insaciável de agentes estatais e privados dotados de avançada tecnologia de exploração e alcance planetários; terceiro, de cena ideal de crimes contra a Natureza, imunidade garantida, especialmente no alto-mar, sequela de atrofiado e incerto regime jurídico e de ausência de jurisdição estatal (anomia jurídico-ecológica marinha, o mar-sem-lei, concepção siamesa da anomia jurídico-ecológica terrestre, a terra-sem-lei). PROTEÇÃO JURÍDICA DOS CORAIS 4. Componentes esplendorosos e frágeis da Natureza, os corais representam habitat essencial e insubstituível à existência e reprodução de uma infinidade de espécies de peixes e outros organismos, o "viveiro do mar". Onde encontrados, a diversidade biológica marinha explode em colossal caleidoscópio de criaturas e cores. Se perecem os corais, arruinada fica, pela degradação em cascata, toda a cadeia alimentar, sequência calamitosa que põe seriamente em risco a vida e a paisagem marinhas, estoques pesqueiros e outros valiosos acervos econômicos, como o turismo. Máxime em época de mudanças climáticas, o Estado não pode e não deve cruzar os braços diante de ações e omissões que perturbem os corais, pois seria irracional e imoral abandoná-los - por ignorância, inércia ou ganância - em vácuo normativo, administrativo e judicial. PESCA PREDATÓRIA: DANO AMBIENTAL CONSTATADO PELO TRIBUNAL DE ORIGEM 5. No principal, o Tribunal a quo expressamente confirmou o dano ambiental - material e moral coletivo. Logo, pertinente e adequada a pretensão de cálculo atualizado do dano material, de imposição de remédios judicias complementares ao infrator, como a perda de benefícios fiscais e de acesso ao financiamento em bancos oficiais. A pesca industrial predatória tipifica, em si, dano moral coletivo, na linha de consolidada jurisprudência do STJ: "A reparação ambiental deve ser plena. A condenação a recuperar a área danificada não afasta o dever de indenizar, alcançando o dano moral coletivo e o dano residual", acrescentando-se que "o dano moral coletivo surge diretamente da ofensa ao direito ao meio ambiente equilibrado. Em determinadas hipóteses, reconhece-se que o dano moral decorre da simples violação do bem jurídico tutelado, sendo configurado pela ofensa aos valores da pessoa humana. Prescinde-se, no caso, da dor ou padecimento (que são consequência ou resultado da violação)" (REsp 1.410.698/MG, Rel. Min. Humberto Martins, Segunda Turma, DJe 30/6/2015). No mesmo sentido, entre tantos outros precedentes: "O dano ao meio ambiente, por ser bem público, gera repercussão geral, impondo conscientização coletiva à sua reparação, a fim de resguardar o direito das futuras gerações a um meio ambiente ecologicamente equilibrado. O dano moral coletivo ambiental atinge direitos de personalidade do grupo massificado, sendo desnecessária a demonstração de que a coletividade sinta a dor, a repulsa, a indignação, tal qual fosse um indivíduo isolado." (REsp 1.269.494/MG, Rel. Min. Eliana Calmon, Segunda Turma, DJe 1/10/2013). 6. Recurso Especial provido. (REsp nº 1.745.033/RS) (BRASIL, 2021)

Decisão da Corte também proibiu construções em área de preservação permanente e mencionou a tutela dos manguezais, além de afirmar expressamente o princípio de preservação da integridade do sistema climático invocando, igualmente, o art. 5º, III, e art. da 11 da Lei nº 12.187/2009, fazendo a necessária ligação entre mudanças climáticas e crise hídrica, além de concretizar o direito à cidade sustentável. Aliás, urbe sustentável apenas pode existir com o afastamento da teoria do fato consumado em matéria ambiental, como consagrado pela Súmula nº 613 do STJ, ou como refere em sede de doutrina Marchesan (2019, p. 404), "a aceitação do fato consumado em matéria ambiental fragiliza a autoridade do juiz, desmoraliza o Estado de Direito e pode implicar em enriquecimento ilícito para aquele que dele se beneficia em detrimento ao bem ambiental". O acórdão protetivo do meio ambiente e do sistema climático restou assim ementado:

PROCESSUAL CIVIL E AMBIENTAL. AÇÃO CIVIL PÚBLICA. CONSTRUÇÕES EM ÁREA DE PRESERVAÇÃO PERMANENTE - APP. MARGEM DE RIO. MANGUEZAL. PRINCÍPIO DE PRESERVAÇÃO DA INTEGRIDADE DO SISTEMA CLIMÁTICO. CÓDIGO FLORESTAL. ARTS. 1º-A, PARÁGRAFO ÚNICO, I, 3º, II, 8º, CAPUT E §§2º, 4º, 64 e 65 DA LEI 12.651/2012. CRISE HÍDRICA E MUDANÇAS CLIMÁTICAS. ART. 5º, III, E 11 DA LEI 12.187/2009. DIREITO A CIDADE SUSTENTÁVEL. ARTS. 2º, I, DA LEI 10.257/2001. REGULARIZAÇÃO FUNDIÁRIA URBANA. ART. 11, I e II, e §2º, DA LEI 13.465/2017. FUNDAMENTO ÉTICO-POLÍTICO DE JUSTIÇA SOCIAL DO DIREITO A MORADIA EXCLUSIVO DE PESSOAS POBRES, MAS APLICADO INDEVIDAMENTE PELO ACÓRDÃO RECORRIDO A CASAS DE VERANEIO E ESTABELECIMENTOS COMERCIAIS. AFASTAMENTO DA TEORIA DO FATO CONSUMADO. SÚMULA 613 DO STJ. REGULARIZAÇÃO FUNDIÁRIA URBANA DE INTERESSE SOCIAL. DEVER DO PODER PÚBLICO DE FISCALIZAR. PRINCÍPIO DE VEDAÇÃO DO NON LIQUET. ART. 140, CAPUT, DO CÓDIGO DE PROCESSO CIVIL DE 2015.1. Trata-se, na origem, de Ação Civil Pública ajuizada pelo Ibama contra particulares e a Municipalidade de Pitimbu, Estado da Paraíba, pugnando por provimento judicial que proíba a ampliação e determine a demolição de construções ilegais em onze imóveis localizados na faixa marginal do rio Acaú. Entre as edificações contestadas, incluem-se bar, farmácia, casas de veraneio e residências familiares. 2. Os fatos e a ocupação irregular da Área de Preservação Permanente são incontroversos. Conforme apontou a Corte de origem, os prédios embargados "foram erigidos às margens do Rio Acaú, estando inseridos em Área de Preservação Permanente, por ofensa à distância mínima exigida para edificar-se nas bordas de rios". Em idênticos termos, a sentença, apoiada em perícia, confirma que as construções acham-se "'coladas' à margem do rio, invadindo, portanto, a Área de Preservação Permanente marginal aos cursos d'água'" estabelecida pelo Código Florestal, em consequência causando 'dano ambiental também pelo lançamento de esgotos no Rio Acaú, sendo que a reversão dessa situação dependeria da demolição dos imóveis e da recuperação da vegetação no local'". ÁREA DE PRESERVAÇÃO PERMANENTE (APP), PRESUNÇÃO ABSOLUTA DE INTOCABILIDADE, ROL TAXATIVO DE INTERVENÇÃO EXCEPCIONAL, NATUREZA PROPTER REM E DANO IN RE IPSA 3. As Áreas de Preservação Permanente formam o coração do regime jurídico ambiental-urbanístico brasileiro no quadro maior do desenvolvimento ecologicamente sustentável. Ao contrário do que se imagina, o atributo de zona non aedificandi também revela avultado desígnio de proteger a saúde, a segurança, o patrimônio e o bem-estar das pessoas contra riscos de toda a ordem, sobretudo no espaço urbano. Daí o equívoco (e, em seguida, o desdém) de ver as APPs como mecanismo voltado a escudar unicamente serviços ecológicos tão indispensáveis quanto etéreos para o leigo e distantes da consciência popular, como diversidade biológica, robustez do solo contra a erosão, qualidade e quantidade dos recursos hídricos, integridade da zona costeira em face da força destruidora das marés, e corredores de fauna e flora. 4. Consoante o Código Florestal (Lei 12.6512012), "A intervenção ou a supressão de vegetação nativa em Área de Preservação Permanente somente ocorrerá nas hipóteses de utilidade pública, de interesse social ou de baixo impacto ambiental previstas nesta Lei" (art. 8º, caput, grifo acrescentado). O legislador, iure et de iure, presume valor e imprescindibilidade ambientais das APPs, presunção absoluta essa que se espalha para o prejuízo resultante de desrespeito à sua proteção (dano in re ipsa), daí a dispensabilidade de prova pericial. Logo, como regra geral, "Descabida a supressão de vegetação em Área de Preservação Permanente - APP que não se enquadra nas hipóteses previstas no art. 8º do Código Florestal (utilidade pública, interesse social e baixo impacto ambiental)" (REsp 1.394.025/MS, Rel. Min. Eliana Calmon, Segunda Turma, DJe 18/10/2013).5. Encontrar-se a área destituída de vegetação nativa ou inteiramente ocupada com construções ou atividades proibidas não retira dela o elemento legal congênito de preservação permanente (= non aedificandi), qualidade distintiva insulada do estado atual de plenitude ou penúria das funções ecológicas, pois, consoante a letra categórica da lei, indiferente esteja "coberta ou não por vegetação nativa" (art. 3º, II, do Código Florestal, grifo acrescentado).Exatamente por isso e também para não premiar o vilipendiador serelepe (que tudo arrasa de um só golpe), a condição de completa desolação ecológica em vez de criar direito de ficar, usar, explorar e ser imitado por terceiros, impõe dever propter rem de sair, demolir e recuperar, além do de pagar indenização por danos ambientais causados e restituir eventuais benefícios econômicos diretos e indiretos auferidos (= mais-valia-ambiental) com a degradação e a usurpação dos serviços ecossistêmicos associados ao bem privado ou público - de uso comum do povo, de uso especial ou dominical. 6. Nomeadamente quanto à "faixa ciliar", a jurisprudência do STJ há tempos prescreve a intocabilidade e o cunho propter rem dessa modalidade de APP: "em qualquer propriedade", não podem as margens "ser objeto de exploração econômica" e "aquele que perpetua a lesão ao meio ambiente cometida por outrem está, ele mesmo, praticando o ilícito", pois "se a manutenção da área destinada à preservação permanente é obrigação propter rem, ou seja, decorre da relação existente entre o devedor e a coisa, a obrigação de conservação é automaticamente transferida do alienante ao adquirente, independentemente deste último ter responsabilidade pelo dano ambiental" (REsp 343.741/PR, Rel. Min. Franciuli Neto, Segunda Turma, DJ de 7/10/2002).7. Na Área de Preservação Permanente estão proibidos usos econômicos diretos, ressalvadas hipóteses previstas em lista fechada, ou seja, estabelecidas por lei federal em sentido formal, como utilidade pública, interesse social, e ainda assim respeitados rígidos critérios objetivos de incidência e técnica hermenêutica (= interpretação restritiva). Para o STJ, "estando a construção edificada em área prevista como de preservação permanente, limitação administrativa que, só excepcionalmente, pode ser afastada (numerus clausus), cabível sua demolição com a recuperação da área degradada", haja vista contrariedade direta a dispositivos expressos do Código Florestal, que devem ser "interpretados restritivamente" (REsp 1.298.094/SC, Rel. Min. Humberto Martins, Segunda Turma, DJe de 2.2.2016). Em sentido similar: "Induvidosa a prescrição do legislador, no que se refere à posição intangível e ao caráter non aedificandi da Área de Preservação Permanente - APP, nela interditando ocupação ou construção, com pouquíssimas exceções (casos de utilidade pública e interesse social), submetidas a licenciamento" (AgInt no REsp 1.572.257/PR, Rel. Min. Francisco Falcão, Segunda Turma, DJe de 17.5.2019). Ou ainda: "De acordo com o Código Florestal brasileiro (tanto o de 1965, como o atual, a Lei 12.651, de 25.5.2012) e a Lei da

Política Nacional do Meio Ambiente (Lei 6.938/81), a flora nativa, no caso de supressão, encontra-se uniformemente protegida pela exigência de prévia e válida autorização do órgão ambiental competente, qualquer que seja o seu bioma, localização, tipologia ou estado de conservação (primária ou secundária). Além disso, em se tratando de área de preservação permanente, a sua supressão deve respeitar as hipóteses autorizativas taxativamente previstas em Lei, tendo em vista a magnitude dos interesses envolvidos de proteção do meio ambiente" (REsp 1.362.456/MS, Rel. Min. Mauro Campbell Marques, Segunda Turma, DJe de 28.6.20130, grifo acrescentado).8. No caso da vegetação ciliar, em acréscimo ao amparo das águas e à constituição de rede de corredores ecológicos, na sua ratio sobressai a intenção de prevenir deterioração do leito físico (calha) de córregos e rios e de inibir riscos gerados pelo acúmulo de sedimentos causadores de inundações e de graves ameaças à vida e à poupança da população, sobretudo da mais carente de recursos. "A proteção marginal dos cursos de água, em toda sua extensão, possui importante papel de proteção contra o assoreamento" (REsp 1.518.490/SC, Rel. Ministro Og Fernandes, Segunda Turma, DJe de 15.10.2018). DIREITO AO MEIO AMBIENTE ECOLOGICAMENTE EQUILIBRADO E DIREITO A MORADIA 9. Entre os onze imóveis objeto da presente Ação Civil Pública, há casas de veraneio, bar e farmácia. É o conhecido artifício de que se servem grileiros ambientais, pelo qual o ilegal em grau máximo - nas APPs urbanas, verdadeira infantaria precursora de destruição, mas em rigor embrião de gentrificação imediata ou futura do terreno não edificável - lança mão da população de baixíssima renda como anteparo ético e de justiça social, pretexto esperto, mas vazio tanto de equidade como de legitimidade, destinado a sustentar e a reter, em proveito individual, comercial e de lazer, ocupações, construções e usos irregulares sobre espaços naturais legalmente protegidos em favor da coletividade. Tudo agravado, na espécie dos autos, pela comprovação inequívoca de que várias das construções foram erigidas em violação não só à letra clara da lei, mas também em aberta desobediência a autos de infração e interdição emitidos pelo Ibama. 10. No Estado Social de Direito, moradia é direito humano fundamental, o que não implica dizer direito absoluto, já que encontra limites em outros direitos igualmente prestigiados pelo ordenamento jurídico e com os quais convive em diálogo harmônico, entre os quais o direito à saúde, o direito à segurança, o direito ao meio ambiente ecologicamente equilibrado. Sábios e civilizados seremos verdadeiramente reputados no dia em que o desrespeito à blindagem legal das Áreas de Preservação Permanente adquirir patamar de repulsa no povo, similar à provocada pela edificação, residencial ou não, em terrenos ocupados por bens públicos icônicos nacionais - como a Praça dos Três Poderes, em Brasília; o Parque do Ibirapuera, em São Paulo e o Aterro do Flamengo, no Rio de Janeiro. 11. A modalidade de conflito, em que se chocam direitos humanos fundamentais - p. ex., o direito ao meio ambiente ecologicamente equilibrado e o direito à água, de um lado, e o direito a moradia, do outro - não é desconhecida do Superior Tribunal de Justiça. Em precedente relativo à Represa Billings, que abastece milhões de paulistanos, o STJ já decidiu que, "no caso, não se trata de querer preservar algumas árvores em detrimento de famílias carentes de recursos financeiros"; ao contrário, cuida-se "de preservação de reservatório de abastecimento urbano, que beneficia um número muito maior de pessoas do que as instaladas na área de preservação. Assim, deve prevalecer o interesse público em detrimento do particular, uma vez que, in casu, não há possibilidade de conciliar ambos a contento. Evidentemente, o cumprimento da prestação jurisdicional causará sofrimento a pessoas por ela atingidas, todavia, evitar-se-á sofrimento maior em um grande número de pessoas no futuro; e disso não se pode descuidar" (REsp 403.190/SP, Rel. Min. João Otávio de Noronha, Segunda Turma, DJ de 14.8.2006, p. 259).12. Inexiste incompatibilidade mortal entre direito a moradia e direito ao meio ambiente ecologicamente equilibrado, a ponto de a realização de um pressupor o sacrifício do outro, falso dilema que nega a própria essência ética e jurídica do direito à cidade sustentável (Lei 10.257/2001, art. 2º, I). No direito a moradia convergem a função social e a função ecológica da propriedade. Por conseguinte, não se combate nem se supera miserabilidade social com hasteamento de miserabiliadde ecológica, mais ainda porque água, nascentes, margens de rios, restingas, falésias, dunas e manguezais, entre outros bens públicos ambientais supraindividuais escassos, finitos e infungíveis, existem somente onde existem. Já terreno para habitação não falta, inclusive nas grandes metrópoles: o que carece é vontade política para enfrentar o vergonhoso deficit habitacional brasileiro, atribuindo-lhe posição de verdadeira prioridade nacional. 13. Construções e atividades irregulares em Áreas de Preservação Permanente, em especial nas margens de rios, encostas, restingas e manguezais, são convite para tragédias recorrentes, até mesmo fatais, e prejuízos patrimoniais, devastadores, de bilhões de reais, que oneram o orçamento público, arrasam haveres privados e servem de canteiro fértil para corrupção e desvio de fundos emergenciais. Por exemplo, desastres urbanos (inundações, desmoronamentos de edificações, escorregamento de terra, etc.) estão em curva ascendente, no contexto de agravamento da frequência, intensidade e danosidade de eventos climáticos extremos e da vulnerabilidade de assentamentos humanos. 14. Na hipótese dos autos, quanto aos carentes de tudo, que construíram suas casas estritamente residenciais antes da autuação e interdição pelo Ibama, caberá ao Município omisso assegurar-lhes apoio material, inclusive "aluguel social", e prioridade em programas habitacionais, dever esse não condicionante nem impeditivo da execução imediata da ordem judicial de remoção das construções ilegítimas. 15. Por último, casas de veraneio e estabelecimentos comerciais não se encaixam, sob nenhum ângulo, no molde estrito de moradia para população de baixa renda. Daí, em Área de Preservação Permanente, ser "totalmente descabida a pretensão de grupos de pessoas que degradam referidas áreas para finalidades recreativas, acarretando ônus desmesurado ao meio ambiente e aos demais indivíduos" (AgInt no REsp 1.760.512/MS, Rel. Min. Regina Helena Costa, Primeira Turma, DJe de 27.2.2019, grifo acrescentado). POPULAÇÃO DE BAIXA RENDA E REGULARIZAÇÃO FUNDIÁRIA URBANA DE INTERESSE SOCIAL 16. O próprio Código Florestal prevê procedimento administrativo peculiar, sob rigorosos requisitos, para a regularização fundiária urbana (Reurb) de interesse social e de interesse específico (Lei 12.651/2012, arts. 64 e 65), "na forma da lei". Tal fato indica ser descabido ao Poder Judiciário, sem lei e, pior, contra lei existente, regularizar ocupações individualmente - edificação por edificação -, mais ainda na posição de órfão de cautelas e estudos técnicos exigíveis da Administração, quando se propõe a ordenar o caos urbanístico das cidades. 17. Segundo o Código Florestal (grifos acrescentados), "poderá ser autorizada, excepcionalmente, em locais onde a função ecológica do manguezal esteja comprometida, para execução de obras habitacionais e de urbanização, inseridas em projetos de regularização fundiária de interesse social, em áreas urbanas consolidadas ocupadas por população de baixa renda" (Lei 12.651/2012, art. 8º, §2º). Impende recordar que o legislador veda, "em qualquer hipótese", a "regularização de futuras intervenções ou supressões de vegetação nativa" bem como daquelas situações ilícitas que estejam "além das previstas nesta Lei" (art. 8º, par. 4º). Trata-se de regularização administrativa coletiva, ou seja, a um só tempo conduzida pelo Poder Executivo (portanto, não judicial) e incidente sobre "núcleo urbano informal" (portanto, desarrazoado aplicá-la ad hoc, para regularizar ocupações individuais isoladas), tudo sob o pálio da política urbana pública e mediante "a elaboração de estudos técnicos" e "compensações ambientais" (Lei 13.465/2017, art. 11, I e II, e §2º). Tanto o Ministério Público como a Defensoria Pública possuem legitimação para requerer a Regularização Fundiária Urbana? Reurb (Lei 13.465/2017, art. 14, IV e V). ADENSAMENTO POPULACIONAL, ÁREAS DE PRESERVAÇÃO PERMANENTE E NON LIQUET AMBIENTAL 18. O argumento de que a área ilicitamente ocupada integra região de adensamento populacional não basta, de maneira isolada, para judicialmente afastar a incidência da legislação ambiental. Aceitá-lo implica referendar tese de que, quanto maior a poluição ou a degradação, menor sua reprovabilidade social e legal, acarretando anistia tácita e contra legem, entendimento, por óbvio, antagônico ao Estado

CAPÍTULO 4
LITÍGIOS E DIREITO DAS MUDANÇAS CLIMÁTICAS NO BRASIL | 161

de Direito Ambiental. Além disso, significa acolher territórios-livres para a prática escancarada de ilegalidade contra o meio ambiente, verdadeiros desertos ecológicos onde impera não o valor constitucional da qualidade ambiental, mas o desvalor da desigualdade ambiental. 19. Afastar judicialmente o regime das Áreas de Preservação Permanente equivale a abrigar, pela via oblíqua, a teoria do fato consumado, na acepção tão criativa quanto inaceitável de que o adensamento populacional e o caráter antropizado do local dariam salvo-conduto para toda a sorte de degradação ambiental. Vale dizer: quanto mais ecologicamente arrasada a área, mais distante se posicionaria o guarda-chuva ambiental da Constituição e da legislação. Em realidade, o reverso do que normalmente se espera, na medida em que o já elevado número de pessoas em situação de miserabilidade ambiental há de disparar, na mesma proporção, esforço estatal para oferecer-lhes, por meio de ordenação sustentável do espaço urbano, o mínimo ecológico-urbanístico, inclusive com eventual realocação de famílias. O STJ não admite, em tema de Direito Ambiental, a incidência da teoria do fato consumado (Súmula 613). Na mesma linha, a posição do Supremo Tribunal Federal: "A teoria do fato consumado não pode ser invocada para conceder direito inexistente sob a alegação de consolidação da situação fática pelo decurso do tempo. Esse é o entendimento consolidado por ambas as turmas desta Suprema Corte. Precedentes: RE 275.159, Rel. Min. Ellen Gracie, Segunda Turma, DJ 11/10/2001; RMS 23.593-DF, Rel. Min. Moreira Alves, Primeira Turma, DJ de 2/2/01; e RMS 23.544-AgR, Rel. Min. Celso de Mello, Segunda Turma, DJ de 21.6.2002" (RE 609.748/RJ AgR, Rel. Min. Luiz Fux, Primeira Turma, j. em 23/8/2011).20. Em região antropizada e de adensamento populacional, se a Ação Civil Pública não abarcar a totalidade dos infratores ou das infrações ambientais, nada de processualmente relevante expressa, porque inexiste obrigação legal de juntar comportamentos, independentes, de degradação do mesmo bem ambiental tutelado, mormente por ser incontestável que o autor, respeitadas as exigências legais, é gestor exclusivo da extensão subjetiva e objetiva que pretenda imprimir à demanda ajuizada. Sem falar que é inexigível litisconsórcio necessário em tais violações massificadas: "o loteamento irregular ou a ocupação clandestina de bens dominicais do Poder Público, seja por se tratar de área de preservação permanente ou comum do povo ... enseja a possibilidade de o autor da ação civil pública demandar contra qualquer transgressor, isoladamente ou em conjunto, não se fazendo obrigatória a formação de litisconsórcio" (REsp 1.699.488/RS, Rel. Ministro Gurgel de Faria, Primeira Turma, j. 13/12/2018).21. Por isso, descabe a afirmação de que, por se tratar de "ponta de iceberg" em região "antropizada", seria imprópria a intervenção do Judiciário. Primeiro, porque a jurisprudência do STJ "não ratifica a aplicação dos princípios da razoabilidade e da proporcionalidade para manter dano ambiental consolidado pelo decurso do tempo" (AgInt no REsp 1.542.756/SC, Rel. Min. Mauro Campbell Marques, Segunda Turma, DJe 2.4.2019). Segundo, porque a transgressão de muitos não apaga o ilícito, nem libera todo o resto para a prática de novas infrações. Terceiro, porque contrassenso imoral pregar a existência de direito adquirido à ilegalidade em favor de um, ou de uns, e em prejuízo da coletividade presente e futura. Essa exatamente a posição do STJ enunciada reiteradamente: "em tema de direito ambiental, não se cogita em direito adquirido à devastação, nem se admite a incidência da teoria do fato consumado" (REsp 1.394.025/MS, Rel. Min. Eliana Calmon, Segunda Turma, DJe de 18.10.2013); "A natureza do direito ao meio ambiente ecologicamente equilibrado - fundamental e difusa - não confere ao empreendedor direito adquirido de, por meio do desenvolvimento de sua atividade, agredir a natureza, ocasionando prejuízos de diversas ordens à presente e futura gerações" (REsp 1.172.553/PR, Rel. Ministro Arnaldo Esteves Lima, Primeira Turma, DJe de 4/6/2014); "Reafirmo a impossibilidade de sustentar a proteção do direito adquirido para vilipendiar o dever de salvaguarda ambiental. Essa proteção jurídica não serve para justificar o desmatamento da flora nativa e a ocupação de espaços especialmente protegidos pela legislação, tampouco para autorizar a manutenção de conduta nitidamente lesiva ao ecossistema" (AgInt no REsp 1.545.177/PR, Rel. Min. Og Fernandes, Segunda Turma, DJe de 22/11/20180).22. No ordenamento jurídico brasileiro, o legislador atribui ao juiz enormes poderes, menos o de deixar de julgar a lide e de garantir a cada um - inclusive à coletividade e às gerações futuras - o que lhe concerne, segundo o Direito vigente. Portanto, reconhecer abertamente a infração para, logo em seguida, negar o remédio legal pleiteado pelo autor, devolvendo o conflito ao Administrador, ele próprio corréu por desleixo, equivale a renunciar à jurisdição e a afrontar, por conseguinte, o princípio de vedação do non liquet. Ao optar por não aplicar norma inequívoca de previsão de direito ou dever, o juiz, em rigor, pela porta dos fundos, evita decidir, mesmo que, ao fazê-lo, não alegue expressamente lacuna ou obscuridade normativa, já que as hipóteses previstas no art. 140, caput, do Código de Processo Civil de 2015 estão listadas de forma exemplificativa e não em numerus clausus. 23. Recurso Especial provido. (REsp nº 1.782.692/PB. Rel. Min. Herman Benjamin, Segunda Turma, j. 13.8.2019. *DJe*, 5 nov. 2019)

A tutela da água passa a ser relacionada diretamente à crise climática, como reconhece a Corte ao referir que a Lei nº 9.433/1997 condiciona a extração de água subterrânea – quer para consumo final, quer como insumo de processo produtivo – à prévia e válida outorga

CAPÍTULO 4
LITÍGIOS E DIREITO DAS MUDANÇAS CLIMÁTICAS NO BRASIL | 163

pelo Poder Público, o que se explica pela notória escassez desse precioso bem, literalmente vital, de enorme e crescente valor econômico, mormente diante do aquecimento global:

> AMBIENTAL E PROCESSUAL CIVIL. RECURSOS HÍDRICOS. EMBARGOS DE DIVERGÊNCIA. CONDOMÍNIO RESIDENCIAL. POÇO ARTESIANO. FEDERALISMO HÍDRICO-AMBIENTAL. REGIME JURÍDICO DAS ÁGUAS SUBTERRÂNEAS. ART. 12, II, DA LEI .433/1997 E ART. 45, §2º, DA LEI 11.445/1997. NECESSIDADE DE OUTORGA E AUTORIZAÇÃO AMBIENTAL. PRECEDENTES. HISTÓRICO DA DEMANDA 1. Trata-se, na origem, de Ação de Obrigação de Fazer proposta pelo Condomínio do Parque Residencial Ypiranga que, sob o argumento de haver insuficiência do abastecimento público de água, realizou perfuração de poço artesiano para uso dos condôminos, sem outorga e autorização ambiental. 2. A sentença julgou procedentes os pedidos. O Tribunal de origem negou provimento à Apelação, entendendo, em síntese, que inexiste na legislação federal ou estadual obrigação de outorga ou autorização do órgão público competente para uso de água extraída de poços artesianos. 3. O INEA interpôs Recurso Especial alegando violação do art. 45, §2º, da Lei federal 11.445/2007 (Lei do Saneamento Básico) que veda a quem possui instalação hidráulica predial ligada à rede pública abastecer-se de fontes alternativas. REGIME JURÍDICO DAS ÁGUAS SUBTERRÂNEAS 4. Qualquer que seja o ângulo pelo qual se examine a questão, justifica-se a disciplina normativa, pela União, das águas subterrâneas - reputadas ora federais, ora estaduais -, por constituírem recurso natural, público, limitado, não visível a olho nu (ao contrário das águas de superfície), e indispensável à concretização dos direitos fundamentais à vida, à saúde e ao meio ambiente ecologicamente equilibrado. 5. Na disciplina dos recursos hídricos, dois diplomas federais são de observância obrigatória para Estados, Distrito Federal e Municípios: a Lei 9.433/1997 (Lei da Política Nacional de Recursos Hídricos) e a Lei 11.445/2007 (Lei do Saneamento Básico). A Lei 9.433/1997 condiciona a extração de água subterrânea - quer para "consumo final", quer como "insumo de processo produtivo" - à prévia e válida outorga pelo Poder Público, o que se explica pela notória escassez desse precioso bem, literalmente vital, de enorme e crescente valor econômico, mormente diante das mudanças climáticas (art. 12, II). Já o art. 45, §2º, da Lei 11.445/2007 prevê categoricamente que "a instalação hidráulica predial ligada à rede pública de abastecimento de água não poderá ser também alimentada por outras fontes". 6. Assim, patente a existência de disciplina normativa expressa, categórica e inafastável de lei geral federal, que veda captação de água subterrânea para uso de núcleos residenciais, sem que haja prévia outorga e autorização ambiental do Poder Público. As normas locais devem seguir as premissas

básicas definidas pela legislação federal. Estatuto editado por Estado, Distrito Federal ou Município que contrarie as diretrizes gerais fixadas nacionalmente padece da mácula de inconstitucionalidade e ilegalidade, por afrontar a distribuição de competência feita pelo constituinte de 1988: "Compete privativamente à União legislar sobre ... águas" (art. 22, IV, da Constituição Federal, grifo acrescentado). Precedentes do STJ. CONCLUSÃO 7. Embargos de Divergência conhecidos e providos. (STJ. EREsp nº 1.335.535/RJ. Rel. Min. Herman Benjamin, Primeira Seção, j. 26.9.2018. *DJe*, 3 set. 2020)

Mais uma vez, a Corte decidiu no sentido de inserir a cidade na era das mudanças climáticas, ao referir que, no âmbito ambiental-urbanístico, alvará – como forma ou veículo de exteriorização de autorização e licença – encarna ato administrativo individual, com objeto certo e imutável. Incapaz, portanto, de atribuir *status* de direito adquirido ou ato jurídico perfeito ao proprietário para, daí em diante, derrubar ou modificar, a qualquer momento, o que anterior e legalmente foi erigido e, já sob quadro normativo diverso, pretender que se lhe apliquem exigências débeis e obsoletas, revogadas e superadas por outras supervenientes com parâmetros restritivos alargados. Prédio novo não herda regime jurídico ambiental-urbanístico de prédio velho, mesmo que erguido no mesmo lugar e até sobre as mesmas fundações. Assim, o novel direito climático para o enfrentamento do aquecimento global deve ser levado em consideração no licenciamento de construções realizadas na mesma localidade de prédio antigo:

PROCESSUAL CIVIL. DIREITO AMBIENTAL E URBANÍSTICO. ÁREA DE PRESERVAÇÃO PERMANENTE. PRÉDIO REFORMADO OU AMPLIADO. DEMOLIÇÃO DA CONSTRUÇÃO. LICENÇA, AUTORIZAÇÃO E ALVARÁ. ALEGAÇÃO DE DIREITO ADQUIRIDO E ATO JURÍDICO PERFEITO. REGIME JURÍDICO MATERIALMENTE INTRANSFERÍVEL. LIMITES DA LIDE E DA COISA JULGADA. AFASTAMENTO DA MULTA ESTABELECIDA PELO ART. 538, PARÁGRAFO ÚNICO, DO CPC. IMPOSSIBILIDADE DE REVOLVIMENTO FÁTICO-PROBATÓRIO. 1. Em Ação Civil Pública o recorrente foi condenado a cumprir obrigações de fazer e de não fazer consistentes em demolir construção, reforma e obra, de qualquer espécie, efetivadas no imóvel em que funciona casa noturna conhecida como Boate Phoenix, com remoção de todo o entulho, sob pena de multa; proceder à recuperação ambiental do local e não realizar novas edificações na Área de Preservação Permanente. 2. A lide foi julgada com base em fatos e provas, o que atrai a aplicação da Súmula 7/STJ. O Tribunal de origem assim se posicionou: "A construção, de 1979 foi autorizada pelo Município e respeitava a área de preservação permanente; atingida pelo alargamento da área de preservação em 1989, foi preservada, não com base no direito adquirido (que não se aplica à hipótese), mas com base na válida autorização e no ato jurídico perfeito. Aumentada a área de preservação, a construção não pode mais ser ampliada; a lei nova respeita o ato jurídico perfeito antecedente, mas nos exatos termos em que praticado: aquela construção, e aquela área; pois as novas autorizações se submetem à lei nova, e não se permite que, com base na autorização anterior, se amplie a ilegalidade e a agressão ambiental. A construção antiga não existe mais, pois substituída (não apenas ampliada) pela construção posterior; não há mais o que preservar, e outra construção igual será tida como construção nova, não protegida pelo alvará de 1979, que se exauriu". E concluiu: "A ampliação da construção feita em 1998 havia de amoldar-se à legislação então vigente; a área de preservação era de trinta metros, de modo que nada podia ser construída nela. Há duas irregularidades: não foi autorizada pelos órgãos ambientais; e mesmo que a Prefeitura tivesse anuído, não há como ultrapassar a infração ambiental. É interessante observar que a planta apresentada à Prefeitura ... não indica a localização dos cursos d'água e apresenta uma situação, embora sem escala, claramente enganadora; a aprovação é de clara ilegalidade." 3. Construção nova que, total ou parcialmente, substitui, amplia ou reforma edificação deve observar a legislação ambiental, urbanística, sanitária e de parcelamento do solo mais rigorosa vigente no momento da alteração material realizada no bem. No âmbito ambiental-urbanístico, alvará - como forma ou veículo de exteriorização de autorização e licença - encarna ato administrativo individual, com objeto certo e imutável. Incapaz, portanto, de atribuir status de direito adquirido ou ato jurídico perfeito ao proprietário para, daí em diante, derrubar ou modificar, a qualquer momento, o que anterior e legalmente foi erigido e, já sob quadro normativo diverso, pretender que se lhe apliquem exigências débeis e obsoletas, revogadas e superadas por outras supervenientes com parâmetros restritivos alargados. Prédio novo não herda regime jurídico ambiental-urbanístico de prédio velho, mesmo que erguido no mesmo lugar e até sobre as mesmas fundações. Entender diferentemente equivaleria a burlar inevitável imperativo de aperfeiçoamento benfazejo da ordem pública ambiental, urbanística, sanitária e de parcelamento do solo urbano. Tolheria esse esforço permanente e progressivo do legislador e do administrador inerente à disciplina jurídica de atividades e edificações na cidade e no campo, regulação que requer acompanhamento pari passu dos avanços do conhecimento científico e também da expansão das demandas emergentes de maior garantia da qualidade de vida e do meio ambiente ecologicamente equilibrado, inclusive quanto à saúde pública, biodiversidade, controle da poluição, paisagem, recursos hídricos, estética do espaço construído e enfrentamento das mudanças climáticas. 4. O recorrente afirma que houve extrapolação dos limites da lide e da coisa julgada. Para enfrentar tal pretensão, necessário infirmar as premissas que a Corte de origem fixou, o que ensejaria revolvimento fático-probatório vedado ao Recurso Especial por força da Súmula 7/STJ. Com relação à multa estabelecida no art. 538 do CPC, aplicada na primeira instância, é também de rigor análise fático-probatória para afastá-la, o que novamente atrai o óbice da mesma súmula. 5. Recurso Especial não provido. (REsp nº 1.635.397/ SP) (BRASIL, 2020)

A tutela do sistema climático é levada em consideração, de modo paradigmático, para manter o já consagrado entendimento do Tribunal da Cidadania de que a queima da palha da cana-de-açúcar causa dano ambiental e climático, sendo avaliada sob o enfoque da responsabilidade objetiva com a aplicação da teoria do risco integral:

AMBIENTAL. PROCESSUAL CIVIL. QUEIMA DA PALHA DE CANA-DE-AÇÚCAR. AUSÊNCIA DE AUTORIZAÇÃO DA ADMINISTRAÇÃO PÚBLICA. RESPONSABILIDADE CIVIL OBJETIVA. 1. Trata-se de Ação Civil Pública com pedido de indenização por dano ambiental causado por queima ilegal da palha de cana-de-açúcar. 2. O acórdão recorrido está dissonante da jurisprudência do STJ, em especial quanto ao regime da responsabilidade civil objetiva pelo dano ambiental. 3. Recurso Especial provido. (REsp n. 1.374.281/SP, relator Ministro Herman Benjamin, Segunda Turma, julgado em 4/10/2016, DJe de 26/8/2020.) AMBIENTAL. PROCESSUAL CIVIL. AUSÊNCIA DE OMISSÃO. ART. 535, II, DO CPC. FALTA DE INDICAÇÃO DOS ARTIGOS VIOLADOS. SÚMULA 284/ STJ. COMPETÊNCIA DA UNIÃO. LICENÇA AMBIENTAL. QUEIMA CONTROLADA DA PALHA DA CANA-DE-AÇÚCAR. 1. Trata-se de Ação Civil Pública proposta pelo Ministério Público Federal com o escopo de proibir o IAP de conceder novas autorizações, além de suspender as concedidas, para a queima controlada da palha de cana-de-açúcar na área compreendida pela Subseção Judiciária de Jacarezinho-PR; bem como permitir que o Ibama promova, com exclusividade, o procedimento de licença ambiental, devendo o órgão federal respeitar a exigência de prévio EIA/RIMA. 2. Não se configurou a ofensa ao art. 535, I e II, do Código de Processo Civil, uma vez que o Tribunal de origem julgou integralmente a lide e solucionou a controvérsia que lhe foi apresentada. 3. A parte recorrente descreveu a situação fática e jurídica posta nos autos, contudo deixou de salientar quais os artigos da Lei 5.197/1967, do Decreto 99.274/1990, do Decreto-Lei 221/1967, da Lei 7.802/1989, da Lei 8.723/1993 e da Lei 9.985/2000 foram violados. Nesse ponto incide

CAPÍTULO 4
LITÍGIOS E DIREITO DAS MUDANÇAS CLIMÁTICAS NO BRASIL | 167

a Súmula 284/STF. 4. O acórdão recorrido está em consonância com os precedentes do STJ, pois a queima da palha da cana-de-açúcar deve ser feita conforme prévia autorização legal. Precedentes: AgRg nos EREsp 738.031/SP, Rel. Ministro Arnaldo Esteves Lima, Primeira Seção, DJe de 4/8/2014; AgRg nos EDcl no REsp 1.094.873/SP, Rel. Ministro Humberto Martins, Segunda Turma, DJe de 17/8/2009, e AgRg no REsp 1.038.813/SP, Rel. Ministro Mauro Campbell Marques, Segunda Turma, DJe de 10/9/2009. 5. O Ibama se equivoca ao sustentar a desnecessidade de licenciamento ambiental para autorizar a queima da palha da cana-de--açúcar. As queimadas são, em tese, incompatíveis com os objetivos de proteção do meio ambiente estabelecidos na Constituição Federal e nas normas ambientais infraconstitucionais. Sobretudo em época de mudanças climáticas, qualquer exceção a essa proibição geral, além de ser necessário estar prevista expressamente em lei federal, deve ser interpretada restritivamente pelo administrador e juiz. 6. A autoridade ambiental poderá expedir autorizações - específicas, excepcionais, individualizadas e por prazo certo -, nos termos legais, sem a perda da exigência da elaboração, às expensas dos poluidores, de Estudo Prévio de Impacto Ambiental, na hipótese de prática massificada da queima da palha da cana-de-açúcar, e do dever de reparar eventuais danos (patrimoniais e morais, individuais e coletivos) causados às pessoas e ao meio ambiente, com base no princípio do poluidor-pagador. 7. O Tribunal de origem consignou: "O relato deste magistrado acima transcrito quanto aos nefastos efeitos da queima da palha de cana-de-açúcar no Município paranaense de Jacarezinho acabaram sendo confirmados, com idêntica intensidade, no Município paulista de Ourinhos, para onde o sentenciante mudou-se com sua família há pouco mais de um ano (amparado em autorização da Corregedoria-Regional da Justiça Federal da 4ª Região) e passou a vivenciar de perto idêntica situação." 8. O efeito danoso dessa queima controlada abrange mais de um Estado, razão pela qual a competência para o licenciamento da atividade em questão é do Ibama. O art. 7º, XIV, "e", da LC 140/2011 estabelece a competência da União para promover o licenciamento ambiental de empreendimentos e atividades localizados ou desenvolvidos em dois ou mais estados. Precedente: RMS 41.551/MA, Rel. Ministro Benedito Gonçalves, Primeira Turma, DJe de 27/5/2014.9. Recurso Especial parcialmente conhecido e, nessa parte, não provido. (REsp nº 1.386.006/PR) (BRASIL, 2020)

A necessária intervenção do juiz, como melhor amigo da água, para evitar a poluição hídrica dos rios, está consignada em importante decisão do STJ que, mais uma vez, relaciona o risco da escassez da quantidade e qualidade da água às mudanças climáticas:

PROCESSUAL CIVIL. AMBIENTAL. DIVERGÊNCIA JURISPRUDEN-CIAL NÃO DEMONSTRADA. OFENSA A DISPOSITIVO CONSTITU-CIONAL. COMPETÊNCIA EXCLUSIVA DO STF. POLUIÇÃO HÍDRICA. RIO BOCAINA. FALTA DE PREQUESTIONAMENTO. SÚMULA 211/STJ. MORTE DE PEIXES. DANO AMBIENTAL COMPROVADO. REEXAME DE PROVAS. 1. A poluição hídrica é uma das mais graves formas de contaminação do meio ambiente, sobretudo porque envolve recurso escasso e precioso, valor humano e ecológico que, a cada dia, ganha maior dimensão diante do crescimento populacional, da redução da quantidade e qualidade da água disponível, do aumento da demanda e da ameaça de mudanças climáticas capazes de virar de cabeça para baixo o sistema hidrológico que conhecemos. Em tal cenário, o juiz se transforma, fruto de imposição constitucional e legal, mas igualmente por necessidade, no melhor amigo da água, não raro o único em condições de agir e cobrar resultados. 2. A alegação da empresa sobre a afronta aos arts. 3º, IV, e 14 da Lei 6.938/1981; ao art. 11 da Lei 7.347/1985; aos arts. 267, VI, 332, 333, 458, 461 e 632 do CPC, a despeito da oposição de Embargos Declaratórios, não foi apreciada pelo acórdão recorrido. Dessa forma, não se observou o requisito do prequestionamento. Incide, nesse ponto, a Súmula 211/STJ. 3. É inviável ao STJ apreciar ofensa aos artigos da Carta Magna, uma vez que tal atribuição compete exclusivamente ao Supremo Tribunal Federal, nos termos do art. 102, III, "a", da CF/1988.4. A divergência jurisprudencial deve ser comprovada, cabendo a quem recorre demonstrar as circunstâncias que identificam ou assemelham os casos confrontados, com indicação da similitude fática e jurídica entre eles. Indispensável a transcrição de trechos do relatório e do voto dos acórdãos recorrido e paradigma, realizando-se o cotejo analítico entre ambos, com o intuito de bem caracterizar a interpretação legal divergente. 5. O Tribunal bandeirante consignou: "A infração cometida pela apelante se encontra consubstanciada pelos autos de infração de fls. 125 e de fls. 209 onde consta a imposição de penalidade de advertência pelo lançamento de efluentes líquidos domésticos, provenientes do sistema de tratamento de esgotos da Cidade de Bocaina, no córrego Bocaina, em desacordo com a legislação vigente". 6. O acórdão recorrido, apesar de sucinto, está bem fundamentado. Depreende-se de sua análise que a infração ambiental, o nexo de causalidade e o dano estão demonstrados. 7. Os autos de infração juntados a este processo comprovam o lançamento doméstico de efluentes líquidos no córrego Bocaina. Ademais, a Cetesb informou que o procedimento executado pela recorrente está em desacordo com a legislação vigente, o que tem ocasionado a mortandade dos peixes e o grave dano ao meio ambiente. 8. Recurso Especial não provido. (REsp nº 1.418.423/SP, 26.11.2019) (BRASIL, 2019)

A tutela da zona costeira e, especialmente, da Bahia dos Golfinhos, foi objeto de tutela judicial em virtude da ameaça e a realidade do aquecimento global e o consequentemente aumento do nível dos oceanos que afeta seres humanos e não humanos:

PROCESSUAL CIVIL. AÇÃO DECLARATÓRIA. DIREITO AMBIENTAL. BAÍA DOS GOLFINHOS. PRAIA. BEM DE USO COMUM DO POVO. ARTS. 6º, CAPUT E §1º, E 10, CAPUT E §3º, DA LEI 7.661/1988. FALÉSIA. ÁREA DE PRESERVAÇÃO PERMANENTE. ART. 4º, VIII, DA LEI 12.651/2012. TERRENO DE MARINHA. DOMÍNIO DA UNIÃO. LOCAL DE NIDIFICAÇÃO DE TARTARUGAS MARINHAS. PROPRIEDADE DO ESTADO. ART. 1º, CAPUT, DA LEI 5.197/1967. CONSTRUÇÃO ILEGAL. DEMOLIÇÃO. SÚMULA 7/STJ. HISTÓRICO DA DEMANDA 1. Cuida-se de Ação Declaratória proposta por estabelecimento hoteleiro contra a União, buscando reconhecimento judicial de que o imóvel litigioso não se encontra em terreno de domínio público; alternativamente, pede que se declare que a empresa detém posse legal da área, bem como que se afirme a ilicitude de pretensão demolitória da Administração. O Juiz de 1º grau e o Tribunal Regional Federal da 5ª Região julgaram improcedente a ação. 2. Construída e em funcionamento sem licenciamento ambiental, a edificação litigiosa é "barraca de apoio" (lanchonete/bar) destinada aos hóspedes do Hotel Village Natureza, no Distrito de Pipa, Município de Tibau do Sul. O estabelecimento em questão se localiza na praia, no sopé de altíssima falésia, ponto de desova de tartarugas marinhas, em trecho de mar considerado habitat de golfinhos, cartão postal do paradisíaco litoral sul do Estado do Rio Grande do Norte. QUÍNTUPLA VIOLAÇÃO DA LEGISLAÇÃO 3. Ocorre, in casu, quíntupla violação da legislação vigente em virtude de construção a) em terreno de marinha (terraço costeiro), sem autorização da União; b) em Área de Preservação Permanente (falésias); c) em praia, bem de uso comum do povo; d) em superfície de nidificação de quelônios; e em razão de e) ausência de licenciamento ambiental. AUTOEXECUTORIEDADE DOS ATOS ADMINISTRATIVOS E ORDEM DE DEMOLIÇÃO 4. Nas palavras do acórdão recorrido, há Relatório de Fiscalização do Ibama, órgão ambiental federal, que atesta encontrar-se a obra em Área de Preservação Permanente e de domínio da União. À luz do princípio da autoexecutoriedade dos atos administrativos, que dispensa ordem judicial para sua plena eficácia, a demolição de construção pode ser ordenada diretamente pela Administração, desde que precedida de regular processo. 5. Retomar bem público subtraído contra legem nada sugere de despótico, ao contrário, arbítrio externa, sim, comportamento de particular que dele se apropria com exclusividade, prática ética, política e juridicamente inaceitável, pois denuncia privilégio e benefício, comercial ou pessoal, do mais esperto em desfavor de multidão de respeitadores cônscios das prescrições legais. Tal usurpação elimina, às claras, o augusto princípio da igualdade de todos perante a lei, epicentro do Estado de Direito. Por óbvio, tampouco tolhe o agir da Administração a existência de outras ocupações irregulares no local, visto que multiplicidade de infratores não legitima, nem anistia ou enobrece, pela banalização, ilegalidade estatuída na Constituição ou em lei. 6. Inatacável, portanto, o acórdão recorrido ao confirmar o julgamento antecipado da lide. Construção ou atividade irregular em bem de uso comum do povo revela dano in re ipsa, dispensada prova de prejuízo in concreto, impondo-se imediata restituição da área ao estado anterior. Demolição e restauração às expensas do transgressor, ressalvada hipótese de o comportamento impugnado contar com inequívoca e proba autorização do órgão legalmente competente. PRAIA 7. Segundo a Lei 7.661/1988 (Lei do Gerenciamento Costeiro), praia é "a área coberta e descoberta periodicamente pelas águas, acrescida da faixa subseqüente de material detrítico, tal como areias, cascalhos, seixos e pedregulhos, até o limite onde se inicie a vegetação natural, ou, em sua ausência, onde comece um outro ecossistema" (art. 10, §3º). 8. A mesma norma, quanto à utilização, dispõe que "praias são bens públicos de uso comum do povo, sendo assegurado, sempre, livre e franco acesso a elas e ao mar, em qualquer direção e sentido" (art. 10, caput). Em adição, sobre o domínio, a Constituição de 1988 não deixa dúvida: "praias marítimas" e "terrenos de marinha e seus acrescidos" integram o conjunto dos "bens da União" (art. 20, IV e VII). 9. A nenhuma pessoa se faculta, ao arrepio da lei e da Administração, ocupar ou aproveitar praia de modo a se assenhorear, com finalidade comercial ou não, de espaço, benefícios ou poderes inerentes ao uso comum do povo. Livre acesso significa inexistência de obstáculos, construções ou estruturas artificiais de qualquer tipo, de tal sorte que a circulação na praia - em todas as direções, assim como nas imprescindíveis vias, estradas, ruas e caminhos de ingresso e saída - esteja completamente desimpedida. Franco acesso equivale à plenitude do direito de ir e vir, isento de pagamento e de controle de trânsito, diretos ou indiretos. Admite-se retribuição pecuniária quando decorrente de cobrança, pelo Estado, por aproveitamento de bem de uso comum do povo e limitação de acesso apenas no âmbito do exercício de legítimo poder de polícia, sobretudo para salvaguardar elevados valores coletivos, como saúde pública, meio ambiente, paisagem, patrimônio histórico e segurança nacional. FALÉSIAS 10. Falésias marinhas, ativas (= vivas) ou inativas (= mortas), como borda escarpada de "tabuleiro" costeiro, são Áreas de Preservação Permanente (art. 2º, g, da Lei 4.771/1965, revogada, e art. 4º, VIII, da Lei 12.651/2012), portanto compõem terreno non aedificandi, com presunção absoluta de dano ambiental caso ocorra desmatamento, ocupação ou exploração, observadas as ressalvas, em rol taxativo, expressa e legalmente previstas. Contra tal presunção juris et de jure, incabível prova de qualquer natureza, pericial ou não. Logo, igualmente por esse motivo, correta a confirmação, pelo Tribunal de origem, do julgamento antecipado da lide. 11. Dotados de grande beleza cênica e frágeis por constituição e topografia inerentes - submetidos amiúde a solapamento da base pela ação do mar, risco de abrasão agravado pelas mudanças climáticas, sem falar de outros agentes erosivos exodinâmicos (vento, chuva) associados ao intemperismo -, esses paredões abruptos constituem monumentos ancestrais e singulares da pandemônica história geológica da Terra e, por isso mesmo, conclamam máximo respeito e diligente atenção do legislador, do administrador e do juiz, mormente no que se refere à incessante pressão antrópica para ocupá-los e explorá-los, notadamente por atividades imobiliárias e turísticas depredativas, desordenadas e não sustentáveis. FALTA OU DESCUMPRIMENTO DE LICENCIAMENTO EM OBRA OU ATIVIDADE NA ZONA COSTEIRA .12. Nos termos da Lei 7.661/1988, "O licenciamento para parcelamento e remembramento do solo, construção, instalação, funcionamento e ampliação de atividades, com alterações das características naturais da Zona Costeira, deverá observar, além do disposto nesta Lei, as demais normas específicas federais, estaduais e municipais, respeitando as diretrizes dos Planos de Gerenciamento Costeiro" (art. 6º, caput). 13. Ainda de acordo com o mesmo texto legal, "A falta ou o descumprimento, mesmo parcial, das condições do licenciamento previsto neste artigo serão sancionados com interdição, embargo ou demolição, sem prejuízo da cominação de outras penalidades previstas em lei" (art. 6º, §1º). NINHOS, ABRIGOS E CRIADOUROS NATURAIS DA FAUNA SILVESTRE 14. Incontroverso que o local da obra impugnada é área de reprodução de tartarugas marinhas, o que o qualifica como "propriedade do Estado", regime jurídico de todos os "ninhos, abrigos e criadouros naturais" da fauna silvestre (art. 1º, caput, da Lei 5.197/1967). INEXISTÊNCIA DE POSSE PRIVADA DE BEM PÚBLICO 15. Pacífica a jurisprudência do STJ no sentido de que ocupação privada de bem público não evidencia posse, mas, sim, mera detenção, descabendo, por isso, falar em posse nova, velha ou de boa-fé. Por outro lado, se ilícita a detenção, incumbe ao Poder Público, na forma de inafastável dever e sob pena de cometer improbidade administrativa, mandar que, de imediato, se restitua o imóvel ao integral benefício da coletividade, irrelevante o tempo da ocupação, se recente ou antiga, ou a presença de alvará urbanístico e licença do órgão ambiental. Tudo porque domínio público não se submete a usucapião, rejeita privatização a ferro e fogo e, consequência de sua indisponibilidade, não se transfere a terceiros, implicitamente, por simples licenciamento ou contribuição tributária.

16. Intolerável no Estado de Direito que o indivíduo tome para si o que, pela Constituição e por lei, é de uso público. Eventual pagamento de laudêmio, de taxa de ocupação e de tributos não impede a Administração de buscar reaver aquilo que integra o patrimônio da sociedade. Leniência, inocente ou criminosa, do Poder Púbico não converte o bem público em bem privado, nem outorga ao ocupante ilídimo o direito de perpetuar esbulho ou procrastinar sua pronta correção. SÚMULA 7/STJ 17. No mais, modificar a conclusão a que chegou a Corte de origem, de modo a acolher as teses da recorrente, demanda reexame do acervo fático-probatório dos autos, o que é inviável em Recurso Especial, sob pena de violação da Súmula 7 do STJ. 18. Recurso Especial não provido. (REsp nº 1.457.851/RN) (BRASIL, 2016)

O grave problema social da ausência de água para os mais pobres, nas grandes metrópoles do mundo, agravado pela crise climática, uma verdadeira *tragédia dos comuns*, sobre a qual Hardin (1968) alertou na *Revista Science*, foi objeto de referência expressa pelo egrégio STJ:

ADMINISTRATIVO. AMBIENTAL. AÇÃO CIVIL PÚBLICA. RECURSOS HÍDRICOS. PRIORIDADE DO ABASTECIMENTO PÚBLICO. LEI 9.433/1997. RESPONSABILIDADE CIVIL DO ESTADO POR OMISSÃO DE FISCALIZAÇÃO AMBIENTAL. LEI 6.938/1981. DANO IN RE IPSA AO MEIO AMBIENTE. CONSTRUÇÃO DE IMÓVEL EM ÁREA DE PROTEÇÃO DE MANANCIAIS. RESERVATÓRIO GUARAPIRANGA. ÁREA NON AEDIFICANDI. IMPUTAÇÃO OBJETIVA E EXECUÇÃO SUBSIDIÁRIA. MUDANÇAS CLIMÁTICAS. 1. Trata-se, na origem, de Ação Civil Pública proposta pelo Ministério Público paulista contra o Estado de São Paulo e a Imobiliária Caravelas Ltda. Nos termos da peça vestibular, a segunda ré construiu imóvel em área de manancial (represa de Guarapiranga), na faixa non aedificandi. O Tribunal de Justiça reconheceu a existência das edificações ilícitas e determinou sua demolição, entre outras providências. IMPORTÂNCIA DA ÁGUA 2. Indiscutível que sem água não há vida. Por força de lei, abastecimento público é uso prioritário por excelência dos recursos hídricos (art. 1º, III, da Lei 9.433/1997). Logo, qualquer outro emprego da água, de suas fontes e do entorno dos rios, lagos, reservatórios e fontes subterrâneas que venha a ameaçar, dificultar, encarecer ou inviabilizar o consumo humano, imediato ou futuro, deve ser combatido pelo Estado, na sua posição de guardião maior da vida das pessoas, com medidas enérgicas e eficazes de prevenção, fiscalização, repressão e recuperação. 3. Qualquer outro interesse igualmente legítimo - habitação, comércio, indústria, lazer, agricultura, mineração - empalidece diante da imprescindibilidade e caráter insubstituível da água, recurso precioso que só existe onde existe,

CAPÍTULO 4
LITÍGIOS E DIREITO DAS MUDANÇAS CLIMÁTICAS NO BRASIL | 173

ao contrário de atividades concorrentes que, além de fungíveis, podem, em tese, ser localizadas e exploradas em variados pontos do território. 4. Nas metrópoles, caracterizadas pela alta densidade populacional, o valor da água se avulta diante da crescente escassez, que as assola de maneira geral, agravando-se pelas mudanças climáticas: o que se tem já não basta para abastecer sequer os "com água", muito menos os milhões ainda "sem água", os carentes ou excluídos desse serviço tão vital à dignidade da pessoa humana. 5. E nem se fale em direito adquirido à ocupação, prévia ou não, pois, nos planos ético e jurídico, ninguém possui ou incorpora, legitimamente, direito de matar de sede seus semelhantes, pouco importando o pretexto do momento, da crise habitacional à crise econômica, da especulação imobiliária ao exercício de iniciativas produtivas úteis, que geram trabalho e renda. DANO AMBIENTAL EM ÁREA NON AEDIFICANDI 6. Correto o Tribunal de Justiça ao concluir que "se verifica a ocorrência de lesão ao meio ambiente pela construção de imóveis em área non aedificandi, que sujeita o infrator a sofrer as sanções previstas em lei", deferência judicial à posição primordial da Represa Guarapiranga no abastecimento público da região metropolitana de São Paulo. 7. Com efeito, se a legislação prescreve ser o terreno non aedificandi, hipótese das Áreas de Preservação Permanente, edificação que nele ocorra vem, automaticamente e em si própria, qualificada como nociva, por presunção absoluta de prejuízo ao bem ou bens protegidos (saúde, água, flora, fauna, paisagem, ordem urbanística, etc). Trata-se de dano in re ipsa, inferência do próprio fato - edificação, ocupação, exploração ou uso proibidos falam por si mesmos. 8. Incompatível com pretensas justificativas técnicas ou jurídicas em sentido contrário, tal ficção legal, lastreada na razoabilidade e no bom senso, expressa verdade indiscutível e, por isso, dispensa perícia destinada a constatar ou contestar prejuízo concreto, já que vedado ao juiz convencer-se em sentido contrário. Não se faz prova ou contraprova daquilo que o legislador presumiu juris et de jure. No caso de reservatórios de abastecimento público, inútil convocar perito para desqualificar a lesão, ao apontar a não ocorrência de assoreamento, impermeabilização, contaminação direta da água ou, ainda, a presença de emissários coletores de efluentes. RESPONSABILIDADE CIVIL AMBIENTAL DO ESTADO POR OMISSÃO DE FISCALIZAÇÃO 9. Segundo o acórdão recorrido, deve ser excluída a responsabilização do Estado, mesmo que reconheça haver o Ministério Público notificado a Secretaria Estadual do Meio Ambiente, que não utilizou meios efetivos para sanar a violação e fazer cessar o dano. 10. Nesse ponto, o Tribunal de Justiça se distanciou da jurisprudência do STJ. Não se imputa ao Estado, nem se mostra viável fazê-lo, a posição de segurador universal da integralidade das lesões sofridas por pessoas ou bens protegidos. Tampouco parece razoável, por carecer de onipresença, exigir que a Administração fiscalize e impeça todo e qualquer ato de infração a lei. No entanto, incumbe ao Estado o dever-poder de eficazmente e de boa-fé implementar as normas em vigor, atribuição que, no âmbito do meio ambiente, ganha maior relevo diante da dominialidade pública de muitos dos elementos que o compõem e da diversidade dos instrumentos de prevenção, repressão e reparação prescritos pelo legislador. 11. Apesar de se ter por certo a inexequibilidade de vigilância ubíqua, é mister responsabilizar, em certas situações, o Estado por omissão, de forma objetiva e solidária, mas com execução subsidiária (impedimento à sua convocação per saltum), notadamente quando não exercida, a tempo, a prerrogativa de demolição administrativa ou de outros atos típicos da autoexecutoriedade ínsita ao poder de polícia. 12. Segundo a jurisprudência do STJ, "independentemente da existência de culpa, o poluidor, ainda que indireto (Estado-recorrente) (art. 3º da Lei nº 6.938/81), é obrigado a indenizar e reparar o dano causado ao meio ambiente (responsabilidade objetiva)" (REsp nº 1.376.199/SP) (BRASIL, 2016)

Decisão do STJ no sentido da tutela da zona costeira brasileira foi bastante enfática ao relacionar esta proteção com o fenômeno de causas antrópicas do aquecimento global. Ou seja, para a Corte, com especial ênfase, nosso direito protege a zona costeira, território que alberga ecossistemas ameaçados pelos efeitos deletérios e implacáveis das mudanças climáticas:

PROCESSUAL CIVIL. AÇÃO REIVINDICATÓRIA. PRAIA. PROPRIEDADE DA UNIÃO. ARTS. 3º, 6º, §2º, E 10 DA LEI 7.661/1988. ARTS. 5º, 10 E 11, §4º, DA LEI 9.636/1998. BARRACA. AUSÊNCIA DE AUTORIZAÇÃO DA SECRETARIA DO PATRIMÔNIO DA UNIÃO. PROTEÇÃO DA PAISAGEM. MUDANÇAS CLIMÁTICAS. FEDERALISMO COOPERATIVO AMBIENTAL. ART. 4º DA LEI COMPLEMENTAR 140/2011. LICENÇA URBANÍSTICO-AMBIENTAL. PRINCÍPIO DA MORALIDADE ADMINISTRATIVA. DETENÇÃO ILÍCITA E NÃO POSSE. PRECARIEDADE. DEMOLIÇÃO. SÚMULA 7/STJ.HISTÓRICO DA DEMANDA 1. O Tribunal a quo, em ação reivindicatória e com suporte em elementos fático-probatórios, consignou que o particular edificou barraca, com finalidade comercial, na Praia de Cacimbinhas, Município de Tibau do Sul-RN, sem autorização da Secretaria do Patrimônio da União (SPU), tendo sido verificada ainda a precariedade das condições sanitárias do empreendimento, razões pelas quais manteve a ordem de demolição. ZONA COSTEIRA 2. Com especial ênfase, nosso Direito protege a Zona Costeira, território que alberga ecossistemas acossados por atividades antrópicas diretas e, mais recentemente, por efeitos deletérios e implacáveis das mudanças climáticas. Trata-se de espaço em que habitat de inúmeras espécies da flora e da fauna ameaçadas de extinção - muitas delas endêmicas, por se encontrarem aqui e em nenhum outro lugar do Planeta - coexiste com ricos sítios históricos e paisagens naturais extraordinárias, exaltadas por brasileiros e estrangeiros. Um inestimável patrimônio nacional e da humanidade que vem sofrendo constante e irrefreável degradação desde o primeiro momento da colonização portuguesa, acentuada nas últimas décadas por conta de desmatamento e especulação imobiliária, além de insensibilidade, desídia e cumplicidade do Poder Público. 3. Atento ao valor transcendental e à gravidade das agressões à Zona Costeira, o legislador prescreveu, em vasto conjunto de normas constitucionais e infraconstitucionais, um intrincado microssistema jurídico próprio e peculiar que, apesar de pouco conhecido e aplicado de modo errático, deve ser observado pelo administrador e pelo juiz, em tudo que se refira a ações ou omissões que ameacem praias, recifes, parcéis e bancos de algas, ilhas costeiras e oceânicas, sistemas fluviais, estuarinos e lagunares, baías e enseadas, promontórios, costões e grutas marinhas, restingas, dunas, cordões arenosos, florestas litorâneas, manguezais, pradarias submersas, além de outras Áreas de Preservação Permanente, como falésias, e monumentos do patrimônio natural, histórico, paleontológico, espeleológico, arqueológico, étnico, cultural e paisagístico (art. 3º da Lei 7.661/1988). 4. Acima de tudo em casos de empreendimento de larga escala (como estrada e avenida, loteamento, porto, marina ou resort), ou daqueles que, por qualquer razão, possam colocar em risco processos ecológicos protegidos ou a paisagem (hipótese de espigões e multiplicidade de barracas), a ocupação e a exploração de áreas de praia e ecossistemas da Zona Costeira demandam elaboração de Estudo Prévio de Impacto Ambiental (art. 6º, §2º, da Lei 7.661/1988). Impõe-se tal medida inclusive quando o motivo para a ação governamental for, retirando uns, deixando outros, organizar o caos urbanístico caracterizado pela privatização ilícita de espaços que, pela Constituição e por lei, são públicos. DOMÍNIO DA UNIÃO 5. Na esfera da competência de implementação comum (art. 23, parágrafo único, da Constituição de 1988) e legitimados sob o manto do federalismo cooperativo ambiental e de políticas de descentralização (art. 4º da Lei Complementar 140/2011), a União, os Estados e os Municípios podem e devem colaborar, de forma a evitarem conflitos entre si e ampliarem a eficácia e a eficiência de suas ações administrativas. Contudo, eventuais delegação, convênio, consórcio público ou acordo entre essas entidades não atribuem a órgão estadual ou municipal autoridade para, sponte sua, no âmbito de licenciamento e fiscalização ambientais, a qualquer título dispor, direta ou indiretamente, de áreas de domínio federal. 6. Se o bem é da União, nulas a licença e a autorização urbanístico-ambientais outorgadas pelo Município ou Estado sem prévia consulta e, em seguida, anuência expressa e inequívoca do titular do domínio (art. 5º da Lei 9.636/1998). Em tais circunstâncias, a expedição de atos pelo gestor municipal ou estadual caracteriza improbidade administrativa. 7. Constatada a ocupação ilícita, no caso de bens da União, deverá o órgão competente "imitir-se sumariamente na posse do imóvel, cancelando-se as inscrições eventualmente realizadas", sem prejuízo de cobrança de "indenização" pelo uso indevido (art. 10 da Lei 9.636/1998). 8. Embora de domínio federal, incumbe, solidariamente, à União, aos Estados e aos Municípios a obrigação de protegerem as praias, decorrência do dever de, em conjunto, zelarem "pela manutenção das áreas de preservação ambiental, das necessárias à proteção dos ecossistemas naturais e de uso comum do povo, independentemente da celebração de convênio para esse fim" (art. 11, §4º, da Lei 9.636/1998). PAISAGEM 9. Na percepção do mundo ao seu redor, o ser humano é antes de tudo produto e refém do sentido da visão, daí ser lógico ao Direito, no trato de questões afeitas ao campo histórico e paisagístico, incorporar o universo das impressões colhidas pelo olhar e tocar. Conquanto a proteção jurídica da Zona Costeira não se faça, nem se deva fazer, apenas pela lente reducionista da estética, o certo é que a paisagem representa um dos valores centrais a inspirar a atuação do legislador, do administrador e do juiz. Nos ordenamentos contemporâneos, o elemento paisagístico - quer natural, quer artificial - ganha posição de bem jurídico culturalmente apreciado, legalmente individualizado, judicialmente garantido e temporalmente expandido ao agregar a perspectiva das gerações futuras. 10. Assim como sucede quando se depara com outros predicados e contingências intangíveis da vida humana (nascimento, morte, vergonha, dor, amor, ódio, honestidade, risco), igualmente alvos de normatividade e portadores de alta carga subjetiva ou psicológica, o Poder Judiciário não se deve furtar a enfrentar, entre os grandes dilemas existenciais da atualidade, o chamamento à proteção da paisagem e do belo, pois o próprio legislador se encarregou de reconhecer o fenômeno da "poluição estética" (art. 3º, III, "d", da Lei 6.938/1981). 11. Claro, a estética paisagística hodierna vai além da noção clássica de belo natural - romântica, materialista, elitista e obediente a certo simetrismo de convenções oficiais - ao abraçar a robustez da diversidade biológica e de outros atributos complexos da Natureza que, por serem imperceptíveis a olho nu ou pelo não especialista, mais do que "vistos" são apenas "sentidos" ou mesmo "imaginados". Um tipo de contentamento individual e social derivado não tanto do fisicamente presenciar ou apalpar, mas da experiência de simplesmente saber existirem, de maneira incógnita, no caos-harmonia dos surpreendentes e ainda misteriosos processos ecológicos que sustentam a vida na Terra. 12. No mais, inviável analisar as teses defendidas no Recurso Especial - principalmente a de que o bem não teria sido corretamente demarcado nem individualizado -, pois buscam afastar as premissas

CAPÍTULO 4
LITÍGIOS E DIREITO DAS MUDANÇAS CLIMÁTICAS NO BRASIL | 177

fáticas estabelecidas pelo Tribunal de origem. Incidência da Súmula 7/STJ. 13. Recurso Especial não provido. (REsp nº 1.410.732/RN) (BRASIL, 2016)

Importante observar que também o regime jurídico das águas subterrâneas e dos aquíferos foi objeto de tutela judicial em virtude das ameaças do aquecimento global para o fim de evitar o agravamento da crise hídrica:

ADMINISTRATIVO. REGIME JURÍDICO DAS ÁGUAS SUBTERRÂNEAS E AQUÍFEROS. COMPETÊNCIA AMBIENTAL. FORNECIMENTO DE ÁGUA. FONTE ALTERNATIVA. POÇO ARTESIANO. ART. 45 DA LEI 11.445/2007. CONEXÃO À REDE PÚBLICA. PAGAMENTO DE TARIFA. ART. 12, II, DA LEI 9.433/1997. CRISE HÍDRICA E MUDANÇAS CLIMÁTICAS. 1. Trata-se, originariamente, de ação que visa à declaração de ilegalidade de Decreto Estadual e de Portaria, de modo a autorizar o recorrido a utilizar fonte alternativa de água (poço artesiano), obstando a aplicação de multas pecuniárias e a lacração do poço. REGIME JURÍDICO DAS ÁGUAS SUBTERRÂNEAS 2. No que concerne ao domínio das águas, o art. 20, III, da CF/1988 prevê, entre os bens da União, "os lagos, rios e quaisquer correntes de água em terrenos de seu domínio, ou que banhem mais de um Estado, sirvam de limites com outros países, ou se estendam a território estrangeiro ou dele provenham, bem como os terrenos marginais e as praias fluviais". Já o art. 26, I, da CF/1988, entre os bens dos Estados, inclui "as águas superficiais ou subterrâneas, fluentes, emergentes e em depósito, ressalvadas, neste caso, na forma da lei, as decorrentes de obras da União", evidentemente submetidas aos mesmos critérios e exceções espaciais fixados no art. 20, III. 3. Quanto à competência legislativa, o art. 22, IV, da CF/1988 preceitua que cabe privativamente à União legislar sobre "águas, energia, informática, telecomunicações e radiodifusão". Adiante, o art. 24, VI, prescreve que compete, concorrentemente, à União, aos Estados e ao Distrito Federal elaborar leis sobre "florestas, caça, pesca, fauna, conservação da natureza, defesa do solo e dos recursos naturais, proteção do meio ambiente e controle da poluição", o que sem dúvida inclui a salvaguarda das águas, na perspectiva da qualidade ambiental. 4. Por sua vez, o art. 23, VI e XI, da CF/1988, de caráter material, atribui aos entes federados (União, Estados, Distrito Federal e Municípios) a competência comum (= competência de implementação) para proteger o meio ambiente, combater a poluição e proceder ao registro, acompanhamento e fiscalização das concessões de direitos de pesquisa e exploração de recursos hídricos e minerais em seus territórios. 5. Todas essas disposições constitucionais se complementam com o art. 225, caput, da Carta Magna, que impõe ao Poder Público e a toda a coletividade o dever de defender e preservar, para as presentes e futuras gerações, o meio ambiente ecologicamente equilibrado, essencial à sadia qualidade de vida, como direito difuso e fundamental, bem de uso comum do povo, vocalizando, em seus comandos normativos, os princípios da precaução, prevenção e reparação integral, entre outros. 6. Logo, na hipótese dos autos, o Estado possui domínio das águas subterrâneas nos precisos termos do art. 20, III, da CF/1988, desde que não se trate de águas subterrâneas federais, isto é, sob terrenos de domínio da União, que banhem mais de um Estado ou sejam compartilhadas com outros países. E, mesmo que não fossem de domínio estadual as águas subterrâneas em questão, ainda assim não ficaria limitada a competência ambiental do Estado, seja para legislar sob tal ótica, seja para exercer seu poder de polícia para evitar degradação quantitativa (superexploração e exaustão da reserva) e qualitativa (contaminação dos aquíferos subterrâneos) de recurso natural tão precioso para as presentes e futuras gerações. A multiplicidade e a sobreposição de esferas de controle se justificam pela crescente escassez hídrica, que afeta milhões de brasileiros nas maiores cidades do País e incontáveis outros na zona rural, situação mais preocupante ainda diante de apavorantes previsões de agravamento e calamidade pública na esteira de incontestáveis mudanças climáticas de origem antropogênica. EXAME DO CASO CONCRETO 7. Ao contrário do afirmado na origem, o STJ possui entendimento, em situações análogas, no sentido de que o inciso II do art. 12 da Lei 9.433/1997 condiciona a extração de água subterrânea à respectiva outorga, o que se explica pela ressabida escassez do bem, considerado como recurso limitado, de domínio público e de expressivo valor econômico (AgRg no REsp 1.352.664/RJ, Rel. Ministro Mauro Campbell Marques, Segunda Turma, DJe 20/5/2013; AgRg no AgRg no REsp 1.185.670/RS, Rel. Min. Benedito Gonçalves, Primeira Turma, DJe 6/9/2011). 8. A interpretação sistemática do art. 45 da Lei 11.445/2007 não afasta o poder normativo e de polícia dos Estados no que diz respeito ao acesso às fontes de abastecimento de água e à determinação de conexão obrigatória à rede pública. 9. Quanto aos artigos de lei estadual, saliento que ofensa a Direito local não enseja interposição de Recurso Especial. Incide, por analogia, a Súmula 280/ STF. CONCLUSÃO 10. Recurso Especial parcialmente conhecido e, nessa parte, provido, com a condenação do recorrido ao pagamento das custas processuais e dos honorários advocatícios. (REsp nº 1.296.193/ RJ) (BRASIL, 2016)

Nos dias atuais, a jurisprudência do egrégio Superior Tribunal de Justiça, para além da invocação da Lei nº 12.187/2009, que instituiu a Política Nacional sobre Mudança do Clima (PNMC), e o Decreto nº 9.578/2018, que a regulamenta, declaram expressamente o dever de

CAPÍTULO 4
LITÍGIOS E DIREITO DAS MUDANÇAS CLIMÁTICAS NO BRASIL | 179

contribuição dos entes públicos e privados para a proteção do sistema climático global no enfrentamento das mais diversas temáticas concernentes ao direito ambiental no âmbito infraconstitucional.

4.5 Ações climáticas ajuizadas no âmbito da Justiça federal

Momento de passar à necessária análise de ações climáticas ajuizadas e algumas já apreciadas pelos juízes federais e pelos desembargadores federais nos tribunais regionais federais. A tutela do meio ambiente e do sistema climático estável é objeto de uma parcela significativa das demandas que hoje são distribuídas na Justiça federal do país, exigindo um elevado preparo técnico no tema dos candidatos ao cargo de juiz federal substituto e, igualmente, dos juízes federais substitutos, juízes federais e desembargadores federais que compõem a carreira e que necessitam de constantes atualizações sobre direito ambiental e, em especial, sobre o novíssimo e multidisciplinar direito das mudanças climáticas, ou direito climático, como querem alguns. Direito que, como se sabe, estará cada vez mais em voga, nas universidades e nos tribunais, até o ano de 2100, quando será verificado o sucesso ou o fracasso do Acordo de Paris. A organização da Justiça federal e a competência dos juízes federais encontram-se dispostas claramente no texto da Constituição e não ensejam maiores dúvidas:

> Art. 107. Os Tribunais Regionais Federais compõem-se de, no mínimo, sete juízes, recrutados, quando possível, na respectiva região e nomeados pelo Presidente da República dentre brasileiros com mais de trinta e menos de sessenta e cinco anos, sendo: I - um quinto dentre advogados com mais de dez anos de efetiva atividade profissional e membros do Ministério Público Federal com mais de dez anos de carreira; II - os demais, mediante promoção de juízes federais com mais de cinco anos de exercício, por antiguidade e merecimento, alternadamente. §1º A lei disciplinará a remoção ou a permuta de juízes dos Tribunais Regionais Federais e determinará sua jurisdição e sede. §2º Os Tribunais Regionais Federais instalarão a justiça itinerante, com a realização de audiências e demais funções da atividade jurisdicional, nos limites territoriais da respectiva jurisdição, servindo-se de equipamentos públicos e comunitários. §3º Os Tribunais Regionais Federais poderão funcionar descentralizadamente, constituindo Câmaras regionais, a fim de assegurar o pleno acesso do jurisdicionado à justiça em todas as fases do processo. Art. 108. Compete aos Tribunais Regionais Federais:

I - processar e julgar, originariamente: a) os juízes federais da área de sua jurisdição, incluídos os da Justiça Militar e da Justiça do Trabalho, nos crimes comuns e de responsabilidade, e os membros do Ministério Público da União, ressalvada a competência da Justiça Eleitoral; b) as revisões criminais e as ações rescisórias de julgados seus ou dos juízes federais da região; c) os mandados de segurança e os "habeas-data" contra ato do próprio Tribunal ou de juiz federal; d) os "habeas-corpus", quando a autoridade coatora for juiz federal; e) os conflitos de competência entre juízes federais vinculados ao Tribunal; II - julgar, em grau de recurso, as causas decididas pelos juízes federais e pelos juízes estaduais no exercício da competência federal da área de sua jurisdição. Art. 109. Aos juízes federais compete processar e julgar: I - as causas em que a União, entidade autárquica ou empresa pública federal forem interessadas na condição de autoras, rés, assistentes ou oponentes, exceto as de falência, as de acidentes de trabalho e as sujeitas à Justiça Eleitoral e à Justiça do Trabalho; II - as causas entre Estado estrangeiro ou organismo internacional e Município ou pessoa domiciliada ou residente no País; III - as causas fundadas em tratado ou contrato da União com Estado estrangeiro ou organismo internacional; IV - os crimes políticos e as infrações penais praticadas em detrimento de bens, serviços ou interesse da União ou de suas entidades autárquicas ou empresas públicas, excluídas as contravenções e ressalvada a competência da Justiça Militar e da Justiça Eleitoral; V - os crimes previstos em tratado ou convenção internacional, quando, iniciada a execução no País, o resultado tenha ou devesse ter ocorrido no estrangeiro, ou reciprocamente; V-A as causas relativas a direitos humanos a que se refere o §5º deste artigo; VI - os crimes contra a organização do trabalho e, nos casos determinados por lei, contra o sistema financeiro e a ordem econômico-financeira; VII - os "habeas-corpus", em matéria criminal de sua competência ou quando o constrangimento provier de autoridade cujos atos não estejam diretamente sujeitos a outra jurisdição; VIII - os mandados de segurança e os "habeas-data" contra ato de autoridade federal, excetuados os casos de competência dos tribunais federais; IX - os crimes cometidos a bordo de navios ou aeronaves, ressalvada a competência da Justiça Militar; X - os crimes de ingresso ou permanência irregular de estrangeiro, a execução de carta rogatória, após o "exequatur", e de sentença estrangeira, após a homologação, as causas referentes à nacionalidade, inclusive a respectiva opção, e à naturalização; XI - a disputa sobre direitos indígenas; §1º - As causas em que a União for autora serão aforadas na seção judiciária onde tiver domicílio a outra parte; §2º - As causas intentadas contra a União poderão ser aforadas na seção judiciária em que for domiciliado o autor, naquela onde houver ocorrido o ato ou fato que deu origem à demanda ou onde esteja situada a coisa, ou, ainda, no Distrito Federal; §3º - Serão processadas e julgadas na justiça estadual, no foro do domicílio dos segurados ou beneficiários, as causas em que forem parte instituição de previdência social e segurado, sempre que a comarca não seja sede de vara do juízo federal, e, se verificada essa condição, a lei poderá permitir que outras causas sejam também processadas e julgadas pela justiça estadual; §4º - Na hipótese do parágrafo anterior, o recurso cabível será sempre para o Tribunal Regional Federal na área de jurisdição do juiz de primeiro grau; §5º Nas hipóteses de grave violação de direitos humanos, o Procurador-Geral da República, com a finalidade de assegurar o cumprimento de obrigações decorrentes de tratados internacionais de direitos humanos dos quais o Brasil seja parte, poderá suscitar, perante o Superior Tribunal de Justiça, em qualquer fase do inquérito ou processo, incidente de deslocamento de competência para a Justiça Federal.

Passos de Freitas (2013) refere que o art. 109 da Carta Magna disciplina a regra de competência jurisdicional do Brasil. Inspirado no direito norte-americano, desde a proclamação da República e a edição do Decreto nº 848, de 11.10.1890, ele "segue, mais ou menos, a mesma orientação. Em linhas gerais, a competência da Justiça Federal é fixada pelo interesse da União Federal, suas autarquias ou empresas públicas" (FREITAS, 2013, p. 1461).

Dentro deste contexto e desta organização judiciária, caso relevante foi a ação popular climática ajuizada por *Engajamundo* e *Fridays For Future Brasil*, ajuizada na justiça federal de São Paulo, em que se pediu a anulação da NDC (Contribuição Nacionalmente Determinada) apresentada pelo país à UNFCCC (Convenção do Clima da ONU) em dezembro de 2020. Na inicial, os autores aduziram que o Brasil alterou para mais a base de cálculo das emissões da meta, proposta originalmente em 2015. Na referida atualização, de acordo com os autores, o governo não fez o ajuste correspondente no percentual de corte de emissão (43% até 2030 em relação ao ano de 2005). Com isso, o país inflou artificialmente seu compromisso internacional, podendo emitir, em uma verdadeira pedalada climática, até 400 milhões de toneladas de CO2, equivalente em 2030 a mais do que na proposta de 2015.

Conforme os demandantes, o Acordo de Paris, que é um tratado de direitos humanos, veda expressamente alterações nas metas nacionais que reduzam sua ambição, e isto viola o pactuado na COP21. Além disto, a parte ré também havia infringido normativa nacional, pois o Acordo foi ratificado pelo Congresso Nacional e promulgado pelo Presidente Michel Temer, por meio do Decreto nº 9.073, de 2017.

Sobreveio decisão interlocutória que deferiu em parte o pleito dos demandantes, mas a União recorreu, argumentando que o Acordo de Paris é um ato que diz respeito apenas à política externa brasileira – e, portanto, qualquer decisão sobre ele seria prerrogativa apenas do Poder Executivo em virtude do princípio da independência dos poderes.

Em sede de agravo de instrumento da União, a eminente Desembargadora Federal Marli Soares (TRF3), em decisão festejada por ambientalistas, referiu que o Decreto nº 9.073/2017 é lei brasileira em vigor e pode ser invocada e aplicada por qualquer instância do Poder Judiciário brasileiro (OBSERVATÓRIO DO CLIMA, 2022).

A egrégia Corte Federal decidiu, em outro caso, no entanto, de modo consoante com precedente do egrégio STF, ao autorizar a queima da palha da cana-de-açúcar e a sua diminuição gradativa com o passar dos anos, de acordo com interpretação de lei estadual. Referida decisão, abaixo ementada, está em desacordo, no entanto, com os precedentes do egrégio Superior Tribunal de Justiça:

> DIREITO CONSTITUCIONAL. AÇÃO CIVIL PÚBLICA. QUEIMA CONTROLADA DE PALHA DE CANA-DE-AÇÚCAR. LICENÇA AMBIENTAL CONCEDIDA PELO ÓRGÃO ESTADUAL. IBAMA. COMPETÊNCIA SUPLETIVA. 1. Rejeitadas as preliminares de inadequação da via e de incompetência absoluta do Juízo: a inconstitucionalidade não é objeto do pedido, mas integra a causa de pedir; e não existe, a rigor, conflito federativo entre Estado de São Paulo, CETESB e IBAMA, pois tais entes, ao contrário, convergem no sentido de questionar, direta ou indiretamente, a pretensão formulada na ação civil pública. As demais preliminares, de ilegitimidade passiva do Estado de São Paulo e do Ibama, assim como de impossibilidade jurídica do pedido frente à autarquia federal, confundem-se com o mérito. 2. A competência para licenciamento para atividades de risco cabe, constitucional e legalmente, ao órgão estadual de proteção ao meio ambiente, sendo do IBAMA a competência meramente supletiva, na ausência de atuação daquele órgão, nos termos do artigo 10, §3º, da Lei 6.938/81, na redação anterior à LC 140/2011. O CONAMA editou a Resolução 237/97, definindo que empreendimentos e atividades sujeitas a licenciamento ambiental seriam as relacionadas no Anexo I (artigo 2º), dentre as quais não se encontra a queima da palha de cana-de-açúcar. Ratificou, ainda, a competência do IBAMA e, mesmo assim, delegável aos Estados, para licenciamento de tais atividades, exclusivamente na hipótese em que os impactos ambientais diretos delas decorrentes ultrapassarem os limites territoriais do país ou de um ou mais Estados (artigo 4º, III, e §2º). 3. A competência de licenciar empreendimentos e atividades é do órgão estadual de

CAPÍTULO 4
LITÍGIOS E DIREITO DAS MUDANÇAS CLIMÁTICAS NO BRASIL | 183

proteção do meio-ambiente, mesmo quando impactos ambientais diretos decorrentes ultrapassarem os limites territoriais de um ou mais Municípios (artigo 5º, III, e parágrafo único). O Estado de São Paulo editou as Leis 10.547/2000 e 11.241/2-02, proibindo emprego do fogo, salvo para atividades agrícolas, pastoris ou florestais, dentre as quais a queima controlada da palha de cana-de-açúcar, técnica a ser eliminada de forma gradativa. Na respectiva regulamentação, foi baixado o Decreto Estadual 45.869/01, definindo hipóteses e procedimentos do método "despalhador" e "facilitador" do corte da cana-de-açúcar, mediante requerimento detalhado do interessado e sujeito à autorização ambiental. 4. Percebe-se, pois, a partir das regras aplicáveis, que a competência da autarquia federal para concessão das licenças para queima da palha de cana-de-açúcar na região de Campinas somente existiria, de forma precípua, se o método causasse impactos ambientais diretos de âmbito regional ou nacional, ou, de forma supletiva, se houvesse omissão na atuação estadual. 5. Nem se alegue que a legitimidade passiva do IBAMA seria justificada pela necessidade de proteção da saúde, Sistema Único de Saúde, fauna, flora e outros bens jurídicos de interesse federal. Primeiramente, o órgão de fiscalização ambiental não pode responder pela proteção da saúde ou do SUS e, em segundo lugar, a repartição constitucional e legal de competência existe para, justamente, definir limites de atuação cooperativa entre órgãos federais, estaduais, distritais e municipais, não sendo permitido ao ente federal, apenas por sua condição central, invadir a competência de outros entes federados sem que se esteja diante das hipóteses específicas de atuação supletiva ou intervenção. 6. A Constituição Federal, no inciso IV, §1º, do artigo 225, previu que a exigência de realização de estudo prévio de impacto ambiental estaria condicionada à reserva de lei. Por sua vez, a lei federal (artigo 27, parágrafo único do revogado Código Florestal e artigo 38, I, do atual) não previu a necessidade da realização de prévio estudo de impacto ambiental no caso da "queima controlada", mas apenas, por decreto, de prévia vistoria no caso de solicitação de autorização para uso do fogo em áreas "que contenham restos de exploração florestal [...] limítrofes às sujeitas a regime especial de proteção, estabelecido em ato do poder público". 7. A dispensa de estudo prévio, contudo, não se revela, em princípio, inconstitucional. Neste sentido, o parâmetro da desproporcionalidade ou da ofensa ao princípio da proibição de excesso não favorece a pretensão ministerial. No caso, são invocados dois grandes valores constitucionalmente tutelados, dentre outros: a proteção ao meio ambiente e o desenvolvimento econômico. Embora não seja perfeita, a equação legal parece equilibrar dentro do possível tais bens jurídicos, a partir do modelo adotado de queima controlada, pois ainda que atividade gere poluição com efeitos sobre o meio ambiente, existe uma estrutura organizada de atividade econômica e social que não pode ser ignorada. 8.

A adequação da atividade econômica encontra-se em curso, pois o Decreto 2.661/1998 prevê redução gradativa do emprego de fogo, o que denota, portanto, que a preocupação ambiental encontra-se presente, porém, a supressão repentina da queima da cana-de-açúcar poderia representar grave prejuízo ao desenvolvimento econômico. Tal decreto prevê, ainda, medidas necessárias para evitar graves danos ao meio ambiente (artigos 14 e 15). 9. A licença ambiental não respalda o exercício da atividade em termos irrestritos, pois a respectiva execução sujeita-se a situações que não coloquem em risco concreto bens jurídicos tutelados. Pode a licença ser suspensa ou cancelada, nos casos especificados, cabendo o respectivo controle ao órgão ambiental, sem prejuízo do acompanhamento pelo Ministério Público e outros órgãos. Não se trata, portanto, de permitir ou de proibir de forma genérica e absoluta, mas de compatibilizar, não apenas na concessão da licença, como na execução da respectiva atividade, os valores constitucionais. 10. Apelações providas e remessa oficial desprovida. (APELAÇÃO / REMESSA NECESSÁRIA ..SIGLA_CLASSE: ApelRemNec 5008327-46.2017.4.03.6105 ..PROCESSO_ANTIGO: ..PROCESSO_ANTIGO_FORMATADO:, ..RELATORC:, TRF3 - 3ª Turma, Intimação via sistema DATA: 14/04/2022 ..FONTE_PUBLICACAO1: ..FONTE_PUBLICACAO2: ..FONTE_PUBLICACAO3:.)

As demandas civis públicas climáticas ajuizadas pelo Ministério Público contra companhias aéreas que operam no Aeroporto Internacional de Guarulhos, buscando a obtenção de medidas mitigadoras dos impactos ambientais decorrentes das emissões dos gases de efeito estufa, têm sido julgadas igualmente improcedentes pelo egrégio TRF3, sob o argumento de que inexiste previsão legal a limitar a emissão de gases de efeito estufa por companhias aéreas ou a fixar-lhes obrigação compensatória ou reparatória ao meio ambiente, em razão de eventuais danos provocados pelo exercício de atividade devidamente autorizada pelo poder concedente. A decisão a seguir ementada refere-se à demanda *Ministério Público v. Turkish Airlines*:

> DIREITO PROCESSUAL CIVIL. AMBIENTAL. AÇÃO CIVIL PÚBLICA AJUIZADA PELO MINISTÉRIO PÚBLICO DO ESTADO DE SÃO PAULO CONTRA COMPANHIA AÉREA ATUANTE NO AEROPORTO DE GUARULHOS/SP. MEDIDAS MITIGADORAS DOS IMPACTOS AMBIENTAIS DECORRENTES DA EMISSÃO DE GASES DE EFEITO ESTUFA. INTERESSE DA UNIÃO (ANAC). COMPETÊNCIA DA JUSTIÇA FEDERAL. EXTINÇÃO DO PROCESSO, SEM EXAME DE MÉRITO. 1. Ajuizada ação civil pública ambiental, originariamente pelo Ministério Público Estadual contra Turkish Airleines Inc., companhia aérea que atua

no Aeroporto Internacional de Cumbica, em Guarulhos - objetivando a adoção de "medidas mitigadoras dos impactos ambientais decorrentes de suas atividades, em especial no que diz respeito à emissão de dióxido carbônico (CO2) e outros gases que comprovadamente são poluentes, guardam pertinência com o fenômeno climatológico denominado efeito estufa e repercutem negativamente nas mudanças climáticas que já vem sendo observadas no planeta" -, foi reconhecido o interesse da União com redistribuição do feito à Justiça Federal, ratificando o Ministério Público Federal os termos da inicial. 2. Ofertada defesa prévia pela empresa aérea e ANAC, a sentença, acolhendo parecer do MPF, reconheceu a inépcia da inicial e a ilegitimidade ativa do MPE, extinguindo o processo, sem exame de mérito, nos termos do artigo 485, I e VI, do CPC, apelando o MPE, alegando, em suma, que tem legitimidade para atuar, individualmente, na defesa do bem jurídico ambiental. 3. Não obstante a Lei 7.347/1985 admita litisconsórcio facultativo entre Ministério Público Federal e Ministério Público Estadual nas ações civil públicas, evidencia-se dos autos que, ao assumir o parquet federal a titularidade da ação com a redistribuição dos autos perante a Justiça Federal, não houve em nenhum momento qualquer manifestação no sentido de permanência do MPE na ação como litisconsorte facultativo ativo. Diante da atuação processual existente nos autos, evidencia-se que a situação é de conflito de entendimento e atuação funcional entre os órgãos ministeriais, pois o MPF requereu extinção do processo sem resolução do mérito, enquanto o MPE reiterou os termos da ação para condenação da requerida. Em casos que tais, deve-se atender à manifestação do parquet com atuação funcional na Justiça em que tramita o processo, após a redistribuição do feito, dada a própria unidade e indivisibilidade a ser preservada, na linha do que já decidido pelo Superior Tribunal de Justiça, inclusive. 5. Declarada a ilegitimidade ativa do MPE, não se conhece da respectiva apelação, sem prejuízo, porém, do amplo reexame da sentença por força da remessa oficial. 6. Quanto à extinção do processo, por falta de causa de pedir, confirma-se o entendimento exposto pelo MPF e pela sentença no sentido da inexistência de previsão legal a limitar a emissão de gases de efeito estufa por empresas de companhia aérea ou a fixar-lhes obrigação compensatória ou reparatória ao meio ambiente, em razão de eventuais danos provocados pelo exercício de atividade devidamente autorizada pelo poder concedente, a inviabilizar, pois, o prosseguimento da ação civil pública em direção à condenação pleiteada na inicial. 6. Apelação não conhecida e remessa oficial, tida por submetida, desprovida. (APELAÇÃO CÍVEL ..SIGLA_CLASSE: ApCiv 5002711-77.2019.4.03.6119 ..PROCESSO_ANTIGO: ..PROCESSO_ANTIGO_FORMATADO:, ..RELATORC:, TRF3 - 3ª Turma, Intimação via sistema DATA: 27/11/2020)

Na 11ª Vara Federal de Curitiba, foi ajuizada ação civil pública pelo Instituto de Estudos Amazônicos para discutir o cumprimento pela União das metas normativas climáticas assumidas na Política Nacional sobre Mudança do Clima (PNMC), a serem executadas conforme determinado no Plano de Ação para Prevenção e Controle do Desmatamento na Amazônia Legal (PPCDAm). Após controvérsia sobre o foro competente para a distribuição da petição inicial, a eminente Desembargadora Vânia Hack de Almeida, do Tribunal Regional Federal da 4ª Região (TRF4), decidiu manter, por hora, a competência da Justiça Federal do Paraná (JFPR) para processar e julgar a demanda e fez importantes e aprofundadas considerações, fazendo necessários esclarecimentos às partes, sobre o tema litígios e direito climático. O juízo de primeira instância havia entendido que a 7ª Vara Federal Ambiental e Agrária da Seção Judiciária do Amazonas é que seria a competente para o processamento e julgamento do feito pelo fato de ser o local do dano (Agravo de Instrumento nº 50337468120214040000) (BRASIL, 2021). A decisão restou assim ementada:

> AMBIENTAL. AGRAVO DE INSTRUMENTO. AÇÃO DE LITÍGIO CLIMÁTICO. CARACTERÍSTICAS. COMPETÊNCIA. CONEXÃO. 1. Os professores Ingo Wolfgang Sarlet e Tiago Fensterseifer destacam que, no Brasil, contamos com aproximadamente 40 décadas de uma trajetória e consolidação progressiva do marco jurídico ecológico - início em 1980 pela Lei 6.938/81 (Lei da Política Nacional do Meio Ambiente), quando então se consagrou um novo bem-jurídico ecológico autônomo, um microssistema legislativo especializado e uma política pública ambiental de âmbito nacional (em todos os planos federativos). A CF/1988 representa o ápice desse desenvolvimento, com a proteção ecológica tomando assento definitivo no núcleo normativo-axiológico do nosso sistema constitucional, mediante a consagração tanto de deveres de proteção ecológica atribuídos ao Estado e a particulares, quanto de um novo direito fundamental assegurando a todos viver em um meio ambiente sadio e equilibrado - tal como expresso no seu art. 225. A CF/1988 igualmente estabelece um Estado Constitucional aberto e cooperativo, que tem a prevalência dos direitos humanos como um dos princípios regentes das suas relações internacionais (art. 4º, II), estimulando o que se pode denominar de um Diálogos de Fontes Normativas e mesmo de um Diálogo de Cortes de Justiça, o que pode ser exemplificado com a referência expressa feita pelo Ministro Barroso à Opinião Consultiva n. 23/2017 da Corte Interamericana de Direitos Humanos sobre "Meio Ambiente e Direitos Humanos" na decisão convocatória da presente audiência pública. Esse cenário constitucional

é reforçado na jurisprudência do STF, com o reconhecimento do status supralegal dos tratados internacionais versando sobre o meio ambiente, como destacado em voto-relator da Ministra Rosa Weber na ADI 4066/DF (Caso Amianto), especificamente naquela ocasião em relação à Convenção da Basiléia sobre o Controle de Movimentos Transfronteiriços de Resíduos Perigosos e seu Depósito (1989). 2. Por tal razão, também a Convenção-Quadro sobre Mudança do Clima e a Convenção-Quadro sobre a Biodiversidade, ambas celebradas por ocasião da Conferência do Rio de 1992, e o Acordo de Paris 2015 -, devem ser tomados como parâmetro normativo para o controle de convencionalidade por parte de Juízes e Tribunais nacionais (inclusive ex oficio, como já decidido pela Corte IDH) da legislação infraconstitucional e ações e omissões de órgãos públicos e particulares. O novo status atribuído ao direito humano ao meio ambiente pelo Corte IDH, foi consagrado na já referida OC 23/2017 e, mais recentemente, já no âmbito da sua jurisdição contenciosa, no Caso Comunidades Indígenas Miembros de la Asociación Lhaka Honhat (Tierra Nuestra) vs. Argentina de 2020. Isso, por certo, reforça a responsabilidade internacional do Estado brasileiro em relação à proteção da Floresta Amazônica. No tocante ao direito fundamental ao meio ambiente, a jurisprudência do STF reconhece uma dimensão ecológica inerente ao princípio da dignidade da pessoa humana, exigindo-se, nesse sentido, um patamar mínimo de qualidade e integridade ecológica como premissa a uma vida digna e ao exercício dos demais direitos fundamentais, inclusive com base na interdependência e indivisibilidade de tais direitos. (Litigância climática, proteção do meio ambiente e ADPF 708/DF. 2020). 3. Conforme os professores Gabriel Mantelli, Joana Nabuco e Caio Borges, os litígios climáticos se apresentam como uma possibilidade estratégica na luta contra a mudança do clima e a favor da defesa dos direitos humanos. Cada vez mais, organizações da sociedade civil têm se utilizado desses mecanismos. Isso porque não só existe um fenômeno mundial de compartilhamento de experiências em torno desse instrumento - o que se pode constatar nos esforços da Organização das Nações Unidas (ONU) de dar visibilidade ao tema por meio do documento The status of climate change litigation: a global review -, mas também porque o uso do litígio climático representa mais uma oportunidade de trazer à tona a emergência climática no debate público. 4. Ainda que os indivíduos sejam indeterminados, a coletividade pode ser reunida pelo mesmo suporte fático -- dano ao meio ambiente causado pela alteração de suas características, pleitear a restauração e a reparação do ambiente danificado pelas mudanças climáticas. (Gabriel Wedy. Litígios climáticos e instrumentos processuais do ordenamento brasileiro. 2018. Disponível em. Acesso em 16 ago 2021). 5. O litígio climático se define como uma ferramenta jurídica apta a acionar Poder Judiciário e órgãos extrajudiciais para avaliar, fiscalizar, implementar e efetivar direitos e obrigações jurídicas relacionados às mudanças climáticas. Dados indicam a existência de pelo menos 1.200 litígios climáticos ao redor do mundo, com o registro de casos de sucesso a favor da proteção do clima, como Massachusetts x EPA nos Estados Unidos, o caso Urgenda na Holanda e o caso Leghari no Paquistão. Nesses dois últimos casos, as ações demandavam melhores padrões de proteção climática, processos nos quais o Poder Judiciário exigiu que autoridades obedecessem a melhores padrões de proteção climática. 6. No "caso Urgenda", que tramitou perante a Justiça da Holanda, sobreveio decisão da Suprema Corte daquele país, prolatada no final do ano de 2019, determinando que o governo holandês reduza as emissões de gases de efeito estufa na ordem de 25% em relação aos níveis de 1990, o que - segundo a decisão - deveria ter sido cumprido até o final do ano de 2020. Conforme bem aponta Gabriel Wedy, juiz federal desta Corte e um dos juristas brasileiros que mais se destacam na matéria, inclusive em âmbito internacional, foi a primeira vez que um Estado foi obrigado por um tribunal a adotar medidas efetivas contra a mudança climática. De acordo com o chief justice da Suprema Corte holandesa, Kees Streefkerg, "por causa do aquecimento global, a vida, o bem-estar e as condições de vida de muitas pessoas ao redor do mundo, incluindo na Holanda, estão sendo ameaçadas" (Gabriel Wedy. O 'caso Urgenda' e as lições para os litígios climáticos no Brasil. Consultor Jurídico, Coluna Ambiente Jurídico, 02.01.2021. Disponível em: https://www.conjur.com.br). 7. No Brasil, a discussão sobre a viabilidade da litigância climática avança. Além de a litigância climática ser um fenômeno global, o Brasil é o sétimo maior emissor global de gases de efeito estufa, e o país já está sofrendo com os efeitos das mudanças climáticas. Eventos como a alteração dos regimes de chuvas no Sudeste e o aumento de temperatura em algumas regiões do Nordeste vêm sendo cada vez mais associados a alterações estruturais nas condições climáticas. 8. Os litígios climáticos podem ser entendidos, em geral, como ações judiciais que requerem do Poder Judiciário ou de instâncias administrativas decisões que expressamente abordem questões, fatos ou normas jurídicas relacionadas, em sua essência, às causas ou aos impactos das mudanças climáticas. Os litígios climáticos podem envolver questões relacionadas: à redução das emissões de gases de efeito estufa (MITIGAÇÃO), à redução da vulnerabilidade aos efeitos das mudanças climáticas (ADAPTAÇÃO), à reparação de danos sofridos em razão das mudanças climáticas (PERDAS E DANOS) e à gestão dos riscos climáticos (RISCOS). 9. Litígios climáticos de mitigação podem exigir que o Poder Público implemente medidas destinadas a reduzir emissões de GEE, garantindo a efetividade de metas de redução ou de mercados de carbono e fiscalizando ações de combate ao desmatamento, medidas no planejamento urbano e em processos de licenciamento ambiental. Litígios climáticos de adaptação podem responsabilizar governos e empresas pela avaliação de riscos e obrigar a implementação de ações necessárias para combater impactos adversos das mudanças climáticas. Como exemplo hipotético, um litígio pode forçar municípios a desenvolver planos e outros instrumentos legais para lidar com mudanças no regime de chuvas, incidência mais constante de secas e aumento do nível do mar. 10. Litígios climáticos de perdas e danos almejam a responsabilização civil de entes governamentais e grandes emissores por danos causados a indivíduos e grupos em razão de eventos climáticos extremos e mudanças significativas no meio em que vivem (ex.: derretimento de geleiras e seus impactos sobre povos tradicionais). 11. Finalmente, litígios climáticos de riscos envolvem a consideração de riscos climáticos em processos de licenciamento ambiental, estudos de impacto ambiental e elaboração de planos setoriais relacionados às questões climáticas (como energia e mobilidade). Nesse último, pode-se pleitear a prestação de informações sobre riscos e avaliação das medidas de mitigação, até mesmo financeiros e socioambientais, relacionados às mudanças climáticas. 12. As experiências internacionais demonstram que existem diversas possibilidades para a litigância climática em termos de causa de pedir e objeto da ação, assim como de partes legitimadas para agir. Os principais atores que ingressam com litígios climáticos (polo ativo) são Estados, organizações não-governamentais e indivíduos. Os principais demandados (polo passivo) são também os Estados, mas também aparecem as empresas. (Gabriel Mantelli, Joana Nabuco e Caio Borges. Litigância climática na prática: Estratégias para litígios climáticos no Brasil. CONECTAS DIREITOS HUMANOS. [S.I.] 2019). 13. Os casos jurídicos mundo afora têm demonstrado que diferentes arranjos jurídico-processuais têm sido utilizados nos litígios climáticos. A diversidade presente no fenômeno da litigância climática incentiva à expansão desse mecanismo. Há um rol de possibilidades de configuração de um possível litígio climático. Ou seja, a estratégia da litigância climática é fazer cumprir as leis, tratados e outros esquemas regulatórios em vigor, bem como impulsionar novas regulações neste sentido. Ela tem como objetivo central pressionar os poderes Legislativo e Executivo, mediante a provocação do Judiciário, para garantir um clima estável. Pode-se observar cinco tendências sobre os propósitos dos litígios climáticos. Em primeiro lugar, trata-se de pressionar os governos ao cumprimento de seus compromissos legais e políticos, buscando medidas efetivas de mitigação e adaptação. Em segundo lugar, busca-se relacionar os impactos das atividades extrativas às mudanças climáticas - refletindo sobre a necessidade de regulamentação dessas atividades. Em terceiro lugar, há uma tentativa de se estabelecer o nexo de causalidade entre determinadas emissões e os impactos climáticos. Em quarto lugar, busca-se a responsabilização dos órgãos governamentais frente aos fracassos nas medidas de adaptação. Por fim, em quinto lugar, examina-se a aplicação da 'public trust doctrine" nos casos de mudanças climáticas. 14. Como destacam as professoras Luciana Bauer (Juíza Federal do TRF da Quarta Região) e Ana Luísa Sevegnani, a partir da contextualização da litigância ambiental e de seu suporte teórico no mundo, buscou-se sustentar a sua relevância para a discussão dos efeitos das mudanças ambientais, especialmente no tocante a uma mudança dos indivíduos e dos governos para contribuir com o meio ambiente. Em diversos países do mundo, ações judiciais foram intentadas com o objetivo de obstaculizar os avanços do aquecimento global, obtendo alguns resultados benéficos. Contudo, no Brasil, há poucas demandas consideradas ações de mudanças climáticas nos termos em que a ONU assim as reconhece. A litigância ambiental pela salvaguarda da vida, do meio de sustento e da saúde e a litigância feita em nome de gerações futuras ainda são uma novidade aqui. Porém, reconhecemos que essa nova litigância ambiental é fundamental por promover não apenas medidas no âmbito jurídico e governamental, mas na própria consciência e na cultura da sociedade, que passará a preocupar-se cada vez mais em promover o desenvolvimento sustentável. E é importantíssimo que os juízes, ao se depararem com ela, não a tratem como uma ação comum, com partes comuns. Torna-se cada vez mais necessário analisar o suporte teórico oferecido por ponderações da filosofia, da sociologia e de acordos internacionais que propõem considerações em relação à litigância intergeracional, bem como as decisões já exaradas pelos tribunais nessa seara, como é a decisão Urgenda. [...] conclui-se pela relevância da litigância ambiental como uma forma de obter ações governamentais concretas e, sobretudo, a construção de uma ética ambiental para o novo milênio. (Luciana Bauer e Ana Luísa Sevegnani. Litigância ambiental: uma ética ambiental para o novo milênio. 2021. 9 (sic) Disponível em. Acesso em 16 ago 2021). 15. Em resumo: as ações civis públicas climáticas são especiais, vocacionadas ao geral e internacional; comparadas com as ações civis ambientais, delas são colaterais, compartilhando apenas a raiz, qual seja, o meio ambiente. A temática e o ferramental são diversos. Não há - ontologicamente - como lhes por um tipo comum. 16. Tendo todo o exposto doutrinário e voltando-se ao caso dos autos, não é difícil constatar que as ações civis públicas sob análise apresentam tipologia, estrutura diferentes, ferramental especializado e enfoques político-jurídicos distintos, além do objeto, da causa de pedir e dos pedidos não coincidirem. 17. A Ação Civil Pública Climática originária tem por questão principal o cumprimento, pela União, das metas normativas climáticas assumidas na Política Nacional sobre Mudança do Clima - PNMC, a serem executadas conforme determinado no Plano de Ação para Prevenção e Controle do Desmatamento na Amazônia Legal

- PPCDAm. A obrigação exigida da UNIÃO, reitera-se, é no sentido de que a REPÚBLICA FEDERATIVA DO BRASIL, através do ente federal, cumpra com as determinações apontadas nas referidas normas climáticas (legais e executórias), consistentes na redução do desmatamento ilegal na Amazônia Legal ao patamar máximo de 3.925km2 até o fim do ano de 2020 (considerando o período de análise entre agosto de 2020 e julho de 2021). Esta demanda, com fulcro eminentemente climático, pretende a mitigação da emissão dos gases de efeito estufa (GEE) por meio da diminuição do desmatamento (ilegal) aos patamares exigidos pela legislação climática brasileira. Em suma, esta ação coletiva climática (i) trata-se de uma ação coletiva vinculada ao Direito das Mudanças Climáticas (litigância climática); (ii) tutela bem ambiental de abrangência nacional, pois visa proteger o direito de todos à estabilidade climática; e (iii) exige a implementação, pela União, da restauração florestal como um dos instrumentos de atingimento das metas climáticas assumidas pela demandada. 18. Por sua vez, a Ação Civil Pública nº 1007104-63.2020.4.01.3200, ajuizada pelo Ministério Público Federal perante a Justiça Federal do Amazonas, trata-se de ação coletiva que aborda matéria afeta ao Direito Ambiental. Esta demanda possui como tema central fazer com que vários agentes administrativos governamentais implementem medidas de combate e de controle dos infratores ambientais que atuam, prejudicialmente, nos pontos da floresta Amazônica com maior ameaça de destruição, os chamados "hotspots ecológicos", especificamente no período em que perdurar a pandemia (covid-19). Esta demanda coletiva NÃO possui tema central vinculado à legislação climática brasileira, como também não espelha cumprimento (diretamente projetado) de obrigações internacionais assumidas pela República Federativa do Brasil, uma vez que a Política Nacional sobre Mudança do Clima - PNMC e o Plano de Ação para Prevenção e Controle do Desmatamento na Amazônia Legal - PPCDAm, nela apontados, são abordados, tão somente, como substratos fáticos. Em outras palavras, a ação coletiva proposta pelo Ministério Público Federal busca efetivar o exercício do poder de polícia ambiental (fiscalização e controle) em áreas específicas da floresta Amazônica (nível local), visando combater ilícitos ambientais e violações a direitos indígenas durante o período da pandemia (covid-19). 19. A evidente diferença temática existente entre as características e objetivos pretendidos pelas ações coletivas comparadas inviabiliza a aplicação do instituto da conexão no caso concreto. Isto porque, (i) inexistente semelhança entre o pedido e a causa de pedir; (ii) os temas centrais debatidos e os fundamentos jurídicos das referidas ações coletivas são diversos; e (iii) as decisões judiciais proferidas nessas ações coletivas, por consequência, NÃO poderão ser contraditórias, NEM afetarão a segurança jurídica, uma vez que as pretensões das demandas são totalmente diferentes. 20. Não se descuida que, em 8 de abril de 2021, ao julgar o RE n. 1101937 - Tema 1075 -, a Suprema Corte reputou inconstitucional a norma do art. 16 da lei de ação civil pública, quanto à limitação territorial das sentenças prolatas em demandas coletivas. Todavia, a 'ratio decidendi' envolvida em tal precedente merece contextualização nas ações civis públicas ambientais. Não é possível (por serem distintas) uma equiparação, pura e simples, entre tais ações e a ação civil pública climática, como já exposto acima. Nesses termos, não tem aplicação - ao caso - o comando referente às múltiplas e simultâneas ações civis públicas, porque elas necessitariam ser todas do tipo ambiental (ajuizadas múltiplas ações civis públicas de âmbito nacional ou regional e fixada a competência nos termos do item II, firma-se a prevenção do juízo que primeiro conheceu de uma delas, para o julgamento de todas as demandas conexas). 21. A competência para processar e julgar a ação civil pública climática originária, por todos os argumentos vertidos, é do juiz de piso. Agravo de instrumento provido para se reformar a decisão que declinou da competência em favor do juízo da 7ª Vara Federal Ambiental e Agrária da Seção Judiciária do Amazonas. (TRF4. AG nº 5033746-81.2021.4.04.0000. Rel. Vânia Hack de Almeida, Terceira Turma, juntado aos autos em 9.12.2021)

Outra decisão que demonstra especial relevância foi a decisão interlocutória que anulou audiência pública e determinou a inclusão, nos *termos de referência* dos processos de licenciamento da Usina Termoelétrica Nova Seival, ante riscos ambientais e humanos, das diretrizes legais previstas na Política Nacional sobre Mudança do Clima introduzidas pela Lei nº 12.187/09 e das diretrizes legais previstas na Política Gaúcha de Mudanças do Clima, introduzidas pela Lei Estadual nº 13.594/10:

PROCESSUAL CIVIL E AMBIENTAL. TUTELA PROVISÓRIA DE URGÊNCIA DE OFÍCIO. POSSIBILIDADE. INSTALAÇÃO DE USINA TERMELÉTRICA. AUDIÊNCIAS PÚBLICAS. EIA/RIMA. 1. É possível a concessão da tutela provisória de urgência de ofício em hipóteses de necessidade e urgência, como no caso de ação civil pública ambiental em que se pede, no provimento final, a anulação de audiência pública e a inclusão, nos Termos de Referência dos processos de licenciamento da Usina Termoelétrica Nova Seival, das diretrizes legais previstas na Política Nacional sobre Mudança do Clima, Lei nº 12.187/09 e as diretrizes da Lei Estadual nº 13.594/10. 2. Audiência pública realizada em desconformidade com o Procedimento Operacional nº 6/2020 do IBAMA, eu prevê como pré-requisito para a realização de audiência pública virtual a aprovação pelo IBAMA do Plano de Comunicação e Divulgação da Audiência Pública Virtual, com pelo menos 10 dias de antecedência a data marcada para o evento. 3. Previamente à audiência pública, deve ser procedida a análise efetiva do EIA/RIMA pelo IBAMA, que não teve a oportunidade de analisar meritalmente a documentação naquele momento antes do ato público. 4. Empreendimento capaz de gerar impacto sobre o meio biótico (supressão de vegetação nativa), socioeconômico (atividades tradicionais, culturais, sociais, econômicas ou de lazer) e físico (construção de reservatório e/ou barramento para o processo de resfriamento da usina térmica). 5. Pertinência da inclusão nos Termos de Referência que tratam dos processos de licenciamento de Usinas Termelétricas no Rio Grande do Sul das diretrizes legais previstas na Política Nacional sobre Mudança do Clima (PNMC) e das diretrizes da Lei Estadual n. 13.594/2010, que criou a Política Gaúcha sobre Mudanças Climáticas (PGMC). 6. Necessidade de que sejam sanados os vícios do EIA/RIMA e que sejam realizadas, ao menos, três audiências públicas em substituição da anulada, na modalidade presencial ou híbrida, considerando a viabilidade de acesso ao ato pelos interessados residentes em zona rural ou sem disponibilidade de internet, a tomar lugar nas cidades com população potencialmente afetada. (TRF4. AG nº 5041566-54.2021.4.04.0000. Rel. p/ acórdão Vânia Hack de Almeida, Terceira Turma, juntado aos autos em 4.7.2022)

A Abrampa, o Greenpeace Brasil e o Instituto Socioambiental ajuizaram a Ação Civil Pública nº 1009665-60.2020.4.01.3200, na 7ª Vara Federal Ambiental e Agrária da Seção Judiciária do Amazonas, com vistas à anulação de medidas do presidente do Ibama, que se constituem em retrocesso ambiental e contribuem para o aquecimento global. De acordo com os autores, contrariando o parecer das áreas técnicas, o presidente do Ibama declarou inexigível a autorização para exportação de madeira nativa a ser emitida pelo próprio Ibama. Na prática, a decisão liberou a exportação sem fiscalização, facilitando o cometimento de ilícitos ambientais. A decisão administrativa atendeu a um pedido formulado pelo setor madeireiro, que argumentou que, com a mudança dos sistemas de fiscalização adotados pelo Ibama, a autorização de exportação anteriormente prevista teria se tornado desnecessária e obsoleta, caindo naturalmente em desuso.

Todavia, conforme os autores climáticos (ABRAMPA, 2022), apesar da implantação o Sinaflor, que criou o DOF – Documento de Origem Florestal, uma licença obrigatória para a comercialização dos produtos florestais, esta não foi suficiente para atestar a legalidade da exportação. Isto porque o referido documento é expedido a partir de dados fornecidos pelas próprias empresas e só indica que o transporte da mercadoria até o porto está autorizado, mas não indica se a carga em si respeita as exigências legais.

Não houve, para os demandantes, uma completa substituição de um mecanismo fiscalizatório pelo outro. Como resultado, injusto, a fiscalização do Ibama ocorre apenas depois de a mercadoria deixar o país. O afrouxamento do controle da exportação de madeira já vem causando graves e irreversíveis danos ambientais, tendo se observado um aumento alarmante dos índices de desmatamento ilegal da floresta amazônica. O pedido liminar de suspensão da decisão do Ibama foi indeferido em primeira instância, todavia, o recurso interposto pelas associações deve ser julgado em breve pelo Tribunal Regional Federal da 1ª Região (ABRAMPA, 2022).

Merece destaque outro litígio de natureza climática, com embasamento constitucional, que segue em curso em Vara da Justiça Federal do Distrito Federal. Na *ação civil pública* promovida pelo Ministério Público Federal (MPF), em parceria com a Fundação SOS Mata Atlântica e a Associação Brasileira dos Membros do Ministério Público do Meio Ambiente (Abrampa), os autores suscitam a nulidade do Despacho nº 4.410/2020 do Ministério do Meio Ambiente (MMA) e sustentam que o ato administrativo coloca em risco o que resta da Mata Atlântica (12% da cobertura original), pois o referido despacho recomenda aos órgãos ambientais (Ibama, ICMBio e Instituto de Pesquisas Jardim Botânico) que desconsiderem a Lei da Mata Atlântica (nº 11.428/2006) e apliquem regras mais brandas constantes do Código Florestal (Lei nº 12.651/2012), podendo o ato ensejar o cancelamento de milhares de autos de infração ambiental por desmatamento e incêndios provocados em áreas de preservação do referido bioma.

A ação ressalta os reflexos climáticos da medida impugnada, pois, segundo dados do Sistema de Estimativa de Emissões de Gases (SEEG) do *Observatório do Clima*, a maior fonte de GEE decorre do desmatamento e das alterações de uso de solo, matéria albergada pela Política Nacional sobre Mudança do Clima (art. 4º, II e VI), ao prever que esta visará "II - à redução das emissões antrópicas de gases de efeito estufa em relação às suas diferentes fontes; e VI - à preservação, à conservação e à recuperação dos recursos ambientais, com particular atenção aos grandes biomas naturais tidos como Patrimônio Nacional" . A demanda ainda está em tramitação (ABRAMPA, 2022).

O Ministério Público Federal protocolou ação civil pública pedindo a nulidade do Despacho nº 4.410/2020, emitido em 6 de abril pelo Ministério do Meio Ambiente (MMA). A ACP é o resultado de uma ação integrada entre a PRDF e a Câmara de Meio Ambiente e Patrimônio Cultural do MPF (4CCR/MPF). O ato administrativo, para os autores climáticos, coloca em risco o que resta da Mata Atlântica no território brasileiro, cerca de 12% da cobertura original. Isso porque, ao reconhecer as propriedades rurais instaladas em áreas de proteção ambiental até julho de 2008, permite o cancelamento de milhares de autos de infração ambiental por desmatamento e incêndios provocados em áreas de preservação do bioma. O MPF pediu a revogação urgente dos efeitos do despacho e a proibição da União de publicar norma de conteúdo semelhante. Também assinaram a ação a Associação Brasileira dos Membros do Ministério Público do Meio Ambiente e a organização não governamental SOS Mata Atlântica (ABRAMPA, 2022).

Baseado em parecer da Advocacia-Geral da União (AGU), o despacho impugnado pelo MPF alterou o entendimento do Despacho MMA nº 64.773/2017, que reconhecia a vigência da Lei da Mata Atlântica (Lei Federal nº 11.428/2006), mesmo após a publicação do Código Florestal (Lei Federal nº 12.651/2012). O Despacho nº 4.410/2020, para os autores, tinha como consequência direta negar vigência à Lei da Mata Atlântica, em especial à vedação de consolidação de ocupação de áreas de preservação permanente situadas em imóveis abrangidos pelo bioma Mata Atlântica, proveniente de desmatamento ou intervenção não autorizada, a partir de 26.9.1990 (ABRAMPA, 2022).

Ainda segundo o MPF (ABRAMPA, 2022), o cumprimento e aplicação da nova norma trouxeram como consequência o risco do cancelamento indevido de milhares de autos de infração ambiental em áreas de preservação permanente (APP) situadas no bioma Mata Atlântica, assim como da abstenção indevida da tomada de providências e do regular exercício do poder de polícia em relação a esses desmatamentos ilegais. De acordo com os autores, apenas no Ibama, e sem computar a atuação de todos os órgãos públicos ambientais estaduais e das polícias ambientais, houve a lavratura de 1.476 autos de infração ambiental na área da Mata Atlântica. Para o MPF, a preservação da biodiversidade da Mata Atlântica exerce múltiplas funções ambientais, das quais dependem, pelo menos, 150 milhões de brasileiros. Mesmo para setores econômicos ligados ao agronegócio, a preservação e recuperação dos remanescentes de vegetação do bioma Mata Atlântica também são essenciais para a sustentabilidade econômica brasileira, na medida em que a sua degradação causa, entre outros graves prejuízos, a escassez hídrica, a erosão, as inundações, a desertificação e os desabamentos.

Na ação, é detalhadamente alegado que o direito ao meio ambiente ecologicamente equilibrado está previsto na Constituição, que também reconhece a Mata Atlântica como patrimônio nacional e que a sua utilização apenas pode ocorrer, na forma da lei, dentro de condições que assegurem a preservação do meio ambiente, inclusive quanto ao uso dos recursos naturais. Por fim, o MPF pediu a suspensão do despacho do Ministério do Meio Ambiente e a condenação da União em não editar mais nenhum dispositivo com conteúdo semelhante. Referida demanda integra atuação nacional articulada coordenada pela Câmara de Meio Ambiente e Patrimônio Cultural do MPF (4CCR) em defesa da Mata Atlântica e mobilizou procuradores da República nas 17 unidades da Federação. Referido litígio climático é direto e, ao mesmo tempo, pelos seus próprios fundamentos, estratégico, e está tramitando na Justiça federal da primeira região (ABRAMPA, 2022).

Dentro deste contexto, observa-se que existem litígios climáticos, vários dos quais estratégicos (LEHMEN, 2022, p. 12), que tramitam na Justiça federal brasileira. Pode-se concluir que "o perfil do litígio estratégico é solucionar demandas que não se limitam a fronteiras, com violações sistemáticas a direitos coletivos que não tem amparo no Poder Judiciário" (DIDIER JUNIOR; ZANETI JUNIOR, 2019, p. 51). Na jurisdição federal, merece destaque especial, portanto, a invocação constante e necessária da Lei nº 12.187/2009, que instituiu a Política Nacional sobre Mudança do Clima como previsto, aliás, faz alguns poucos anos, na primeira edição desta obra. Embora com notórias imperfeições e abstrações, este marco legal é um considerável avanço no combate às mudanças climáticas e ao aquecimento global e um instrumento potente colocado à disposição do juiz em suas decisões (WEDY, 2016).

4.6 Ações climáticas ajuizadas no âmbito da Justiça estadual

A Justiça estadual, integrante da justiça comum (junto com a Justiça Federal), é responsável por julgar matérias que não sejam da competência dos demais segmentos do Judiciário – Federal, do Trabalho, Eleitoral e Militar. Ou seja, sua competência é residual. Carneiro (1993, p. 54) refere na sua clássica obra: "Todas as causas não previstas expressamente na Constituição Federal como de competência das justiças especializadas cabem à justiça comum, exercida pelo Tribunais e juízes estaduais, e ainda pela justiça local do distrito federal e territórios".

Cada unidade da Federação (estados e Distrito Federal) tem a atribuição de organizar a sua Justiça. Hoje, ela está presente em todas as unidades da Federação, reunindo a maior parte dos casos que chega ao Judiciário, já que se encarrega das questões mais comuns e variadas, tanto na área cível quanto na criminal e, logicamente, na área ambiental, e, nos dias atuais, climática.

O art. 125 da Constituição dispõe que cada estado da Federação deve possuir um tribunal de justiça, formado por, no mínimo, sete desembargadores de idade mínima de 30 anos. E, como refere o ministro do STF, Luiz Fux (2022, p. 137):

> A competência dos tribunais estaduais é definida a partir das Constituições de seu respectivo Estado-Membro, observadas as normas gerais e a Constituição. Lembrando que a principal norma genérica da organização do Judiciário é a Lei Complementar 35, de 14 de março de 1979 (Loman).

O Tribunal Pleno do Tribunal de Justiça de Rondônia, neste cenário, cumprindo sua missão constitucional, nos autos da Ação Direta de Inconstitucionalidade nº 0800922-58.2019.8.22.0000, em processo de relatoria do eminente Desembargador Miguel Mônico, de modo vanguardista, referiu-se à proteção de um regime climático, ao tutelar unidades de conservação no bioma Amazônico, nos seguintes termos:

> Há um dever constitucional atribuído ao Estado no sentido de criar áreas ambientais especialmente protegidas de forma progressiva (§1º do art. 225, CF/88), o que se impõe como medida necessária para conter a extinção massiva da biodiversidade em pleno curso na atualidade. As áreas ambientais especialmente protegidas identificam-se como um mecanismo essencial para assegurar, por exemplo, a proteção da biodiversidade e do regime climático, ou seja, dois dos temas centrais e mais preocupantes da crise ecológica sem precedentes que vivenciamos hoje e que decorre direta e exclusivamente da magnitude da intervenção do ser humano na Natureza, notadamente em razão da destruição da cobertura florestal (e consequente liberação de gases do efeito estufa) e alteração dos habitats naturais das espécies da fauna e da flora em todos os cantos do Planeta.

Referido processo de controle concentrado de constitucionalidade foi julgado procedente e restou assim ementado:

Ação Direta de Inconstitucionalidade. Direito Constitucional e Ambiental. Desafetação de Unidades de Conservação no Bioma Amazônico. Lei Complementar Estadual que dispõe sobre a extinção de 11 Unidades de Conservação Ambiental (LC n. 999/2018). Direito ao Meio Ambiente ecologicamente equilibrado. Direito fundamental de terceira geração (ou de novíssima dimensão). Dignidade da pessoa humana em sua dimensão ecológica. Princípio da ubiquidade. Dever bifronte do Poder Público e da coletividade – proteger e recuperar o meio ambiente. Vinculação dos poderes públicos (Estado-Legislador, Estado- Administrador/Executivo e Estado-Juiz) à proteção ecológica e à função de 'guardião' do direito fundamental ao meio ambiente. Pacto federativo ecológico. Estado Socioambiental. Princípio da máxima efetividade. Grave afronta aos princípios da prevenção e precaução. Exigência de estudos técnicos e consulta livre, prévia e informada das populações tradicionais direta e indiretamente afetadas. Ausência. Valor das indenizações de supostas posses e propriedades. Único motivo para não implantação da Estação Ecológica Soldado da Borracha. Existência de especulação e pressão no sentido de converter florestas para uso agropecuário. Local com espécies ameaçadas de extinção e necessidade de ações para combate de exploração ilegal. Garantia de não comprometer a integridade dos atributos que justificaram a criação das unidades. Unidades essenciais ao patrimônio nacional que se constitui o bioma amazônico. Princípio da vedação do retrocesso ambiental. Zoneamento ambiental. Direito à propriedade que não é absoluto. Determinações do Tribunal de Contas. Órgão auxiliar do Poder Legislativo. Força vinculante. Inconstitucionalidade formal e material. Ação julgada procedente. (TRIBUNAL DE JUSTIÇA DO ESTADO DE RONDÔNIA, 2021)

No caso *Famílias pelo Clima v. Estado de São Paulo*, os autores aduziram na exordial que o IncenivAuto (Programa do Governo do Estado de São Paulo) prevê a concessão de financiamento de no mínimo R\$1.000.000.000,00 (um bilhão de reais) a fabricantes de veículos automotores, para a realização de projetos de expansão de suas plantas industriais, implantação de novas fábricas ou desenvolvimento de novos produtos. Este fato, para os autores, constitui-se em potencial ilegalidade, pois financia projetos que não minimizam a redução de emissões de gases de efeito estufa, como dispõe a Lei estadual nº 13.798/2009, e causa lesividade ao Erário e ao meio ambiente, diante da utilização de expressivos recursos do Fundo de Apoio aos Contribuintes do Estado de São Paulo para financiar, com condições subsidiadas pelo Poder Público, projetos que podem estimular ação poluidora e não observar a compatibilização do desenvolvimento socioeconômico com a proteção do sistema climático.

Com base no princípio de publicidade dos atos e documentos públicos, o magistrado da 6ª Vara da Fazenda Pública de São Paulo determinou, em janeiro de 2021, que o governo do estado de São Paulo divulgasse os dados de financiamento do programa IncentivAuto, que concede incentivos fiscais a montadoras de automóveis (Tribunal de Justiça do Estado de São Paulo, 6ª Vara da Fazenda Pública, AC nº 1047315-47.2020.8.26.0053, 2020).

Outra ação que merece referência é a ação civil pública proposta pelo Ministério Público estadual contra o Estado de Goiás. A ação pretende obrigar o estado a adotar medidas necessárias para melhorar a qualidade do ar e, consequentemente, salvaguardar a saúde da população, por meio da implementação de uma política pública ambiental de monitoramento e controle da poluição atmosférica, com reflexos no enfrentamento às mudanças climáticas. O autor alegou que o governo do Estado se omitiu no cumprimento das políticas públicas de controle ambiental, visando à proteção da qualidade do ar e do clima. Destacou a reiterada inércia estatal no combate às mudanças climáticas, no controle da poluição atmosférica e no monitoramento da poluição veicular, evidenciada pela não execução de ações técnicas, a exemplo da implantação de uma rede de estações de monitoramento da qualidade do ar, realização de inventário de emissões de gases de efeito estufa (GEE) e de origem móvel, bem como a implementação de programas de inspeção e manutenção de veículos em uso.

Na inicial, aduziu que haveria omissão quanto à necessidade de analisar os impactos climáticos nos processos de licenciamento ambiental realizados no estado. Afirmou a parte autora que, em consonância com a Política Nacional de Mudança do Clima – PNMC (Lei federal nº 12.187/2009), foi instituída a Política Estadual de Mudança do Clima – PEMC (Lei estadual nº 16.497/2009), mas poucas políticas públicas foram implementadas e efetivadas.

Sobreveio liminar em que o órgão julgador determinou, em 8.3.2022, que o estado elaborasse e apresentasse em juízo, no prazo de 180 dias, o Plano de Controle de Emissões Atmosféricas (PCEA). Esse documento deveria contemplar a implantação da rede de monitoramento da qualidade do ar e cumprir as seguintes leis e resoluções:

Resoluções Conama 1 e 2/1993, que dispõem sobre os limites máximos de ruídos, com o veículo em aceleração e na condição parado, para veículos automotores nacionais e importados, excetuando-se motocicletas, motonetas, triciclos, ciclomotores e bicicletas com motor auxiliar e veículos assemelhados, bem como estabelecem normas de fiscalização; Resolução Conama nº 418/2009, que exige a elaboração do Plano de Controle de Poluição Veicular (PCPV); Resolução Conama 491/18, que atualizou os padrões de qualidade do ar toleráveis em território nacional; Lei Federal 8.723/1993, que dispõe sobre a redução de emissão de poluentes por veículos automotores; Lei Federal 9.503/1997, que institui o Código de Trânsito Brasileiro; Lei Federal 12.187/2009, que institui a Política Nacional sobre Mudança do Clima (PNMC); Acordo de Paris – tratado sobre a Mudança do Clima; Lei Estadual 16.497/2009, que institui a Política Estadual sobre Mudanças Climáticas.

O cumprimento dessas normas significa, na prática, que o estado, conforme requerido pelo MP, deverá implementar os instrumentos mínimos da política pública ambiental de monitoramento e controle da poluição atmosférica e de mudanças climáticas, como: Plano de Controle de Emissões Atmosféricas (PCEA); Rede de Monitoramento da Qualidade do Ar; Plano de Controle de Poluição Veicular (PCPV); Programa de Inspeção e Manutenção de Veículos em Uso; Inventário de Emissões Atmosférica e de Gases do Efeito Estufa (GEE); Avaliação dos Impactos Ambientais sobre o Microclima e Macroclima (Estado de Goiás, Justiça Estadual, 4ª Vara da Fazenda Pública, ACP nº 5569834-31.2021.8.09.005, 2021).

A decisão do órgão *a quo* foi mantida, em 2.5.2022, após recurso com pedido de efeito suspensivo, formulado pelo Estado de Goiás, em decisão do egrégio Tribunal de Justiça daquele Estado (Estado de Goiás, Tribunal de Justiça, Agravo de Instrumento nº 5245769-11.2022.8.09.0051, 2022).

Existem outros litígios climáticos, diretos e indiretos, instaurados no âmbito das Justiças federal e estadual que podem ser acessados nos *sites* do Sabin Center for Climate Change Law (http://climatecasechart.com/non-us-climate-change-litigation/); da Justiça Federal do Rio Grande do Sul (https://jusclima2030.jfrs.jus.br/); do LSE – Grantham Research Institute on Climate Change and Environment (https://climate-laws.org) e do Juma-PUC-Rio (https://www.juma.nima.puc-rio.br/base-dados-litigancia-climatica-no-brasil).

Várias das decisões das Cortes brasileiras, como pode se observar, estão de acordo com o estabelecido no Acordo de Paris, com a

Constituição e com a Política Nacional da Mudança do Clima, embora outras ainda causem preocupações para o enfrentamento do aquecimento global. O Supremo Tribunal Federal, agora com a adoção da chamada Pauta Verde, no aspecto constitucional, e o Superior Tribunal de Justiça, no aspecto infraconstitucional, estão moldando o direito climático brasileiro rumo ao ano de 2100.

Em suma, é importante que o Poder Judiciário brasileiro leve a sério em suas decisões as graves ameaças impostas pelas mudanças climáticas como secas, enchentes, aumento das tempestades e do nível dos oceanos e os grandes prejuízos ambientais, sociais e econômicos decorrentes destes fatos. A Constituição brasileira, a Política Nacional do Clima, inserida na Lei nº 12.187/2009, e o Acordo de Paris, são instrumentos legais importantes para decisões judiciais favoráveis à concretização do direito fundamental ao clima estável, livre de catástrofes causadas por fatores antrópicos, em benefício das presentes e futuras gerações de seres humanos e não humanos.

Aliás, a Comissão de Constituição e Justiça (CCJ) da Câmara dos Deputados aprovou parecer sobre a PEC nº 37, que inclui expressamente como direitos fundamentais, na Constituição, o direito "ao meio ambiente ecologicamente equilibrado e à segurança climática", junto a outros já existentes, como à vida, à liberdade, à igualdade, à segurança e à propriedade no seu art. 5º. O texto tem recebido a alcunha de a "Lei Mais Urgente do Mundo" e tem a vantagem de evitar a sempre contestada, ainda que no mais das vezes legítima, intervenção do Poder Judiciário nas políticas públicas ambientais e climáticas (O GLOBO, 2022). Também tramita no Congresso Nacional a PEC nº 233 que acrescenta o inc. X ao art. 170 e o inc. VIII ao §1º do art. 225 da Constituição Federal, para incluir entre os princípios da ordem econômica a manutenção da estabilidade climática e determina que o poder público deverá adotar ações de mitigação da mudança do clima e adaptação aos seus efeitos adversos (BRASIL, 2019).

CAPÍTULO 5

BREVES CONSIDERAÇÕES SOBRE O DIREITO AMBIENTAL NORTE-AMERICANO

Ainda que muitos afirmem, equivocadamente, que o direito ambiental americano foi criado no âmbito do Congresso nos anos 1970, na verdade ele é o fruto do desenvolvimento de séculos de doutrinas da *common law*, as quais buscam ainda hoje a proteção das pessoas e da propriedade contra danos causados pela ação de outros. Notadamente, a *common law* está fundada nas doutrinas do *nuisance* para resolver questões ambientais, embora condutas que resultem em invasão física das propriedades possam ser analisadas com base na doutrina do *trespass*. A doutrina da *nuisance* é aplicada para proteger o proprietário nos seus direitos de uso e gozo da terra, enquanto a doutrina do *trespass* protege a posse exclusiva da terra contra perturbações e invasões (PERCIVAL, 2013, p. 89).

Pode-se dizer que a complexa estrutura do direito ambiental norte-americano é composta pelas doutrinas da *common law* e por leis federais e estaduais que levam as agências a emitirem diversas regulações e, ainda, a intermediarem acordos entre os Estados. Agências federais têm competência para julgar administrativamente, executar políticas públicas, bem como regulamentar leis por delegação do Congresso, em determinadas circunstâncias, como decidido e firmado pela Suprema Corte no caso *Chevron* (FARBER; FREEMAN; CARLSON, 2006, p. 450-455).

De acordo com Tarlock (2004, p. 213-254), o direito ambiental como definido hoje, nos Estados Unidos, é a síntese das regras da era pré-ambiental da *common law*, de princípios de outras áreas do direito e das leis da era pós-ambiental aprovadas no Congresso, que são influenciadas pela aplicação de conceitos derivados dos campos da ecologia, da ética, da ciência e da economia. Pode-se organizar a legislação ambiental mais relevante no sistema americano, cronologicamente, do seguinte modo:

a) *National Environmental Policy Act* (NEPA): em vigor desde 1970, estabelece amplos objetivos para a política ambiental nacional e cria a exigência para que as agências federais providenciem avaliações de impactos ambientais quando as ações que puderem causá-los forem relevantes;

b) *Clean Air Act*: as emendas do *Clean Air Act* de 1970 estabelecem uma moldura de regulações federais para a poluição do ar e substituem o *Clean Air Act* de 1963. Preveem um conjunto de prazos para a EPA promulgar *standards* de qualidade do ar a serem implementados pelos Estados e *standards* nacionais para poluentes do ar perigosos. Restou previsto na legislação o *citizen suit*, para que o cidadão tenha um instrumento processual de tutela da qualidade do ar. A lei foi emendada, em 1977, para exigir controles mais rigorosos nas regiões que falharam em obedecer aos *standards* nacionais de poluentes do ar perigosos, com o objetivo de combater o grave problema da chuva ácida, e, em 1990, quando foram procedidas substanciais mudanças na moldura para regulação federal da qualidade do ar;

c) *Federal Water Pollution Control Act* (*Clean Water Act*): aprovada em 1972, proíbe descargas de poluentes na superfície das águas, exige a utilização de tecnologia baseada em controles sobre as descargas e estabelece um programa nacional, o *National Pollutant Discharge Elimination System* (*NPDES*), que deve ser implementado pelos Estados, sujeito à supervisão da *EPA*. Autoriza subsídios e concessões para a construção de usinas de tratamento de esgoto e também prevê *citizen suits*, a fim de que os cidadãos possam promover a defesa da qualidade da água. Foi substancialmente emendada à legislação pelo *Clean Water Act Amendments*, de 1977, e pelo *Water Quality Act*, de 1987;

d) *Federal Insecticide, Fungicide and Rodenticide Act* (*FIFRA*): essa lei de controle de pesticidas emendou a legislação originária de 1947 e passou a exigir o registro dos pesticidas, além de autorizar a *EPA* a proibi-los quando perigosos. A legislação foi emendada no ano de 1988, pretendendo uma revisão mais célere dos pesticidas previamente registrados, e em 1996, com a aprovação do *Food Quality Protection Act*, passou a ser exigida mais rigorosa proteção contra resíduos desses pesticidas sobre a comida;

e) *Marine Protection, Research, and Sanctuaries Act of 1972 (Ocean Dumping Act)*: aprovada em 1972, proíbe o despejo de resíduos no oceano, exceto com permissão e nos locais designados pela EPA;

f) *Endangered Species Act (ESA)*: aprovada em 1973, essa lei proíbe as ações federais que coloquem em risco os habitats das espécies em risco de extinção e proíbe a apropriação de qualquer animal dessas espécies por qualquer pessoa;

g) *Safe Drinking Water Act (SDWA)*: aprovada em 1974, exige que a EPA fixe os limites máximos permitidos de poluentes nos sistemas públicos da água de beber. Foi emendada, em 1996, a fim de exigir uma mais rápida promulgação de *standards* para flexibilizar os padrões já fixados;

h) *Toxic Substances Control Act of 1976 (TSCA)*: confere à EPA abrangente autoridade para regular ou proibir a manufatura, a distribuição ou o uso de substâncias químicas que representam riscos não razoáveis. Exige a notificação da EPA antes da manipulação de novos produtos químicos ou de novos usos dos produtos químicos existentes;

i) *Resource Conservation and Recovery Act of 1976 (RCRA)*: determina que a EPA estabeleça regulações garantindo a segura gestão de resíduos perigosos. A lei foi emendada pela *Hazardous and Solid Waste Amendments (HSWA)* em 1984, a qual impõe novas tecnologias baseadas nos *standards* relativos aos aterros sanitários que possuem resíduos perigosos e aumenta a autoridade federal sobre o despejo de resíduos sólidos não perigosos;

j) *Comprehensive Environmental Response, Compensations, and Liability Act of 1980 (CERCLA)*: estabelece o sistema de responsabilidade objetiva para liberação de substâncias perigosas e cria um superfundo destinado a financiar ações para a despoluição. Foi emendada em 1986 a fim de expandir o superfundo e impôs objetivos numéricos e prazos para a limpeza das zonas poluídas. Especifica *standards* e procedimentos a serem seguidos e determina o nível e o escopo das ações de limpeza;

k) *Emergency Planing and Community Right-to-Know Act* (*EPCRA*): aprovada em 1986, essa lei exige que as corporações e as companhias informem detalhadamente as autoridades locais a respeito do uso de qualquer substância tóxica e elaborem um relatório anual das quantidades das substâncias químicas liberadas no meio ambiente (PERCIVAL, 2013, p. 93-94).

Relevante doutrina norte-americana divide o direito ambiental nacional em seis etapas históricas: a era da *common law* e da conservação (anterior a 1945); a era da assistência federal aos problemas dos Estados (1945-1962); a era do crescimento do moderno movimento ecológico (1962-1970); a era da construção da infraestrutura federal regulatória (1970-1980); a era da expansão e do refinamento das estratégias regulatórias (1980-1990); e a era da atual fase do recuo e da reinvenção regulatória (PERCIVAL, 2013, p. 62).

Tal evolução passa por séculos de construção do direito com os precedentes e as evoluções doutrinárias da *common law*, pelo Estado keynesiano e assistencialista, pela conscientização da comunidade internacional sobre questões vinculadas ao desenvolvimento e à crise ambiental, pela era do neoliberalismo recente e sua derrocada e, evidentemente, pelos tempos atuais de busca da promoção do pragmático desenvolvimento sustentável na era das mudanças climáticas limitado por princípios políticos. Dentro deste cenário e arcabouço jurídico é que são instaurados os litígios ambientais nos Estados Unidos.

5.1 Litígios ambientais nos Estados Unidos

A tutela do meio ambiente, nos Estados Unidos, não é apenas promovida pelo Estado e pelas agências reguladoras, mas também pelos cidadãos, com o ajuizamento de ações judiciais. Existem vários requisitos para o reconhecimento do *standing* do demandante ambiental, os quais tornam a justiça nem sempre acessível a ele. O cidadão deve: a) ter legitimidade – *standing*, a ser analisado no caso em concreto – para impugnar ato ou omissão estatal ou de agência federal; b) exaurir a via administrativa antes da ação judicial; c) ser titular de um caso instruído e pronto para ser julgado; d) demonstrar no processo um dano atual ou futuro, não necessariamente econômico, que viole um dos seus direitos individuais (WEINBERG; REILLY, 2008, p. 5).

Consoante Kysar (2010, p. 229), aliás, a falha expressa da Constituição em abordar questões ambientais decorre do tempo de sua promulgação (1787). Isso faz com que os Estados Unidos estejam em um desajuste internacional. A maioria das Constituições no mundo (todas elas mais recentes) estabelecem várias formas de direito ao meio ambiente equilibrado ou um dever governamental de protegê-lo. Refere Thomson Jr. (2003, p. 157-158) que existem várias sugestões para emendar a Constituição americana seguindo essas linhas (de proteção ambiental) e que vários Estados as têm adotado como emendas para as suas Constituições.

Para Kysar (2010, p. 229), "o caminho da mudança é procedimentalmente difícil e de benefício incerto. A experiência de muitos estados que adotaram essas emendas é que os direitos e [as] obrigações previstas são debilmente concretizadas". Em suma, como bem referido por Cannon, embora falte previsão constitucional específica para o ambiente, várias doutrinas constitucionais genéricas têm demonstrado importância nos casos ambientais decididos pela Suprema Corte, a maioria em detrimento dos pleitos ambientais. Neles se incluem as doutrinas do *standing*, do federalismo e da proteção da propriedade privada contra a sua desapropriação. A Corte, de modo conservador, tem aplicado essas doutrinas para limitar o escopo da proteção ambiental e também as condições de acesso dos cidadãos que buscam reivindicar tal proteção em juízo (CANNON, 2015, p. 29).

Existe vasta legislação estatal em matéria ambiental que autoriza qualquer cidadão, ou qualquer pessoa, a propor um *citizen suit* por violação à lei ou por desacordo com os *standards* na emissão de poluentes. Embora a previsão do *citizen suit*, no §304 do *Clean Air Act*, sirva de modelo para a maioria dos *citizen suits*, é a previsão do *citizen suit* no *Clean Water Act* que tem embasado a maioria das demandas no direito ambiental norte-americano (DOREMUS *et al.*, 2008, p. 863-875).

O *citizen suit* pode ser promovido contra o Estado, ente estatal ou agência que esteja violando um *standard* de efluentes, limitando o previsto na legislação de regulação ou, ainda, descumprindo ordem emitida por agência federal e pelo próprio Estado referente aos níveis de emissões. O *citizen suit* também pode ser promovido contra a agência federal quando existir falha no cumprimento de lei ou dever previsto no *Clean Water Act*. Aliás, referida legislação prevê e regulamenta os *citizen suits* (33 U.S.C. §1251-1387. Sec. 505):

> a- Authorization; jurisdiction.
> Except as provided in subsection [b] oh this section and section 1319 of this title, any citizen may commence a civil action on his own behalf. [1] against any person [including (1) the United States, and (II) any other governmental instrumentality or agency to extent permitted by the eleven amendment to the Constitution] who is alleged to be in violation of (A) an effluent standard or limitation under this chapter or (B) an order issue by the Administrator or a State with respect to such a standard or limitation, or [2] against the Administrator where there is alleged a failure of the Administrator to perform any act or duty under this chapter which is not discretionary with the Administrator.

Cidadão, no sentido da lei, "é qualquer pessoa que tenha um interesse ou direito que possa ser adversamente afetado pelo dano ambiental" (DOREMUS *et al.*, 2008, p. 863-875). Como já reconhecido pela jurisprudência, o *citizen suit* é apenas um suplemento e não um suplante da ação estatal em matéria de proteção ambiental. O Poder Legislativo não pretendeu que o cidadão seja sempre um potencial intruso sobre a discricionariedade da agência federal, como firmado em *Gwaltney of Smithfield v. Chesapeake Bay Found* (SUPREME COURT OF THE UNITED STATES, 1987). Tanto na regulação da poluição da água quanto na do ar, o cidadão não pode demandar se o administrador ou o Estado ajuizaram uma ação civil ou criminal prévia numa Corte estadual ou federal, de acordo com a doutrina da *diligent prosecution* que encontra guarida no *Clean Water Act*, no *Clean Air Act* e em outra lei infraconstitucional (*Clean Water Act* §505 (b) (1) (B); 42 U.S.C. §7604 [b] (1) (B) *Clean Air Act*; 42 U.S.C. §6972 (b) (1) (B) (RCRA).

O Estado, ao contrário, pode ajuizar ação após a propositura do *citizen suit*, e a decisão pode fazer coisa julgada favorável ao cidadão demandante no processo individual como reconhecido pela jurisprudência em *Friends of Milwaukee's Rivers v. Milwaukee Metro. Sewerag* (UNITED STATES COURT OF APPEALS, SEVENTH CIRCUIT, 2004). A reparação do dano pretendida nesse tipo de demanda deve ser de um dano presente ou futuro, jamais passado (DOREMUS *et al.*, 2008, p. 863-875), sendo questão de procedibilidade da demanda a notificação prévia de 60 dias do alegado violador/poluidor, bem como do administrador (protagonista de possível ação ou omissão lesivas) e do

Estado. Não havendo a notificação prévia, impedido está o demandante de prosseguir com a demanda. Essa notificação objetiva promover o cumprimento da legislação pelo Estado, pela agência reguladora e pelo poluidor na esfera administrativa, assim evitando um processo judicial desnecessário (DOREMUS *et al.*, 2008, p. 863-875).

Barreira a ser enfrentada pelos cidadãos-demandantes, às vezes intransponível, é a exigência do reconhecimento do *standing* pelas Cortes. A Suprema Corte tem sido, ao longo da história, com algumas exceções, em especial nos anos 1970, bastante rígida no reconhecimento do *standing* da parte autora para a tutela do meio ambiente. Nos anos 1970, a Corte possuía composição com tendência liberal de modo distinto do conservadorismo atual. Antes do *Earth Day*, a Suprema Corte parecia haver incorporado o sentido de urgência da causa ambiental, como na extensão da aplicação em caráter criminal do *Rivers and Harbors Act* para poluidores industriais como sujeitos passivos, em *United States v. Standard Oil Company*, mencionando a crise de poluição na água como condição base de interpretação do referido estatuto (SUPREME COURT OF THE UNITED STATES, 1966).

Posteriormente, em *Citizens to Preserve Overton Park, Inc v. Volpe*, decidido em 1971, a Corte expandiu o escrutínio judicial acerca das decisões das agências federais para assegurar o respeito às políticas públicas previstas pelo Poder Legislativo que foram interpretadas no sentido da observância da primordial importância na proteção ambiental dos parques florestais (SUPREME COURT OF THE UNITED STATES, 1971). Como referido por Cannon (2015, p. 52): "O caso *Scrap*, portanto, acabou por ser decidido dois anos após, o que encorajou ambientalistas a acreditarem que a Suprema Corte estava apoiando a causa contra interesses econômicos hostis e forças políticas alinhadas a eles".

A tendência reverteu-se após a Corte Rehnquist, somada à nomeação do *Justice* conservador Thomas. Como bem refere Cannon (2015, p. 52):

> O ano de 1992 foi o divisor de águas nas decisões ambientais para a Corte Rehnquist. Rehnquist tornou-se Chief Justice em 1986, mas foi com a nomeação do Justice Thomas no final de 1991 que os conservadores asseguraram uma relativa e firme maioria [...]. Desde o início do seu mandato, Rehnquist não fez segredo do seu desejo de remoldar a doutrina do *Pós-New Deal* para impor limites constitucionais sobre o poder federal [...] com a decisão da Corte em 1992, no caso *New York v. United States*, iniciou-se a remoldagem [no sentido conservador].

A Suprema Corte apresentou, até a morte do *Justice* Scalia, uma composição com cinco *justices* conservadores e quatro liberais, o que acabou se refletindo nas decisões que visam regular atividades nocivas ou potencialmente danosas ao meio ambiente. Por outro lado, como observa Cannon (2015, p. 49), "as decisões da Suprema Corte em casos ambientais salientam as respostas dos juízes às crenças e aos valores dos movimentos ambientalistas".

Em outras palavras, para que seja reconhecido o direito do autor a um caso de direito ambiental e posterior apreciação do mérito da demanda pelo Poder Judiciário, são exigidos requisitos que foram construídos, após muitos debates ao longo da história, pela jurisprudência americana. Requisitos tradicionais do *standing* fixados pela jurisprudência na Suprema Corte são:

a) um dano que afete diretamente direitos individuais do demandante, como a propriedade privada, a integridade física, o devido processo legal, entre outros;

b) que o dano tenha ocorrido (ou seja iminente) e possua um nexo causal bem definido com a ação ou a omissão do poluidor ou do empreendedor;

c) que o dano possa ser reparado por medida judicial a fim de que a máquina judiciária não seja instada a funcionar com desperdício de custo e tempo (DOREMUS *et al.*, 2008, p. 115-137).

A Suprema Corte dos Estados Unidos, por exceção, não aplicou os requisitos tradicionais do *standing* ao caso *United States v. SCRAP* (SUPREME COURT OF THE UNITED STATES, 1973) ao reconhecer a legitimidade de cinco estudantes de direito da *George Washington University*, com base no art. III da Constituição norte-americana, para litigar em juízo postulando a anulação do aumento nacional de taxa no transporte ferroviário de cargas aprovado pela Interstate Commerce Comission (ICC) (PROTO, 2005, p. 170). Referido aumento teria como principal efeito a elevação da poluição em função do desestímulo à produção de produtos recicláveis (que teriam o seu custo de produção elevado pelo aumento no preço do frete), gerando uma clara externalidade negativa no âmbito ambiental.

A decisão é um marco na jurisprudência, não somente em virtude do reconhecimento da legitimidade processual dos cidadãos em matéria ambiental pela Suprema Corte (PROTO, 2005), mas porque esse foi um *leading case* pioneiro no reconhecimento da incidência do *American National Environmental Policy Act (NEPA)* em um caso concreto.

De acordo com Cannon (2015, p. 108), a NEPA traz em seu texto uma abrangente declaração da política ambiental nacional com disposições que permitem o cumprimento dessa política. A seção 101 (a) reconhece o profundo impacto da atividade do homem sobre as inter-relações de todos os componentes do ambiente natural e reconhece adicionalmente a fundamental importância da restauração e da manutenção da qualidade ambiental para o global bem-estar e o desenvolvimento do homem.

A lei declara a continuidade da política do governo federal para criar e promover o bem-estar geral, além de criar e manter condições sob as quais o homem e a natureza possam existir em produtiva harmonia, satisfazendo as exigências sociais, econômicas e outras das presentes e futuras gerações de americanos. Elaborada sob uma declaração geral, a Seção 101 (b) da NEPA lista seis objetivos: 1) o cumprimento, por cada geração, das suas responsabilidades como garantidora do ambiente para as gerações futuras; 2) ambiente seguro, saudável e produtivo, estética e culturalmente; 3) uso benéfico do meio ambiente sem degradação; 4) preservação de importantes aspectos culturais, históricos e naturais da herança nacional, mantendo sempre que possível um ambiente que apoie a diversidade e a variedade de escolhas individuais; 5) equilíbrio entre população e o uso de recursos que permitirão altos padrões de vida com ampla divisão de comodidades; 6) qualidade da energia renovável e aproximação da reciclagem máxima de bens não renováveis.

Havia nos Estados Unidos, nos anos 1960, rumores de relações espúrias entre agências de regulação – que tinham por finalidade institucional a tutela do interesse público – e grandes indústrias que exploravam as áreas reguladas. Tal fato, pode-se afirmar, ocorre até hoje e motiva iniciativas governamentais em prol da busca por transparência, eficiência e democracia na regulação estatal, a fim de que se possa atingir melhores resultados.

Nesse sentido, Sunstein (2013, p. 72) relata a sua experiência à frente da White House Office of Information and Regulatory Affairs, durante o primeiro Governo Barack Obama, na obra *Simpler: the future of government*. Os resultados alcançados, apresentados no livro, em virtude da política de simplificação, transparência e democracia na regulação foram positivos e de baixo custo. Entre tais benefícios, observam-se a diminuição de acidentes nas rodovias, redução na obesidade da população, desburocratização para abrir negócios e para o acesso aos serviços públicos, redução do tabagismo, facilitação do crédito para o ensino universitário, melhor atendimento dos passageiros nos aeroportos e diminuição da poluição, entre outros.

Notadamente existiam boatos pontuais de casos de corrupção envolvendo a Interstate Commerce Commission e as empresas que exploravam estradas de ferro na época. Nesse cenário, o professor da George Washington Law School, John Banzhaf, estimulou estudantes a identificarem relações problemáticas entre as corporações e as agências reguladoras, posteriormente ajuizando ações judiciais para questionar essas práticas nocivas à sociedade. Os alunos de Direito George Biondi, John Larouche, Neil Thomas Proto, Kenneth Perlman e Peter Resselar aceitaram o desafio e formaram o grupo *Students Challenging Regulatory Agency Procedures* (*SCRAP*), objetivando questionar judicialmente os procedimentos adotados pela Interstate Commerce Commission no reajuste do valor da taxa incidente sobre toda a carga transportada (produtos recicláveis) e o reflexo de tal aumento no meio ambiente.

Em abril de 1972, o SCRAP entrou com ação judicial contra os Estados Unidos e a Interestate Commerce Comission, na Corte Distrital de Columbia, por violação da NEPA, quando da aprovação e da cobrança de um aumento de 20% que já estava sendo recolhido, e novos 2,5% sobre toda a carga transportada nas estradas de ferro do país. O painel de três juízes do distrito de Columbia, composto pelos juízes Wright (presidente), Flanery e Richey, entendeu que o SCRAP tinha legitimidade para processar os réus e que o Congresso dos Estados Unidos, embora tivesse conferido autonomia à ICC, garantira que as decisões da agência poderiam ser revisadas pelo Poder Judiciário em caso de violação à legislação (NEPA).

O caso SCRAP, em virtude do recurso dos réus, chegou à Suprema Corte dos Estados Unidos e foi julgado procedente. Encarregado para escrever a decisão da Corte, o *Justice* Stewart concluiu que as alegações dos autores demonstraram que os membros do SCRAP individualmente sofreriam "danos" com o aumento da taxa de frete que atingiria produtos recicláveis. Cada estudante, no entender da Suprema Corte, usava florestas, rios, córregos, montanhas e outros recursos naturais da área metropolitana de Washington, seu domicílio legal, para *camping*, trilhas, pesca, apreciação de paisagens e outros objetivos estéticos e recreacionais. Tais usos, para a Corte, tinham sido e seriam adversamente afetados pelo aumento da taxa de frete, que inibiria a comercialização de produtos menos nocivos ao meio ambiente.

O *justice* reconheceu que, "embora de modo atenuado, os membros do *SCRAP* tinham alegado danos específicos e perceptíveis, que os distinguiam de outros cidadãos que não tinham usado os recursos naturais alegadamente afetados" com o aumento do preço da taxa (SUPREME COURT OF THE UNITED STATES, 1973). O *Justice* Blackmun, demonstrando preocupação direta com a lesão ao meio ambiente, e não com meros danos individuais reflexos, alegou:

> A medida postulada é justificada. Não exijo que os apelados provem que eles foram lesados individualmente. Ao invés, eu exigiria apenas que os apelados, como responsáveis e sinceros representantes dos interesses ambientais, demonstrassem que o meio ambiente seria lesado de fato e que cada dano seria irreparável e substancial. (SUPREME COURT OF THE UNITED STATES, 1973)

Observa-se, segundo o voto do *justice*, que o dano nem mesmo precisava ter ocorrido de fato para que o caso dos demandantes fosse julgado procedente, bastaria a prova de possível dano ambiental futuro e de efeitos irreparáveis e efetivos para a supressão do aumento da taxa de frete nas linhas férreas.

A Constituição norte-americana não prevê expressamente, repisa-se, as condições de legitimidade para que uma parte possa ingressar com uma ação em juízo, tenha o seu *standing* reconhecido e o seu caso apreciado. Relevante observar as considerações de Lazarus (2000, p. 703-812) no que tange às linhas gerais do *standing*, extraídas do art. III da Constituição de 1787, em matéria ambiental. Para o autor, a legitimação processual deve motivar-se pela existência de um dano que fundamente a demanda e sempre que esse dano tenha sido causado pelo réu, podendo ser identificado durante o processo. São para ele características especiais da responsabilização por dano ambiental: o dano, o nexo causal e a sua reparabilidade (LAZARUS, 2000, p. 703-812). A propósito, a apreciação da ocorrência do dano durante o processo, e não o dano como requisito prévio para o ajuizamento da demanda, foi o entendimento da Suprema Corte em *Valley Forge Christian v. American United for Separation of Church and State* (SUPREME COURT OF THE UNITED STATES, 1982). Tece o autor crítica às decisões da Suprema Corte no sentido de que, quando aprecia o *standing* nos casos de direito ambiental, demonstra pouco conhecimento ou entendimento acerca da natureza do dano ambiental (LAZARUS, 2000, p. 703-812) a ser evitado ou reparado.

A Corte ampliou, importante frisar, o seu entendimento sobre o dano ambiental a ser considerado para fins de avaliação da legitimação processual e incluiu os danos estéticos causados a prédios e paisagens no caso *Sierra Club v. Morton* (SUPREME COURT OF THE UNITED STATES, 1972). No mesmo caso, aliás, o *Justice* Douglas firmou importante dissenso, o qual se tornou clássico na literatura do direito ambiental americano, criando um caminho para a expressão indireta de visões ecocêntricas através da tutela de valores estéticos e ambientais vinculados a direitos e interesses dos litigantes (CANNON, 2015, p. 108).

No que concerne ao caso SCRAP, especificamente, refere Lazarus (2000, p. 703-812) que a "Corte levou em consideração o caráter inevitavelmente incerto e especulativo desses tipos de danos, em particular aqueles casos que demonstram um nexo causal mais atenuado entre ato e dano". Pode-se afirmar que a Suprema Corte dos Estados Unidos acabou, ainda que de modo indireto, tutelando direitos metaindividuais.

A Suprema Corte, ao longo das últimas décadas, assumiu uma posição mais conservadora e restringiu a legitimação processual ativa para litígios em matéria de direito ambiental, como em *Lujan v. Defenders of Wildlife* (SUPREME COURT OF THE UNITED STATES, 1990) e *Steel Co. v. Citizens for a Better Env't* (SUPREME COURT OF THE UNITED STATES, 1998). E, ainda, apropriou-se de exigências processuais de outros textos legais para tornar mais rígido o reconhecimento da legitimidade para a tutela processual, ainda que indireta, do meio ambiente, como reconhecido em *Simon v. Eastern Ky. Welfare Rights Org* (SUPREME COURT OF THE UNITED STATES, 1976); em *O' Shea v. Littleton* (SUPREME COURT OF THE UNITED STATES, 1974); e em *Linda R.S. v. Richard D* (SUPREME COURT OF THE UNITED STATES, 1973). No caso *Earth, Inc. v. Laidlaw Envtl. Servs* (SUPREME COURT OF THE UNITED STATES, 2000), afastou o reconhecimento do dano ecológico e as suas características como a incerteza na produção do dano e o seu caráter não econômico. Lazarus (2000, p. 703-812), sobre o caso, refere que a Corte desconsiderou "a falta de representação das futuras gerações, o que se converte em uma aplicação rígida e inapropriada" da Constituição e da lei.

No caso *Lujan v. Defenders of Wildlife*, o *Justice* Blackmun, no seu voto dissidente, chegou a levantar questionamento acerca de quais os motivos para a Corte, de forma sistemática, julgar desfavoravelmente quanto ao reconhecimento do *standing* dos demandantes em ações ambientais (SUPREME COURT OF THE UNITED STATES, 1990). E, ainda, sobre a legitimidade, que "os princípios rígidos exigidos pela Corte em matéria de *standing* é provável que se apliquem apenas em questões ambientais" (STONE, 2010, p. 9). A decisão no caso foi de que "apenas os indivíduos que sofreram danos concretos têm legitimidade para buscar a revisão judicial das regras da agência" (STONE, 2010, p. 9). Depreende-se do caso *Lujan* que a legitimidade processual em matéria ambiental para a Suprema Corte exige três elementos: "1- os demandantes precisam sofrer uma lesão; 2- a lesão deve ser causada pela conduta impugnada; 3- a decisão judicial favorável deve ser apropriada para reparar a lesão" (STONE, 2010, p. 9).

Cortes federais e estaduais, de igual modo, têm negado legitimação processual ativa ao cidadão que alega um nexo causal incerto, o que caracteriza grande parte dos danos ambientais e não demonstra um dano ambiental certo com reflexos causadores de lesão particular ao demandante (*v.g.*, propriedade, saúde ou vida) (UNITED STATES COURT OF APPEALS FOR THE FOURTH CIRCUIT, 1999).

Em *Lujan v. Defenders of Wildlife*, a Suprema Corte entendeu, indo mais além, que o demandante precisa demonstrar um dano certo ou iminente para o reconhecimento da legitimidade processual, a fim de evitar que exista prestação jurisdicional desnecessária em casos nos quais nenhum dano tenha efetivamente ocorrido (SUPREME COURT OF THE UNITED STATES, 1990). A exigência da Corte de provar a iminência do dano para fins de reconhecimento do *standing*, importante grifar, em virtude da incompletude dos argumentos vencedores no caso *Lujan*, "é difícil naqueles casos nos quais o dano ecológico, por natureza, se estende ao longo do tempo" (LAZARUS, 2000, p. 703-812). Ademais, essa posição demonstra um completo afastamento de princípios que norteiam o direito ambiental, inclusive no âmbito internacional, em específico dos princípios da precaução e da prevenção. Decisões desse jaez violam a independência do Poder Legislativo, uma vez que tanto o *Clean Water Act* como o *Clean Air Act* não exigem, em consonância com a moderna doutrina de direito ambiental em todo o mundo, que se demonstre cabalmente um impacto ecológico para que ocorra uma violação às suas disposições.

O princípio da separação dos poderes, tão respeitado nos Estados Unidos, fica vulnerabilizado quando a Suprema Corte passa a fazer exigências rigorosas, que a Constituição e a legislação federal não fazem, em demandas ambientais. O conceito de dano ambiental para a Corte possui uma acepção bastante restrita e limitada, aproximando-se do tradicional dano à propriedade ou à pessoa, bem delimitado no direito privado.

A jurisprudência norte-americana demonstra que a tutela judicial do meio ambiente é admitida, indiretamente, apenas quando demonstrado um dano concreto a direito individual do autor. A decisão judicial, por sua vez, deve ser útil para a reparação dos danos, que precisam ser atuais ou iminentes. Podem-se citar, a título ilustrativo, os casos *United States v. SCRAP*, no passado, e, como se verá a seguir, *Massachusetts v. EPA* (OSOFSKY, 2009, p. 129-144), no presente, como exceções a essa regra de legitimidade aplicada invariavelmente. No caso *SCRAP*, contudo, a maioria da Corte exigiu a necessidade de se provarem os danos individuais causados aos estudantes, os quais foram reconhecidos.

A tutela jurisdicional do meio ambiente nos Estados Unidos ocorre via reflexa, com o objetivo primeiro de tutela dos direitos individuais. Governo e agências federais devem preferencialmente exercer a tutela ambiental nas políticas públicas, deixando para a cidadania e as instituições buscarem uma tutela jurisdicional supletiva e indireta do meio ambiente.

5.2 Litígios e direito das mudanças climáticas nos Estados Unidos

O direito das mudanças climáticas está presente nos tratados internacionais dos quais os Estados Unidos é signatário e, na prática, está presente em uma série de políticas de adaptação e resiliência elaboradas nos âmbitos federal, estadual e municipal.

Embora o Ex-Vice Presidente Al Gore tenha assinado, em nome da Administração Bill Clinton, o Protocolo de Quioto, ele não foi ratificado pelo Senado. Aliás, o Senado havia aprovado resolução apoiada pelos senadores Robert Byrd e Chuck Hagel por 95 x 0, compelindo o Governo a não apoiar qualquer acordo no âmbito da Convenção-Quadro das Nações Unidas para o Combate às Mudanças Climáticas no sentido do corte das emissões, a menos que o compromisso também fosse assumido igualmente pelas nações em desenvolvimento (GERRARD, 2014, p. 24).

Em março de 2001, o Presidente George W. Bush expressamente repudiou o Protocolo de Quioto, sob o argumento de que ele isentava a China e a Índia da obrigação do corte de emissões, o que causaria grandes prejuízos econômicos aos Estados Unidos (ROSENCRANZ, 2002, p. 479-491). Quando o Protocolo entrou em vigor, no ano de 2005, Estados Unidos e Austrália eram os únicos países industrializados que não o haviam firmado. No ano de 2007, a Austrália acabou por firmar o acordo, restando os Estados Unidos isolados.

A política adotada pelo Presidente Bush, no entanto, encorajou a redução das emissões de gases de efeito estufa e, no ano de 2001, estabeleceu como objetivo a sua redução em 18% por unidade de atividade econômica até o ano de 2012. Entretanto, a economia americana cresceu em uma taxa acelerada, aumentando justamente 18% nos anos que antecederam a crise de 2008. Nesse período, as emissões também aumentaram, no mesmo ritmo do crescimento da economia (GERRARD, 2014, p. 24).

Durante a Administração Bush, os Estados Unidos adotaram vários programas para fazer um levantamento do total das emissões e incentivaram a realização de pesquisas acerca de mudanças climáticas e de tecnologias para contê-las. O Congresso aprovou incentivos fiscais para a produção de energia renovável, para eficiência energética e, de modo contraditório, também para a convencional e poderosa indústria dos combustíveis fósseis (ENVIRONMENTAL PROTECTION AGENCY, 2013). Essa administração, com pouca coerência na matéria, recusou-se a utilizar o *Clean Air Act* para regular os gases de efeito estufa, posição que se manteve mesmo após a Suprema Corte decidir que essa regulação deveria ser efetuada no âmbito da Environmental Protection Agency (EPA) (UNITED STATES, NATIONAL ENERGY POLICY DEVELOPMENT GROUP, 2001).

Obama assumiu e implantou uma política oposta à de George W. Bush. Sob novo comando, a EPA passou a utilizar a sua competência para regular os gases de efeito estufa. No âmbito da House of Representatives, o governo conseguiu a aprovação do *American Clean Energy and Security Act*, conhecido como *Waxman-Markey Bill*, que estabelecia um amplo programa de *cap-and-trade* em nível federal (LIZZA, 2010). Entretanto, o projeto de lei foi rejeitado no Senado. Ainda que durante a campanha da reeleição o Presidente Obama tenha evitado tocar no tema mudanças climáticas, em junho de 2013, após reeleito, anunciou o *Climate Action Plan*, plano elaborado no âmbito do Poder Executivo. O plano estava focado no poder regulatório da EPA, que emitiu um cronograma com importantes regulações sobre as novas e as já existentes usinas de queima de carvão (GERRARD, 2014, p. 24).

Todavia, posteriormente, o governo conservador de Donald Trump deu um péssimo exemplo ao mundo ao retirar os Estados Unidos, no dia 1º.7.2017, do Acordo de Paris. O que já era esperado, pois o Ex-Presidente Trump havia nomeado para diretor da EPA Scott Pruitt, procurador-geral do estado de Oklahoma e advogado da indústria dos combustíveis fósseis. Em suas primeiras medidas, ainda no início do ano de 2017, desmantelou o *Climate Action Plan* e expediu dois decretos para viabilizar a construção dos oleodutos de Keystone e Dakota (WEDY, 2017). Pruitt, aliás, após onda de escândalos éticos envolvendo sua curta gestão, acabou por renunciar o seu posto e foi substituído por Trump pelo igualmente conservador Andrew Wheeler, ex-lobista da indústria do carvão (THE NEW YORK TIMES, 2018).

A atabalhoada medida do Ex-Presidente Trump caiu por terra e não teve maiores efeitos práticos ante o comprometimento da maioria dos grandes Estados, maiores cidades e mais poderosas corporações americanas (excluídas destas a decadente, mas ainda influente indústria do petróleo e do carvão) com as metas do Acordo de Paris.

Em sentido oposto, foi elaborada a Lei de Redução da Inflação (*The Inflation Reduction Act*) recentemente aprovada pelo Governo Biden, no Senado, em agosto de 2022, que possui disposições climáticas e, de acordo com Freeman, embora não seja a peça legislativa ideal, em sendo aprovada na House of Representatives, vai disponibilizar US$369 bilhões em créditos fiscais e outros incentivos para estimular uma economia de energia limpa, sendo este um passo crucial. Para a professora de Harvard, o principal objetivo da legislação "é substituir cada vez mais os combustíveis fósseis nos setores de transporte, eletricidade e nos setores industrial e de construção. E tem um benefício auxiliar: fortalecerá a possibilidade de regular os gases de efeito estufa com base no *Clean Air Act*" (FREEMAN, 2022, p. 22).

Em sede doutrinária, importante recordar, até para o retorno imediato ao cerne desta obra, que estão bem delineados os efeitos nefastos e a necessidade do ajuizamento de litígios climáticos imediatos contra a exploração desregrada do carvão e do petróleo (MCALLISTER, 2009, p. 48-71). Outrossim, os maiores escritórios de advocacia americanos especializados em litígios climáticos ajuizaram dezenas de ações contra as medidas de desregulação das emissões adotadas pela Administração Trump (WEDY, 2017).

Não existe nos Estados Unidos, portanto, uma legislação específica e especial para regular os gases de efeito estufa, mas várias leis são aplicadas com tal finalidade. O mais importante diploma legal para regulação desses gases é ainda o *Clean Air Act*. Durante a administração do Ex-Presidente Bill Clinton, dois sucessivos conselhos gerais da EPA opinaram que a agência teria autoridade para aplicar a lei e regular os gases de efeito estufa como poluentes do ar. Os conselhos da EPA na Administração Bush emitiram pareceres em sentido diametralmente oposto (GERRARD, 2014, p. 24).

Essa controvérsia restou resolvida por decisão da Suprema Corte no caso *Epa v. Massachusetts*, no ano de 2007, em que por 5 a 4 a Corte decidiu que os Estados possuíam *standing* para processar e compelir a EPA para regular os gases de efeito estufa. Na decisão, restou consignado que os gases de efeito estufa podem ser regulados com a aplicação do *Clean Air Act*, porque são poluentes do ar. Por fim, foi determinado que a EPA deve declarar que os gases de efeito estufa são prejudiciais à saúde pública e ao bem-estar e realizar a regulação, ou explicar em detalhes por que essa regulação não será realizada com base em permissivos legais (GERRARD, 2014, p. 24).

Em dezembro de 2009, a EPA definiu os gases de efeito estufa como perigosos. Após, emitiu ato de regulação das emissões por intermédio da fixação de *standards* e tornou mais rigorosos os níveis de regulação para os veículos automotores. A EPA também adotou medidas de regulação referentes às fontes estacionárias de emissões de gases de efeito estufa, como fábricas e usinas. Mais de cem processos foram ajuizados impugnando tais regulações pelos mais diversos argumentos, mas todas essas ações foram desconsideradas pela Corte de Apelação do Distrito de Columbia (*U.S. Court of Appeals for the Disctrict o Columbia*), que sequer apreciou o seu mérito (GERRARD, 2014, p. 24).

O *National Environmental Policy Act (NEPA)* é igualmente aplicado para regular as emissões de gases de efeito estufa, em especial para compelir as agências a elaborarem declarações de impacto ambiental para as ações federais ou em relação àquelas submetidas à fiscalização federal de maior vulto e que possam causar danos ao meio ambiente.

Outros argumentam que o *Endangered Species Act* (*ESA*) também pode ser aplicado para o enfrentamento das mudanças climáticas. Como diz o próprio nome, a lei é utilizada para proteger espécies ameaçadas e em perigo, assim como o seu habitat. O diploma legal proíbe projetos e ações federais que coloquem em risco as espécies ameaçadas.

Em teoria, a lei poderia ser estendida para projetos que emitem gases de efeito estufa, mas na prática é muito difícil de implementar, já que muitos projetos contribuem relativamente pouco com as emissões de gases de efeito estufa e os impactos às espécies não podem ser atribuídos diretamente a tais emissões. A importância do estatuto, no contexto das mudanças climáticas, é primeiramente garantir a sobrevivência das espécies atingidas indiretamente pelo aquecimento global nos seus habitats (GERRARD, 2014, p. 26).

Refere Gerrard (2014, p. 26-27) que as ações ajuizadas nos Estados Unidos, as quais discutem causas associadas às mudanças climáticas, podem ser divididas, em sua ampla maioria, em duas categorias básicas. A primeira categoria compreende ações que invocam o direito administrativo com base nas leis existentes para exigir que as agências federais adotem certas ações regulatórias ou parem de adotá-las. *Massachusetts v. EPA* é um clássico exemplo dessa categoria de ações. Centenas de ações têm sido ajuizadas impugnando projetos, atos e omissões regulatórias das agências federais referentes às emissões de gases de efeito estufa (ARNOLD; PORTER, 2015). Nesse tipo de caso, as partes pleiteiam que o Poder Judiciário aplique as regras estabelecidas pelo Congresso, pelos legislativos estaduais e pelas agências federais. A segunda categoria envolve ações típicas da *common law*. Nesse tipo de ação judicial, o pedido é endereçado ao juiz para que ele aplique doutrinas criadas pelas Cortes através dos séculos para responsabilizar a parte *ex-adversa* ou para que um provimento cautelar seja expedido contra as emissões.

Com base na doutrina da *common law public nuisance*, por exemplo, foram ajuizadas quatro demandas alegando mudanças climáticas causadas por fatores antrópicos com pedidos de intervenção judicial cautelar e indenizatório. Todas foram desconsideradas e não tiveram o mérito apreciado por Cortes Federais (*Federal District Courts*), porquanto entenderam que tais demandas estavam embasadas em questões políticas e não eram sujeitas ao escrutínio do Poder Judiciário. Também foi invocada, por grupos sem fins lucrativos, a doutrina da *common law* da *public trust* em várias ações judiciais que buscavam compelir os Estados e o Governo Federal a adotarem planos para reduzir as emissões de gases de efeito estufa e preservar a atmosfera. Essa doutrina obriga o governo a proteger certos recursos naturais que devem ser preservados em confiança e em nome do público. A doutrina tem sido aplicada para proteger certas áreas costeiras, praias e parques florestais. Até o momento, no entanto, nenhum processo com esse argumento obteve êxito nas Cortes (GERRARD, 2014, p. 27).

Importante observar que não são incomuns demandas envolvendo as mudanças climáticas e as suas consequências individuais nos Estados Unidos, exemplo de país democrático e de cidadania atuante, a qual está atenta e consciente, em especial os liberais (democratas), em relação a essa grave ameaça.

5.3 Litígios climáticos nos Estados Unidos: análise de casos

A Organização das Nações Unidas, em parceria com o Sabin Center for Climate Change Law da Columbia Law School, sob a liderança do Professor Michael B. Gerrard, constatou que nos Estados Unidos já foram ajuizadas ao menos 1.200 demandas do estilo (UNITED NATIONS, 2020, p. 4). Um contraste fica evidenciado se comparado este número com os litígios climáticos instaurados no Brasil, que, embora com tendência de evidente crescimento, ainda são poucos, o que é compatível com uma doutrina de direito climático mais jovem no país.

De acordo com Pell e Osofsky, talvez, o mais importante papel dos litígios climáticos seja levantar questões que os governos e a sociedade preferem não enfrentar, como: a) Um sistema de energia baseado nos combustíveis fósseis é sustentável?; b) Deveriam os Estados Unidos continuar a produzir, usar e exportar carvão em virtude das consequências das mudanças climáticas?; c) São os sistemas normativos e de seguros flexíveis o suficiente para enfrentar o futuro do fenômeno das mudanças climáticas?; d) Quais são as responsabilidades das presentes gerações para manter o clima seguro para as futuras gerações de seres humanos e de outras espécies? (PELL; OSOFSKY, 2017, p. 340).

Aliás, levando em consideração estes questionamentos, a elaboração de contratos de seguro em virtude do aquecimento global e as suas externalidades negativas e os consequentes litígios decorrentes são avaliados criteriosamente há alguns anos nos Estados Unidos (STEMPEL, 2009, p. 23).

Não existe dúvida, após estes breves argumentos, de que o mais emblemático caso de litígio climático ocorrido no país foi *Massachusetts v. EPA*, inclusive por ter chegado de modo pioneiro à apreciação da Suprema Corte. Com efeito, em *Massachusetts v. EPA*, trinta anos após o caso *SCRAP*, observa-se uma decisão da Suprema Corte mais generosa no reconhecimento da legitimidade processual e, acima de tudo, mais atenta aos princípios de direito ambiental consagrados para além das fronteiras da América.

Nesse caso, a Environmental Protection Agency (EPA) foi demandada pelo Estado de Massachusetts no District of Columbia Circuit por negar-se a aplicar o *Clean Air Act* contra as emissões de quatro gases emitidos por veículos automotores novos que contribuem para o efeito estufa. A Corte do Distrito de Columbia manteve a decisão da EPA e não determinou a aplicação da legislação contra a emissão desses gases poluentes pelos veículos automotores. O Estado do Massachusetts e outros, irresignados, apelaram para a Suprema Corte, pleiteando uma ordem judicial para que fosse determinada a revisão da decisão da EPA e aplicado o *Clean Air Act*.

No voto condutor do *Justice* Stevens, restou evidenciado que a jurisdição federal das Cortes é limitada *aos casos e às controvérsias* e que o Estado de Massachusetts demonstrou um e outro no caso concreto. Foram reconhecidos pela Corte danos ambientais, atuais e futuros, causados ao litoral do Estado de Massachusetts. Ademais, foi constatado que o dano ambiental causado na faixa litorânea estava ligado à evidente omissão da EPA. Reconheceu-se que pequenos efeitos decorrentes do dano satisfazem a exigência da causação na análise da competência federal e da legitimidade da parte autora. Finalmente, fixou-se no caso que o dano poderia ser reparado judicialmente, embora o resultado do remédio judicial pudesse ser tardio, porquanto emissões de gases por veículos novos já haviam sido realizadas (STONE, 2010, p. 9).

O *Chief Justice* Roberts resumiu no seu dissenso o pensamento conservador da composição da Suprema Corte (TUSHNET, 2013, p. 38), marca característica das últimas décadas (TUSHNET, 2015, p. 152), no seguinte sentido:

> qualquer reparação de danos, nesse caso, deveria ser deixada para os poderes políticos. O relaxamento das exigências de legitimidade não existe em nenhum precedente da Corte. Sob uma análise normal de legitimidade, Massachusetts falhou em satisfazer a exigência da demonstração do dano concreto e particularizado; danos para a humanidade em geral não são suficientes. Também, a conexão causal entre a inação da EPA e o dano ao litoral é tão tênue e especulativa que ela não pode servir de base para se justificar a legitimidade.

CAPÍTULO 5
BREVES CONSIDERAÇÕES SOBRE O DIREITO AMBIENTAL NORTE-AMERICANO | 223

Além disso, conforme o *Chief Justice*, "Massachusetts não pode satisfazer o requisito da utilidade da reparação porque as emissões ocorrem também em outros países, diminuindo a importância de qualquer redução nas emissões que podem resultar da aplicação do *Clean Air Act* pela *EPA*". Prossegue seu voto afirmando que "flexibilizar as exigências de uma legitimidade apropriada apenas permite às Cortes usurpar a autoridade que é propriamente atribuída ao Congresso e ao Presidente" (STONE, 2010, p. 10). Para a posição dissidente, a Corte estaria invadindo a competência dos demais poderes e praticando uma política pública inaceitável de prevenção de danos ambientais. Para os votos vencidos, e parte da doutrina, a decisão está maculada por um ativismo judicial violador do princípio da independência dos poderes não autorizado pela Constituição e, ainda inútil, porque não é capaz de impedir emissões para além das fronteiras norte-americanas.

Curioso, extraindo elementos dos bastidores deste julgamento, é que o Professor de Direito Administrativo Ronald Cass (2007 p. 75-84) sugere, por exemplo, que "o documentário de Al Gore e a crise climática fatalmente contagiaram o pensamento da Corte sobre essa e outras questões e a levaram a ultrapassar o território reservado para os atores politicamente competentes".

Em sentido oposto, Jody Freeman e Adrian Vermeule (2007, p. 78-87) oferecem uma visão favorável da decisão como um encorajamento para que as agências federais exerçam a regulação, com base na *expertise* e na moldura da legislação e dos estatutos, em vez de o fazerem seguindo preferências privadas ou intuições dos atores políticos. E mais, ambos entendem que a Suprema Corte passou uma mensagem positiva à sociedade de que alguma coisa deve ser feita no que concerne às mudanças climáticas.

A maioria dos *justices*, por seu turno, desconsiderou os argumentos acolhidos nos votos dissidentes e entendeu que "o demandante possui legitimidade se demonstrar que o dano concreto é ligado ao réu e que este é reparável por decisão judicial" (STONE, 2010, p. 9). No caso concreto, a Corte decidiu que a EPA possui o dever de promover a regulação da emissão de gases poluentes referidos pelo Estado de Massachusetts ou, ao menos, justificar adequadamente por que não está exercendo a sua competência de acordo com a lei.

Dois casos decididos pela Suprema Corte reafirmaram o decidido em *Massachusetts v. EPA*, no sentido de que o *Clean Air Act* é aplicável para a regulação do CO2, ainda que com um tom mais moderado. Foi o que ocorreu em *American Electric Power Corp. v. Connecticut (AEP)* (SUPREME COURT OF THE UNITED STATES, 2014) e, também, em *Utility Air Regulatory Group v. EPA* (SUPREME COURT OF THE UNITED STATES, 2014).

Em consonância com Cannon (2015), o voto do falecido *Justice* Scalia, no segundo caso mencionado, deixou em aberto a matéria para futuras discussões, e os *justices* conservadores Thomas e Alito continuam a afirmar que *Massachusetts v. EPA* foi decidido equivocadamente (CANNON, 2015, p. 69). Como efeito disso, a Corte do 5º Circuito de Apelação decidiu que os autores proprietários de terras atingidas pelo Furacão Katrina não possuíam *standing* para processar companhias de produtos químicos e combustíveis fósseis, porque os danos não foram exatamente ligados às condutas das companhias. A Corte decidiu que o nexo causal entre as emissões de gases de efeito estufa pelas companhias e o Furacão Katrina era muito tênue (UNITED NATIONS, 2017).

Em *Juliana v. United States*, vinte e um autores entraram com uma ação judicial em uma Corte Distrital Federal contra o Governo dos Estados Unidos, pedindo que o Poder Judiciário obrigasse o Governo a tomar uma ação efetiva na redução das emissões de CO2 objetivando limitar a concentração deste gás em no máximo 350 partes por milhão até o ano de 2100. Os autores alegaram que o sistema climático atual coloca em risco os direitos constitucionais à vida, à liberdade, e à propriedade e que os réus tinham violado o *Substantive Due Process Rights* por permitir a produção, o consumo e a combustão de combustíveis fósseis em níveis perigosos. Os autores também alegaram que o governo falhou em controlar as emissões de CO2 e que isto constituía numa violação ao direito dos autores de igual proteção ante a lei, e que a eles estavam sendo denegados direitos fundamentais assegurados às anteriores e presentes gerações. Ao final, alegaram os autores que os réus tinham falhado no cumprimento de suas obrigações ante a *public trust doctrine* (teoria da confiança pública) (UNITED NATIONS, 2017).

Foi determinado o arquivamento do feito (SABIN CENTER FOR CLIMATE CHANGE LAW, 2022), após debate na instância originária e em sede recursal, sobreveio tentativa de acordo por determinação judicial que restou frustrada, todavia, os autores em recente pedido, com a finalidade de atender à exigência do *Ninth Circuit*, afirmam que a Suprema Corte dos Estados Unidos, em tese, autoriza a emenda do pedido inicial, para que este seja conhecido, mesmo após arquivado, em virtude do *leading case Mississippi v. Tennessee*, que deliberou sobre a regulação das águas subterrâneas subjacentes a oito estados. Ou seja, os demandantes climáticos entendem que "o princípio geral de que um caso deve ser arquivado pelo fato de os autores não haverem proposto uma solução viável, pode ser contornado por uma moção para sanar o vício da inicial".

Outras ações judiciais visam estabelecer se determinadas emissões são uma causa próxima aos singulares impactos adversos das mudanças climáticas. Embora várias Cortes tenham reconhecido a relação causal entre as emissões antropocêntricas de gases de efeito estufa, as mudanças climáticas e os impactos adversos resultantes do aquecimento global, nenhuma Corte ainda conseguiu relacionar as emissões específicas de gases de efeito estufa e estabelecer o nexo causal a impactos igualmente identificáveis e particularizados para o reconhecimento da responsabilidade. De fato, o Painel Intergovernamental de Mudanças Climáticas descreve como o mecanismo-chave e causal das mudanças do clima a mistura dos gases de efeito estufa na atmosfera. Este *mix*, aliás, torna obscura a avaliação das contribuições individuais dos emissores e torna difícil a verificação do dano e do respectivo nexo de causalidade (UNITED NATIONS, 2017). Seria importante que a legislação e, em especial, doutrina, levantassem este obstáculo.

Os casos mais importantes nos Estados Unidos que visam à demonstração de emissões particularizadas a danos identificáveis são, certamente, *Connecticut v. American Electric Power* e *Kivalina v. ExxonMobil*. Os autores no caso *Connecticut* buscaram um provimento judicial para cortar as emissões das usinas de energia elétrica. Já, no caso *Kivalina*, os demandantes buscaram a reparação de danos decorrentes das emissões das indústrias dos combustíveis fósseis. Em ambos os casos, contudo, os autores invocaram como fundamento da demanda a teoria do *public nuisance*, que pertence à *common law* federal. Em ambos os casos, as Cortes entenderam que o *Clean Air Act*, como legislação aprovada pelo Congresso, afasta a aplicação da *common law* e, também, que as demandas não conseguiram demonstrar a questão substantiva da causa aproximada, ou seja, o nexo causal (UNITED NATIONS, 2017).

Noutros casos decididos pelas Cortes, observa-se acirrada discussão sobre a máxima do princípio da separação dos poderes, no sentido de que um poder do Estado não pode ultrapassar a sua competência prevista pela Constituição ou por leis infraconstitucionais e invadir a competência de outro poder estatal. A principal questão debatida é se as Cortes são competentes para apreciar questões referentes à equidade, a direitos e a obrigações relacionados às mudanças climáticas. O princípio da separação dos poderes, aliás, é invocado quando se discute o *standing*, uma vez que as Cortes autorrestringem a sua autoridade quando a matéria é de competência constitucional do Poder Executivo (aí incluídas as agências federais) ou do Poder Legislativo.

No *caso Connecticut v. AEP*, a *Federal District Court*, em Nova York, decidiu que as mudanças climáticas se constituem em matéria evidentemente política, transcendentemente uma questão legislativa e, por ser um assunto de ordem, repete-se, política, o *princípio da separação dos poderes* impedia o Estado juiz de apreciar o caso (UNITED NATIONS, 2017). Todavia, o *Second Circuit Court of Appeals*, após recurso, substituiu a decisão e entendeu que a regulação das fontes das emissões causadoras das mudanças climáticas não são inerentemente uma questão política, e que a Corte estava plenamente dentro de sua competência para apreciar a demanda fundada na doutrina do *public nuisance* contra as emissões de gases de efeito estufa. Por fim, o processo chegou, por meio de recurso, à Suprema Corte, que declinou a apreciação do mérito por diverso motivo, embora preliminarmente tenha manifestado preocupação sobre a violação do princípio da separação dos poderes. Em suma, a Corte concluiu que o Congresso, ao aprovar o *Clean Air Act* e autorizar a *U.S. Environmental Protection Agency* a abordar e regular o tema das mudanças climáticas, afastou a competência do Poder Judiciário para decidir com base na doutrina do *public nuisance claims* (UNITED NATIONS, 2017).

A prestação jurisdicional nos Estados Unidos, com base na *common law*, reconhece como causas para demanda, outrossim, ocorrências de *tort*, *nuisance* e *negligence*. Autores têm, com base nestas doutrinas da *common law*, ajuizado demandas para reparação de danos causados pelas mudanças climáticas. O fundamento básico das demandas do estilo é que o governo ou entes privados que contribuem para as mudanças climáticas estão incorrendo em *tort*, causando o *nuisance*, ou comportando-se de modo negligente e, em decorrência disto, deveriam os demandantes climáticos dispor de instrumentos jurídicos para buscar a reparação dos danos com base neste comportamento ilegal dos emissores de gases de efeito estufa.

As teorias do *tort*, *nuisance* e *negligence*, grifa-se, não estão disponíveis em jurisdições do *civil law*. Autores climáticos têm proposto, portanto, ações sem êxito até o momento. Uma das principais causas deste insucesso é que a legislação norte-americana afasta a aplicação das doutrinas da *common law* quando as codificações abordam direta e especificamente a questão litigiosa. Em *AEP v. Connecticut*, os autores que compreendiam estados, cidades e organizações não governamentais alegaram que as emissões de CO2 de quatro companhias privadas e a *Tennessee Valley Authority* contribuíam para o aquecimento global e, portanto invocaram que isto era um caso de *public nuisance* de acordo com a lei federal, e buscaram uma ordem judicial para que as companhias diminuíssem as suas emissões. No entanto, a Suprema Corte entendeu que qualquer causa de ação com base na *common law federal* deveria ser afastada em virtude de o *Clean Air Act* autorizar especificamente a EPA no exercício da regulação de gases de efeito estufa (UNITED NATIONS, 2017).

Referido entendimento foi ampliado e repetido em decisão do *Ninth Circuit* para o já mencionado caso *Native Village of Kivalina*, em que se discutia a alegação da incidência de federal public *nuisance* contra ExxonMobil, BP, Chevron e outras companhias produtoras de combustíveis fósseis, justamente por estas, em tese, terem causado danos ligados às mudanças climáticas decorrentes de suas atividades (UNITED NATIONS, 2017).

Demandas com base na *common law* enfrentam dificuldades associadas ao estabelecimento do nexo causal entre as ações dos réus emissores de gases de efeito estufa e os efetivos danos causados aos autores climáticos. No caso *Comer v. Murphy Oil USA*, os autores proprietários de glebas alegaram que as emissões decorrentes de atividades de companhias de energia e de produtos químicos contribuíram para as mudanças climáticas e que foram responsáveis, também, para o aumento dos nefastos efeitos do *Furacão Katrina*, constituindo um caso de evidente *private nuisance*, assim como *public nuisance, trespass, negligence, unjust enrichment, fraudulent misrepresentation* e *civil conspiracy*. A Suprema Corte dos Estados Unidos, não obstante, entendeu que os autores não possuíam *standing* para estar em juízo porque não conseguiram demonstrar que os danos sofridos estariam ligados às emissões das companhias (UNITED NATIONS, 2017).

No caso *Katrina Canal Breaches*, os proprietários de imóveis atingidos pela enchente em New Orleans, decorrente do Furacão Katrina, buscaram indenização junto ao Governo norte-americano pela negligente administração e precária estrutura dos diques de água da cidade. Segundo os autores, apenas o Furacão Katrina seria insuficiente para causar os danos se os diques tivessem funcionado dentro da normalidade, assim, a má administração dos diques e a precária infraestrutura teriam contribuído diretamente para os danos causados. Foi negada a tutela jurisdicional aos autores com base na teoria da imunidade da soberania governamental (*government's sovereign immunity*), que impede a alegação e o reconhecimento da *negligence* com base na *common law* (UNITED NATIONS, 2017).

Há demandas climáticas, de necessária referência, embasadas no *Endangered Species Act* (Lei das Espécies Ameaçadas) para responsabilizar agências federais por falhas em levar em consideração os efeitos adversos das mudanças climáticas sobre as espécies ameaçadas e em risco de extinção que deveriam ser protegidas de acordo com a lei. A maioria das Cortes norte-americanas tem decidido que as consequências atuais e futuras das mudanças climáticas devem ser consideradas quando se decide quais espécies devem ser protegidas e quais são os habitats que estão realmente ameaçados e merecem tutela (UNITED NATIONS, 2017).

É de se verificar que nos Estados Unidos os litígios climáticos são instaurados a partir de fundamentos buscados na legislação vigente e, também, em doutrinas da *commom law*. O objetivo do ajuizamento destas demandas climáticas geralmente é a declaração da ilegalidade de ações ou omissões do governo, de agências federais ou entes privados e a concessão de ordens judiciais instando estes entes a uma ação ou omissão no sentido sempre de diminuir a emissão de gases de efeito estufa e, outrossim, proteger a sociedade das consequências evitáveis de eventos climáticos extremos.

Também, busca-se a condenação dos responsáveis pelos danos individuais e coletivos causados por desastres ambientais decorrentes das emissões antrópicas de gases de efeito estufa. Aliás, Pell e Osofsky (2017, p. 310) referem que os litígios climáticos não estão focados apenas sobre a emissão de gases de efeito estufa e a transição para as energias renováveis, mas, também, e de modo crescente, sobre planos de adaptação e antidesastres. Os efeitos dos litígios climáticos sobre a moldura regulatória, segundo os autores, são diretos e indiretos, com algumas importantes influências sobre o comportamento das grandes corporações e sobre as normas sociais, ainda mais em tempos de *greewashing*, que consiste na enganadora prática de promover discursos, anúncios, propagandas, campanhas publicitárias e até ações judiciais ambientais e climáticas isoladas com características *eco-friendly*. Na prática, referidas atitudes ou ações não ocorrem ou quando ocorrem têm a finalidade de ludibriar a sociedade com mistificações e promoções pessoais ou de nomes de empresas e governos.

A Suprema Corte dos Estados Unidos, infelizmente, no ano de 2022, em *West Virginia et al. v. Environmental Protection Agency et al.*, praticamente inviabilizou a competência da Agência de Proteção Ambiental (*EPA – Enviromental Protection Agency*) para regular os gases de efeito estufa emitidos pela indústria dos combustíveis fósseis no país. A decisão é um grave entrave imposto aos planos do presidente democrata, Joe Biden, consubstanciados no combate ao aquecimento global, conforme o estabelecido no Acordo de Paris ao final da COP21.

O chamado Estado administrativo norte-americano resta enfraquecido com a diminuição da autonomia das agências federais para o combate à poluição mediante a elaboração de normas regulatórias. Como bem referem Cass Sunstein e Adrian Vermeulle (2020, p. 63), muitos têm se preocupado que o "estado administrativo possa se transformar em uma forma de absolutismo, na qual os cidadãos devem estar constantemente temerosos do que os agentes públicos possam fazer".

Referido fato está demonstrado no posicionamento dos *justices* conservadores nomeados pelo Ex-Presidente Donald Trump: Neil Gorsuch, Brett Kavanaugh e Amy Coney Barrett. Estes magistrados agora formam folgada maioria ao juntarem-se aos também nomeados por presidentes republicanos *justices* Clarence Thomas e Samuel A. Alito Jr. e *Chief Justice* John Roberts.

Importante referir que na história dos Estados Unidos a nomeação dos *justices* sempre decorreu, em grande parte, da preferência política do presidente da república (TUSHNET, 2013, p. 32), que pode ser liberal (esquerda) ou republicano (direita), com reflexos na formação do direito constitucional norte-americano fortemente influenciado pelos precedentes da própria Suprema Corte (TUSHNET, 2015, p. 45).

A maioria conservadora dos *justices* da Scotus ficou bem estabelecida, na decisão de 6 a 3 desta, que substituiu a decisão do Tribunal de Apelações vinculado ao Circuito do Distrito de Columbia, ao declarar equivocada a interpretação que o referido sodalício de menor instância havia procedido ao interpretar a Lei do Ar Limpo (*Clean Air Act*) e ao conceder à EPA amplos poderes para a regulação das emissões de carbono. A opinião (que resume o entendimento da maioria dos *justices*), de lavra do *Chief Justice* John Roberts, foi proferida no final da pauta (2021-22) da Scotus, em 30.6.2022. A decisão foi favorável aos anseios políticos representados pelos Estados governados pelos republicanos e, especialmente, aos interesses econômicos das empresas do petróleo e do carvão.

Importante referir que o debate no âmbito da Scotus desnudou dois blocos de regulações conflitantes e que não estão mais em vigor. O primeiro bloco refere-se ao Plano de Energia Limpa do Governo Obama (*Clean Power Plan – CPP*), que buscava combater as mudanças climáticas reduzindo a poluição por emissões de carbono provenientes das termelétricas, com o emprego da transição energética para as usinas de gás natural, de energia eólica e solar. Referido plano estabelecia metas individuais para cada estado reduzir as emissões das referidas usinas de energia até 2030. Todavia, no ano de 2016, a mesma Scotus suspendeu referida política pública climática e energética, atendendo às demandas de vários estados governados pela direita do país.

Em 2019, referida decisão da corte foi reforçada pelo Governo Trump, que revogou o CPP dos democratas e o substituiu pela Regra de Energia Limpa Acessível (*Affordable Clean Energy – ACE*), que ampliou a discricionariedade dos estados para desregulamentar a indústria das emissões e para estabelecer padrões de desenvolvimento compatíveis com os interesses dos setores carbonizadores da economia. O governo fundamentou o ato revocatório na necessidade de conter a competência da EPA, até então justificado pela Seção 7411 do CAA, desde o precedente *EPA v. Massachusetts*, analisado minuciosamente e de modo magistral por Lazarus (2020), que detalha os hercúleos esforços do *Justice* Stevens para construir a maioria no caso.

Referido dispositivo legal (7411, CAA), com interpretação consagrada pelo mencionado *leading case*, concedia à EPA o poder de determinar o melhor sistema de redução de emissões para prédios e empreendimentos emissores de poluentes. Referido dispositivo legal, de acordo com a interpretação do Governo Trump, só permitia que a EPA implementasse medidas regulatórias que se aplicavam às instalações físicas de uma usina, e nada mais do que isto. Assim, o governo republicano defendeu na esfera administrativa uma interpretação restritiva do CAA.

Em 2021, a mencionada decisão do Circuito de DC suspendeu ambos blocos regulatórios e enviou a matéria novamente para a EPA, com a finalidade de que esta adotasse procedimentos adicionais de regulação. De acordo com a decisão dos juízes do Circuito de DC, a Seção 7411 não era compatível com a interpretação restritiva no aspecto regulatório conferida pelo Governo Trump. A Scotus, como referido, substituiu esta decisão.

De acordo com o *Chief Justice* Roberts, o esforço da EPA para regular os gases de efeito estufa, fazendo mudanças em toda a indústria, violou a *major questions doctrine*. Ou seja, só o Congresso pode conferir a uma agência administrativa o poder de tomar "decisões de vasto significado econômico e político". Essa outorga discricionária e regulatória do Poder Legislativo para as agências federais deve ser clara e expressa, não podem pairar dúvidas. De acordo com a opinião, a EPA pretendeu *exercer poderes regulatórios sem precedentes sobre a indústria americana* ao invocar a Seção 7411 do CAA, aplicando-a para preencher lacunas como raramente havia procedido nas décadas anteriores. De acordo com o *chief justice*, "há poucas razões para pensar que o Congresso atribuiu tais decisões regulatórias à EPA", especialmente pelo fato político de o Congresso ter rejeitado anteriormente os esforços para promulgar o tipo de programa que a EPA queria implementar com o CPP.

Consta na opinião que as regulações "das emissões de dióxido de carbono em um nível que forçará uma transição nacional do uso de carvão para gerar eletricidade descarbonizada pode ser uma solução para a crise do dia sensata". Todavia, apenas "o Congresso, ou uma agência com delegação expressa deste pode adotar uma decisão de tal magnitude e consequências". Logicamente, a decisão terá consequências para as demais agências federais estadunidenses. A *ratio* da decisão aplica-se às formulações de políticas públicas pelas agências federais que acabam de perder competências e poderes políticos para o Poder Legislativo, que sai muito fortalecido. Em uma opinião concordante, acompanhada pelo *Justice* Samuel Alito, o *Justice* Neil Gorsuch enfatizou que a disputa perante o tribunal envolvia "questões básicas sobre autogoverno, igualdade, federalismo e separação de poderes". A *major questions doctrine*, escreveu Gorsuch, "procura proteger os poderes contra invasões não intencionais, oblíquas ou improváveis nesses temas", exigindo que as agências federais tenham autorização clara do Congresso quando tratam de questões regulatórias importantes. Se as usinas de energia gerada por carvão e gás "devem ser autorizadas a operar é uma questão sobre a qual as pessoas hoje podem discordar, mas é uma questão que todos podem concordar que elas são de vital importância".

Os *justices* Stephen Breyer e Sonia Sotomayor acompanharam o voto vencido da *Justice* Elena Kagan, formando a minoria dos *justices* apontados pelos presidentes democratas e instaurando o dissenso que possui especial relevância no direito constitucional norte-americano, como adverte Tushnet (2008, p. 79). A *Justice* Kagan referiu que não havia razão para o tribunal considerar, nesta fase, o fato do mero anúncio de futura emissão de uma nova regra regulatória pelo Governo Biden. O raciocínio da maioria, ela escreveu, "repousa em uma afirmação apenas: que a mudança de geração é muito recente e grande demais para o Congresso ter autorizado" na Seção 7411. Mas isso é exatamente o que o Congresso pretendia, sugeriu Kagan, por causa da experiência da EPA em questões ambientais. Kagan lamentou que a decisão "[impeça] a ação de agências autorizadas pelo Congresso em reduzir as emissões de dióxido de carbono das usinas de energia. A Suprema Corte nomeia a si mesma, em vez do Congresso ou de agência especializada, como tomadora de decisões sobre a política climática".

E, de fato, parece pouco provável que o Congresso norte-americano vá legislar sobre a redução das emissões de gases de efeito estufa que emanam das indústrias do petróleo e do carvão (SUPREME COURT OF THE UNITED STATES, 2022), em virtude do poderoso *lobby* dessas sobre políticos do partido republicano e de vários do partido democrata financiados por essas indústrias nas suas campanhas eleitorais. Referida decisão, em virtude dos avanços da ciência climática e das evidências de que vivemos na era do antropoceno e da extinção de espécies em massa, como refere Oreskes (2019, p. 120), é um evidente retrocesso e coloca a decisão, procedida contra todas evidências, sob julgamento do tribunal da história, que não admite apelações, como demonstrado nos vexatórios desfechos de *Dred Scott v. Sanford* e *Plessy v. Ferguson*.

CAPÍTULO 6

LITÍGIOS E DIREITO DAS MUDANÇAS CLIMÁTICAS NA ALEMANHA

O direito alemão, ao contrário do brasileiro, é bastante modesto na proteção constitucional do meio ambiente no que se refere a princípios. Como refere Winter (2006, p. 589), a Constituição alemã, desconsiderando normas de competência, traz apenas um artigo referente ao meio ambiente. O art. 20a refere que o Estado deve proteger as condições naturais de vida. A jurisprudência do Tribunal Constitucional Federal desenvolveu um dever objetivo do Estado de proteger a saúde humana e um direito subjetivo do indivíduo de exigir tal proteção. Não existe direito subjetivo a um meio ambiente digno habitável.

De acordo com o jurista, a lei alemã raramente estabelece princípios na legislação comum:

> Os princípios são, em sua maioria, construções doutrinárias pautadas em normas com alto grau de densidade contidas em leis específicas. Assim a precaução é parte de uma complexa norma do Ato de Prevenção e Emissão Federal Alemão, que cuidadosamente estabelece até onde a precaução pode ser adotada e quais outros interesses devem ser considerados. O mesmo é verdade com relação a leis que concretizam os princípios da recomposição do dano, do poluidor-pagador e do uso sustentável dos recursos naturais. (WINTER, 2006, p. 589)

O art. 20a da Constituição alemã determina que o princípio da proteção ambiental é obrigatório somente sob a estrutura da ordem constitucional, sendo que referida ordem significa a integridade da Constituição. Assim, a proteção ambiental deve estar equilibrada com outros princípios, como os da propriedade privada e da liberdade econômica (WINTER, 2006, p. 590).

Ainda, assim, refere Knopp, existem princípios de direito ambiental consagrados no direito alemão como o princípio da precaução – amplamente aplicado no âmbito do direito comunitário europeu (SCOTFORD, 2017, p. 72) – o princípio do poluidor-pagador, o princípio da cooperação, o princípio da responsabilidade ambiental transfronteiriça e, especialmente, o princípio do desenvolvimento sustentável incorporado, este último, ao direito nacional por força do direito internacional (Declaração do Rio, na Agenda 21) e do direito europeu nos arts. 2 e 6 do Tratado de Maastricht e no art. 37 da Carta de Direitos Fundamentais da União Europeia, com a finalidade de preservar os recursos naturais para as presentes e futuras gerações (KNOPP, 2008, p. 47-48).

Knopp (2008, p. 84) vai mais além e refere que a proteção climática goza de *status* constitucional na Alemanha, em face da interpretação que os hermeneutas fazem do art. 20a da Lei Fundamental, que protege as bases naturais da vida, combinado com o direito básico à vida, com a inviolabilidade da pessoa (art. 2º), com a garantia substantiva da propriedade (art. 14), e com os valores expressos no art. 1º e no Preâmbulo da Lei Fundamental. Ressalta o autor que a proteção climática deve receber uma exemplar e combinada abordagem no âmbito do direito internacional, europeu e alemão para que alcance concretude (KNOPP, 2008, p. 84).

Todavia, Kahl (2020, p. 37) entende esta proteção ainda frágil e defende a necessidade de emenda à Constituição para a tutela das gerações futuras. Para aliviar esse déficit de sustentabilidade da atual ordem constitucional alemã, é necessário primeiramente que se fortaleça a estrutura material, inserindo um novo art. 20b, GG (objetivo do Estado sustentabilidade/justiça intergeracional), no texto constitucional. Com base nisso, todo o poder estatal – especialmente o legislativo – teria que lidar com a sustentabilidade como uma meta constitucional (otimização, não maximização), e com medidas relacionadas à sustentabilidade, como examinar e justificar se e por que estas viabilizam a sustentabilidade, ou seja, não restringem desproporcionalmente as oportunidades de desenvolvimento das gerações futuras. A introdução do art. 20a, GG (KAHL, 2020, p. 37) envia um sinal para a política contra o domínio de interesses particulares e para uma perspectiva mais forte em longo prazo.

6.1 Breves considerações sobre o direito ambiental alemão

Como referem Sarlet e Fensterseifer (2014, p. 163), foi na Alemanha que surgiram alguns dos primeiros grupos ecológicos a partir da década de 1960, inclusive com a criação do Partido Verde no ano de 1980. A elevada qualidade do debate público em matéria ambiental, inclusive com as obras dos filósofos Hans Jonas e Vittorio Hösle e dos sociólogos Ulrich Beck e Niklas Luhmann, além de outros cientistas, fez com que o direito alemão surgisse do modo consistente e avançado. Embora antes disso, possa ser identificada na Constituição de Weimar, de 1919, no seu art. 150, expressa disposição de tutela, proteção e cuidado dirigida ao Estado em relação aos monumentos artísticos, culturais, paisagísticos e históricos. Ainda, na época do famigerado e nefasto regime nacional-socialista, foram editadas a Lei de Proteção dos Animais (*Tierschutzgesetz*, 1933) e a Lei da Proteção da Natureza do Reich (*Reichnaturschutzgesetz*, 1935) (SARLET; FENSTERSEIFER, 2014, p. 164).

De acordo com Kloepfer, a evolução do direito ambiental alemão pode ser dividida em três fases. A primeira delas seria a fase da criação (*Schaffung*) do direito ambiental nacional, abrangendo o período entre 1969 e 1976. Os marcos legislativos referenciais desse período foram o Programa de Meio Ambiente do Governo Federal (*Unweltprogramm der Bundesregierung*), de 1971, a Lei dos Resíduos Sólidos (*Abfallgesetz*) de 1972, a Lei Federal do Controle de Emissões (*Bundes- Immissionsschutzgesetz*), de 1974 e a Lei de Revisão da Lei de Recursos Hídricos (*Neufassung des Wasserhaushaltgesetz*), de 1976.

A segunda fase seria a da consolidação (*Konsolidierung*) do direito ambiental, verificada entre 1976 e 1985. O grande marco normativo desse período legislativo foi a Lei Federal de Proteção da Natureza (*Bunde-Naturschutzgesetz*), de 1976 e, ainda, pode-se mencionar a Lei de Substâncias Químicas (*Chemikaliengesetz*), de 1980.

Já a terceira fase seria a da modernização do direito ambiental alemão, iniciada em 1985 e vigente até os dias atuais. Ao longo da terceira fase, verificou-se a criação do Ministério do Meio Ambiente, da Proteção da Natureza e da Segurança Nuclear (*Bundesminiterium für Umwelt, Naturschutz und Reaktorsicherheit*), no ano de 1986, da Lei de Engenharia Genética (*Gentechnikgesetz*), de 1990, da Lei Federal de Proteção do Solo, de 1998, da Lei de Informação Ambiental (*Umweltinformationsgesetz*), de 2004, e do Projeto de Código Ambiental alemão (*Umweltgesetsbhuch*) (SARLET; FENSTERSEIFER, 2014, p. 164-165).

As matérias mais importantes de direito ambiental, complementa Glaser (2011, p. 3), são reguladas por normas federais. A maioria dessas leis foram revisadas nos últimos anos, como a Lei Federal de Caça (1976), a Lei de Tecnologia Genética (1993), a Lei Federal de Conservação do Solo (1998), a Lei de Controle das Emissões (2002), a Lei de Proteção Animal (2006), a Lei de Planejamento da Cidade e do Campo (2008), a Lei Federal sobre a Conservação da Natureza e a Administração de Paisagens (2010), a Lei de Recursos Hídricos (2010) e a Lei dos Resíduos Sólidos e do Encerramento do Ciclo de Substâncias (2011).

De acordo com Rehbinder (2005, p. 92-93):

> a Lei Federal de Caça de 1976 e as pertinentes leis estatais têm relevância para os bosques desde o ponto de vista da gestão ecologicamente sustentável. A abundância de caça existente atualmente nos bosques alemão pode comprometer a regeneração natural – objetivo principal dos programas de modernos de gestão sustentável dos bosques. Teoricamente, a Lei Federal de Caça requer a integração da preocupação pela gestão adequada e sustentável dos bosques na regulamentação na regulamentação da caça. Entretanto, a aplicação da lei via regulamentos – sobretudo no tocante à obrigação de cuidar da caça (o que se interpreta como a obrigação de lhe dar de comer durante o inverno), às épocas de caça proibida e à regulamentação do número e gênero dos animais para abater – pode entrar em conflito com o princípio de gestão ecológica sustentável dos bosques.

O direito ambiental alemão é, portanto, altamente regulado pelo Poder Legislativo (SCHMIDT; KAHL; GÄRDITZ, 2017, p. 489).

Há, de outra banda, um desenvolvimento rápido do direito das energias renováveis nos últimos anos, como a Lei das Fontes de Energias Renováveis (2004/2009) e a Lei de Promoção das Energias Renováveis e do Setor de Aquecimento (2008). As fontes de energias renováveis têm recebido forte incentivo estatal com o principal objetivo de combate às mudanças do clima. O país, desde o ano 2000, gastou 222 bilhões de dólares em subsídios para as energias renováveis e decidiu, após a catástrofe ambiental de Fukushima, no Japão, abandonar, de modo inovador, a produção de energia nuclear já nos próximos anos (THE NEW YORK TIMES, 2017). As fontes de energias renováveis mais importantes na Alemanha, portanto, são a energia eólica, o biogás, a energia solar e a energia hidroelétrica.

O já referido art. 20a foi inserido na Lei Fundamental alemã de 1949 em 1994, e ali passaram a ser consagrados, para além da Constituição norte-americana, que não foi atualizada via emenda constitucional, o objetivo e a tarefa estatal de proteção ambiental. Resta previsto no artigo, como já mencionado, a tutela dos fundamentos naturais da vida. Fica configurado, no âmbito da ordem constitucional, que o Estado deve proteger as bases naturais da vida (e os animais), tendo em conta também a sua responsabilidade para com as futuras gerações, por meio do Poder Legislativo e, segundo a lei e o direito, por meio dos poderes Executivo e Judiciário. Como advertem Sarlet e Fensterseifer (2014, p. 165-166), anos após, em 2002, sobreveio a alteração do art. 20a, mediante a inserção do objetivo da proteção dos animais.

O direito ambiental alemão é influenciado pelo direito constitucional. De acordo com o art. 20a da Constituição Federal, a proteção ambiental é um objetivo fundamental da política estatal. Todos os órgãos governamentais e entes públicos descentralizados são legalmente vinculados às diretrizes constitucionais. O Parlamento, no entanto, tem muitas possibilidades e modos de influenciar a política ambiental. Não existe um direito fundamental de proteção ambiental que possa ser veiculado ante as Cortes, e, tampouco, direitos à integridade da pessoa e à propriedade garantem o direito ao ambiente saudável. De outro lado, o art. 20a da Constituição tem um impacto sobre a interpretação das leis e serve como razão substancial para justificar a limitação de direitos fundamentais como o direito de propriedade, o direito de ocupação, a liberdade de conduzir o próprio negócio, a liberdade de religião e a liberdade das artes e das ciências (GLASER, 2011, p. 2).

Todavia, Alexy (2008, p. 442), quando aborda a teoria dos direitos fundamentais, refere que o direito fundamental ao ambiente se configura como um direito fundamental completo ou como um todo. Complementando e esclarecendo referida posição, Sarlet e Fensterseifer (2014, p. 68) referem que se pode apontar para a dupla perspectiva subjetiva e objetiva do direito fundamental ao ambiente, na medida em que tal é reconhecido simultaneamente como um direito subjetivo de seu titular (indivíduo e coletividade) e um valor comunitário. Assim:

> Na perspectiva subjetiva cuida-se de reconhecer que o direito (em verdade, os direitos) vinculado ao respeito, proteção e promoção do

ambiente, constitui posições jurídicas subjetivas (justiciáveis), o que permite levar ao Poder Judiciário os casos de lesão ou ameaça de lesão ao bem jurídico ambiental, tanto na hipótese de serem praticados por particulares (pessoas físicas e jurídicas) quando pelos próprios entes estatais. A partir da perspectiva objetiva, projeta-se um complexo de projeções normativas, entre as quais o dever fundamental de proteção ambiental conferido aos particulares, o dever de proteção do Estado no que tange a tutela ambiental, as perspectivas procedimentais e organizacional do direito fundamental ao ambiente e a eficácia entre particulares do direito fundamental ao ambiente.

De modo preciso, Sarlet e Fensterseifer (2014, p. 166) fazem a devida distinção da tutela ambiental do meio ambiente entre a Constituição Federal brasileira e a Lei Fundamental alemã:

> A respeito do regime jurídico- constitucional de proteção ambiental na Lei Fundamental alemã, cumpre destacar que, diferentemente do que se verifica na CF/88, não se reconhece uma dimensão subjetiva ou mesmo um direito fundamental ao ambiente, mas apenas a tarefa ou objetivo estatal de proteção ambiental, vinculando os Poderes Públicos à consecução de tal missão constitucional. No entanto, em que pese o regime jurídico-constitucional alemão de proteção do ambiente, não restam dúvidas de que o regime jurídico alemão de proteção ambiental se constitui seguramente um dos que conta com mais elevado nível de eficácia jurídica e social no âmbito do direito comparado.

Com efeito, a ação do Poder Legislativo, do governo e da própria sociedade, ciente do princípio da educação ambiental, da sua importância e dos valores imanentes do texto constitucional, conseguem levar maior concretude à tutela do meio ambiente e do clima que dele faz parte, daí a explicação de por que litígios climáticos na Alemanha são raros e no mais das vezes desnecessários. O dever de tutela ambiental que emana da Constituição vincula entes públicos e privados, de tal modo que não se faz necessária, na maioria das vezes, a intervenção do Poder Judiciário, embora esta ocorra em alguns casos, mas em proporção muito reduzida se comparada com os litígios ambientais instaurados nos Estados Unidos (país em que o meio ambiente não possui tutela constitucional) e no Brasil (em que o meio ambiente é um reconhecido direito fundamental de terceira geração ou novíssima dimensão e possui bem definidas as suas dimensões objetivas e subjetivas).

CAPÍTULO 6
LITÍGIOS E DIREITO DAS MUDANÇAS CLIMÁTICAS NA ALEMANHA | 239

A Constituição Federal alemã divide as competências legislativas de proteção ambiental entre o nível federal (República Federal) e o nível regional (Länder). Após a reforma do federalismo alemão no ano de 2006, todas as importantes áreas do direito ambiental são atribuídas ao Poder Legislativo da República Federal, como a administração da qualidade do ar, a administração dos resíduos sólidos, o corte dos ruídos, o planejamento territorial, a conservação natural, a prevenção da poluição das águas, a proteção do solo e a regulação da caça (GLASER, 2011, p. 2).

6.2 Plano de Ação Climática 2050 e a redução da emissão de gases de efeito estufa em consonância com a União Europeia e a comunidade internacional

O Programa de Ação Climática 2020 (*Aktionsprogramm Klimaschutz 2020*), aprovado em dezembro de 2014, abrange o período compreendido até o ano de 2020 (EGENTER; WETTENGEL, 2016), e tem como característica significativa o compromisso de corte de emissões no setor elétrico. O governo para atingir este objetivo propôs cortar a emissão de 22 milhões de toneladas de $CO2$ entre 2016 e 2020, ou seja, 4,4 milhões de toneladas por ano. O Plano, em pleno andamento, está focado no *cap-and-trade*. Ou seja, aquelas companhias que cortam as suas próprias emissões podem comercializar as suas licenças restantes que originariamente são outorgadas pelo governo, podendo lucrar, portanto, com a diminuição e o corte das suas próprias emissões. O Plano igualmente engloba o aumento da eficiência energética na economia, especialmente no setor de transporte (HOPE, 2014).

Relatório da PriceWaterHouseCoopers, de novembro de 2016, avaliou os efeitos ecológicos e econômicos do Programa de Ação Climática 2020 e chegou à conclusão de que os benefícios superaram os custos das medidas propostas para o corte das emissões (PRICEWATERHOUSECOOPERS, 2016). Baseada no relatório, a então Ministra Barbara Hendricks, em nome do governo, referiu que seriam criados 430 mil novos empregos e o PIB alemão, movido pelas energias renováveis, aumentaria em 1% até o ano de 2020 (CLEAN ENERGY WIRE, 2016). Previsões estas que estão se confirmando no ano de 2022. Aliás, o país tem a sua Lei de Fontes de Energias Renováveis, perfeitamente compatível com planos de ações climáticas (FRÄSS-EHRFELD, 2009, p. 375), que possui, de acordo com a autora, como diretrizes básicas:

> a- Credibilidade - planejamento de longo prazo como segurança e modo de atrair investidores; b- Inovação - incentivos para tecnologias específicas para criar mercados líderes; c- Flexibilidade - legislação adaptada ao desenvolvimento tecnológico e de mercado. (FRÄSS-EHRFELD, 2009, p. 376)

Referida legislação, ainda, introduziu: a) tarifas subsidiadas para compra de energia proveniente de energias renováveis como eólica (*on-shore e off-shore*), solar, biomassa, decorrente de produção de gases de aterro e lixo, hidroelétrica e geotermal; b) grandes subsídios provenientes do *Deutsche Augleichsbank's* para o Programa Ambiental e de Eficiência Energética; c) programas de financiamento no total de 1,4 bilhão por ano disponível para a reforma de residências e indústrias visando ao aumento da eficiência energética (FRÄSS-EHRFELD, 2009, p. 378).

Posteriormente, o Governo alemão aprovou, em 14.11.2016, o Plano de Ação Climática 2050 (*Klimaschutzplan 2050*) (UNITED NATIONS, 2016). Referido documento traça metas a serem alcançadas no âmbito nacional para a redução das emissões dos gases de efeito estufa até os anos de 2030 e 2050, respectivamente, estando em consonância com o Acordo de Paris (AMELANG; WEHRMANN; WETTENGEL, 2016). O Ministério Federal para o Ambiente, Conservação da Natureza, Construção e Segurança Nuclear (BMUD) capitaneou o desenvolvimento e a estruturação do documento. Referido plano deve ser suplementado por um programa de medidas legislativas a serem elaboradas pelo Parlamento alemão (*Bundestag*) (UNITED NATIONS, 2016).

O Preâmbulo do Plano compromete-se com uma ação progressiva e com o fato de que este não pode nem pretende ser uma planificação detalhada e definitiva, por isso não está estruturado em provisões rígidas. É um Plano aberto, tecnologicamente neutro e sujeito a inovações. Consta no Preâmbulo que o governo vai, ao mesmo tempo em que implementa uma política de ação climática, manter a competitividade alemã na área econômica. A intenção manifestada no Plano é no sentido de avançar na implementação das mudanças sem rupturas estruturais. Ou seja, está calcado na utilização da força e na criatividade da economia de mercado alemã para alcançar as metas nacionais, europeias e internacionais de proteção climática (AMELANG; WEHRMANN; WETTENGEL, 2016).

Está embasado em princípios básicos para implementar uma ação climática estratégica de longo prazo e providenciar guias de ação para todos os atores da economia, sociedade e comunidade científica e acadêmica. Elaborado para ser capaz de incorporar novas ideias e desenvolvimentos, a sua filosofia básica está focada em uma revisão geral, contínuo aprendizado e constante melhoria. Neste sentido, o Plano não busca ser do tipo *master*, detalhado e definitivo, para as décadas que virão (UNITED NATIONS, 2016).

Faz parte do Plano a intenção de manter o aquecimento global bem abaixo de 2º Celsius, tendo como marco inicial a era pré-industrial, e limitar o aumento das temperaturas em 1,5º Celsius tal qual previsto no Acordo de Paris. Relevante lembrar que, em 2010, bem antes da Conferência de Paris (COP21), o governo alemão decidiu reduzir as emissões de gases de efeito estufa entre 80 e 95 por cento considerando os anos de 1990 até o ano de 2030. Foi reafirmado este objetivo de longo prazo buscando se atingir a neutralidade nas emissões de gases de efeito estufa na segunda metade do século (UNITED NATIONS, 2016).

Para a adoção desses objetivos, o Governo aprovou leis e atos administrativos como a Lei de Energia Renovável para o Aquecimento (*Erneuerbare-Energien- Wärmegesetz*). Esta lei obriga os proprietários de novos edifícios a usar certa percentagem de energia renovável para aquecer as edificações. A percentagem exigida depende de qual fonte de energia renovável o proprietário pretende utilizar (por exemplo, a energia solar deve alimentar pelo menos 15% da energia consumida nos prédios e a biomassa deve satisfazer pelo menos 50%). Entre estas, outras medidas podem ser adotadas, como o aumento da exposição da edificação ao sol (FUDER; ELSPAß; WILCOCK, 2018), o que reduz a necessidade de consumo de energia.

Os objetivos do plano de redução das emissões por setor, levando em consideração como termo inicial o ano de 1990, são os seguintes (FEDERAL MINISTRY FOR THE CONSERVATION, BUILDING AND NUCLEAR SAFETY, 2016):

Setor	1990	2014	2030	Redução (2030 em relação a 1990)
Energia	466	358	175–183	61–62%
Edificações	209	119	70–72	66–67%
Transporte	163	160	95–98	40–42%
Indústria	283	181	140–143	49–51%
Agricultura	88	72	58–61	31–34%
Outros	39	12	5	87%
Total	**1.248**	**902**	**543–562**	**55–56%**

Unidades: milhões de toneladas CO2eq.
Entre 1990 e 2014 os valores são exatos.

As políticas para o clima e energia da União Europeia, por seu turno, afetam as políticas nacionais na Alemanha, que com aquelas devem harmonizar-se. Sobre os objetivos, princípios e condições do direito comunitário europeu e o meio ambiente, refere Krämer (2012, p. 1) que o Tratado de Lisboa sobre a União Europeia, que entrou em vigor em dezembro de 2009, fixou no seu art. 3º, como um dos seus objetivos, o alto nível de proteção e melhoria da qualidade do ambiente e, no mesmo parágrafo, o desenvolvimento sustentável foi fixado como um dos objetivos da União, e ambos, proteção do meio ambiente e desenvolvimento sustentável, são também mencionados no Recital 9 do Tratado. Os objetivos do art. 3º são complementados pelos objetivos específicos do art. 191, que regulamentam o funcionamento da União, que são o alto nível de proteção ambiental, o prudente uso dos recursos naturais, a proteção da saúde humana e a promoção da proteção ambiental em nível internacional.

As emissões de gases de efeito estufa são reguladas igualmente pelo Sistema de Mercado Europeu de Emissões (*European Emissions Trading System – ETS*) e pelo Esforço na Divisão de Decisões da União Europeia (*EU Effort Sharing Decision – ESD*). Existem vários instrumentos jurídicos climáticos adicionais na UE, como o Regulamento de CO2 e Automóveis (*CO2 and Cars Regulation*) ou a Diretiva de Ecodesign para os Produtos Relacionados à Energia (*Ecodesign Directive for Energy-Related Products*) (UNITED NATIONS, 2016).

O Governo da Alemanha está comprometido com a efetividade e funcionamento do mercado de emissões como um importante instrumento da União Europeia para ação climática, para o setor energético e alguns segmentos do setor industrial. O Plano defende o fortalecimento do mercado de emissões, este instrumento oferece um caminho para utilizar a precificação do CO_2 para criar incentivos de preços centralizados e reduzir as emissões e, por consequência, alcançar objetivos climáticos nacionais (UNITED NATIONS, 2016).

A Moldura Regulatória do Clima e da Energia da União Europeia, que almeja alcançar como objetivo, ao menos, a redução de 40% nas emissões, de acordo com o Plano 2050, deve ser consistentemente implementada conforme as conclusões do Acordo de Paris. Um importante passo a este respeito foi a introdução do Mercado de Reserva de Estabilidade (*Market Stability Reserve – MSR*), e este deve ser complementado por outras medidas para se criar um sinal de precificação baseado na escassez. Será necessário, de acordo com o governo alemão, assegurar que os setores, cobertos pelo Esforço na Divisão de Decisões (*Effort Sharing Decision – ESD*), especialmente de transporte, da construção e da agricultura estejam também engajados em implementar os objetivos fixados até 2030. Setores de fora do comércio de emissões, pela primeira vez, devem também contribuir para a descarbonização da economia e progredir na modernização do Quadro Regulatório Climático da União Europeia (UNITED NATIONS, 2016).

Busca o Governo alemão, além de desenvolver o comércio de emissões e o ESD, alcançar os objetivos da União Europeia para as energias renováveis e eficiência energética até 2030, meta que é vital para a ação climática na Europa. Esses objetivos precisam ser atingidos sem falhas. Além disso, a expansão das energias renováveis na Europa deve ser apoiada por uma robusta base legal que a União Europeia planeja ajustar. O Governo alemão defende, de acordo com o Plano 2050, o aumento do objetivo de eficiência na União Europeia de 27% para 30% (UNITED NATIONS, 2016).

O Plano pode ser considerado, de modo amplo, para além de uma estratégia para modernizar a economia alemã com padrões de sustentabilidade, como inserido no contexto internacional (global e da União Europeia), sendo uma moldura legal e programática multilateral. Neste aspecto está estruturado para um diálogo integrador com o Acordo de Paris e com as políticas climáticas europeias.

Fixa objetivos, como referido, para duas datas limite, 2030 e 2050. Neste sentido, traça expressamente o caminho da Alemanha para a neutralidade do carbono e alinha uma transformação da economia e da sociedade vinculada ao princípio do desenvolvimento sustentável, de modo alinhado à União Europeia (SCOTFORD, 2017, p. 78), até o ano de 2050. Para isto, ajusta os objetivos e traça os rumos até esta data para alcançá-los. Fixa metas e medidas de ação climática nos setores da energia, da construção, da mobilidade urbana, dos transportes, da indústria, dos negócios, da agricultura, do uso da terra e do manejo e preservação das florestas, além da adoção de objetivos e medidas abrangentes de implementação. Discrimina, por fim, de modo detalhado, a implementação do Plano, mas, ao mesmo tempo, o deixa aberto para constantes atualizações que se fizerem necessárias, o que, aliás, demonstra ser medida de boa técnica, de acordo com uma visão de longo prazo, e com uma perspectiva intergeracional.

6.2.1 Breve abordagem doutrinária sobre os litígios climáticos no conceito da doutrina alemã

A preocupação principal para a redução das emissões se dá por meio da mitigação, e neste contexto, em muitos casos ao redor do mundo, os autores estão buscando obrigar os governos no âmbito da produção legislativa e da implementação de políticas públicas (nacional e internacionalmente) a reduzir as emissões de gases de efeito estufa ou de removê-los da atmosfera. Na última década, as respostas legislativas no âmbito doméstico e internacional têm aumentado em número, especificidade e importância. Como estas leis têm reconhecido novos direitos e criado novas obrigações, a litigância climática busca declarar a validade e promover a aplicação daquelas (VOIGT, 2021, p. 7).

Assim a litigância climática busca pressionar os legisladores e gestores públicos a serem mais ambiciosos nas suas abordagens sobre a mudança climática. Os litígios climáticos também buscam suprir as lacunas deixadas pelo legislador e suprir a inação regulatória dos governantes. Autores nestes casos são principalmente municipalidades, organizações e indivíduos (VOIGT, 2021, p. 8).

O princípio do poluidor-pagador, neste contexto, pode ser veiculado como fundamento jurídico nos litígios climáticos, como bem refere Rehbinder (2021). Aliás, a responsabilidade pela mudança do clima é um instrumento do princípio do poluidor-pagador que possui um papel relevante na medida em que a prova do nexo de causalidade apresenta grandes dificuldades nesta seara de litigiosidade. Deve-se considerar que a responsabilidade tem os seus limites em situações de danos em escala global, como nos danos climáticos causados por uma pluralidade de réus que frequentemente tem pequenas contribuições causais individuais. Aí insere-se, portanto, o princípio do poluidor-pagador no contexto da litigância climática (REHBINDER, 2021, p. 8) para facilitar a responsabilização dos poluidores/emissores/degradadores.

Não se pode deslembrar da lição de Kloepfer e Neugärtner (2021) no sentido de que o papel da litigância climática é necessário e limitado, mas indispensável. Isso porque o discurso da justiça ecológica antropocêntrica exige estupefação, abertura de espírito e dúvida, assim como confusão e ceticismo. Sendo para os autores necessários "experimentações e instintos para encontrar mais túneis de tempo de diferentes dimensões – esteticamente, politicamente e legalmente" (KLOEPFER; NEUGÄRTNER, 2021, p. 43-44).

E, nesta mesma linha, Weller e Kahl (2021, p. 559) afirmam que os litígios climáticos podem apenas ser um suplemento e não um substituto efetivo de legislações de proteção climática e de uma execução administrativa eficiente das políticas climáticas.

Weller, Nasse e Nasse (2021, p. 403) referem que, como na litigância em que se invocam direitos humanos, o pleito pelo cumprimento das leis civis nas cortes está também se tornando cada vez mais importante na proteção climática. O direito privado está ao lado na proteção climática do direito público, com a sua própria área de litígios climáticos. A responsabilidade das empresas privadas como emissoras de CO2 pelos efeitos das alterações climáticas globais apresenta novos desafios, não só para a lei nacional de responsabilidade civil aplicável, mas também para o direito processual internacional e o direito internacional privado. A jurisdição internacional dos tribunais alemães decorre da interpretação do art. 4 em conjunto com o art. 63 do Regulamento nº 1.215/2012, desde que o réu tenha a sua sede estatutária ou administrativa na Alemanha. Além disso, os tribunais alemães podem ter jurisdição internacional, com base no foro da legislação de responsabilidade civil, art. 7, nº 2, do Regulamento nº 1.215/2012, se o local de conduta (local da fábrica emissora ou local das decisões de gestão da empresa) estiver situado em território nacional. Os autores afirmam que, com base no art. 14 do Regulamento de Roma II, os litigantes em uma ação climática podem escolher a lei aplicável, após o ajuizamento da demanda (WELLER;

NASSE; NASSE, 2021, p. 403). Se não tiverem escolhido uma lei, o art. 7 do Regulamento de Roma II é aplicado, de modo subsidiário, pois contém uma regra especial para danos ambientais transnacionais.

Em contraste com a regra básica ou art. 4 do Regulamento de Roma II, o *princípio da ubiquidade* aplica-se ao estatuto do delito ambiental. A parte lesada, o autor climático, pode escolher invocar na sua demanda a lei do local da conduta do réu ou a do local do dano. Nos casos climáticos, este último pode estar situado em qualquer parte do mundo, como se observa pelo trâmite do próprio caso *Lliuya v. RWE*, que será abordado à frente.

É relevante observar que o Acordo de Paris deve ser invocado na litigância doméstica na Alemanha, segundo Franzius e Kling (2021, p. 197-216). Para os autores, a crise climática não pode ser resolvida apenas em nível internacional (FRANZIUS; KLING, 2021). Isto também é reconhecido pelo Acordo de Paris (FRANZIUS; KLING,2021, p. 209). Enquanto as pessoas sentem que os governos não fornecem o que é necessário em nível internacional, elas recorrem aos tribunais nacionais. Em contraste com a primeira onda de litígios climáticos (FRANZIUS; KLING, 2021, p. 209), que se concentrava mais estritamente nas disposições domésticas, a atual onda de litígios nacionais se baseia cada vez mais em normas e dados internacionais desenvolvidos via UNFCCC e IPCCC, que são invocados nas cortes ao lado de leis domésticas. Os tribunais nacionais desempenham um papel duplo no litígio sobre mudanças climáticas: eles podem atuar tanto como legisladores, quanto como aplicadores das leis. Os litígios podem ter como objetivo preencher uma lacuna de governança, onde não existe uma política climática abrangente ou uma legislação (FRANZIUS; KLING, 2021, p. 209). Em outros casos, os litígios atuam para impor a implementação das leis e políticas já existentes. Os demandantes procuram reforçar seu caso climático argumentando por uma interpretação das leis e implementação das políticas nacionais de acordo com as obrigações internacionais dos Estados nos termos do Acordo de Paris.

De ressaltar, igualmente, o papel crescente das ONGs nos litígios climáticos na Alemanha. Como referem Verheyen e Pabsch (2021, p. 531), os litígios climáticos são uma tendência crescente, e as ONGs continuarão a desempenhar um papel importante. Não há uma análise finita, mas existe a própria constatação da legitimidade processual das ONGs, também fixada pela jurisprudência, e embasada na legislação doméstica e da União Europeia, o que amplia a possibilidade do seguro ajuizamento de demandas climáticas de cunho estratégico por aquelas.

6.3 Sistema de responsabilização civil na Alemanha e mudanças do clima

Embora não exista legislação específica para a apuração da responsabilização civil dos emissores de gases de efeito estufa pelos danos decorrentes das mudanças do clima, a legislação alemã possui disposições no âmbito da responsabilização civil, da responsabilização pública de entes não estatais e da responsabilização do Estado que podem, em tese, ser invocadas em litígios climáticos. Aliás, sobre o princípio da responsabilidade (*Das Prinzip Verantwortung*) em face da revolução tecnológica, possui clássica obra o filósofo alemão Hans Jonas (2006) (*Das Prinzip Verantwortung: Versuch einer Ethik für die tecnologishe Zivilisation, 1979*). Sobre o livro referem Sarlet e Fensterseifer (2014, p. 129):

> Na obra foi proposta uma abordagem ética da ciência, em vista principalmente dos riscos existenciais trazidos pelas novas tecnologias desenvolvidas pela racionalidade humana, que expressam, numa dimensão sem precedentes, o triunfo do *homo faber* sobre a natureza e a vocação tecnológica da humanidade. Para ele, a operacionalização do arsenal científico e tecnológico deve ser pautada pela responsabilidade do cientista e submetida a parâmetros éticos, a fim de preservar-se a condição existencial humana, bem como a qualidade de vida.

No mesmo sentido, outro célebre e já citado filósofo alemão, Vittorio Hösle, que publicou a *Filosofia da crise ecológica* (*Philosophie der ökologischen Krise*), reconhece a incapacidade de os cientistas modernos conceberem as consequências éticas e futuras quanto ao emprego de novas tecnologias por eles desenvolvidas (SARLET; FENSTERSEIFER, 2014, p. 138; MÜLLER, 1996, p. 9-62).

De fato, para além de fundamentos jurídicos, bases políticas, éticas e morais não faltam para o reconhecimento da responsabilização dos emissores de gases de efeito estufa causadores das mudanças do clima e de suas catastróficas consequências que têm se expandido nos últimos anos de modo alarmante.

Tecnicamente, como refere, Knopp (2008, p. 70), remédios legais, com base no direito ambiental, a serem aplicados pelas Cortes, dependem de regras gerais do direito alemão. A garantia de acesso às cortes é fundamentada no art. 19 (4) da Lei Fundamental, que assegura em princípio que ações administrativas estão sujeitas a uma abrangente revisão. Todavia, o controle judicial em casos ambientais não é irrestrito, de acordo com a Corte Federal Administrativa (*Bundesverwaltungsgeritcht*), e sofre as seguintes limitações: a) *standards* ambientais devem ser decretados por instruções administrativas; b) a autoridade competente deve manter e confirmar laudos periciais, ou afastar as conclusões técnicas sobre sua própria responsabilidade; c) *standards* ambientais devem ser racionalmente determinados, baseados em presunções suficientes e conservadoras, e precisam levar em conta dados técnicos e científicos; d) *standards* ambientais não podem ser antiquados (superados), não comprovados ou, por outro lado, serem cientificamente questionáveis (KNOPP, 2008, p. 70). Dentro desse cenário e limitações, portanto, é que os litígios climáticos devem ser instaurados, processados e julgados no país.

6.3.1 Responsabilidade baseada na culpa e litígios climáticos

O §823 do Código Civil (BGB) dispõe que a pessoa que intencionalmente, ou negligentemente, ilicitamente, lesar a vida, o corpo, a saúde, a liberdade, a propriedade ou direitos de outrem é responsável por indenizar a parte lesada em virtude desta violação. Portanto, para a incidência da responsabilização civil, deve haver a lesão de um direito protegido. Bens ambientais ou o clima, por eles mesmos, não fazem parte deste rol de direitos tutelados (KAHL; HILBERT; DAEBEL, 2018, p. 1).

Possível é reconhecer, para alguns juristas (*Forkel, Imimissionsschutz und Persönlichkeisrecht*, 1968) (FORKEL, 1968 *apud* KAHL; HILBERT; DAEBEL, 2018, p. 1), os bens ambientais, como o ar puro, a água limpa e o solo livre de contaminação, como sendo uma categoria de *outro direito* no sentido daqueles tutelados pelo §823 do BGB ou para declarar eles como parte do direito geral de privacidade, que é *outro direito*. O argumento, se aceito, serve também para a tutela do clima e responsabilização de eventuais emissores de gases de efeito estufa. O reconhecimento como *outro direito*, por outro lado, pode ser considerado uma quebra do sistema erigido pelo §823, que apenas protege direitos individuais (KAHL; HILBERT; DAEBEL, 2018, p. 1).

Como se observa, a responsabilidade civil de acordo com o §823 do BGB pode, no máximo, servir para reparar danos decorrentes das mudanças climáticas indiretamente pelo sistema de imputação quando direitos protegidos, como à propriedade e à saúde, são violados. Apenas a invocação do instituto da responsabilidade civil não é suficiente para amparar pleitos de reparação de danos decorrentes das mudanças do clima de acordo com a referida disposição legal (KAHL; HILBERT; DAEBEL, 2018, p. 1). Essa, contudo, é uma conclusão parcial a que se pode chegar, considerando uma interpretação isolada ao que se depreende de referida exposição doutrinária.

6.3.2 Da responsabilidade sem culpa

De acordo com o §906 do BGB, o proprietário de um terreno não pode impedir a introdução de gases, de vapor, de odores, de fumaça, de fuligem, do calor, do barulho, das vibrações ou das influências similares que emanam de outro terreno no seu domínio, na medida em que a influência destes agentes não interfere no uso da propriedade ou, também, no caso de este uso atingir apenas de modo insignificante a propriedade (KAHL; HILBERT; DAEBEL, 2018, p. 2).

Difere o disposto no §906 II do BGB, que se aplica quando a interferência material é causada pelo uso normal do outro terreno (fonte de poluição) e não pode ser impedido por medidas que são financeiramente razoáveis para os proprietários deste imóvel. Quando o proprietário é obrigado a tolerar a influência destes fatores, ele pode exigir do proprietário do terreno gerador da poluição ou inconveniente uma compensação razoável em dinheiro se a influência prejudicar o uso da sua gleba de terra ou do auferimento de renda desta. Desde que o inconveniente suportado pelo proprietário do terreno atingido seja superior ao grau que este possa suportar, de acordo com o §906 II do BGB, é-lhe concedido o direito de ser indenizado, independentemente da verificação de culpa do emissor (KAHL; HILBERT; DAEBEL, 2018, p. 2). Referido parágrafo tornou-se uma espécie de *catch-all* para a reparação de danos ao ar e solo, porque estes bens não são tutelados por cláusulas específicas. Danos causados à qualidade da água, por exemplo, são tutelados pelo §89 da Lei Federal da Água (*Wasserhaushaltsgesetz*). Assim, referida cláusula *catch-all* pode, em tese, abranger danos climáticos (KAHL; HILBERT; DAEBEL, 2018, p. 2), a grande dificuldade é que o §906 II do BGB é aplicado apenas em áreas vizinhas e exige um impacto sobre a propriedade do autor com origem em propriedade lindeira ou localizada nas cercanias, outro obstáculo evidente é quando existem várias e distintas fontes emissoras de gases de efeito estufa (KAHL; HILBERT; DAEBEL, 2018, p. 2).

Referidas disposições, em tese, podem ser invocadas em litígios climáticos para a reparação de danos decorrentes de emissões causadas por fatores antrópicos. Evidentemente que o Código Civil, quando elaborado, não estava inserido na era das mudanças do clima e das catástrofes ambientais geradoras de danos patrimoniais e extrapatrimoniais.

6.3.3 Responsabilidade objetiva em sentido estrito

A terceira categoria de responsabilização civil seria a da responsabilidade objetiva em sentido estrito. De acordo com estas cláusulas legais, as pessoas são responsáveis quando estabelecem ou criam situações de riscos especiais que não podem, evidentemente, ser 100% controladas a despeito da adoção de variadas medidas de cautela. Aliás, Beck (1997, p. 46) refere sobre a utopia do risco zero quando se aprofunda nos estudos sobre a sociedade de risco.

A responsabilidade independe da legalidade da conduta do agente e de eventual apuração de culpa. Embora não esteja prevista em legislação a responsabilidade climática, existem cláusulas que preveem a responsabilidade objetiva no direito alemão, como o §25 da Lei Nuclear (*Atomgesetz*), o §32 da Lei de Engenharia Genética (*Gentechnikgesetz*), além do já mencionado §89 da Lei Federal da Água (*Wasserhaushaltsgesetz*) (KAHL; HILBERT; DAEBEL, 2018, p. 2). Existem, portanto, possibilidade e campo fértil para a evolução, no plano legislativo, no sentido da criação de normas específicas de responsabilidade civil para a tutela do clima e para a responsabilização dos emissores de gases de efeito estufa que permitam uma responsabilização, sem grandes e rigorosas exigências para apuração do nexo de causalidade, em face justamente da sociedade de risco de catástrofes dos dias atuais.

6.3.4 Responsabilidade por ação sem autorização específica e o enriquecimento ilícito

Pode-se ainda mencionar a responsabilidade por ação, sem autorização específica, ou por enriquecimento ilícito de terceiro, nos casos em que o proprietário remove algo proveniente de outrem causador de transtorno ou distúrbio, de acordo com o §1004 (1) do BGB. Neste caso, o proprietário que remove a causa do transtorno a que não deu causa tem o direito de ser reembolsado dos gastos efetuados com o seu ato decorrente de ação sem autorização específica e, também, para evitar o enriquecimento ilícito daquele que se beneficia desta remoção. O causador originário do transtorno ou proprietário da coisa que o gera, portanto, pode ter que reparar o dano nestes casos sofridos por aquele que remove ou afasta referida perturbação (KAHL; HILBERT; DAEBEL, 2018, p. 2). Referida disposição poderia ser utilizada para responsabilizar civilmente os emissores a indenizar obras de infraestrutura de proteção de propriedades públicas e privadas vulneráveis aos eventos climáticos extremos.

6.3.5 Responsabilidade pública de agentes não estatais

Quando as normas de responsabilidade civil não abrangem todas as condutas do poluidor, tem se tornado relevante no direito alemão a legislação específica que regula a reponsabilidade pública de agentes não estatais. Referidas normas devem ser aplicadas quando não incidentes ou insuficientes as normas previstas no Código Civil. Neste sentido, existem a Lei Federal de Controle das Emissões (*Bundes-Immissionsschutzgesetz*) e a Lei de Prevenção e Reparação de Danos Ambientais (*Umweltschadensgesetz*). Companhias produtoras de energia movidas por combustíveis fósseis, assim, podem ser responsabilizadas com base nesta legislação especial. Permanece, no entanto, a dificuldade de demonstração do nexo de causalidade entre as emissões de gases de efeito estufa pelos entes não estatais e os danos causados às pessoas e às propriedades.

6.3.6 Lei Federal de Controle das Emissões

O §14 da Lei Federal de Controle das Emissões complementa o §906 II (2) do BGB e permite o ajuizamento de demandas por impactos que não podem ser razoavelmente previstos decorrentes de emissões permitidas pelo Poder Público. Referida disposição, portanto, inicia a sua esfera regulatória onde termina a tutela que emana do §906 II (2) e, exige, para sua incidência, impacto de grande dimensão para que possa incidir o seu caráter reparatório. Apenas o vizinho pode ser autor, e unicamente o poluidor lindeiro pode ser réu, o que faz com que referida disposição de controle de emissões tenha um âmbito restrito de incidência e não possa regular de modo suficiente as emissões causadoras das mudanças do clima (KAHL; HILBERT; DAEBEL, 2018, p. 2), de acordo com a interpretação sobre a referida legislação até o momento.

6.3.7 Lei de Prevenção e Reparação de Danos Ambientais

A Lei de Prevenção e Reparação de Danos Ambientais cobre e regulamenta danos ambientais puros, quando não existem danos diretos à parte, como exemplo, um dano à propriedade ou à saúde. Em casos de perigo imediato de dano ambiental, a pessoa responsável deve agir para evitar o dano (§5), e, se este já ocorreu, o responsável tem o dever de repará-lo (§6) e pagar todos os custos desta reparação (§9). Referida legislação apenas abrange os danos às espécies e ao seu habitat natural, águas e solo (§3 I, 2 Nr.1). O clima não está abrangido entre os bens ambientais tutelados, então o estatuto não é um instrumento próprio para a proteção climática (KAHL; HILBERT; DAEBEL, 2018, p. 3). Ainda se o objeto da referida legislação fosse ampliado para abranger danos climáticos, a condição para a responsabilização tem como requisito a existência de um ente ou pessoa responsável que, para os fins da legislação (§2 Nr.3), é aquela que diretamente causou o dano ou o perigo imediato. Não existe uma regra de presunção de responsabilidade civil na lei. Se existem causas ou fontes múltiplas de emissões, nenhuma delas no contexto da lei pode ser considerada uma causa adequada para o dano. Portanto, a responsabilização dos réus, com base neste estatuto, torna-se bastante complicada nas decisões das Cortes (KAHL; HILBERT; DAEBEL, 2018, p. 4).

6.3.8 A responsabilidade pública do Estado

A responsabilidade do Estado pode ser cogitada quando falham as demandas contra os réus em virtude da ausência da demonstração do nexo causal entre os danos e as emissões das pessoas jurídicas responsáveis. Bem refere Meyer (2016, p. 485) sobre as dificuldades de estabelecer o nexo causal em litígios climáticos, em grande parte, em virtude da variedade de interferências de processos físicos e químicos causadores do aquecimento global. Talvez possa o Estado ser responsabilizado pela iniciativa na permissão ou autorização de funcionamento das fontes emissoras, ou por mera tolerância em relação às emissões. Em geral existem várias alegações possíveis de serem articuladas contra o Estado em ações judiciais de acordo com o direito alemão (KAHL; HILBERT; DAEBEL, 2018, p. 4).

Contudo, importante referir que não há responsabilidade do Estado em casos de danos temporalmente distantes e de fontes poluidoras cumuladas. Outro obstáculo é que o emitente, de acordo com a Lei Federal de Controle das Emissões (*Bundes-Immissionsschutzgesetz*), deve ser um particular e não o Estado (KAHL; HILBERT; DAEBEL, 2018, p. 4).

Pode-se cogitar, sem sombra de dúvida, em outra perspectiva, a responsabilização do Estado no âmbito internacional por danos climáticos. Como refere Verheyen, a responsabilização estatal é de grande importância para os Estados, como meio de fazer cumprir o direito internacional e suas disposições em relação à reparação danos. A base do direito sobre a responsabilidade estatal é um conceito objetivo de agir mal, que é cometido com a violação do direito internacional. A responsabilidade do Estado pode e deve ser invocada no âmbito do direito internacional, primeiramente, para cumprir deveres de prevenção e também para buscar a reparação decorrente dos impactos causados pelas mudanças do clima. A doutrina alemã entende como possível a responsabilidade do Estado em litígios climáticos no âmbito do direito internacional (VERHEYEN, 2005, p. 330).

6.4 Estudo de caso: caso *Lliuya v. RWE AG*

Não pairam dúvidas de que um dos mais relevantes casos envolvendo litígios climáticos, até o momento, no país, é o caso *caso Lliuya v. RWE AG*, ainda em tramitação. Um fazendeiro peruano, Saul Lliuja, residente em Huaraz (Peru), ajuizou uma demanda na Alemanha, na Corte Regional de Essen, contra a maior produtora de energia elétrica alemã, a Rheinisch-Westfälisches Elektrizitätswerk AG (Rhenish-Westphalian Power Plant ou RWE), instalada na região de Essen, no norte do Reno. Lliuya alegou, em seu pedido, que a RWA tinha pleno e total conhecimento de que as emissões de gases de efeito estufa, em face de sua atividade, em alguma medida, contribuíam para o derretimento no gelo no topo das montanhas perto de Huaraz, colocando em risco os seus 120 mil habitantes (SABIN CENTER FOR CLIMATE CHANGE LAW, COLUMBIA LAW SCHOOL, 2015). De acordo com o autor, o Lago Palcacocha, localizado acima da cidade de Huaraz, teve um notável aumento em seu volume, desde 1975, agravando-se após o ano de 2003.

6.4.1 Fundamento jurídico do pedido

Lliuja embasou a sua ação no Código Civil alemão (BUNDESMINISTERIUM DER JUSTIZ UND FÜR VERBRAUCHERSCHUTZ, GERMAN CIVIL CODE, 2018), que prevê, como visto, instrumentos jurídicos para impedir o incômodo e risco causados por determinadas atividades e, também, tutelas de urgência. Ele requereu que a Corte declarasse que a RWE era, em parte, responsável pelos custos relacionados ao aumento do lago. Também foi requerido que a Corte condenasse a RWE a reembolsar a parte autora pelo custo das medidas que esta já havia arcado para proteger a sua casa e, ainda, que pagasse à Associação Comunitária de Huaraz 17 mil euros com a finalidade de construir sifões, drenos e diques para proteger a cidade. O valor postulado teve como base o fato de que, segundo a parte autora, a RWE é responsável por aproximadamente 0,47% das emissões mundiais de gases de efeito estufa (e o custo de reparação corresponde a igualmente 0,47% do custo estimado das medidas protetivas) (FRANKFURTER ALLGEMEINE ZEITUNG, 2016).

De fato, o real proprietário, que remove algo que restringe, prejudica ou afeta a sua propriedade, de acordo com o §1004 (1) do Código Civil alemão, como já referido, pode ser reembolsado dos gastos. A demanda pode ser fundamentada juridicamente *pelo instituto da ação sem autorização específica* (§§783, 670, 670, 677 BGB, ou §§684, 812 do BGB) ou pelo do *enriquecimento injustificado* (§812 (1) Var.2 do BGB) (BUNDESMINISTERIUM DER JUSTIZ UND FÜR VERBRAUCHERSCHUTZ, GERMAN CIVIL CODE, 2018). É prerrequisito legal que o réu seja *Störer* no sentido do §1004 (1) do BGB. Este é o caso quando existe uma conexão causal adequada entre uma imediata ou indireta ação ou omissão, do poluidor, contrária a um dever, e a restrição à propriedade (SABIN CENTER FOR CLIMATE CHANGE LAW, COLUMBIA LAW SCHOOL, 2015).

6.4.2 Responsabilidade civil das companhias por violação aos direitos humanos e o caso *Lliuja*

Importante contextualizar o caso, envolvendo direito das mudanças climáticas, na necessidade de se explorar a responsabilidade civil das companhias por abusos aos direitos humanos, o que, aliás, foi identificado pela Organização das Nações Unidas e outras organizações internacionais (VAN DAM, 2014, p. 389-390). Em 2005, o Secretário-Geral da ONU, Kofi Annan, nomeou o Professor John Ruggie como seu principal representante para tratar do tema *direitos humanos e corporações transnacionais e outras empresas de negócios*. Ruggie desenvolveu os seus princípios em um conjunto pautado pela proteção, respeito e instrumentos legais de reparação e, também, providenciou diretrizes para colocá-los em operação, o que, aliás, foi aprovado pelo Conselho de Direitos Humanos das Nações Unidas (VAN DAM, 2014, p. 393).

Esta moldura, de acordo com Van Dam (2014, p. 393), consiste em três pilares: o dever do Estado de proteger, o dever das corporações de respeitar e o acesso aos instrumentos jurídicos para a reparação da violação aos direitos humanos. O segundo pilar, em particular, prevê, em combinação com os guias de princípios, *standards* não vinculativos para impedir a violação aos direitos humanos. De acordo com esse, esta forma de *soft law* pode ser o primeiro passo na direção da criação de *standards* obrigatórios dentro dos sistemas nacionais de responsabilidade civil das empresas e companhias no caso de violação de direitos humanos (VAN DAM, 2014, p. 393).

Importante referir que as emissões de gases de efeito estufa por companhias produtoras de energia produzida pela queima de combustíveis fósseis são causa do aquecimento global e de efeitos catastróficos (FARBER, 2007, p. 297-322) que podem, em tese, violar direitos humanos. Existem exemplos clássicos de possíveis violações dos direitos humanos por companhias emissoras de gases de efeito estufa, como as mortes e privações econômicas, políticas e sociais causadas por eventos climáticos extremos, como as secas, as inundações e o aumento do nível dos oceanos, da intensidade das tempestades, dos ciclones e dos furacões, que não raras vezes geram a figura dos refugiados climáticos.

Esclarecem Verheyen e Zengerling (2013, p. 759) que nem a Corte Internacional de Justiça, nem a Organização Internacional do Comércio, nem o Tribunal para o Direito do Mar apreciaram até o momento um caso sequer envolvendo mudanças climáticas, e que apenas decisões da Comissão de *Compliance* de Kyoto são favoráveis aos interesses protetivos do clima, com base na Convenção-Quadro das Nações Unidas sobre Mudanças Climáticas e no Protocolo de Kyoto, sendo as decisões dos demais corpos judiciais e quase judiciais decepcionantes e incapazes de contribuir para o fortalecimento do regime internacional do clima ou deixar claros e especificados os deveres de proteção do clima dos Estados de acordo com o direito internacional.

Relevante não olvidar a advertência de Verheyen (2005, p. 225), para quem casos relacionados às mudanças climáticas nunca serão de decisão simples, sempre envolverão a habilidade de aplicar e interpretar regras primárias, avaliar evidências científicas, estimar danos e dividir responsabilidades, assim como fazer julgamentos com base em princípios de justiça e de equidade para preencher lacunas existentes no direito internacional.

Importante referir, nessa era das mudanças climáticas, que a Responsabilidade Social Corporativa (CSR), de acordo com o Ministério Federal do Trabalho e Assuntos Sociais (*Bundesministerium für Arbeit und Soziales*), é definida pelo seu impacto sobre a sociedade e inclui aspectos sociais, econômicos e ambientais, como reconhecido por documentos internacionais sobre a CSR, tendo como o mais relevante a Declaração da Organização Internacional do Trabalho (ILO) sobre empresas multinacionais e políticas sociais, o guia sobre empresas multinacionais da Organização para Cooperação e Desenvolvimento Econômico (OECD). Importante referir, sobre o caso em tela, em específico, que as normas ambientais guia para as multinacionais previstas pela OECD são no sentido de que: as empresas deverão, no âmbito das leis, regulamentos e práticas administrativas dos países onde realizam suas operações, e levando em consideração os acordos, princípios, objetivos e normas internacionais relevantes, prestar a devida atenção aos imperativos de proteção do ambiente, da saúde e higiene públicas, e de modo geral dirigir suas atividades de tal modo que contribuam para o objetivo global de desenvolvimento sustentável (ORGANIZAÇÃO PARA A COOPERAÇÃO E DESENVOLVIMENTO ECONÔMICOS, 2018).

Também não se pode ignorar o Guia de Princípios sobre Negócios e Direitos Humanos da Organização das Nações Unidas (ONU), além da UN Compact e da ISO 26000. A responsabilidade social das organizações está fixada pela ISO 26000, que dispõe:

> a responsabilidade social se expressa pelo desejo e pelo propósito das organizações em incorporarem considerações socioambientais em seus processos decisórios e a responsabilizar-se pelos impactos de suas decisões e atividades na sociedade e no meio ambiente. Isso implica um comportamento ético e transparente que contribua para o desenvolvimento sustentável, que esteja em conformidade com as leis aplicáveis e seja consistente com as normas internacionais de comportamento. Também implica que a responsabilidade social esteja

CAPÍTULO 6
LITÍGIOS E DIREITO DAS MUDANÇAS CLIMÁTICAS NA ALEMANHA | 257

integrada em toda a organização, seja praticada em suas relações e leve em conta os interesses das partes interessadas. (INMETRO, 2010)

De se considerar O Guia de Princípios sobre Negócios e Direitos Humanos da ONU, também conhecidos como Princípios Ruggie, que consistem em 31 princípios, aprovados em 2011. As orientações são baseadas no reconhecimento de obrigações assumidas pelos Estados de respeitar, proteger e implementar os direitos humanos e liberdades fundamentais, e no reconhecimento do papel das empresas como órgãos especializados da sociedade que devem cumprir todas as leis aplicáveis, além de respeitar os direitos humanos e a necessidade de que os direitos e obrigações sejam providos pelos Estados de instrumentos legais procedimentais correspondentes a serem utilizados em caso de sua violação (UNITED NATIONS, 2018).

O Governo da Alemanha, portanto, segue a definição revisada da CSR declarada pela União Europeia em 2011 (WELLER; HUBNER; KALLER, 2018, p. 1). Até então a definição utilizada na União Europeia (e na Alemanha) tinham incluído o elemento da voluntariedade. Não é mais o que ocorre. A nova definição significa que deve haver *compliance* em relação ao novo *standard* legal (fixado pela lei, como a Diretiva da CSR ou pela Regulação dos Conflitos Minerais) prevista na Regulação da União Europeia (EU) 2017/821, de 17.5.2017, do Parlamento Europeu. É esperado que as companhias cumpram as obrigações previstas na CSR para implementar a segurança dos sistemas que asseguram a proteção de *standards*: de direitos humanos, de direitos sociais, de direitos ambientais e de deveres éticos.

De acordo com Van Dam (2014, p. 389), por sua vez, o direito internacional público pouco protege as vítimas de direitos humanos violados por companhias transnacionais (TNCs), porque referida legislação tutela principalmente a liberdade de comércio, ao invés de regular como estas empresas utilizam a sua liberdade de iniciativa. Também, é discutível se as TNCs possuem obrigações dentro do sistema do direito internacional público e isto tem exposto a questão sobre qual o papel pode ter a responsabilidade civil no contexto transnacional para suprir esta lacuna. Referida discussão, aliás, tomou corpo com o ressurgimento do *US Alien Tort Statute (ATS)*, em 1980, com base no qual as cortes norte-americanas têm reconhecido a jurisdição para apreciar qualquer ação civil proposta por estrangeiro invocando a responsabilidade civil, por ato cometido em violação às leis das nações (UNITED STATES, COURT

OF APPEALS, 1980). Essa lei tornou-se a base de dezenas de ações promovidas contra TNCs por violação aos direitos humanos perpetuados no exterior, como referido por Van Dam (2014, p. 389-390) e Stephens (2002, p. 76). De Acordo com Van Dam (2014), em comparação com os litígios instaurados nos Estados Unidos, a litigância na Europa contra as TNCs "está ainda na infância". O número de casos está gradualmente aumentando, mas, como nos casos com base no *US Alien Tort Estatute*, não existem decisões substanciais ainda, embora alguns casos tenham sido convertidos em transações com considerável compensação de pagamentos para as vítimas (VAN DAM, 2014, p. 390). As vítimas que ajuízam demandas contra as TNCs enfrentam uma série de obstáculos que afetam negativamente a legislação de responsabilidade civil como um instrumento reparador de violação aos direitos humanos. Três obstáculos evidentes podem ser brevemente mencionados: a fixação de uma Corte competente, o direito aplicável e a verificação do *standard* de cuidado (VAN DAM, 2014, p. 389-391).

Relevante destacar, ainda, levando em consideração a responsabilidade civil, que as vítimas de violações de direitos humanos, residentes e a vizinhança às margens de rios e terras poluídas, além de outras pessoas, podem ter os seus direitos e interesses protegidos, também, com base no art. 823 do Código Civil. Nestes casos, pode ser pleiteada pelos autores em juízo a reparação dos danos ou outra compensação contra a companhia causadora destes. Diferentemente dos deveres contratuais que vinculam as partes contratantes, a responsabilidade civil pode atingir todos com base no princípio *neminem laedere*. A proteção oferecida pelo sistema da responsabilidade civil na Alemanha é, no entanto, limitada (WELLER; HUBNER; KALLER, 2018, p. 11). Primeiramente, apenas os direitos *erga omnes* (*absolute Rechtsgüter*) são protegidos de acordo com o art. 823 do Código Civil, incluindo a vida, o corpo, a saúde ou a propriedade. Esta proteção limitada e, portanto, o correspondente risco limitado da responsabilidade protegem a liberdade de agir, que às vezes tem os seus limites ultrapassados.

Para se evitar a necessária e obrigatória demonstração de um dano ao corpo, à saúde ou à propriedade, poder-se-iam considerar os direitos humanos como parte das regras da CSR, e assim incluir estes no rol dos *outros direitos* do art. 823 do Código Civil.

A grande dificuldade é que os direitos humanos, que podem ser violados por eventos climáticos extremos causados por fatores antrópicos, tradicionalmente, apenas vinculam Estados, não indivíduos.

Precisaria se determinar se os indivíduos, incluídas as companhias transnacionais, poderiam ser considerados vinculados à obediência a regimes e regras de direitos humanos, como bem reconhecem Weller, Hübner e Kaller (2018, p. 12). E, ainda, as companhias transnacionais precisariam estar vinculadas ao respeito aos direitos humanos. No entanto, não está claro quais das inúmeras convenções de direitos humanos poderiam se encaixar no conceito daqueles *outros direitos* previstos no art. 823 do Código Civil. Um ponto também nebuloso é que os direitos humanos são formulados de modo vago, o que dificulta a precisa apuração da responsabilização e reparação dos danos em caso de violação daqueles (WELLER; HUBNER; KALLER, 2018, p. 12).

Ainda que sejam violados os *outros direitos* previstos no art. 823, a responsabilização civil da companhia, para que reste configurada, exige a quebra de um dever de cuidado (*Verkehrpflicht*). Outras normas de responsabilização civil, art. 823 (2) ou art. 831 e seguintes, não são aplicáveis para a responsabilidade geral das companhias. Os direitos humanos não podem ser interpretados especificamente como normas protetivas (*Schutzgestz*), de acordo com o art. 823 (2) e seguintes do Código Civil.

Para as ações civis está previsto, no art. 4 da Regulação Ia de Bruxelas, que qualquer Corte alemã tem jurisdição sobre demandas contra companhias ou pessoas jurídicas que tiverem foro estatutário, administração central ou principal local dos seus negócios na Alemanha. É irrelevante se o ato causador ou o dano ocorreram no exterior (WELLER; HUBNER; KALLER, 2018, p. 17), como no caso originado no Peru. Ademais, a lei societária é, em geral, determinada de acordo com a teoria do local/assento real (*Sitztheorie*) da companhia. O direito do país no qual a companhia tem o centro de sua administração deve ser aplicado. O foro competente não pode ser eleito pela vontade das partes. O direito a ser aplicado será aquele com o qual a companhia guarda o mais próximo vínculo.

Referida teoria permite que o Estado controle efetivamente as companhias em seu território e evite a fuga da regulação econômica estatal, conhecida como o fenômeno *do race to the bottom*. Esta é uma expressão utilizada em economia para descrever a desregulamentação estatal sobre o ambiente dos negócios, redução de taxas, com o objetivo de atrair ou impedir atividades econômicas nas fronteiras de determinado país. Como resultado da globalização e do livre comércio, o fenômeno pode ocorrer quando a competição aumenta entre nações sobre determinado setor do comércio e da produção (DAVIES; VADLAMANNATI, 2013, p. 1-14).

Por outro lado, dentro do escopo do direito da União Europeia, a lei aplicável a ser determinada com base na teoria da incorporação (*Gründungstheorie*), por exemplo, é a legislação do país no qual a companhia foi fundada. A grande vantagem desta teoria, aplicada também em convenções internacionais – como o Tratado de Comércio e Amizade entre Estados Unidos e Alemanha (1954) –, é que esta é compatível com a liberdade de estabelecimento.

Existe discussão sobre o que deve ser considerado ato da fundação da companhia, se o ato do estabelecimento, o ato do assento estatutário, o ato do local do registro, o local livremente escolhido pelos fundadores da empresa como ato de fundação ou o ato realizado no local no qual foi garantida a personalidade jurídica da companhia (WELLER; HUBNER; KALLER, 2018, p. 19). Todavia, no caso *Lliuja*, todas as correntes apontam para o foro alemão. Em adição, pode-se inferir que no caso de responsabilidade civil ambiental, de acordo com o art. 7º da Regulação II de Roma, se a quebra da CSR levar ao dano ambiental, a vítima ainda pode escolher entre o local do delito (*lex loci delicti*) ou a lei do país no qual o dano ocorreu. O art. 7º, portanto, pode ser aplicado em casos envolvendo direitos humanos (WELLER; HUBNER; KALLER, 2018, p. 22), e em tese, também aqueles violados em virtude das mudanças climáticas causadas por fatores antrópicos.

Em geral, a *ordre public* alemã engloba não apenas o art. 6º da Lei de Introdução ao Código Civil, que expressamente nomeou direitos garantidos pela Lei Fundamental, mas também inclui direitos humanos europeus e internacionais, como aqueles garantidos na Carta Fundamental de Direitos da União Europeia, na Convenção Europeia de Direitos Humanos, nas convenções da Organização Internacional do Trabalho, assim como outras convenções de direito internacional (WELLER; HUBNER; KALLER, 2018, p. 25). Os direitos garantidos por essas convenções são vinculantes dentro do direito alemão (art. 59, 2, da Lei Fundamental), assim como as regras gerais de direito internacional que, inclusive, devem ter precedência sobre as leis e diretamente criam direitos e deveres para os habitantes do território federal, de acordo com o art. 25 da Constituição. Dentro do sistema jurídico alemão, portanto, dúvida não se pode ter sobre a competência jurisdicional da Corte Regional de Essen para o julgamento da causa que envolve a companhia RWE.

6.4.3 Dos fundamentos da decisão da Corte Regional de Essen

Feitas referidas considerações, a Corte, na sua fundamentação, entendeu que a conduta da RWE não poderia ser considerada no aspecto da causalidade uma *conditio sine qua non*. A ação da ré poderia ser entendida no máximo como uma situação de causação cumulativa, como existem muitos emissores de CO2 e de gases de efeito estufa em todo o mundo. A causação cumulativa exige, segundo a Corte, que nenhuma ação pode ser considerada na análise do nexo de causalidade, se por si só, ao ser suprimida, for irrelevante para a causa de eventual dano. As emissões da RWE poderiam ser vedadas ou interrompidas sem que necessariamente o risco de enchente da cidade peruana fosse banido. Além disto, com base no *Waldschadensurteile* (precedente referente aos danos sofridos pelas florestas alemãs com múltiplos causadores), não é possível atribuir danos individuais e restrições à propriedade aos emissores individuais, quando existem várias fontes emissoras (SABIN CENTER FOR CLIMATE CHANGE LAW, COLUMBIA LAW SCHOOL, 2015).

Entre outros fundamentos constantes na decisão, portanto, o mais importante foi que não foi demonstrado o nexo causal entre a conduta da parte ré (produção de gases de efeito estufa) e o risco potencial de alagamento de Huaraz decorrente do derretimento das geleiras (WELLER; HUBNER; KALLER, 2018, p. 17). Mas a Corte, composta por três juízes, também entendeu que a participação da parte ré nas emissões globais de gases de efeito estufa era muito pequena e que estas não aumentavam as consequências negativas do aquecimento global de modo significativo (SABIN CENTER FOR CLIMATE CHANGE LAW, COLUMBIA LAW SCHOOL, 2015).

Outro ponto que enfraqueceu o pedido de Lliuja, de acordo com a Corte, foi de cunho probatório, uma vez que ele requereu que esta fixasse de modo específico e exato a contribuição das emissões anuais da parte ré e não uma mera estimativa genérica, o que poderia facilitar um juízo de procedência da demanda se o pedido tivesse sido articulado deste outro modo (UNITED NATIONS, 2017, p. 35).

Assim, no mérito, a Corte julgou improcedentes as pretensões declaratórias e mandamentais de *Lliuja*, assim como o seu pleito indenizatório (UNITED NATIONS, 2017, p. 35).

6.4.4 Da apelação para a Alta Corte Regional de Hamm

O fazendeiro peruano interpôs recurso da decisão da Corte de Essen para a Alta Corte Regional de Hamm (SABIN CENTER FOR CLIMATE CHANGE LAW, COLUMBIA LAW SCHOOL, 2017). Em audiência, realizada em 13.11.2017, a Alta Corte de Apelação de Hamm, ao receber o recurso, rejeitou as razões da Corte *a quo* de que o direito não pode regular impactos das mudanças climáticas. Em 3 de novembro do mesmo ano, a Corte foi além, e determinou a realização de produção de prova técnica para que o *expert* responda aos seguintes quesitos:

> a- Por causa do significante aumento da expansão do volume do Lago de Pacacocha existe uma séria e iminente interferência na propriedade do autor, localizada em terreno abaixo, de inundação ou de ser atingida por algum deslizamento?
> b- As emissões de CO2 liberadas pelas usinas da parte ré na atmosfera causam, como lei da física, a concentração atmosférica de gases de efeito estufa?
> c- O aumento da concentração de moléculas de gases de efeito estufa causam a diminuição no escape do calor da terra, o que por sua vez causa o aumento da temperatura global?
> d- Por causa do conseqüente aumento das temperaturas localmente, existe um acelerado derretimento da *Geleira de Palcaraju*? O tamanho da cobertura de gelo diminuiu e o do volume de água aumentou tanto que não pode ser retido pelas moraínas glaciares (entendidas estas como o amontoado de pedras, a carga sedimentar que o gelo transporta, formando acumulações e que formam faixas escuras ao longo das geleiras)?
> A proporção da causa parcial em relação ao nexo causal é mensurável e calculável? Soma 0, 47% hoje?
> A diferença proporcional da causalidade parcial, se observada, deve ser determinada e declarada pelo perito. (COLUMBIA LAW SCHOOL, SABIN CENTER FOR CLIMATE CHANGE LAW, 2017)

A Alta Corte de Apelação de Hamm considerou expressamente a causa, objeto de apelação, como passível de judicialização, seguindo as razões e os precedentes de Cortes de outros países em casos envolvendo mudanças climáticas e os seus efeitos adversos. A Corte entendeu que o Poder Judiciário, ao apreciar o mérito da demanda, não viola o princípio da separação dos poderes, de acordo com interpretação do art. 20 Sec. 2 GG (Lei Fundamental alemã), e concluiu que o caso pode ser decidido com base nas leis existentes, especificamente pelo §1004 do Código Civil (BGB) (COLUMBIA LAW SCHOOL, SABIN CENTER FOR CLIMATE CHANGE LAW, 2017).

A Corte, inclusive, mencionou:

> Nós estamos vivendo no fundo de um oceano de ar. Esta situação leva necessariamente para uma extensão dos efeitos das atividades humanas para lugares remotos. Todos que estão causando a existência de imponderabilidades devem saber que eles estão tomando o seu próprio caminho. Essa transmissão além das fronteiras é para ser atribuída como uma consequência de cada atividade e as emissões diretas e indiretas estão, neste aspecto, para não ser distinguidas umas das outras. (COLUMBIA LAW SCHOOL, SABIN CENTER FOR CLIMATE CHANGE LAW, 2017)

A Corte entendeu esta consideração, que emana do debate da doutrina civilística germânica, como aplicável também em relação às emissões transnacionais de gases de efeito estufa e aos seus efeitos, o que pode significar um prognóstico de substituição da decisão de primeiro grau. Ainda que referida substituição da decisão *a quo* não ocorra, o caso, pelas próprias quesitações e razões expostas no recebimento do apelo, e em audiência, deixam evidenciado que a litigância climática começa a ser reconhecida na Alemanha como algo viável em face da suficiência do ordenamento legal, remanescendo, sim, como se infere dos fundamentos da decisão recorrida, a dificuldade no estabelecimento do nexo de causalidade em demandas do estilo.

A decisão recorrida, importante grifar, embora aquém de *EPA v. Massachusetts*, foi bem além na apreciação do mérito da demanda do que as decisões das Cortes norte-americanas nos casos *AEP v. Connecticut* e *Village of Kivalina*, pois nestes dois precedentes o Judiciário colocou em dúvida a mera possibilidade de as emissões das fontes poluidoras terem efetivamente causado danos em virtude de mudanças climáticas (UNITED NATIONS, 2017).

6.5 Estudo de caso: o caso *Neubauer e outros v. Alemanha*

A discussão em torno da "justiça entre gerações (ou intergeracional)" tem sido colocada no contexto político contemporâneo de forma emblemática por meio de amplos e progressivos protestos promovidos em diversos lugares do mundo – mas, em especial, no contexto europeu – pelos jovens do movimento estudantil *Fridays for Future* (em português, "Sextas-Feiras pelo Futuro") sobre a questão da proteção climática, como bem simboliza a estudante sueca Greta Thunberg, com seus protestos nas sextas-feiras na frente do Parlamento do seu país, em Estocolmo (WEDY; SARLET; FENSTERSEIFER, 2021, p. 1). Na Alemanha, o movimento de jovens por justiça climática ganhou contornos políticos extremamente significativos nos últimos anos, inclusive impactando o debate político e o resultado das recentes eleições para o Parlamento Federal alemão (*Bundestag*), com resultados bastante favoráveis para partidos políticos que enfatizam a proteção climática nos seus programas, como é o caso do Partido Verde alemão (WEDY; SARLET; FENSTERSEIFER, 2021, p. 1).

Entre as lideranças da vertente alemã do movimento *Fridays for Future*, destaca-se a jovem ativista climática Luisa Neubauer, que figura como uma das autoras das reclamações constitucionais (*verfassungsbeschwerde*) ajuizadas contra a Lei Federal sobre Proteção Climática (*Klimaschutzgesetz* – KSG), aprovada no final de 2019, julgadas pelo Tribunal Constitucional Federal (*Bundesverfassungsgericht* – BverfG) da Alemanha no primeiro semestre de 2021. As reclamações constitucionais foram ajuizadas por um grupo de nove pessoas, na sua maioria jovens – entre eles, como referido anteriormente, a ativista Luisa Neubauer –, que foram apoiadas por diversas entidades ambientalistas alemãs.

Entre os autores das reclamações há, inclusive, alguns residentes em outros países, como exemplo, Nepal e Bangladesh – este último um dos países mais vulneráveis ao aumento do nível do mar derivado das mudanças climáticas –, o que apenas reforça a natureza transfronteiriça da crise climática (WEDY; SARLET; FENSTERSEIFER, 2021, p. 2). Entre diversos argumentos articulados pelos autores das reclamações, destacam-se as violações ao direito fundamental a um futuro em conformidade com a dignidade humana (*menschenwürdige zukunft*) e ao direito fundamental ao mínimo existencial ecológico (*ökologisches existenzminimum*) (WEDY; SARLET; FENSTERSEIFER, 2021, p. 2).

Na ocasião, o tribunal reconheceu a violação aos "deveres estatais de proteção ambiental e climática" no âmbito da Lei Federal sobre Proteção Climática (*Klimaschutzgesetz* – *KSG*) de 2019, a qual, segundo a corte, teria distribuído de modo desproporcional – entre as gerações presentes e as gerações mais jovens e futuras – o ônus derivado das restrições a direitos fundamentais – em especial ao direito à liberdade – decorrentes da regulamentação das emissões de gases do efeito estufa, ao prever metas de redução tão somente até o ano de 2030 (WEDY; SARLET; FENSTERSEIFER, 2021, p. 3).

Ao fazer isso, o legislador alemão omitiu-se em relação ao período subsequente, ou seja, relativamente às metas de redução até 2050, ano em que a legislação climática objetiva atingir a denominada "neutralidade climática". Na fundamentação da decisão, o tribunal reconheceu que o direito fundamental à liberdade possui uma dimensão inter ou transgeracional, a qual deve ser protegida pelo Estado e se expressa por meio de "garantias intertemporais de liberdade" (*intertemporale freiheitssicherung*) (WEDY; SARLET; FENSTERSEIFER, 2021, p. 4).

Ao reconhecer a inconstitucionalidade de dispositivos da legislação climática alemã, o tribunal consignou que o legislador violou o seu dever, decorrente do princípio da proporcionalidade, de assegurar que a redução das emissões de CO2 ao ponto da neutralidade climática – que é constitucionalmente necessária nos termos do art. 20a da Lei Fundamental alemã – "seja distribuída ao longo do tempo de uma forma prospectiva que respeite os direitos fundamentais [...]". Ainda de acordo com o Tribunal, "[...] respeitar a liberdade futura exige que a transição para a neutralidade climática seja iniciada em tempo hábil" (WEDY; SARLET; FENSTERSEIFER, 2021, p. 2). Em todas as áreas da vida – produção, serviços, infraestrutura, administração, cultura, consumo, basicamente todas as atividades que atualmente ainda são relevantes para o CO2 –, os desenvolvimentos precisam ser iniciados para garantir que, no futuro, ainda se possa fazer uso significativo da liberdade protegida pelos direitos fundamentais (WEDY; SARLET; FENSTERSEIFER, 2021, p. 4).

Ao fazer um paralelo entre as realidades constitucionais alemã e brasileira, cabe apenas ressaltar que, tanto o art. 20a da Lei Fundamental de Bonn quanto o art. 225 da nossa CF/1988, consagraram expressamente a proteção e salvaguarda dos interesses e direitos das futuras gerações, reforçando, assim, o regime jurídico de proteção ecológica e a caracterização de deveres estatais climáticos. Igualmente, no caso da CF/1988, deve ser ressaltada a proteção com absoluta prioridade, que deve ser assegurada à vida, à dignidade e aos diretos fundamentais – entre eles o direito fundamental a viver em um clima limpo, estável e seguro (e à integridade do sistema climático) – titularizados por crianças e adolescentes, como expressamente consignado em dispositivo constitucional (art. 227, *caput*) (WEDY; SARLET; FENSTERSEIFER, 2021, p. 4).

É o direito ao desfrute de uma vida digna e do exercício pleno dos direitos fundamentais – e do direito à liberdade, em particular – no futuro que está em jogo quando se trata da questão climática, como resultou consignado na decisão referida do Tribunal Constitucional Federal alemão. A decisão em questão deu visibilidade jurídica para a "dimensão intergeracional" dos direitos fundamentais. É possível, nesse sentido, até mesmo constatar certa sub-representação político-democrática dos interesses das gerações mais jovens no Estado constitucional contemporâneo, assim como das futuras gerações que ainda estão por nascer, protegidas, por exemplo, pelo *caput* do art. 225 da CF/1988 (WEDY; SARLET; FENSTERSEIFER, 2021, p. 4). A sub-representação política referida está no fato de as crianças, adolescentes (até 16 anos completos) e as futuras gerações não votarem, ou seja, não elegerem os líderes políticos que irão tomar (ou não!) as decisões necessárias para assegurar o desfrute dos seus direitos fundamentais no futuro. Tal constatação, por sua vez, reforça a importância do papel de guardião da vida, da dignidade e dos direitos fundamentais de tais indivíduos e grupos sociais vulneráveis atribuído ao Poder Judiciário (e às instituições que integram o sistema de Justiça em geral, como é o caso do Ministério Púbico, da Defensoria Pública etc.), salvaguardando o futuro (WEDY; SARLET; FENSTERSEIFER, 2021, p. 4).

A decisão da corte alemã inovou significativamente na abordagem constitucional da proteção das gerações jovens e futuras, dando visibilidade à deficiência e omissão na proteção dos seus direitos fundamentais. É, sem dúvida, um dos casos de litigância climática mais importantes julgados até hoje por tribunais constitucionais, de modo a reforçar a relevância da denominada governança judicial em matéria ambiental e climática, notadamente quando diante de um contexto fático de omissão ou deficiência nas medidas legislativas ou executivas adotadas para o enfrentamento ao aquecimento global (WEDY; SARLET; FENSTERSEIFER, 2021, p. 4).

CAPÍTULO 7

CONCLUSÃO

Nesta era de mudanças climáticas e de desastres ambientais, observa-se que diplomas internacionais e infraconstitucionais passaram a disciplinar e regulamentar as emissões de gases de efeito estufa, responsabilizar emissores, buscar alternativas viáveis de adaptação e de resiliência. No mesmo sentido, extraem-se das Constituições interpretações, oriundas dos juristas e dos juízes, que podem auxiliar, em alguma medida, na estabilização do clima na Terra e garantir o direito à vida das presentes e das futuras gerações de seres humanos e não humanos.

O Brasil possui a Política Nacional do Clima inserida na Lei nº 12.187/2009, regulamentada pelo Decreto nº 9.578/2018, o Decreto nº 11.075/2022, que estabelece os procedimentos para a elaboração dos Planos Setoriais de Mitigação das Mudanças Climáticas, e institui o Sistema Nacional de Redução de Emissões de Gases de Efeito Estufa e altera o Decreto nº 11.003, de 21.3.2022, além de um arcabouço legislativo, e constitucional, que oferece instrumentos processuais adequados para a tutela do clima. O próprio direito ao meio ambiente equilibrado – cujo clima estável nele está inserido – é um direito fundamental de terceira geração ou de novíssima dimensão, de acordo com a interpretação do egrégio Supremo Tribunal Federal. Fato este sobejamente reforçado pelo precedente do *Fundo Clima*.

Outrossim, as decisões referidas, oriundas do Superior Tribunal de Justiça, estão a reconhecer que as mudanças climáticas possuem causas antrópicas e que possuem nefastas consequências. Portanto, o ceticismo em relação às mudanças climáticas não foi aceito pelo Estado na sua função legislativa, tampouco, na sua posição julgadora. O país conta com uma novel doutrina que serve de fundamento para demandas que têm por objetivo proteger os seres vivos de eventos climáticos extremos e também para o corte e a diminuição das emissões de gases de efeito estufa e, especialmente, para regulamentar a adoção de medidas de adaptação e de resiliência amparadas nos princípios da precaução, da prevenção e do desenvolvimento sustentável. Outrossim, o princípio da educação ambiental, previsto no texto constitucional, pode ser de grande valia, e sofrer sofisticação qualitativa, para que em todos os níveis de ensino seja oferecida uma educação climática adequada apta à formação saudável e descarbonizada das futuras gerações de brasileiros.

O Brasil deve concretizar o princípio da educação climática voltado: para o incentivo à produção das energias renováveis (e talvez nuclear); para o combate ao desmatamento; para a racionalização da atividade agropecuária; para o desenvolvimento dos meios de transportes movidos pela eletricidade; para o incremento da indústria movida por energia limpa; para construções sustentáveis; para a fabricação de aparelhos eletrodomésticos com baixo consumo de energia; para o desenvolvimento da geoengenharia e outras ações essenciais nestes tempos de aquecimento global. Infelizmente, no entanto, não é isto que ocorre. Temos muito ainda que evoluir.

Não trazem mais alento as políticas públicas levadas a cabo pelo Poder Executivo, que elabora planos e planejamentos estatais calcados nos combustíveis fósseis e não exerce a adequada fiscalização sobre as principais fontes emissoras de gases de efeito estufa no país, além de não possuir planos públicos eficientes anticatástrofes. Situação esta que, espera-se, seja revertida pelo governo Lula, que, já no primeiro dia de gestão, promoveu o chamado revogaço das normas anticlimáticas e antiambientais adotadas no âmbito da presidência de Jair Bolsonaro.

Neste cenário, bastante adverso é que se tornam imperativos, supletivamente, os litígios climáticos no Brasil, embasados em uma doutrina, inclusive com proposições estratégicas, que sirva de norte para que o intérprete, com visão sustentável, extraia do texto da Constituição Federal de 1988, da legislação infraconstitucional, dos diplomas internacionais, dos precedentes jurisprudenciais locais, de outros países e da legislação estrangeira a sua base estruturante. Tudo isto, inobstante a uma necessária e futura produção legislativa pelo Congresso Nacional adequada ao moderno direito das mudanças climáticas que prevê, no âmbito internacional, mecanismos como o *cap-and-trade* e a tributação sobre o carbono para desestimular a utilização, em especial, do petróleo e do carvão, como matrizes energéticas.

Os litígios ambientais instaurados, embasados em pulsante doutrina, são uma realidade palpável e, na ausência da concretização do princípio da educação ambiental, de políticas públicas efetivas e de uma legislação moderna, são importantes para a tutela do direito fundamental ao clima estável, e do direito à vida em uma acepção ampla.

Nos Estados Unidos, por sua vez, existem centenas de litígios ambientais com uma doutrina bastante desenvolvida que lhes servem de embasamento, prova disto foi o próprio desfecho do caso *EPA v. Massachusetts*, infelizmente em parte revertido em *West Virginia et al. v. Environmental Protection Agency et al*. Embora o clima e o meio ambiente não recebam qualquer tutela do texto da Constituição, até mesmo por seu distanciamento histórico (1787), essa se dá de modo indireto via normas infraconstitucionais, administrativas e precedentes jurisprudenciais. Não sobreveio, ao longo dos anos, qualquer emenda ao texto constitucional para a tutela do meio ambiente e do clima e este, especialmente, passa a ser tutelado pelo *Clean Air Act* e por regulamentações da EPA quando esta está sob a gerência do partido democrata. A dificuldade nos Estados Unidos está justamente em aprovar uma legislação no Congresso que reconheça as mudanças do clima geradas por fatores antrópicos como uma realidade. Isto porque o Senado, faz décadas, é dominado pelo conservadorismo do partido republicano, fortemente apoiado e com candidaturas dos seus quadros financiadas pela poderosa indústria dos combustíveis fósseis, em especial do petróleo e do carvão.

Assim, a EPA, sob gestão democrata, procura regulamentar e impedir as emissões de gases de efeito estufa; quando está sob gestão republicana, em sentido contrário, procura desregulamentar as atividades da indústria do petróleo e do carvão, o que é nefasto para que sejam atingidos os objetivos do Acordo de Paris, do qual os Estados Unidos, sob gestão de Donald Trump, retiraram-se, após esse ter sido chancelado pela gestão do Presidente Barack Obama. Felizmente, a Gestão Biden retomou o compromisso firmado na COP21. Assim, direito e política, nos Estados Unidos, andam lado a lado, em especial quando o tema é o direito das mudanças climáticas. Liberais apoiam incentivos à indústria da energia limpa (eólica, solar, marítima, biomassa etc.), os conservadores são contra. Conservadores apoiam o incentivo à indústria dos combustíveis fósseis, os liberais combatem o mesmo subsídio. Ambos, ao assumir, nomeiam a direção da EPA de acordo com os seus interesses e compromissos políticos, e daí surgem os litígios, instaurados nas Cortes, na medida em que interesses são ameaçados pelos atos de gestão da referida agência federal. Em governos democratas, demandas são ajuizadas pela indústria dos combustíveis fósseis contra as regulamentações da EPA, em governos republicanos, como no caso de *EPA v. Massachusetts*, ao contrário, estados e outros propõem ações nas Cortes para fazer com que a EPA fiscalize e combata, via regulamentação, as emissões dos gases de efeito estufa.

Na Alemanha, por sua vez, o povo possui alta educação ambiental, uma legislação moderna de tutela do meio ambiente, e uma economia comprometida com a descarbonização e com o êxito no cumprimento dos 17 Objetivos do Desenvolvimento Sustentável, estipulados na Agenda 2030, e com as metas estabelecidas no Acordo de Paris. A matriz energética germânica em poucos anos será livre de carbono, uma vez que até mesmo a energia nuclear, embora limpa, deve ser abandonada como medida de precaução para evitar catástrofes humanas e ambientais, o que pode ser reconsiderado, aliás, após a pandemia da *Covid-19* e a *Guerra Rússia v. Ucrânia*, que atingiram a produção, o fornecimento e a distribuição de energia no país. Avultam na Alemanha os parques eólicos e solares, sendo nítida a decadência dos combustíveis fósseis no país. Esse o motivo, talvez, pelo qual não havia, até bem pouco tempo, uma doutrina alemã sobre o direito das mudanças climáticas, o que passou a mudar com publicação da pioneira obra *Climate Change Law Litigation: a Handbook*, com a rigorosa organização científica dos professores Wolfgang Kahl e Marc-Philippe Weller, da Universidade de Heidelberg.

O direito, como norma social, reflete a realidade de um povo e, no caso alemão, o compromisso com as atuais e futuras gerações de seres humanos e não humanos é evidente, o que faz com que poucos casos envolvendo emissões de gases de efeito estufa sejam ajuizados ante as suas criteriosas Cortes. Os dois mais importantes destes casos, um ainda pendente de julgamento definitivo, *caso Lliuya v. Rwe AG*, e o já julgado *Neubauer e outros v. Alemanha*, foram analisados de modo crítico no corpo desta obra.

O aquecimento global é um fenômeno que atinge os seres vivos e o território alemão, ainda que as fontes emissoras de gases de efeito estufa sejam preponderantemente externas. Referido e inarredável fato vai fatalmente levar ao desenvolvimento de uma doutrina do direito das mudanças climáticas no país, o que já se observa, como demonstra a repercussão global dos casos mencionados.

O grande desafio, talvez, seja o Poder Legislativo alemão superar o seu Código Civil e as normas infraconstitucionais esparsas existentes para adoção de uma legislação que possa responsabilizar companhias por emissões dentro e fora do seu território (inclusive dentro da jurisdição europeia), sob o critério da modalidade da responsabilidade objetiva pelo risco-criado ou risco-proveito e pela utilização da ciência da atribuição para superar a dificuldade da aferição do nexo de causalidade em demandas ao estilo de *LIuya*, que certamente serão ajuizadas nos próximos anos e nas próximas décadas para apuração não apenas das emissões presentes e futuras de gases de efeito estufa, mas de emissões e desmatamentos realizados no passado.

Um passo importante foi a adoção, no ano de 2019, da Lei de Proteção Climática, que tornou esta obrigação legal e determinou um investimento de €54 bi contra as mudanças climáticas. Referida legislação definiu também como obrigatória a redução até 2030 das emissões no país para o patamar de 55% dos volumes registrados em 1990.

No direito das mudanças climáticas é necessário, com o emprego da ciência da atribuição, não apenas responsabilizar as gerações presentes e futuras, mas também as passadas em demandas pautadas pela imprescritibilidade. É de se ressaltar, ainda, a existência de litígios climáticos meramente estratégicos, mas que granjeiam, igualmente, grande importância para o direito e para o debate público.

Em suma, vivendo diferentes realidades, Brasil, Estados Unidos e Alemanha estão inseridos na era das mudanças climáticas, como demonstram os litígios climáticos que tramitam em suas jurisdições. Uma doutrina internacional e nacional de direito das mudanças climáticas está sendo desenvolvida com consistência, de modo técnico e não especulativo, concretizando direitos humanos e fundamentais, em um período temporalmente curto, para auxiliar no alcance e total atendimento das metas estipuladas no Acordo de Paris, conferindo às sociedades nacionais e globais instrumentos jurídicos capazes de proporcionar o corte de emissões de gases de efeito estufa e a adoção de medidas de adaptação e de resiliência, para a garantia e concretização de um direito humano e fundamental ao clima estável de todo necessário para as presentes e futuras gerações, não apenas de brasileiros, americanos e alemães, mas de todo o planeta. Aliás, a Terra, este grande ser vivo, como afirmava o saudoso Lovelock (2014), merece respeito.

REFERÊNCIAS

ABRAMPA. *Abrampa, Greenpeace e Instituto Socioambiental pedem anulação de decisão que facilitou a exportação de madeira ilegal do país.* Disponível em: https://abrampa.org.br/abrampa/site/index.php?ct=conteudoEsq&id=939&modulo=NOTÍCIA. Acesso em: 20 jul. 2022.

ABRAMPA. *MPF propõe ação para anular despacho do Ministério do Meio Ambiente que colocam em risco a preservação da Mata Atlântica.* Disponível em: https://abrampa.org.br/abrampa/site/index.php?ct=conteudoEsq&id=841. Acesso em: 20 jul. 2022.

AKAOUI, Fernando; WEDY, Gabriel. Direito climático: litígios e ciência da atribuição. *Revista de Direito Ambiental*, São Paulo, v. 106, p. 283-304, abr./jun. 2022.

ALEXY, Robert. *Teoria dos direitos fundamentais.* São Paulo: Malheiros, 2008.

ALLEN, Myles. Attributing extreme weather event: implications for liabilility. *In*: MUNICH RE. *Liability for climate change?* Munich: Moss Communications, 2022. Disponível em: http://www.yooyahcloud.com/MOSSCOMMUNICATIONS/kxoPgb/Munich_RE_Liability_for_Climate_Change.pdf. Acesso em: 10 fev. 2022.

ALLEN, Myles. Liability for climate change. *Nature*, v. 421, p. 891-892, 2003. Disponível em : https://doi.org/10.1038/421891.

ALTO COMISSARIADO DAS NAÇÕES UNIDAS PARA REFUGIADOS (ACNUR). *Convenção Relativa ao Estatuto dos Refugiados.* 1951.

ALTO COMISSARIADO DAS NAÇÕES UNIDAS PARA REFUGIADOS (ACNUR). *Key messages and calls to action: 26th UN Climate Change Conference of the Parties (COP26)..* 2021. Disponível em: https://www.unhcr.org/61855b574.pdf#zoom=95. Acesso em: 9 jun. 2022.

ALTO COMISSARIADO DAS NAÇÕES UNIDAS PARA REFUGIADOS (ACNUR); HARPER, Andrew. *A mudança climática é a crise de nosso tempo e impacta também os refugiados.* 2020. Disponível em: https://www.acnur.org/portugues/2020/12/10/a-mudanca-climatica-e-a-crise-de-nosso-tempo-e-impacta-tambem-os-refugiados/. Acesso em: 9 jun. 2022.

AMELANG, Sören; WEHRMANN, Benjamin; WETTENGEL, Julian. Germany's Climate Action Plan 2050. *Clean Energy Wire*, 2016. Disponível em: https://www.cleanenergywire.org/factsheets/germanys-climate-action-plan-2050. Acesso em: 3 ago. 2018.

ANDEREGG, William R. L. *et al.* Expert credibility in climate change. *Proceedings of the National Academy of Sciences of the United States of America*, v. 107, n. 27, p. 12107-9, 21 jun. 2010. Disponível em: https://www.ncbi.nlm.nih.gov/pubmed/20566872. Acesso em: 2 nov. 2017.

ANTONNI, Rosmar Rodrigues C. A. A legitimação do autor da ação popular. *Revista de Processo*, São Paulo, v. 132, p. 52-74, 2006.

ARGENTINA. Corte Suprema de Justicia de La Nación. Centro de Informacion Judicial. *La Corte Suprema volvió a convalidade la constitucionalidade de la ley de preservación de los glaciares, rechazando um planteo de minera Pachón.* Disponível em: https://www.cij.gov.ar/ nota-34868-La-Corte-Suprema-volvi--a-convalidar-la-constitucionalidad-de-la-ley-de-preservaci-n-de-los-glaciares--rechazando-un-planteo-de-minera-Pach-n.html. Acesso em: 14 mar. 2021.

ARGENTINA. Ministerio de Ambiente y de Desarrollo Sustentable. *Resumen ejecutivo de los resultados del Inventario Nacional de Glaciares.* Disponível em: http://www. glaciaresargentinos.gob.ar/wp-content/uploads/resultados_finales/informe_resumen_ ejecutivo_APN_11-05-2018.pdf. Acesso em: 23 abr. 2021.

ARGENTINA. Ministerio de Justicia y Derechos Humanos. *Ley 26.639.* Régimen de Presupuestos Mínimos para la Preservación de los Glaciares y del Ambiente Periglacial. Disponível em: http://servicios.infoleg.gob.ar/infolegInternet/anexos/170000-174999/174117/ norma.htm. Acesso em: 23 abr. 2021.

BECK, Ulrich. *Risk society*: towards a new modernity. London: Sage, 1997.

BENJAMIN, Antônio Herman Vasconcellos. A insurreição da aldeia global versus o processo civil clássico. *Centro de Estudos Judiciários*, Lisboa, v. 1, 1996.

BENJAMIN, Antônio Herman Vasconcellos. We, the judges, and the environment. *Pace Envtl. L. Rev.*, v. 29, 2011.

BLOOMBERG LAW. *Shell case to fuel more climate suits targeting companies.* Disponível em: https://news.bloomberglaw.com/environment-and-energy/shell-case-to-fuel-more-climate-suits-targeting-companies. Acesso em: 12 maio 2021.

BOARDMAN, Anthony *et al. Cost-benefit analysis*: concepts and practice. New Jersey: Pearson Education, 2011.

BODANSKY, Daniel. The United Nations framework convention on climate change: a commentary. *Yale Journal of International Law*, New Haven, v. 18, n. 451, 1993.

BODANSKY, Daniel; BRUNNÉE, Jutta; RAJAMANI, Lavanya. *International Climate Change Law.* New York: Oxford University Press, 2017.

BORGES, Caio; LEHMEN, Alessandra. Climate Fund Case reaches the Brazilian Supreme Court. *Oxford Human Rights Hub*, 24 jul. 2020. Disponível em: https://ohrh.law.ox.ac.uk/ climate-fund-case-climate-litigation-reaches-the-brazilian-supreme-court/. Acesso em: 20 jul. 2022.

BORGES; Caio; VASQUES, Pedro Henrique. *STF e as mudanças climáticas*: contribuições para o debate sobre o Fundo Clima (ADPF 708). Rio de Janeiro: Editora Telha, 2021.

BOSSELMANN, Klaus. *The principle of sustainability*: transforming law and governance. Farnham: Ashgate, 2008.

REFERÊNCIAS | 275

BRASIL. Casa Civil. Subchefia para Assuntos Jurídicos. *Arts. 5º, 6º e 7º In: Lei 7.347/85, de 24 de julho de 1985*. Disciplina a ação civil pública de responsabilidade por danos causados ao meio-ambiente, ao consumidor, a bens e direitos de valor artístico, estético, histórico, turístico e paisagístico e dá outras providências. Presidência da República, Brasília, 1985. Disponível em: https://www.planalto.gov.br/ccivil_03/leis/L7347Compilada.htm. Acesso em: 4 set. 2018.

BRASIL. Casa Civil. Subchefia para Assuntos Jurídicos. *Lei nº 12.187, de 29 de dezembro de 2009*. Institui a Política Nacional sobre Mudança do Clima – PNMC e dá outras providências. 2009. Disponível em: http://www.planalto.gov.br/ccivil_03/_ato2007-2010/2009/lei/l12187.htm. Acesso em: 20 ago. 2018.

BRASIL. Decreto n. 3.321, de 30 de dezembro de 1999. Promulga o Protocolo Adicional à Convenção Americana sobre Direitos Humanos em Matéria de Direitos Econômicos, Sociais e Culturais "Protocolo de São Salvador", concluído em 17 de novembro de 1988, em São Salvador, El Salvador. *Diário Oficial da União*, Brasília, p. 12-15, 1999.

BRASIL. Palácio da República. Temer ratifica Acordo de Paris, que estabelece metas para a redução de gases de efeito estufa. *Portal Planalto*, Brasília, 2016. Disponível em: http://www2.planalto.gov.br/acompanhe-planalto/noticias/2016/09/temer-ratifica-acordo-de-paris-que-estabelece-metas-para-a-reducao-de-gases-de-efeito-estufa. Acesso em: 13 set. 2017.

BRASIL. Senado Federal. *Proposta de Emenda Constitucional n. 33*. Disponível em: https://www25.senado.leg.br/web/atividade/materias/-/materia/140340. Acesso em: 20 ago. 2022.

BRASIL. Superior Tribunal de Justiça. 3ª Seção. CC 109.435/PR. Rel. Min. Napoleão Nunes Maia Filho, j. 22/09/2010. *DJe*, 15 dez. 2010.

BRASIL. Superior Tribunal de Justiça. 3ª T. REsp 1331948/SP. Rel. Min. Ricardo Villas Bôas Cueva, j. 14/06/2016. *DJe*, 5 set. 2016.

BRASIL. Superior Tribunal de Justiça. Agaresp n. 206748. Rel. Min. Ricardo Villas Boas Cueva. *Diário da Justiça da União*, Brasília, 27 mar. 2013. Disponível em: http://stj.jusbrasil.com.br/jurisprudencia. Acesso em: 2 nov. 2017.

BRASIL. Superior Tribunal de Justiça. Agravo Regimental no Recurso Especial n. 1412664. Rel. Min. Raul Araújo. *Diário de Justiça Eletrônico*, Brasília, 11 mar. 2014. Disponível em: http://stj.jusbrasil.com.br/jurisprudencia/25017000/agravo-regimental-no-recurso-especial-agrg-no-resp-1412664-sp-2011-0305364-9-stj. Acesso em: 2 jan. 2018.

BRASIL. Superior Tribunal de Justiça. AgRg nos EDcl no REsp n. 1.094.873. Rel. Min. Humberto Martins. *Diário da Justiça da União*, Brasília, 6 mar. 2012. Disponível em: https://ww2.stj.jus.br/processo/revista/inteiroteor/?num_registro=201101904332&dt_publicacao=06/03/2012. Acesso em: 2 jan. 2018.

BRASIL. Superior Tribunal de Justiça. EREsp n. 1.335.535/RJ. Rel. Min. Herman Benjamin, Primeira Seção, julgado em 26/9/2018. *DJe*, 3 set. 2020.

BRASIL. Superior Tribunal de Justiça. MS n. 28.123/DF. Rel. Min. Gurgel de Faria, Primeira Seção, julgado em 23/3/2022. *DJe*, 30 mar. 2022.

BRASIL. Superior Tribunal de Justiça. Recurso Especial n. 1071741/SP. Rel. Min. Herman Benjamin. *Diário de Justiça Eletrônico*, Brasília, 16 dez. 2010. Disponível em: http://www.lexml.gov.br/urn/urn:lex:br:superior.tribunal.justica;turma.2:acordao;resp:2009-03-24;1071741-1075754. Acesso em: 2 jan. 2018.

BRASIL. Superior Tribunal de Justiça. Recurso Especial n. 1114398/PR. Rel. Min. Sidnei Beneti. *Diário de Justiça da União*, Brasília, 16 fev. 2012. Disponível em: http://stj.jusbrasil.com.br/jurisprudencia/21249564/recurso-especial-resp-1114398-pr-2009-0067989-1-stj/inteiro-teor-21249565. Acesso em: 2 nov. 2017.

BRASIL. Superior Tribunal de Justiça. Recurso Especial n. 1242800. Rel. Min. Mauro Campbel. *Diário de Justiça Eletrônico*, Brasília, 11 jun. 2011. Disponível em: http://stj.jusbrasil.com.br/jurisprudencia/21115734/recurso-especial-resp-1242800-ms-2011-0050678-0-stj/relatorio-e-voto-21115736. Acesso em: 2 nov. 2014.

BRASIL. Superior Tribunal de Justiça. Recurso Especial n. 200400011479. Rel. Min. Luiz Fux. *Diário da Justiça da União*, Brasília, 31 ago. 2006. Disponível em: http://stj.jusbrasil.com.br/jurisprudencia. Acesso em: 2 jan. 2018.

BRASIL. Superior Tribunal de Justiça. Recurso Especial n. 201002176431. Rel. Min. Castro Meira. *Diário de Justiça Eletrônico*, Brasília, 4 fev. 2013. Disponível em: http://www.lexml.gov.br/urn/urn:lex:br:superior.tribunal.justica;turma.2:acordao;resp:2009-09-08;769753-1112299. Acesso em: 2 jan. 2018.

BRASIL. Superior Tribunal de Justiça. REsp n 1.000.731-RO. Rel. Min. Herman Benjamin. *Diário da Justiça da União*, Brasília, 8 set. 2009. Disponível em: https://ww2.stj.jus.br/processo/revista/inteiroteor/?num_registro=200702548118&dt_publicacao=08/09/2009. Acesso em: 5 jan. 2018.

BRASIL. Superior Tribunal de Justiça. REsp n. 1.296.193/RJ. Rel. Min. Herman Benjamin, Segunda Turma, julgado em 28/5/2013. *DJe*, 7 nov. 2016.

BRASIL. Superior Tribunal de Justiça. REsp n. 1.376.199/SP. Rel. Min. Herman Benjamin, Segunda Turma, julgado em 19/8/2014. *DJe*, 7 nov. 2016.

BRASIL. Superior Tribunal de Justiça. REsp n. 1.386.006/PR. Rel. Min. Herman Benjamin, Segunda Turma, julgado em 16/8/2016. *DJe*, 26 ago. 2020.

BRASIL. Superior Tribunal de Justiça. REsp n. 1.418.423/SP. Rel. Min. Herman Benjamin, Segunda Turma, julgado em 23/6/2015. *DJe*, 26 nov. 2019.

BRASIL. Superior Tribunal de Justiça. REsp n. 1.457.851/RN. Rel. Min. Herman Benjamin, Segunda Turma, julgado em 26/5/2015. *DJe*, 19 dez. 2016.

BRASIL. Superior Tribunal de Justiça. REsp n. 1.635.397/SP. Rel. Min. Herman Benjamin, Segunda Turma, julgado em 6/12/2016. *DJe*, 26 ago. 2020.

BRASIL. Superior Tribunal de Justiça. REsp n. 1.745.033/RS. Rel. Min. Herman Benjamin, Segunda Turma, julgado em 20/10/2020. *DJe*, 17 dez. 2021.

BRASIL. Superior Tribunal de Justiça. REsp n. 1.782.692/PB. Rel. Min. Herman Benjamin, Segunda Turma, julgado em 13/8/2019. *DJe*, 5 nov. 2019.

REFERÊNCIAS | 277

BRASIL. Superior Tribunal de Justiça. REsp n. 201100461496. Rel. Min. Herman Benjamin. *Diário da Justiça da União*, Brasília, 11 set. 2012. Disponível em: http://stj.jusbrasil.com.br/jurisprudencia. Acesso em: 2 maio 2017.

BRASIL. Supremo Tribunal Federal. Ação de descumprimento de preceito fundamental n. 101/DF. Rel. Min. Cármen Lúcia. *Diário da Justiça da União*, Brasília, 4 jun. 2009. Disponível em: http://stf.jusbrasil.com.br/jurisprudencia/14771646/arguicao-de-descumprimento-de-preceito-fundamental-adpf-101-df-stf. Acesso em: 2 nov. 2017.

BRASIL. Supremo Tribunal Federal. Ação direta de inconstitucionalidade n. 1856/RJ. Rel. Min. Carlos Velloso. *Diário da Justiça da União*, Brasília, 3 set. 1998. Disponível em: http://stf.jusbrasil.com.br/jurisprudencia/20626753/acao-direta-de-inconstitucionalidade-adi-1856-rj-stf. Acesso em: 2 nov. 2017.

BRASIL. Supremo Tribunal Federal. Ação direta de inconstitucionalidade n. 1086/SC. Rel. Min. Ilmar Galvão. *Diário da Justiça da União*, Brasília, 10 ago. 2001. Disponível em: http://stf.jusbrasil.com.br/jurisprudencia/777137/acao-direta-de-inconstitucionalidade-adi-1086-sc. Acesso em: 2 nov. 2017.

BRASIL. Supremo Tribunal Federal. *ADI 6.446/DF*. Relator Min. Luiz Fux. Disponível em: http://portal.stf.jus.br/processos/detalhe.asp?incidente=5929755. Acesso em: 14 mar. 2021.

BRASIL. Supremo Tribunal Federal. *ADO nº 59/DF*. Disponível em: http://portal.stf.jus.br/processos/downloadPeca.asp?id=15344261377&ext=.pdf. Acesso em: 12 mar. 2021.

BRASIL. Supremo Tribunal Federal. *ADPF nº 708/STF*. Rel. Min. Luis Roberto Barroso. Disponível em: http://portal.stf.jus.br/processos/detalhe.asp?incidente=5951856. Acesso em: 9 mar. 2021.

BRASIL. Supremo Tribunal Federal. *ADPF nº 743/DF*. Rel. Min. Marco Aurélio de Mello. Disponível em: http://portal.stf.jus.br/processos/detalhe.asp?incidente=6007933. Acesso em: 12 mar. 2021.

BRASIL. Supremo Tribunal Federal. *Informativo 141*. Disponível em: https://arquivos-trilhante-sp.s3.sa-east-1.amazonaws.com/documentos/informativos/informativo-1041-stf.pdf. Acesso em: 20 ago. 2022.

BRASIL. Supremo Tribunal Federal. Recurso extraordinário n. 160381/SP. Rel. Min. Marco Aurélio. *Diário da Justiça da União*, Brasília, 12 ago. 1994. Disponível em: http://stf.jusbrasil.com.br/jurisprudencia/14706351/recurso-extraordinario-re-160381-sp. Acesso em: 2 nov. 2014.

BRASIL. Supremo Tribunal Federal. Recurso extraordinário n. 22164/SP. Rel. Min. Celso de Mello. *Diário da Justiça da União*, Brasília, 17 nov. 1995. Disponível em: http://stf.jusbrasil.com.br/jurisprudencia/745049/mandado-de-seguranca-ms-22164-sp. Acesso em: 2 maio 2017.

BRASIL. Supremo Tribunal Federal. Recurso extraordinário n. 586224/SP. Rel. Min. Luiz Fux. *Diário da Justiça da União*, 7 maio 2015. Disponível em: http://redir.stf.jus.br/paginadorpub/paginador.jsp?docTP=TP&docID=8399039. Acesso em: 1º jan. 2018.

BRASIL. Supremo Tribunal Federal. Recurso extraordinário n. 77679/PR. Rel. Min. Djaci Falcão. *Diário da Justiça da União*, Brasília, 13 set. 1974. Disponível em: https://stf. jusbrasil.com.br/jurisprudencia/711449/recurso-extraordinario-re-77679-pr/inteiro-teor-100428393?ref=juris-tabs. Acesso em: 25 nov. 2016.

BRASIL. Supremo Tribunal Federal. *STF determina reativação do Fundo Amazônia no prazo de 60 dias*. Disponível em: https://portal.stf.jus.br/noticias/verNoticiaDetalhe. asp?idConteudo=496793&ori=1. Acesso em: 20 nov. 2022.

BRASIL. Supremo Tribunal Federal. STF recebe novas ações contra revogação de resoluções do Conselho Nacional do Meio Ambiente. *Notícias STF*. Disponível em: http://www.stf. jus.br/portal/cms/verNoticiaDetalhe.asp?idConteudo=452777. Acesso em: 14 mar. 2021.

BRITISH INSTITUTE OF INTERNATIONAL AND COMPARATIVE LAW. *Declaration on Climate Change, Rule of Law and the Courts*. Disponível em: https://www.biicl.org/events/11491/our-future-in-the-balance-the-role-of-courts-and-tribunals-in-meeting-the-climate-crisis. Acesso em: 5 nov. 2021.

BROWN, Lester R. Redefining national security. *Worldwatch Paper*, Washington, n. 14, p. 18-22, 1977.

BUNDESMINISTERIUM DER JUSTIZ UND FÜR VERBRAUCHERSCHUTZ. *Basic Law for the Federal Republic of Germany*. Disponível em: https://www.gesetze-im-internet.de/englisch_gg/. Acesso em: 20 jun. 2018.

BUNDESMINISTERIUM DER JUSTIZ UND FÜR VERBRAUCHERSCHUTZ. *German Civil Code*. Disponível em: https://www.gesetze-im-internet.de/englisch_bgb/. Acesso em: 20 jun. 2018.

BURGER, Michael. *Cities nationwide join litigation to support implementation of EPA clean power plan*. New York: Columbia Law School; Sabin Center for Climate Change Law, 2015. Disponível em: http://www.law.columbia.edu/null/download?&exclusive=filemgr. download&file_id=614006. Acesso em: 2 jan. 2018.

BURGER, Michael; WENTZ, Jessica; RADLEY, Horton. The law and science of climate change attribution. *Columbia Journal of Environmental Law*, New York, v. 45, n. 1, p. 60-240, 2 maio 2020.

BUSINESS AND HUMAN RIGHTS RESOURCES CENTER. *Supreme People's Court Releasing White Paper on China's Environmental Resource Trial*. Disponível em: https://www.business-humanrights.org/en/latest-news/supreme-peoples-court-releasing-white-paper-on-chinas-environmental-resource-trial/. Acesso em: 20 jan. 2022.

CAFFERATTA, Néstor A. Naturaleza jurídica del principio precautorio. *Revista de responsabilidad civil y seguros*, Buenos Aires, ano IX, v. 5, 2013.

CANNON, Jonathan Z. *Environment in the balance*: the green movement and the Supreme Court. Cambridge: Harvard University Press, 2015.

CARNEIRO, Athos Gusmão. *Jurisdição e competência*. 5. ed. São Paulo: Saraiva, 1993.

CASS, Ronald. Massachussetts v. EPA: the inconvenient truth about precedent. *Virginia Law Review*, Charlottesville, v. 93, p. 75-84, 2007. Disponível em: http://www.virginialarewiew.org/volumes/content/massachussets-v-epa-inconvenient-truth-about-precedent. Acesso em: 15 jul. 2018.

CEES VAN DAM. *European Tort Law*. Oxford: Oxford University Press, 2014.

CENTRE INTERNATIONAL DE DROIT COMPARÉ DE L'ENVIRONNEMENT. *Projet de Convention Relative au Statut International des Déplacés Environnementaux*. Quatriéme version, avril 2018. Limoges, France. Disponível em: https://cidce.org/en/deplaces-environnementaux-refugies-ecologiques-environmentally-displaced-persons/. Acesso em: 9 jun. 2022.

CHINA. *2019 Global Natural Disaster Assessment Report*. 2020. Disponível em: https://reliefweb.int/sites/reliefweb.int/files/resources/73363_2019globalnaturaldisasterassessment.pdf. Acesso em: 9 jun. 2022.

CLEAN ENERGY WIRE. *Climate Action Programme works like a stimulus package*. Berlin, Germany, 2016. Disponível em https://www.cleanenergywire.org/news/climate-protection-stimulates-economy-study-grid-fee-disparities/climate-action-programme-works-stimulus-package Acesso em: 23 nov. 2016.

CLIMATE CASE CHART. *Leghari v. Federation of Pakistan*. 2019. Disponível em: http://climatecasechart.com/non-us-case/ashgar-leghari-v-federation-of-pakistan/. Acesso em 30 jul. 2020.

CLIMATE CENTRAL. *Mapping choices carbon, climate, and rising seas our global legacy*. Princeton, 2015. Disponível em: https://sealevel.climatecentral.org/uploads/research/Global-Mapping-Choices-Report.pdf. Acesso em: 9 jun. 2022.

CLIMATE CHANGE LITIGATION DATABASES. *U.S Climate change litigation*. 2015. Disponível em: http://www.climatecasechart.com. Acesso em: 15 out. 2017.

COLUMBIA CENTER ON SUSTAINABLE INVESTMENT. Disponível em: http://ccsi.columbia.edu/publications/. Acesso em: 20 mar. 2018.

COLUMBIA LAW SCHOOL. Sabin Center for Climate Change Law. *The Huaraz case (Lluiya v. Rwe)* – German Court opens recourse to climate law suit against big co2-emitter. 2017. Disponível em: http://blogs.law.columbia.edu/climatechange/2017/12/07/the-huaraz-case-lluiya-v-rwe-german-court-opens-recourse-to-climate-law-suit-against-big-co2-emitter/. Acesso em: 20 jun. 2018.

COLUMBIA UNIVERSITY. *Statement on divestment*. New York, 2015. Disponível em: http://www.columbia.edu/content/statement-divestment.html. Acesso em: 20 dez. 2017.

CONSELHO NACIONAL DE JUSTIÇA. *Grupo de Trabalho Observatório do Meio Ambiente e das Mudanças Climáticas do Poder Judiciário*. Disponível em: https://atos.cnj.jus.br/files/original1924252021121761bce3e9e9717.pdf. Acesso em: 9 julh. 2022.

CONSELHO NACIONAL DE JUSTIÇA. *Portaria 225 de 2022*. Disponível em: https://www.stj.jus.br/internet_docs/biblioteca/clippinglegislacao/Prt_225_2022_CNJ.pdf. Acesso em: 20 jan. 2022.

CONSELHO NACIONAL DE JUSTIÇA. *Prêmio Juízo Verde.* Disponível em: https://www. cnj.jus.br/programas-e-acoes/sustentabilidade/premio-juizo-verde/. Acesso em: 20 jul. 2022.

COOK, John *et al.* Quantifying the consensus on anthropogenic global warming in the scientific literature. *Environmental Research Letters,* Bristol, v. 8, n. 2, p. 1-7, 15 maio 2013. Disponível em: http://iopscience.iop.org/article/10.1088/1748-9326/8/2/024024. Acesso em: 2 nov. 2017.

COPERNICUS EUROPEAN UNION. *Copernicus*: Globally, the seven hottest years on record were the last seven: carbon dioxide and methane concentrations continue to rise. Disponível em: https://climate.copernicus.eu/copernicus-globally-seven-hottest-years-record-were-last-seven. Acesso em: 2 jun. 2022.

CORTE INTERAMERICANA DE DIREITOS HUMANOS. *Opinião Consultiva nº 23/2017 sobre Meio Ambiente e Direitos Humanos e Caso Comunidades Indígenas Miembros de la Associación Lhaka Honhat (Nuestra Tierra) vs. Argentina.* 2020.

CUMMINGS, Brendan; SIEGEL, Kassie. Biodiversity, global warming, and the United States Endangered Species Act: the role of domestic wildlife law in addressing greenhouse gas emissions. *In*: BURNS, Willian; OSOFSKY, Hari. *Adjudicating Climate Change*: State, National and International Approaches. Cambridge: Cambridge University Press, 2009.

CUNHA, Kamila; BOTTER, Amália F.; SETZER, Joana (Org.). *Litigância climática* – Novas fronteiras para o direito ambiental no Brasil. São Paulo: Thomson Reuters, 2019.

DANISH, Kyle. The international climate change. *In*: GERRARD, Michael; FREEMAN, Jody (Ed.). *Global climate change and U.S. law.* Chicago: American Bar Association, 2014.

DAVIES, Ronald B.; VADLAMANNATI, Krishna. A race to the bottom in labour standards? An empirical investigation. *Journal of Development Economics,* v. 103, 2013. Disponível em: https://papers.ssrn.com/sol3/papers.cfm?abstract_id=2894453. Acesso em: 4 set. 2018.

DAVIS, Julie Hirschfeld; DAVENPORT, Coral. China to announce cap-and-trade program to limit emissions. *The New York Times,* New York, 24 set. 2015. Disponível em: http://www.nytimes.com/2015/09/25/world/asia/xi-jinping-china-president-obama-summit.html?_r=1. Acesso em: 2 jan. 2018.

DE BOER, Dimitri. China Concil for International Cooperation on Environment and Development. *Is China Ready for Climate Litigation?* 2021. Disponível em: https://cciced. eco/climate-gover. Acesso em: 1º jul. 2022.

DIAS, Jean Carlos. Quem tem medo da ação popular? Uma necessária revisão a respeito do instituto sob a ótica da proteção aos direitos difusos e coletivos. *Revista Dialética de Direito Processual,* São José, n. 21, p. 75-100, 2004.

DIDIER JUNIOR, Fredie; ZANETI JUNIOR, Hermes. *Curso de direito processual civil*: processo coletivo. 13. ed. Salvador: JusPodivm, 2019.

DOREMUS, Holly *et al. Environmental policy law*: problems, cases and readings. New York: Foundation Press, 2008.

REFERÊNCIAS | 281

DUURZAAN, Samen Sneller. Landmark decision by Dutch Supreme Court. *Urgenda*, 2019. Disponível em: https://www.urgenda.nl/en/themas/climate-case/. Acesso em: 15 jul. 2020.

EARTH'S CO2 HOME PAGE. *Atmospheric CO2*. October 2018. Disponível em: https://www.windows2universe.org/earth/water/co2_cycle.html. Acesso em: 1º nov. 2018.

EGENTER, Sven; WETTENGEL, Julian. Ministry projections highlight risk of Germany missing emissions goal. *Clean Energy Wire*, Berlin, 2016. Disponível em: https://www.cleanenergywire.org/news/ministry-projections-highlight-risk-germany-missing-emissions-goal. Acesso em: 20 jun. 2018.

ENVIRONMENTAL PROTECTION AGENCY EPA. *Inventory of U.S. greenhouse gas emissions and sinks*: 1990-2011. 2013. Disponível em: https://www.epa.gov/ghgemissions/inventory-us-greenhouse-gas-emissions-and-sinks-1990-2015. Acesso em: 4 set. 2018.

EXAME. Argentina denuncia mineradora Barrick Gold por vazamento. 22.9.2016. Disponível em: https://exame.com/negocios/argentina-denuncia-mineradora-barrick-gold-por-vazamento-em-mina-de-ouro/. Acesso em: 23 abr. 2021.

FARBER, Daniel. Climate change: a U.S. perspective. *Yonsei Law Journal*, v. 2, p. 2-19, 2011.

FARBER, Daniel. Disaster law and inequality. *Law and Inequality*, Minneapolis, v. 25, n. 2, p. 297-322, 2007.

FARBER, Daniel; FREEMAN, Jody; CARLSON, Ann. *Cases and materials on environmental law*. Saint Paul: West Publishing, 2006.

FARMAN, Joe. Halocarbons, the ozone layer and the precautionary principle. *In*: HARREMOES, Paul *et al. The precautionary principle in the 20th century*: late lessons from early warnings. London: Earthscan, 2002. p. 79-89.

FEDERAL MINISTRY FOR THE CONSERVATION, BUILDING AND NUCLEAR SAFETY. *Climate Action Plan*. Disponível em: http://www.bmub.bund.de/fileadmin/Daten_BMU/Download_PDF/Klimaschutz/klimaschutzplan_2050_kurzf_en_bf.pdf. Acesso em: 20 maio 2018.

FERREIRA, Heline Sivini. Os instrumentos jurisdicionais ambientais na Constituição Brasileira. *In*: CANOTILHO, José Joaquim Gomes; LEITE, José Rubens Morato (Org.). *Direito constitucional ambiental brasileiro*. São Paulo: Saraiva, 2012. p. 352-400.

FERRI, Giovani; WEDY, Gabriel. Mudanças climáticas e migrações ambientais no cenário contemporâneo. *Revista de Direito Ambiental*, São Paulo, v. 106, p. 255-282, abr./jun. 2022.

FINANCIAL TIMES. *Canadian Supreme Court upholds Justin Trudeau's carbon tax*. Disponível em: https://www.ft.com/content/077ba8f5-c2b1-4b97-a69d-416ad8aaee9c. Acesso em: 26 mar. 2021.

FINANCIAL TIMES. *Shell to speed up energy transition plan after Dutch court ruling*. Disponível em: https://www.ft.com/content/878cb5cd-9814-4cb2-bbfb-c3f7b8927716. Acesso em: 11 jun. 2021.

FIORILLO, Celso Antonio Pacheco. *Princípios do direito processual ambiental*. São Paulo: Saraiva, 2012.

FIRESTONE, Jeremy; KEHNE, Jeffrey. Wind. *In*: GERRARD, Michael. *The law of clean energy*: efficiency and renewables. New York: American Bar Association, 2011. p. 361-368.

FORKEL, Hans. *Immissionsschutz und Persönlichkeitsrecht*. Köln: Carl Heymanns Verlag, 1968 *apud* KAHL, Wolfgang; HILBERT, Patrick; DAEBEL, Marie. *Climate change litigation in Germany*. Heidelberg: Ruprecht - Karls - Universität Heidelberg, Institut für deutsches und europäisches Verwaltungsrecht, 2018.

FRANZIUS, Claudio; KLING, Anne. The Paris Climate Agreement and liability issues. *In*: WELLER, Marc-Phillippe; KAHL, Wolfgang. *Climate change litigation*: a handbook. München: C.H. Beck, 2021. p. 197-216.

FRÄSS-EHRFELD, Clarisse. *Renewable energy sources*: a chance to combat climate change. The Netherlands: Wolters Kluwer, 2009.

FREEMAN, Jody. Climate Inflation Reduction Act. *The New York Times*, 11 ago. 2022. Disponível em: https://www.nytimes.com/2022/08/11/opinion/climate-inflation-reduction-act.html?searchResultPosition=1.

FREEMAN, Jody. The uncomfortable convergence of energy and environmental law. *Harvard Environmental Law Review*, Cambridge, v. 41, p. 339-420, 2017.

FREEMAN, Jody; KONSCHNIK, Kate. U.S. climate change law and policy: possible paths forward. *In*: GERRARD, Michael; FREEMAN, Jody (Ed.). *Global climate change and U.S. law*. Chicago: American Bar Association, 2014.

FREEMAN, Jody; VERNEULE, Adrian. Massachussets v. EPA: from politics to expertise. *Supreme Court Review*, Chicago, n. 1, p. 78-87, 2007.

FREITAS, João Gabriel. Amazônia bate novo recorde de desmatamento no primeiro semestre de 2022. *Correio Braziliense*, Brasília, 8 jul. 2022. Seção Meio Ambiente. Disponível em: https://www.correiobraziliense.com.br/brasil/2022/07/5021021-amazonia-bate-novo-recorde-de-desmatamento-no-primeiro-semestre-de-2022.html. Acesso em: 10 ago. 2022.

FREITAS, Juarez. *Sustentabilidade*: direito ao futuro. Belo Horizonte: Fórum, 2016.

FREITAS, Vladimir Passos de. Comentário ao art. 109 da Constituição Federal. *In*: CANOTILHO, José Joaquim Gomes; MENDES, Gilmar Ferreira; SARLET, Ingo Wolfgang; STRECK, Lenio Luiz (Org.). *Comentários à Constituição do Brasil*. São Paulo: Saraiva; Almedina, 2013.

FUDER, Amrei; ELSPAß, Mathias; WILCOCK, Mira; CHANCE, Clifford. *Environmental law and practice in Germany*: overview. Disponível em: https://ca.practicallaw.thomsonreuters.com/4-503-0486?transitionType=Default&contextData=(sc.Default)&firstPage=true&bhcp=1. Acesso em: 2 ago. 2018.

FUX, Luiz. *Curso de direito processual civil*. São Paulo: Forense, 2022.

GAIO, Alexandre (Org.). *A política nacional de mudanças climáticas em ação*: a atuação do Ministério Público. Belo Horizonte: Abrampa, 2021.

GATES, Bill. *How to avoid a climate disaster*. New York: Knopf, 2021.

GERMANWATCH. *Klimaklage gegen RWE*: Peruanischer Bergführer geht in Berufung. Disponível em: https://germanwatch.org/de/13437. Acesso em: 22 jun. 2018.

GERRARD, Michael B. *What the Paris agreement means legally for fossil fuels*. New York City: Columbia Law School; SIPA, 2015. Disponível em: http://energypolicy.columbia.edu/sites/default/files/energy/Gerrard_What%20the%20Paris%20Agreement%20Means%20Legally%20for%20Fossil%20Fuels.pdf. Acesso em: 20 dez. 2017.

GERRARD, Michael. Introduction and overview. *In*: GERRARD, Michael; FREEMAN, Jody (Ed.). *Global climate change and U.S law*. New York: American Bar Association, 2014. p. 1-30.

GERRARD, Michael. *The law of clean energy*: efficiency and renewables. New York: American Bar Association, 2015.

GERRARD, Michael. *Threatened island nations*: legal implications of rising seas and a changing climate. Cambridge: Cambridge University Press, 2013.

GERRARD, Michael; FREEMAN, Jody (Ed.). *Global climate change and U.S. law*. 2. ed. Chicago: American Bar Association, 2015.

GERRARD, Michael; HESTER, Tracy. *Climate engineering and the law*. Cambridge: Cambridge University Press, 2018.

GESSINGER, Ruy Armando. *Da ação popular constitucional*. Porto Alegre: Metrópoles, 1985. Coleção Ajuris – Nova Série, n. 1.

GIDDENS, Anthony. *The political of climate change*. Cambridge: Polity Press, 2009.

GIDI, Antônio. *Rumo a um código de processo coletivo*. Rio de Janeiro: GZ, 2008.

GIRARDI, Giovana. Desmatamento na Amazônia aumenta 16% em um ano. *Estadão*, São Paulo, 2015. Disponível em: http://sustentabilidade.estadao.com.br/noticias/geral,desmatamento-na-amazonia-sobe-16-em-um-ano-e-atinge-5831-km,1802729. Acesso em: 20 dez. 2017.

GIRARDI, Giovana. Países chegam a acordo global para reduzir gases de efeito estufa. *O Estado de São Paulo*, São Paulo, 2016. Disponível em: http://sustentabilidade.estadao.com.br/noticias/geral,paises-chegam-a-acordo-global-para-reduzir-gases-de-efeito-estufa,10000082355. Acesso em: 20 out. 2017.

GLASER, Andreas. *German Environmental Law in nutshell*. Disponível em: http://www.ius-publicum.com/repository/uploads/04_04_2011_9_47_Glaser.pdf. Acesso em: 5 ago. 2018.

GLEASON, Patrick. As Biden administration prepares climate policy push, cap & trade falls flat in Democratic-run states. *Forbes*, 31 mar. 2021. Disponível em: https://www.forbes.com/sites/patrickgleason/2021/03/31/as-biden-administration-prepares-climate-policy-push-cap--trade-falls-flat-in-democratic-run-states/?sh=25fb1d9b1ef2. Acesso em: 1º jul. 2022.

GOMES, Carla Amado. *A prevenção à prova no direito do ambiente*. Em especial, os actos autorizativos ambientais. Coimbra: Coimbra Editora, 2000.

GOMES, Carla Amado. *Risco e modificação do acto autorizativo concretizador de deveres de protecção do ambiente*. Coimbra: Editora Coimbra, 2007.

GORE, Albert. *An incovenient truth*: the crisis of global warming. New York: Penguin Group, 2007.

GORE, Albert. *The assault on reason*. New York: The Penguin Press, 2007.

GRAÇA, Cristina. Retrocessos ambientais e os efeitos no combate às mudanças climáticas. *In*: GAIO, Alexandre (Org.). *A política nacional das mudanças climáticas*. Belo Horizonte, Abrampa, 2021. p. 73-90.

GROSSMAN, David. Tort-based climate litigation. *In*: BURNS, Willian; OSOFSKY, Hari. *Adjudicating climate change*: state, national and international approaches. Cambridge: Cambridge University Press, 2009. p. 193-229.

HARDIN, Garret. The tragedy of the commons. *Science*, v. 162, n. 3859, p. 1243-1248, 13 dez. 1968.

HARVARD UNIVERSITY. *Fossiel fuel divestment statement*. Cambridge, 2013. Disponível em: http://www.harvard.edu/president/news/2013/fossil-fuel-divestment-statement. Acesso em: 20 dez. 2017.

HOPE, Mat. Dissecting Germany's new climate action plan. *Carbon Brief*, London, 2014. Disponível em: https://www.carbonbrief.org/dissecting-germanys-new-climate-action-plan. Acesso em: 1º jun. 2018.

INMETRO. *ISO 26000*. 2010. Disponível em: http://www.inmetro.gov.br/qualidade/responsabilidade_social/iso26000.asp. Acesso em: 20 jun. 2018.

INTERGORNMENTAL PANEL ON CLIMATE CHANGE. *Fifth Assesment Report*. Geneva, 2015. Disponível em: https://www.ipcc.ch/report/ar5/. Acesso em: 20 dez. 2017.

INTERGORNMENTAL PANEL ON CLIMATE CHANGE. Summary for policymakers. *In*: MASSON-DELMOTTE, Valérie *et al.* (Ed.). *Climate Change 2021*: the physical science basis. Cambridge: Cambridge University Press, 2021. Disponível: https://www.ipcc.ch/report/ar6/wg1/downloads/report/IPCC_AR6_WGI_SPM_final.pdf. Acesso: 9 jun. 2022.

INTERGOVERNMENTAL PANEL ON CLIMATE CHANGE. *Sixth Assessment Report*. Disponível em: https://www.ipcc.ch/assessment-report/ar6/. Acesso em: 11 ago. 2021.

INTERGOVERNMENTAL PANEL ON CLIMATE CHANGE. Summary for policymakers. *In*: PÖRTNER, H.-O. *et al.* (Ed.). *Climate Change 2022*: impacts, adaptation, and vulnerability. Cambridge: Cambridge University Press, 2022. Disponível em: https://www.ipcc.ch/report/ar6/wg2/. Acesso em: 9 jun. 2022.

INTERGOVERNMENTAL PANEL ON CLIMATE CHANGE. *The science of climate change*. 1995. Disponível em: https://www.ipcc.ch/pdf/climate-changes-1995/ipcc-2nd-assessment/2nd-assessment-en.pdf. Acesso em: 4 set. 2018.

INTERNAL DISPLACEMENT MONITORING CENTRE. *Global report on internal displacement 2020*. New York, 2020. Disponível: https://www.internal-displacement.org/global-report/grid2020/. Acesso: 9 jun. 2022.

INTERNATIONAL MONETARY FUND. *Counting the cost of energy subsidies*. Washington, 2015. Disponível em: http://www.imf.org/external/pubs/ ft/survey/so/2015/NEW070215A. htm. Acesso em: 20 dez. 2017.

INTERNATIONAL ORGANIZATION FOR MIGRATION (IOM). *Environmental migrant*. Switzerland, 2021. Disponível em: https://www.iom.int/key-migration-terms#Environmental-migrant. Acesso: 9 jun. 2022.

IPCC. *Sixth Assessment Report*. Disponível em: https://www.ipcc.ch/assessment-report/ar6/. Acesso em: 11 abr. 2022.

JACOBS, Wendy. Carbon capture and sequestration. *In*: GERRARD, Michael; FREEMAN, Jody (Ed.). *Global climate change and U.S. law*. New York: American Bar Association, 2014. p. 481-520.

JAMAL, Sarin. Examining the Pakistan Climate Change Act 2017 in the context of the contemporary international legal regime. *Lums Law Journal*, v. 5. 2017. Disponível em: https://sahsol.lums.edu.pk/law-journal/examining-pakistan-climate-change-act-2017-context-contemporary-international-legal. Acesso em: 13 set. 2020.

JOBIM, Marco Félix. *Medidas estruturantes*: da Suprema Corte estadunidense ao Supremo Tribunal Federal. Porto Alegre: Livraria do Advogado, 2013. Edição Kindle.

JONAS, Hans. *O princípio da responsabilidade*: ensaio de uma ética para a civilização tecnológica. Rio de Janeiro: Contraponto Editoria; Editora PUC Rio, 2006.

KAHL, Wolfgang. Proteção das gerações futuras segundo a Lei Fundamental. *Revista do Tribunal Regional Federal da Quarta Região*, Porto Alegre, n. 15, p. 17-38, 2020.

KAHL, Wolfgang; HILBERT, Patrick; DAEBEL, Marie. *Climate change litigation in Germany*. Heidelberg: Ruprecht - Karls - Universität Heidelberg, Institut für deutsches und europäisches Verwaltungsrecht, 2018.

KAHL, Wolfgang; SCHMIDT, Reiner; GÄRDITZ, Klaus Ferdinand. *Umweltrecht*. München: C.H. Beck, 2017.

KAHNEMAN, Daniel. *Thinking, fast and slow*. New York: Farrar, Strasuss e Giroux, 2011.

KELMAN, Steven. Cost-benefit analysis: an ethical critique. *In*: SCHMIDTZ, David; WILLOTT, Elizabeth. *Environmental ethics*: what really works. New York: Oxford University Press, 2012. p. 350-357.

KENNEDY, David; STIGLITZ, Joseph (Ed.). *Law and economics with Chinese characteristics*: institutions for promoting development in the twenty-first century. Oxford: Oxford University Press, 2013.

KLEIN, Daniel; CARAZO, María-Pía. Implications for public international law. *In*: KLEIN, D. *et al. The Paris Agreement on Climate Change*: analysis and commentary. New York: Oxford University Press, 2017. p. 387-412.

KLOEPFER, Michael; NEUGÄRTNER, Rico David. Liability for climate damages, sustainability and environmental justice. *In*: WELLER, Marc-Phillippe; KAHL, Wolfgang. *Climate change litigation*: a handbook. München: C.H. Beck, 2021. p. 21-44.

KNOPP, Lothar. *International and European Environmental Law with reference to German Environmental Law*. Berlin: The Legal Publisher Lexxion, 2008.

KRÄMER, Ludwig. *EU Environmental Law*. London: Sweet & Maxwell, 2012.

KYSAR, Douglas. *Regulating from nowhere*: environmental law and the search of objectivity. New Haven: Yale University Press, 2010.

LAU, Martin. Islam and judicial activism: public interest litigation and environmental protection in Pakistan. *In*: BOYLE, Alan; ANDERSON, Michael (Ed.). *Human Rights Approaches to Environmental Protection*. Oxford: Oxford University Press, 1996. p. 285-302.

LAVRYSEN, Luc. The French climate cases: legal basis and broader meaning. *IUCN*. Disponível em: https://www.iucn.org/news/world-commission-environmental-law/202102/french-climate-cases-legal-basis-and-broader-meaning. Acesso em: 8 out. 2021.

LAZARUS, Richard J. Restoring what's environmental about environmental law in the Supreme Court. *UCLA Law Review*, Los Angeles, v. 47, p. 703-812, 2000.

LAZARUS, Richard J. *The rule of five*: making climate history of Supreme Court. Cambridge: Harvard University Press, 2020.

LEHMEN, Alessandra. Advancing strategic climate litigation in Brazil. *German Law Journal*, v. 22, p. 1471-1483, dez. 2021.

LEHMEN, Alessandra. O STF e o clima: inaplicabilidade da defesa da separação dos Poderes à ADPF 708. *Conjur*, 17 out. 2020. Disponível em: https://www.conjur.com.br/2020-out-17/alessandra-lehmen-litigancia-climatica-stf. Acesso em: 1º ago. 2022.

LEITE, José Rubens Morato. *Dano ambiental*: do individual ao coletivo extrapatrimonial. São Paulo: Revista dos Tribunais, 2006.

LEITE, José Rubens Morato; AYALA, Patryck de Araújo. *Dano ambiental*: do individual ao coletivo extrapatrimonial. São Paulo: Revista dos Tribunais, 2012.

LI, J. Climate change litigation: a promising pathway to climate justice in China? *In*: LIN, J.; KYSAR, D. (Ed.). *Climate change litigation in the Asia Pacific*. Cambridge: Cambridge University Press, 2020. p. 331-364. DOI: 10.1017/9781108777810.014.

LIZZA, Ryan. As the world burns. *The New Yorker*, 2010. Disponível em: https://www.newyorker.com/magazine/2010/10/11/as-the-world-burns Acesso em: 4 set. 2018.

LOVELOCK, James. *A rough ride to the future*. London: Penguin Group, 2014.

MACHADO, Paulo Affonso Leme. *Direito ambiental brasileiro*. São Paulo: Malheiros, 2005.

MACHADO, Paulo Affonso. *Manual de direito ambiental*. São Paulo: Malheiros, 2020.

MANCUSO, Rodolfo de Camargo. *Ação popular*. São Paulo: Revista dos Tribunais, 1996.

MARCHESAN, Ana Maria Moreira. *O fato consumado em matéria ambiental*. Salvador: JusPodivm, 2019.

MCALLISTER, Lesley K. Cap-and-trade. *In*: GERRARD, Michael; FREEMAN, Jody (Ed.). *Global climate change and U.S. law*. Chicago: American Bar Association, 2014. p. 341-374.

REFERÊNCIAS | 287

MCALLISTER, Lesley K. Litigating climate change at the coal mine. *In*: BURNS, Willian; OSOFSKY, Hari. *Adjudicating climate change*: state, national and international approaches. Cambridge: Cambridge University Press, 2009. p. 48-71.

MEIRELLES, Hely Lopes. *Mandado de segurança*. São Paulo: Malheiros, 2004.

MERENDA, Enrique. Por el derrame, el gobierno de San Juan aplicó a Barrick una multa de $145 millones. *La Nación*, 12 mar. 2016. Disponível em: https://www.lanacion.com.ar/sociedad/por-el-derrame-el-gobierno-de-san-juan-aplico-a-barrick-una-multa-de-145-millones-nid1879036/. Acesso em: 22 abr. 2021.

MEYER, Thimothy. Institutions and expertise: the role of science in climate change lawmaking. *In*: CARLARNE, Cinnamon; GRAY, Kevin; TARASOFSKY, Richard (Ed.). *The Oxford Handbook of International Climate Change Law*. New York: Oxford University Press, 2016. p. 442-494.

MILARÉ, Édis (Org.). *Ação civil pública*: após 35 anos. São Paulo: Revista dos Tribunais, 2020.

MILARÉ, Edis. *Direito do ambiente*. São Paulo: Malheiros, 2005.

MOREIRA, Danielle de Andrade (Coord.). *Litigância climática no Brasil*: argumentos jurídicos para a inserção da variável climática no licenciamento ambiental. Rio de Janeiro: Editora PUC-Rio, 2022. Disponível em: http://www.editora.puc-rio.br/cgi/cgilua.exe/sys/start.htm?infoid=956&sid=3. Acesso em: 3 fev. 2022.

MÜLLER, Marcos Lutz. Vittorio Hösle: uma filosofia da crise ecológica. *Cadernos de História e Filosofia da Ciência – Revista do Centro de Lógica, Epistemologia e História da Unicamp*, série 3, v. 6, n. 2, p. 9-62, jul./dez, 1996.

NAÇÕES UNIDAS. *Conferência da ONU é encerrada com urgência renovada contra mudanças climáticas*. 2017. Disponível em: https://nacoesunidas.org/conferencia-da-onu-e-encerrada-com-urgencia-renovada-contra-mudancas-climaticas/. Acesso em: 15 jan. 2018.

NAÇÕES UNIDAS. *Em declaração final da COP22 países prometem avançar na implementação do acordo de Paris*. Disponível em: https://nacoesunidas.org/em-declaracao-final-da-cop22-paises-prometem-avancar-na-implementacao-do-acordo-de-paris/. Acesso em: 1º fev. 2018.

NAÇÕES UNIDAS. *ONU declara que meio ambiente saudável é um direito humano*. Disponível em: https://brasil.un.org/pt-br/192608-onu-declara-que-meio-ambiente-saudavel-e-um-direito-humano. Acesso em: 8 ago. 2022.

NAÇÕES UNIDAS. *Resultados da COP26 são nossa melhor ferramenta para o futuro*. Disponível em: https://brasil.un.org/pt-br/165429-resultados-da-cop26-sao-nossa-melhor-ferramenta-para-o-futuro. Acesso em: 20 ago. 2022.

NATIONAL AERONAUTICS AND SPACE ADMINISTRATION – NASA. *Analysis finds warmest September on record by narrow margin*. 2016. Disponível em: https://data.giss.nasa.gov/gistemp/news/20161017/. Acesso em: 20 out. 2017.

NATIONAL AERONAUTICS AND SPACE ADMINISTRATION – NASA. *Long term warming trend continued in 2017 according Nasa and Noaa.* 2018. Disponível em: https://www.nasa.gov/press-release/long-term-warming-trend-continued-in-2017-nasa-noaa. Acesso em: 22 jan. 2018.

NATIONAL AERONAUTICS AND SPACE ADMINISTRATION – NASA. *NOAA find 2014 warmest year in modern record.* 2015. Disponível em: https://www.nasa.gov/press/2015/january/nasa-determines-2014-warmest-year-in-modern-record. Acesso em: 2 jan. 2018.

NATIONAL AERONAUTICS AND SPACE ADMINISTRATION – NASA. *Tied for 6th warmest year in continued trend, NASA analysis shows.* 2021. Disponível em: https://www.nasa.gov/press-release/2021-tied-for-6th-warmest-year-in-continued-trend-nasa-analysis-shows. Acesso em: 1º jun. 2022.

NATIONAL OCEANIC ATMOSPHERIC ADMINISTRATION – NOAA. *Carbon dioxide peaks near 420 parts per million at Mauna Loa observatory.* Disponível em: https://research.noaa.gov/article/ArtMID/587/ArticleID/2764/Coronavirus-response-barely-slows-rising-carbon-dioxide. Acesso em: 1º jun. 2022.

NATIONAL OCEANIC ATMOSPHERIC ADMINISTRATION – NOAA. *Maps and time series.* 2016. Disponível em: https://www.ncdc.noaa.gov/sotc/global/201506. Acesso em: 1º jan. 2018.

NATIONAL OCEANIC ATMOSPHERIC ADMINISTRATION – NOAA. *Trends in atmospheric nitrous oxide.* Disponível em: https://gml.noaa.gov/ccgg/trends_n2o/#:~:text=Trends%20in%20Atmospheric%20Nitrous%20Oxide%20Global%20N%202,2020%3A%20333.8%20ppb%20Last%20updated%3A%20April%2005%2C%202022. Acesso em: 1º jul. 2022.

NEPSTAD, Daniel C. *et al.* Interactions among Amazon land use, forests and climate: prospects for a near-term forest tipping point. *The Royal Society Publishing,* v. 363, n. 1498, 2008. Disponível em: https://doi.org/10.1098/rstb.2007.0036. Acesso em: 13 mar. 2021.

NICOLLETTI, Mariana; HISAMOTO, Bruno Toledo. Regras para um jogo colaborativo. *Folha de São Paulo,* 2015. Disponível em: http://m.folha.uol.com.br/opiniao/2015/12/1720987-cop21-trara-avancos-no-combate-ao-aquecimento-global-sim.shtml?mobile. Acesso em: 20 dez. 2017.

NOLON, John R. Transportation and land use. *In*: GERRARD, Michael; FREEMAN, Jody (Ed.). *Global climate change and U.S. law.* Chicago: American Bar Association, 2014. p. 505-542.

NUSDEO, Ana Maria. Litigância e governança climática. Possíveis impactos e implicações. *In*: CUNHA, Kamila; BOTTER, Amália F.; SETZER, Joana (Org.). *Litigância climática – Novas fronteiras para o direito ambiental no Brasil.* 1. ed. São Paulo: Thomson Reuters, 2019. p. 139-154.

NUSSBAUM, Martha. The costs of tragedy: some moral limits of cost-benefit analysis. *In*: SCHMIDTZ, David; WILLOTT, Elizabeth. *Environmental ethics*: what really works. New York: Oxford University Press, 2012. p. 370-387.

REFERÊNCIAS | 289

O GLOBO. Blog do Lauro Jardim. *Relatora da PEC da segurança climática dá parecer favorável na CCJ.* 3.8.2022. Disponível em: https://oglobo.globo.com/blogs/lauro-jardim/post/2022/08/relatora-da-pec-da-seguranca-climatica-da-parecer-favoravel-na-ccj.ghtml. Acesso em: 20 ago. 2022.

O GLOBO. *COP 25*: veja repercussão do acordo que adiou para 2020 decisões sobre o combate ao aquecimento global. Disponível em: https://g1.globo.com/natureza/noticia/2019/12/15/cop-25-veja-repercussao-do-acordo-que-adiou-para-2020-decisoes-sobre-combate-ao-aquecimento-global.ghtml. Acesso em: 20 ago. 2022.

O GLOBO. *Desmatamento da Amazônia aumentou 282% em um ano.* Rio de Janeiro, 2015. Disponível em: http://oglobo.globo.com/sociedade/sustentabilidade/desmatamento-da-amazonia-aumentou-282-em-um-ano-15653073#ixzz3v6bfxBZ3. Acesso em: 20 dez. 2017.

OBSERVATÓRIO DO CLIMA. *Governo perde na justiça argumento sobre pedalada climática.* Disponível em: https://www.oc.eco.br/governo-perde-na-justica-argumento-sobre-pedalada-climatica/. Acesso em: 20 jul. 2022.

OLIVEIRA, Ariane Fernandes de. *Execução nas ações coletivas.* Curitiba: Juruá, 2004.

ORESKES, Naomi. *Why trust science?* Princeton: Princeton University Press, 2019.

ORESKES, Naomi; CONWAY, Erik. *Merchants of doubt*: how a handful of scientists obscured the truth on issues from tobacco smoke to global warming. New York: Bloomsburry Press, 2011.

ORGANIZAÇÃO PARA A COOPERAÇÃO E DESENVOLVIMENTO ECONÔMICOS – OCDE. *Linhas diretivas da OCDE para as empresas multinacionais.* Disponível em: https://www.oecd.org/corporate/mne/38110590.pdf. Acesso em: 20 jun. 2018.

OSOFSKY, Hari. The Intersection of Scale, and Law in Massachusetts v. EPA. *In*: BURNS, Willian; OSOFSKY, Hari. *Adjudicating Climate Change*: State, National and International Approaches. Cambridge: Cambridge University Press, 2009. p. 129-144.

PAKISTAN. Government of Pakistan. *National Climate Change Policy.* 12 Sept. 2012. Disponível em: http://www.pk.undp.org/content/pakistan/en/home/library/hiv_aids/publication_1.html. Acesso em: 30 jul. 2020.

PAPA FRANCISCO. *Carta encíclica Laudato Sì.* 24 maio 2015. Disponível em: http://w2.vatican.va/content/francesco/pt/encyclicals/documents/papa-francesco_20150524_enciclica-laudato-si.html. Acesso em: 22 set. 2017.

PELL, Jacqueline; OSOFSKY, Hari. *Climate change litigation*: regulatory pathways to cleaner energy. New York: Cambridge University Press, 2017.

PERCIVAL, Robert *et al. Environmental regulation*: law, science and policy. New York: Wolters Kluwer Law & Business, 2013.

PERTHUIS, Christian; JOUVET, Pierre Andre. *Green capital*: a new perspective on growt. New York: Columbia University Press, 2015.

PIMENTEL, Cácia; ROLIM, Maria João Carreiro Pereira. *Caminhos jurídicos e regulatórios para a descarbonização da economia no Brasil.* Belo Horizonte: Fórum, 2022.

PORTO, Sérgio Gilberto. Comentário ao art. 5º, inc. LXXIII, da Constituição Federal de 1988. *In*: CANOTILHO, J. J. Gomes *et al*. (Coord.). *Comentários à Constituição do Brasil*. Lisboa: Almedina, 2013. p. 488-490.

POSNER, Eric A.; WEISBACH, David. *Climate change justice*. Princeton: Princeton University Press, 2010.

PREFEITURA DO RECIFE. *Recife apresenta avanços no enfrentamento à emergência climática durante o fórum global Daring Cities 2021*. Decreto 33080/2019. Disponível em: https://www2.recife.pe.gov.br/noticias/05/10/2021/recife-apresenta-avancos-no-enfrentamento-emergencia-climatica-durante-o-forum#:~:text=05.10.21%20%2D%20 09h43-,Recife%20apresenta%20avan%C3%A7os%20no%20enfrentamento%20 %C3%A0%20emerg%C3%AAncia%20clim%C3%A1tica,f%C3%B3rum%20global%20 Daring%20Cities%202021&text=Como%2016%C2%AA%20cidade%20mais%20v-ulner%C3%A1vel,revers%C3%A3o%20dos%20efeitos%20da%20crise. Acesso em: 20 ago. 2022.

PRICEWATERHOUSECOOPERS – PWC. *Wirtschaftliche Bewertung des Aktionsprogramm Klimaschutz 2020* [Economic assessment of the Climate Action Action Program 2020 — Final Report]. 2016. Disponível em: http://m.bmu.de/fileadmin/Daten_BMU/Download_PDF/ Aktionsprogramm_Klimaschutz/aktionsprogramm_klimaschutz_2020_abschlussbericht_ bf.pdf. Acesso em: 4 set. 2018.

PROTO, Neil Thomas. *To a high court*: the tumult and choices that led to United States of America v. SCRAP. Lanham: Hamilton Publishers, 2005.

RAJAMANI, Lavanya; GHOSH, Shibani. India. *In*: LORD, Richard; GOLDBERG, Silke; RAJAMANI, Lavanya; BRUNNÉE, Jutta. *Climate change liability*: transnational law and practice. Cambridge: Cambridge University Press, 2012. p. 139-177.

RANA, Muhammad Amir. The rule of law: concept and practices in Pakistan. *Pak Institute for Peace Studies*. Disponível em: https://www.pakPAK pips.com/article/3010. Acesso em: 20 jul. 2020.

RASCH, Philip J.; LATHAM, John; CHEN, Chih-Chieh (Jack). Geoengineering by cloud seeding: influence on sea ice and climate system. *Environmental Research Letters*, Bristol, v. 4, n. 4, p. 1-8, 2009.

REDICK, Thomas; ENDRESS, Bryan. Conservation of energy in agriculture and forestry. *In*: GERRARD, Michael. *The law of clean energy*: efficiency and renewables. New York: American Bar Association, 2011. p. 263-276.

REHBINDER, Eckard. Climate damages and the polluter pays principle. *In*: WELLER, Marc-Phillippe; KAHL, Wolfgang. *Climate change litigation*: a handbook. München: C.H. Beck, 2021. p. 45-61.

REHBINDER, Eckard. Direito florestal e desenvolvimento sustentável: uma proposta alemã. *In*: KISHI, Sandra Akemi Shimada; SILVA, Solange Teles da; SOARES, Inês Virgínia Prado (Org.). *Desafios do direito ambiental no século XXI*. Estudos em homenagem a Paulo Afonso Leme Machado. São Paulo: Editora Malheiros, 2005. p. 85-95.

REFERÊNCIAS | 291

RODRIGUES, Marcelo Abelha. *Processo civil ambiental*. 4. ed. rev., ampl. e atual. Salvador: JusPodivm, 2016.

ROSENCRANZ, Armin. U.S. climate change under G.W. Bush. *Golden Gate University Law Review*, San Francisco, v. 32, n. 4, p. 479-491, 2002.

RUHL, J. B. Climate adaptation law. *In*: GERRARD, Michael; FREEMAN, Jody (Ed.). *Global climate change and U.S. law*. Chicago: American Bar Association, 2014.

RUSCUS, Stephen; EDENS, Geraldine; GRAY, Peter. Government purchasing of efficient products and renewable energy. *In*: GERRARD, Michael. *The law of clean energy*: efficiency and renewables. New York: American Bar Association, 2011. p. 117-138.

SABIN CENTER FOR CLIMATE CHANGE LAW. Climate change litigation databases. *Friends of the Irish Environment v. Ireland*. Disponível em: http://climatecasechart.com/non-us-case/friends-of-the-irishenvironment-v-ireland/. Acesso em: 16 mar. 2022.

SABIN CENTER FOR CLIMATE CHANGE LAW. Columbia Law School. *Case N.2 O 285/15, Essen Regional Court decision*. 2015. Disponível em: http://wordpress2.ei.columbia.edu/climate-change-litigation/files/non-us-case-documents/2016/20161215_Case-No.-2-O-28515-Essen-Regional-Court_decision-1.pdf. Acesso em: 20 jun. 2018.

SABIN CENTER FOR CLIMATE CHANGE LAW. *Milieudefensie et al. v. Royal Dutch Shell plc*. Disponível em: http://climatecasechart.com/climate-change-litigation/non-us-case/milieudefensie-et-al-v-royal-dutch-shell-plc/. Acesso em: 13 jun. 2021.

SABIN CENTER FOR CLIMATE CHANGE LAW. *Notre Affaire à Tous and Others v. France*. Disponível em: http://climatecasechart.com/climate-change-litigation/non-us-case/notre-affaire-a-tous-and-others-v-france/. Acesso em: 8 out. 2021.

SACHS, Jeffrey. *The age of sustainable development*. New York: Columbia University Press, 2015.

SACHS, Lisa. Sustainable development goals: how can the mining sector contribute? *The Guardian*, London, 2016. Disponível em: http://ccsi.columbia.edu/files/2016/11/L-Sachs-Sustainable-Dev-Goals-How-can-the-Mining-Sector-Contribute-The-Guardian-Mar-2016.pdf. Acesso em: 4 set. 2018.

SANDEL, Michael J. *What money can't buy*. The moral limits of markets. New York: Farrar, Straus and Giroux, 2012.

SANDEL, Michael. *Liberalism and the limits of justice*. Cambridge: Cambridge University Press, 1998.

SANTOS, Ernani Fidéllis dos. *Manual de direito processual civil*. São Paulo: Saraiva, 1998.

SARAIVA, Rute. Os novos litígios climáticos (e o discurso dos direitos humanos). *Revista Jurídica*, ano 12, v. 17, p. 108-141, 2019.

SARLET, Ingo Wolfgang; FENSTERSEIFER, Tiago. *Direito ambiental*: introdução, fundamentos e teoria geral. São Paulo: Saraiva, 2014.

SARLET, Ingo Wolfgang; FENSTERSEIFER, Tiago. *Direito constitucional ambiental.* Constituição, direitos fundamentais e proteção do meio ambiente. São Paulo: Revista dos Tribunais, 2014.

SARLET, Ingo Wolfgang; FENSTERSEIFER, Tiago. Litigância climática, proteção do ambiente e a ADPF 708. *Conjur,* 25 set. 2020. Disponível em: https://www.conjur.com. br/2020-set-25/direitos-fundamentais-litigancia-climatica-protecao-ambiente-adpf-708df. Acesso em: 5 nov. 2020.

SARLET, Ingo Wolfgang; FENSTERSEIFER, Tiago. Notas acerca de um direito fundamental à integridade do sistema climático. *Conjur,* 23 abr. 2021. Disponível em: https://www. conjur.com.br/2021-abr-23/direitos-fundamentais-notas-acerca-direito-fundamental-integridade-sistema-climatico.

SARLET, Ingo Wolfgang; FENSTERSEIFER, Tiago. *Parecer jurídico*: novo Código Florestal e a Lei da Mata Atlântica (ADI 6446/DF). Disponível em: http://genjuridico.com.br/2020/10/08/ parecer-juridico-adi-6446-mata-atlantica/. Acesso em: 14 mar. 2021.

SARLET, Ingo Wolfgang; FENSTERSEIFER, Tiago. *Princípios de direito ambiental.* São Paulo: Saraiva, 2014.

SARLET, Ingo Wolfgang; FENSTERSEIFER, Tiago; WEDY, Gabriel. A equiparação dos tratados de direitos ambientais aos tratados de direitos humanos. *Conjur,* 15 jul. 2022. Disponível em: https://www.conjur.com.br/2022-jul-15/direitos-fundamentais-equiparacao-tratados-ambientais-aos-direitos-humanos. Acesso em: 20 ago. 2022.

SARLET, Ingo Wolfgang; FENSTERSEIFFER, Tiago. Notas acerca do direito fundamental à integridade do sistema climático. *Conjur,* 23 abr. 2021. Disponível em: https://www. conjur.com.br/2021-abr-23/direitos-fundamentais-notas-acerca-direito-fundamental-integridade-sistema-climatico. Acesso em: 23 abr. 2021.

SCIENTIFIC AMERICAN. *Exxon knew about climate change almost 40 years ago.* 26.10.2015. Disponível em: https://www.scientificamerican.com/article/exxon-knew-about-climate-change-almost-40-years-ago/. Acesso em: 10 fev. 2022.

SCIENTISTS AMERICAN. *Scientists can now blame individual natural disasters on climate change.* 2.1.2018. Disponível em: https://www.scientificamerican.com/article/scientists-can-now-blame-individual-natural-disasters-on-climate-change/. Acesso em: 10 fev. 2022.

SCOTFORD, Eloise. *Environmental principles and the evolution of environmental law.* Oxford: Hart Publishing, 2017.

SEGGER, Marie-Claire Cordonier; KHALFAN, Ashfaq. *Sustainable development law*: principles, practices and prospects. New York: Oxford University Press, 2004.

SETZER, Joana; CUNHA, Kamyla; FABBRI, Amália Botter. *Litigância climática*: novas fronteiras para o direito ambiental no Brasil. São Paulo: Revista dos Tribunais, 2019.

SHILLER, Robert J. *Irrational exuberance.* Princeton: Princeton University Press, 2010.

SHIVA, Vandana. Water wars: privatization, pollution and profit. *In*: SCHMIDTZ, David; WILLOTT, Elizabeth. *Environmental ethics: what really works*. New York: Oxford University Press, 2012. p. 217-220.

SIDOU, João Maria Othon. *Habeas corpus, mandado de segurança, mandado de injunção, habeas data, ação popular*: as garantias ativas dos direitos coletivos. Rio de Janeiro: Forense, 2000.

STATE AG INSIGHTS. *Massachusetts claims against Exxonmobil survive wave of the future or litigation sideshow?* 25.6.2021. Disponível em: https://www.stateaginsights.com/2021/06/25/massachusetts-claims-against-exxonmobil-survive-wave-of-the-future-or-litigation-sideshow/. Acesso em: 10 fev. 2022.

STEIGLEDER, Annelise Monteiro. A imputação da responsabilidade civil por danos ambientais associados às mudanças climáticas. *In*: LAVRATTI, Paula; PRESTES, Vanêsca Buzelato (Org.). *Direito e mudanças climáticas*: responsabilidade civil e mudanças climáticas. São Paulo: O Direito por um Planeta Verde, 2010.

STEIN, Eleanor; CASTERMANS, Alex Geert. Case comment – Urgenda v. The State of the Netherlands: The "reflex effect" – climate change, human rights, and the expanding definitions of the duty of care. *Mac Gill Journal of Sustainable Development*, Montreal, v. 13, n. 2, p. 301-324, 2017. Disponível em: https://www.mcgill.ca/mjsdl/jsdlponline/volume-132-2017. Acesso em: 5 nov. 2020.

STEMPEL, Jeffrey. Insurance and climate change litigation. *In*: BURNS, Willian; OSOFSKY, Hari. *Adjudicating climate change*: state, national and international approaches. Cambridge: Cambridge University Press, 2009.

STEPHENS, Beth. Translating Filártiga: a comparative and international law analysis of domestic remedies for international human rights violations. *Yale Journal of International Law*, v. 27, n. 1, 2002.

STERN, Nicholas. *The economics of climate change*: executive summary. Cambridge and New York: Cambridge University Press, 2007.

STIGLITZ, Joseph. *The great divide*: unequal societies and what we can do about them. New York: W.W. Norton & Company, 2015.

STIGLITZ, Joseph. *The price of inequality*. London: Penguin Books, 2013.

STONE, Geoffrey *et al. Constitutional law*: keyed to courses using. New York: Wolters Kluwer, 2010.

STRONG, Aaron. Ocean fertilization: time to move on. *Nature*, London, v. 461, p. 347-348, 2009.

STUDHOLME, J.; FEDOROV, A. V.; GULEV, S. K. *et al.* Poleward expansion of tropical cyclone latitudes in warming climates. *Nature Geosciente*, v. 15, p. 14-28, 2022. Disponível em: https://www.nature.com/articles/s41561-021-00859-1. Acesso em: 9 jun. 2022.

SUNSTEIN, Cass. *Averting catastrophe*: decision theory for COVID-19, climate change, and potential disasters of all kinds. New York: NYU Press, 2021.

SUNSTEIN, Cass. *Simpler*: the future of government. New York: Simon & Schuster, 2013.

SUNSTEIN, Cass. *The cost-benefit analysis*: the future of regulatory state. Chicago: American Bar Association, 2002.

SUNSTEIN, Cass. *Valuing Live*: Humanizing the Regulatory State. Chicago: The University of Chicago Press, 2014.

SUNSTEIN, Cass; THALER, Richard. *Nudge*: improving decisions about health, wealth and happiness. New Haven: Yale University Press, 2008.

SUNSTEIN, Cass; VERMEULE, Adrian. *Law and Leviathan*. Cambridge: Harvard University Press, 2020. Kindle Edition.

SUPREME COURT OF CANADA. *Reference re Greenhouse Gas Pollution Pricing Act*. Disponível em: https://www.scc-csc.ca/case-dossier/cb/2021/38663-38781-39116-eng. aspx. Acesso em: 26 mar. 2021.

TARLOCK, A. Dan. Is there in evironmental law? *Journal of Land Use*, v. 19, n. 2, p. 213-254, 2004.

THE ECONOMIST. *Corruption in Brazil*: the big oily. Londres, 2015. Disponível em: http://www.economist.com/news/americas/21637437-petrobras-scandal-explained-big-oily. Acesso em: 2 jan. 2018.

THE GUARDIAN. *Brazil pledges to cut carbon emissions 37% by 2025 and 43% by 2030*. 2015. Disponível em: www.theguardian.com/environment/2015/sep/28/brazil-pledges-to-cut-carbon-emissions-37-by-2025. Acesso em: 30 out. 2017.

THE GUARDIAN. *Venue of Last Resort*: the Climate Law Suits Threatening the Future of Big Oil. Disponível em: https://www.theguardian.com/environment/2017/dec/17/big-oil-climate-change-lawsuits-environment. Acesso em: 20 fev. 2022.

THE GUARDIAN. *We have 12 years to limit climate change catastrophe, warns UN*. 8.10.2018. Disponível em: https://www.theguardian.com/environment/2018/oct/08/global-warming-must-not-exceed-15c-warns-landmark-un-report. Acesso em: 22 out. 2018.

THE HAGUE JUSTICE PORTAL. *Milieudefensie et al. v. Royal Dutch Shell plc*. Disponível em: http://www.haguejusticeportal.net/index.php?id=6410. Acesso em: 11 jun. 2021.

THE INTERNACIONAL DISASTER DATABASE (EM-DAT). Center for Research on the Epidemiology of Disasters (CRED). *Natural disasters reported 1900-2011*. Louvain: Université Catholique de Louvain (UCLouvain), 2021. Disponível em: https://www.emdat.be/. Acesso em: 9 jun. 2022.

THE NATION. *Understanding Climate Change in Pakistan*. 2019. Disponível em: https://nation.com.pk/14-Dec-2019/understanding-climate-change-in-pakistan. Acesso em: 30 jun. 2020.

THE NEW YORK TIMES. *A Dutch court rules that Shell must step up its climate change efforts*. Disponível em: https://www.nytimes.com/2021/05/26/business/royal-dutch-shell-climate-change.html. Acesso em: 12 jun. 2021.

THE NEW YORK TIMES. *Canada Supreme Court rules federal carbon tax is constitutional*. Disponível em: https://www.nytimes.com/2021/03/25/world/canada/canada-supreme-court-carbon-pricing.html. Acesso em: 26 mar. 2021.

THE NEW YORK TIMES. *E.P.A. Chief Scott Pruitt resigns under a cloud of ethics scandals.* 2018. Disponível em: https://www.nytimes.com/2018/07/05/climate/scott-pruitt-epa-trump.html. Acesso em: 20 ago. 2018.

THE NEW YORK TIMES. *Germany's shift to green power stalls, despite huge investments.* 2017. Disponível em: https://www.nytimes.com/2017/10/07/business/energy-environment/german-renewable-energy.html. Acesso em: 5 ago. 2018.

THE NEW YORK TIMES. *Major Climate Report describes a strong risk of crisis as early as 2040.* 7.10.2018. Disponível em: https://www.nytimes.com/2018/10/07/climate/ipcc-climate-report-2040.html. Acesso em: 22 out. 2018.

THE NEW YORK TIMES. *The high cost of dirty fuels.* 2015. Disponível em: http://www.nytimes.com/2015/05/21/opinion/the-high-cost-of-dirty-fuels.html?_r=0. Acesso em: 20 dez. 2017.

THE SUPREME PEOPLE'S COURT OF THE PEOPLE'S REPUBLIC OF CHINA. *About.* Disponível em: http://english.court.gov.cn/2015-07/16/content_21299713.htm. Acesso em: 20 jan. 2022.

THE SUPREME PEOPLE'S COURT OF THE PEOPLES REPUBLIC OF CHINA. *Deqing, Zhejiang:* handling the first public interest litigation case for illegal use of ozone-depleting substances. Disponível em: https://www.spp.gov.cn/dfjcdt/202104/t20210401_514557.shtml. Acesso em: 20 jan. 2022.

THE SUPREME PEOPLE'S PROCURATORATE OF THE PEOPLE'S REPUBLIC OF CHINA. *Expecting China's procuratorial public interest litigation to do more in addressing climate change.* Disponível em: https://www.spp.gov.cn/spp/llyj/202106/t20210604_520414.shtml. Acesso em: 20 jan. 2022.

THE UNITED NATIONS HIGH COMMISSIONER FOR REFUGEES (UNHCR). *The Nansen Conference – Climate Change and Displacement in the 21st Century.* Oslo, Norway, June 5-7, 2011. Disponível em: https://www.unhcr.org/4ea969729.pdf. Acesso em: 9 jun. 2022.

THE WALL STREET JOURNAL. *Shell, Exxon decisions highlight rethink in energy investment.* Disponível em: https://www.wsj.com/articles/shell-exxon-decisions-highlight-rethink-in-energy-investment-11622109522. Acesso em: 12 jun. 2021.

THOMSON JR., Barton H. Constitutionalizing the environment: the history and future of Montana's environmental provisions. *Montana Law Review*, Missoula, v. 64, n. 1, p. 157-158, 2003.

TRIBUNAL ADMINISTRATIF DE PARIS. *L'affaire du siècle.* Disponível em: http://paris.tribunal-administratif.fr/Actualites-du-Tribunal/Communiques-de-presse/L-affaire-du-siecle. Acesso em: 8 out. 2021.

TRIBUNAL REGIONAL FEDERAL DA QUARTA REGIÃO. *Agravo de Instrumento nº 5033746-81.2021.4.04.0000/TRF.* Desembargadora Federal Vania Heck de Almeida. Disponível em: https://www.trf4.jus.br/trf4/controlador.php?acao=noticia_visualizar&id_noticia=16056. Acesso em: 20 jul. 2022.

TRISOLINI, Katherine; ZASLOFF, Jonathan. Cities, land use, and the global commons: genesis and the urban politics of climate change. *In*: BURNS, Willian; OSOFSKY, Hari. *Adjudicating climate change*: state, national and international approaches. Cambridge: Cambridge University Press, 2009. p. 72-98.

TUSHNET, Mark. *I dissent*. Great opposing opinions in landmark Supreme Court Cases. Boston: Beacon Press, 2008.

TUSHNET, Mark. *In the Balance*: law and politics on the Roberts court. New York: W.W. Norton & Company, 2013.

TUSHNET, Mark. *Red, white and blue*: a critical analysis of constitutional law. Lawrence: University Press of Kansas, 2015.

UNESCO. *World heritage and tourism in a changing climate*. 2016. Disponível em: http://www.ucsusa.org/global-warming/global-warming-impacts/world-heritage-tourism-sites-climate-change-risks#.V0hpWPkrJpi. Acesso em: 18 set. 2017.

UNIÃO EUROPEIA. *Regulamento (UE) 2017/821 do Parlamento Europeu e do Conselho, de 17 de maio de 2017*. Disponível em: https://eur-lex.europa.eu/legal-content/PT/TXT/PDF/?uri=CELEX:52017DC0821&from=EL. Acesso em: 4 set. 2018.

UNITED NATIONS CLIMATE CHANGE. *Decision/CP.26 Glasgow Climate Pact*: The Conference of the Parties. Glasgow, 2021. Disponível em: https://unfccc.int/sites/default/files/resource/cop26_auv_2f_cover_decision.pdf. Acesso em: 9 jun. 2022.

UNITED NATIONS ENVIRONMENTAL PROGRAMME (UNEP). *Intergovernmental Panel on Climate Change*. Global warming of 1,5C. Disponível em: http://www.ipcc.ch/report/sr15/. Acesso em: 22 out. 2018.

UNITED NATIONS FRAMEWORK CONVENTION ON CLIMATE CHANGE. *Report of the Conference of the Parties on its sixteenth Session, Held in Cancun from 29 November to 10 December 2010*: part two: action taken by the Conference of the Parties at its sixteenth session. Cancun, mar. 2011, Item 14, f. Disponível em: https://unfccc.int/resource/docs/2010/cop16/eng/07a01.pdf. Acesso em: 9 jun. 2022.

UNITED NATIONS PROGRAMME. *Kunming Declaration*. Convention on Biological Diversity. 2021. Disponível em: cop-15-05-add1-en.pdf(cbd.int). Acesso em: 1º jul. 2022.

UNITED NATIONS. *Climate Action Plan 2050*. Disponível em: https://unfccc.int/files/focus/application/pdf/161114_climate_action_plan_2050.pdf. Acesso em: 22 jun. 2018.

UNITED NATIONS. Climate Change Conference 2016. *COP22 Marrakech 2016*. Disponível em: http://www.cop22-morocco.com/. Acesso em: 2 out. 2017.

UNITED NATIONS. *COP 21*. Disponível em: https://unfccc.int/process-and-meetings/conferences/past-conferences/paris-climate-change-conference-november-2015/cop-21. Acesso em: 20 dez. 2017.

UNITED NATIONS. Framework Convention on Climate Change. *Bali Climate Change Conference*. 2007. Disponível em: http://unfccc.int/meetings/bali_dec_2007/meeting/6319.php. Acesso em: 15 nov. 2017.

UNITED NATIONS. Framework Convention on Climate Change. *Cancun Climate Change Conference*. 2010. Disponível em: http://unfccc.int/meetings/cancun_nov_2010/meeting/6266.php. Acesso em: 20 nov. 2017.

UNITED NATIONS. Framework Convention on Climate Change. *Durban Climate Change Conference*. 2011. Disponível em: http://unfccc.int/meetings/durban_nov_2011/meeting/6245.php. Acesso em: 20 nov. 2017.

UNITED NATIONS. Framework Convention on Climate Change. *Kyoto Protocol*. 2014. Disponível em: http://unfccc.int/kyoto_protocol/items/2830.php. Acesso em: 15 nov. 2017.

UNITED NATIONS. *Global compact for safe, orderly and regular migration on refuges*. Objective 2, 18.2. Marrakech, dec. 2018 Disponível em: https://www.un.org/en/ga/search/view_doc.asp?symbol=A/RES/73/195. Acesso em: 9 jun. 2022.

UNITED NATIONS. *Guiding principles on business and human rights*. Disponível em: https://www.ohchr.org/Documents/Publications/GuidingPrinciplesBusinessHR_EN.pdf. Acesso em: 20 jun. 2018.

UNITED NATIONS. Human Rights Council. *A/HRC/48/L.23*. Promotion and protection of all human rights, civil, political, economic, social and cultural rights, including the right to development. Sept./Oct. 2021. Disponível em: https://undocs.org/pdf?symbol=en/A/HRC/48/L.23. Acesso em: 9 jun. 2022.

UNITED NATIONS. *Resolution adopted by the General Assembly on 19 September 2016*. New York Declaration for Refugees and Migrant. New York. 2016. Disponível em: https://www.un.org/en/ga/search/view_doc.asp?symbol=A/RES/71/1. Acesso em: 9 jun. 2022.

UNITED NATIONS. *The status of climate litigation*: a global review. 2017. Disponível em: https://www.unenvironment.org/resources/publication/status-climate-change-litigation-global-review. Acesso em: 1º fev. 2018.

UNITED NATIONS. *The United Nations framework convention on climate change*. 1992. Disponível em: http://unfccc.int/resource/docs/convkp/conveng.pdf. Acesso em: 15 out. 2017.

UNITED NATIONS. United Nations Environmental. *Near-term climate protection and clean air benefits*: actions for controling short-lived climate forces – a unep synthesis report. 2011. Disponível em: http://www.unep.org/publications/ebooks/SLCF. Acesso em: 20 out. 2017.

UNITED STATES. Court of Appeals. Second circuit. *Filártiga v Peña-Irala, 630, F.2d 876*. 1980.

UNITED STATES. Court of Appeals. Seventh circuit. *Friends of Milwaukee's Rivers v. Milwaukee Metro. Sewerage Dist., 382 F. 3d 743, 757-65*. 2004.

UNITED STATES. Global Change Research Program. *National Climate Assessment Development Advisory Committee*: Third National Climate Assessment Report. 2013. Disponível em: https://nca2014.globalchange.gov/. Acesso em: 4 set. 2018.

UNITED STATES. National Energy Policy Development Group. *Reliable, affordable and environmentally sound energy for America's future*. Washington, 2001. Disponível em: https://www.nrc.gov/docs/ML0428/ML042800056.pdf Acesso em: 4 set. 2018.

UNITED STATES. Supreme Court. *American Electric Power Company, Inc. v. Connecticut, 131 S.Ct. 2527, 2530*. 2011. Disponível em: www.supremecourt.gov. Acesso em: 1º nov. 2017.

UNITED STATES. Supreme Court. *Citizens to Preserve Overton Park, Inc. v. Volpe, 401 U.S. 402, 412-413, 404*. 1971. Disponível em: www.supremecourt.gov. Acesso em: 1º jul. 2015.

UNITED STATES. Supreme Court. *Earth, Inc. v. Laidlaw Envtl. Servs. U.S.* 12 jan. 2000. Disponível em: www.supremecourt.gov. Acesso em: 1º nov. 2014.

UNITED STATES. Supreme Court. Fourth Circuit Court. *Friends of the Earth, Inc. v. Gaston Copper Recycling Corp., 179 F3d 107,113*. 1999. Disponível em: www.supremecourt.gov. Acesso em: 1º nov. 2014.

UNITED STATES. Supreme Court. *Gwaltney of Smithfield v. Chesapeake Bay Found., 484 U.S. 49, 60*. 1987. Disponível em: www.supremecourt.gov. Acesso em: 1º nov. 2014.

UNITED STATES. Supreme Court. *Linda R.S. v. Richard D, 410 U.S. 614*. 1973. Disponível em: www.supremecourt.gov. Acesso em: 1º nov. 2014.

UNITED STATES. Supreme Court. *Lujan v. National Wildlife Fed'n, 497 U.S. 871, 882-89*. 1990. Disponível em: www.supremecourt.gov. Acesso em: 1º nov. 2014.

UNITED STATES. Supreme Court. *Shea v. Littleton, 414 U.S. 488*. 1974. Disponível em: www.supremecourt.gov. Acesso em: 1º nov. 2014.

UNITED STATES. Supreme Court. *Simon v. Eastern Ky. Welfare Rights Org, 426 U.S.* 1976. Disponível em: www.supremecourt.gov. Acesso em: 1º nov. 2014.

UNITED STATES. Supreme Court. *Steel Co. v. Citizens for a Better Environment, 523 U.S.83, 102 -04* 1998. Disponível em: www.supremecourt.gov. Acesso em: 1º nov. 2014.

UNITED STATES. Supreme Court. *United States v. Scrap, 412 U.S. 669*. 1973. Disponível em: www.supremecourt.gov. Acesso em: 1º nov. 2014.

UNITED STATES. Supreme Court. *United States v. Standard Oil Company, 384 U.S. 224-225*. 1966. Disponível em: www.supremecourt.gov. Acesso em: 1º jul. 2015.

UNITED STATES. Supreme Court. *Utility Air Regulatory Group v. Epa, 134 S.Ct. 2427*. 2014. Disponível em: www.supremecourt.gov. Acesso em: 1º nov. 2017.

UNITED STATES. Supreme Court. *West Virginia et al. v. Environmental Protection Agency et al*. Disponível em: https://www.supremecourt.gov/opinions/21pdf/20-1530_n758.pdf. Acesso em: 15 jul. 2022.

URGENDA. *Landmark decision by Dutch Supreme Court*. Disponível em: https://www.urgenda.nl/en/themas/climate-case/. Acesso em: 15 jul.2020.

VERHEYEN, Roda. *Climate change damage and international law*: prevention duties and state responsibility. Leiden: Martinus Nijhoff Publishers, 2005.

VERHEYEN, Roda; PABSCH, Séverin. The role of non-governmenntal organizations for climate litigation. *In*: WELLER, Marc-Phillippe; KAHL, Wolfgang. *Climate Change Litigation*: a Handbook. München: C.H. Beck, 2021. p. 507-531.

REFERÊNCIAS | 299

VERHEYEN, Roda; ZENGERLING, Cathrin. International climate change cases. *In*: RUPPEL, Oliver; ROSCHMANN, Christian; SCHLITCHTING- RUPPEL, Katharina (Ed.). *Climate Change*: International Law and Global Governance. Baden-Baden: NomosVerlagsgesellschaft, 2013. v. 1. p. 759-803.

VIGORITI, Vincenzo. *Interessi colletivi e processo*: lalegitimazione ad agire. Milano: Giufreè, 1979.

VITTA, Eraldo Garcia. *O meio ambiente e a ação popular*. São Paulo: Saraiva, 2000.

VOIGT, Christina. Introduction. *In*: WELLER, Marc-Phillippe; KAHL, Wolfgang. *Climate change litigation*: a handbook. München: C.H. Beck, 2021. p. 2-20.

VOLCOVICI, Valerie. Cities join defense of EPA's key carbon rule. *Reuters*, Washington, 2015. Disponível em: http://www.reuters.com/article/us-climatechange-usa-cleanpowerplan-idUSKBN0U520H20151222. Acesso em: 2 jan. 2018.

WEDY, Ana Paula Martini Tremarin. *Análise do custo-benefício como procedimento de avaliação dos impactos das decisões públicas*. 2016. 215 f. Dissertação (Mestrado em Direito) – Faculdade de Direito, Pontifícia Universidade Católica do Rio Grande do Sul, Porto Alegre, 2016. Disponível em: http://hdl.handle.net/10923/8539. Acesso em: 20 ago. 2017.

WEDY, Gabriel. Ação popular ambiental. *Revista da Escola da Magistratura do Tribunal Regional Federal da Quarta Região*, Porto Alegre, ano 1, n. 1, p. 311-336, 2014.

WEDY, Gabriel. Ação popular. *RePro – Revista de Processo*, São Paulo, ano 32, n. 154, p. 37-62, 2007.

WEDY, Gabriel. Brasil e governança pós-COP21. *Jornal Zero Hora*, Porto Alegre, p. 18, 15 dez. 2015. Editoria de Opinião.

WEDY, Gabriel. *Climate change and sustainable development in Brazilian law*. New York: Columbia Law School, 2016. Disponível em: https://web.law.columbia.edu/sites/default/files/microsites/climate-change/files/Publications/Collaborations-Visiting-Scholars/wedy_-_cc_sustainable_development_in_brazilian_law.pdf. Acesso em: 20 ago. 2020.

WEDY, Gabriel. *Climate legislation and litigation in Brazil*. New York: Columbia Law School, 2017. Disponível em: http://columbiaclimatelaw.com/files/2017/10/Wedy-2017-10-Climate-Legislation-and-Litigation-in-Brazil.pdf. Acesso em: 20 ago. 2020.

WEDY, Gabriel. Climate litigation in Brazil. *In*: WELLER, Marc-Phillippe; KAHL, Wolfgang. *Climate change litigation*: a handbook. München: C.H. Beck, 2021. p. 271-287.

WEDY, Gabriel. *Desenvolvimento sustentável na era das mudanças climáticas*: um direito fundamental. São Paulo: Saraiva, 2018.

WEDY, Gabriel. Litígio climático. Shell perde ação na Holanda, 2021. *Conjur*, 2021. Disponível em: https://www.conjur.com.br/2021-jun-19/ambiente-juridico-litigio-climatico-shell-perde-acao-holanda. Acesso em: 20 ago. 2022.

WEDY, Gabriel. No Canadá, a precificação federal do carbono é constitucional. *Conjur*, 2021. Disponível em: https://www.conjur.com.br/2021-mar-27/ambiente-juridico-canada-precificacao-federal-carbono-constitucional. Acesso em: 2 jun. 2022.

WEDY, Gabriel. *O princípio constitucional da precaução*: como instrumento de tutela do meio ambiente e da saúde pública (de acordo com o direito das mudanças climáticas e dos desastres). 3. ed. Belo Horizonte: Fórum, 2020.

WEDY, Gabriel. O princípio constitucional da precaução: origem, conceito e análise crítica. *Revista Direito Federal*, Brasília, ano 26, n. 93, p. 223-270, 2013.

WEDY, Gabriel. O princípio da precaução como instrumento de eficácia do tombamento. *Revista Interesse Público*, Belo Horizonte, ano 15, n. 81, p. 145-166, 2013.

WEDY, Gabriel. O princípio da precaução no plano legislativo internacional e sua análise crítica. *Revista da Ajufergs*, Porto Alegre, n. 8, p. 21-48, 2013.

WEDY, Gabriel. Os sinais do clima e as mudanças climáticas. *Jornal Zero Hora*, Porto Alegre, p. 19, 14 fev. 2015. Caderno de Opinião.

WEDY, Gabriel. Subsídios públicos e os combustíveis fósseis. *Jornal Zero Hora*, Porto Alegre, p. 18, 17 jun. 2015. Editoria de Opinião.

WEDY, Gabriel. *Sustainable development and the Brazilian judge*. New York: Columbia Law School, 2015. Disponível em: https://web.law.columbia.edu/sites/default/files/microsites/climate-change/wedy_-_sustainable_development_and_brazilian_judges.pdf. Acesso em: 20 jan. 2018.

WEDY, Gabriel. Trump deu um péssimo exemplo ao abandonar o acordo de Paris. *Conjur*, 2017. Disponível em: https://www.conjur.com.br/2017-jun-10/ambiente-juridico-trump-deu-pessimo-exemplo-abandonar-acordo-paris. Acesso em: 20 jan. 2018.

WEDY, Gabriel: SARLET, Ingo Wolfgang; FENSTERSEIFER, Tiago. O caso Neubeuer e outros e os direitos fundamentais. *Conjur*, 2022. Disponível em: https://www.conjur.com.br/2021-out-08/direitos-fundamentais-neubauer-outros-alemanha-direitos-fundamentais. Acesso em: 30 maio 2022.

WEDY, Gabriel; FERRI, Giovani. Mudanças climáticas e migrações ambientais no cenário contemporâneo. *Revista de Direito Ambiental*, São Paulo, n. 106, abr./jun. 2022. Disponível em: https://dspace.almg.gov.br/handle/11037/44548. Acesso em: 5 jul. 2022.

WEDY, Gabriel; FREITAS, Juarez. O legado dos votos vencidos nas decisões da Suprema Corte dos Estados Unidos da América. *Revista Interesse Público*, Belo Horizonte, v. 87, p. 15-46, 2014.

WEDY, Gabriel; MOREIRA, Rafael Martins Costa. *Manual de direito ambiental*. Belo Horizonte: Fórum, 2019.

WEDY, Gabriel; SARLET, Ingo Wolfgang; FENSTERSEIFER, Tiago. Algumas notas sobre o direito fundamental ao desenvolvimento sustentável e a sua dimensão subjetiva e objetiva. *Revista Brasileira de Políticas Públicas*, Brasília, v. 10, n. 3, p. 19-40, dez. 2020.

WEDY, Gabriel; SARLET, Ingo Wolfgang; FENSTERSEIFER. Litígio climático na França, é preciso mais! *Conjur*, 9 out. 2016.

WEDY, Gabriel; SOARES, Inês Virgínia Prado. Como e por que proteger os direitos culturais das mudanças climáticas. *Conjur*, 29 out. 2020. Disponível em: https://www.conjur.com.br/2020-out-29/soares-wedy-direitos-culturais-mudancas-climaticas. Acesso em: 1º jul. 2022.

WEINBERG, Philip; REILLY, Kevin. *Understanding environmental law*. Newark: LexisNexis, 2008.

WELLER, Marc- Philippe; HUBNER, Leonhard; KALLER, Luca. *Private International Law for Corporate Social Responsibility in German National Reports on the 20th International Congress of Comparative Law*. Tuebingen: Mohr Siebeck, 2018.

WELLER, Marc-Phillippe; KAHL, Wolfgang. *Climate Change Litigation*: a Handbook. München: C.H. Beck, 2021. p. 2-20.

WELLER, Marc-Phillippe; KAHL, Wolfgang. Conclusions. *In*: WELLER, Marc-Phillippe; KAHL, Wolfgang. *Climate Change Litigation*: a Handbook. München: C.H. Beck, 2021. p. 532-559.

WELLER, Marc-Phillippe; NASSE, Jan-Marcus; NASSE, Laura. Climate Change Litigation in Germany. *In*: WELLER, Marc-Phillippe; KAHL, Wolfgang. *Climate Change Litigation*: a Handbook. München: C.H. Beck, 2021. p. 378-404.

WEYERMULLER, André Rafael. *Refugiados na Alemanha*: história, direitos humanos e adaptação. 2. ed. rev. e ampl. Curitiba: Appris, 2021.

WIENER, Jonathan. Precaution and Climate Change. *In*: CARLARNE, Cinnamon; GRAY, Kevin; TARASOFSKY, Richard (Ed.). *The Oxford Handbook of International Climate Change Law*. New York: Oxford University Press, 2016. p. 163-184.

WINTER, Gerd. The Legal Nature of Environmental Principles. *In*: WINTER, Gerd (Ed.). *Multilevel Governance of Global Environmental Change*. New York: Cambridge University Press, 2006. p. 587-604.

WORLD RESOURCES INSTITUTE. *COP 21*. Washington, 2015. Disponível em: http://www.wri.org/our-work/project/cop-21. Acesso em: 20 dez. 2017.

WORLD RESOURCES INSTITUTE. *Statement*: At COP22 in Marrakech, climate negotiators agree to roadmap to 2018. Marrakech, Nov. 18, 2016. Disponível em: http://www.wri.org/news/2016/11/statement-cop22-marrakech-climate-negotiators-agree-roadmap-2018. Acesso em: 20 nov. 2017.

WWF. *COP 24 traz avanços e um chamado para fortalecer as metas climáticas*. Disponível em: https://www.wwf.org.br/?69242/COP24-avanos-e-um-chamado-para-fortalecer-as-metas-climticas-nacionais#:~:text=De%20acordo%20com%20o%20diretor-executivo%20do%20WWF-Brasil%2C%20Mauricio,brasileiro.%20%22Nossa%20janela%20de%20oportunidades%20está%20se%20fechando. Acesso em: 20 ago. 2022.

YACOBUCCI, Brent. Transportation fuels. *In*: GERRARD, Michael; FREEMAN, Jody (Ed.). *Global climate change and U.S. law*. Chicago: American Bar Association, 2014. p. 543-580.

YALE ENVIRONMENTAL CENTER. *Unitar*. COP 27. Disponível em: https://www.un.org/en/delegate/unitar-yale-environmental-center-cop-27%C2%A0-27-april. Acesso em: 20 ago. 2022.

ZAVASCKI, Teori Albino. *Processo coletivo*: tutela de direitos coletivos e tutela coletiva de direitos. São Paulo: Revista dos Tribunais, 2006.

ZOU, Luming. China's Carbon Peak and Neutrality Goals Show its Resolve to Address Climate Change. *China.Org.Cn*, 3 maio 2021. Disponível em: http://www.china.org.cn/opinion/2021-05/03/content_77451598.htm. Acesso em: 20 jan. 2022.

Esta obra foi composta em fonte Palatino Linotype, corpo 10
e impressa em papel Pólen Bold 75g (miolo) e Supremo 250g (capa)
pela Gráfica Formato, em Belo Horizonte.